Manual de gramática

VERSIÓN EN ESPAÑOL

Zulma Iguina
Eleanor Dozier
Cornell University

Australia • Brazil • Japan • Korea • Mexico • Singapore • Spain • United Kingdom • United States

Manual de gramática: Versión en español
Zulma Iguina, Eleanor Dozier

Publisher: Beth Kramer
Acquisitions Editor: Heather Bradley
Development Editor: Marissa Vargas-Tokuda
Editorial Assistant: Sara Dyer
Media Editor: Morgen Murphy
Senior Marketing Manager: Ben Rivera
Marketing Coordinator: Janine Enos
Senior Marketing Communications Manager: Stacey Purviance
Content Project Manager: Tiffany Kayes
Art Director: Linda Jurras
Print Buyer: Susan Spencer
Permissions Editor: Mardell Glinski Schultz
Production Service: Pre-Press PMG
Text Designer: Pre-Press PMG
Photo Manager: Jennifer Meyer Dare
Cover Designer: Wing Ngan
Compositor: Pre-Press PMG

Library of Congress Control Number: 2010922377

ISBN-13: 978-0-495-91031-2

ISBN-10: 0-495-91031-7

Heinle
20 Channel Center Street
Boston, MA 02210
USA

Cengage Learning is a leading provider of customized learning solutions with office locations around the globe, including Singapore, the United Kingdom, Australia, Mexico, Brazil and Japan. Locate your local office at **international.cengage.com/region**

Cengage Learning products are represented in Canada by Nelson Education, Ltd.

For your course and learning solutions, visit **www.cengage.com.**

Purchase any of our products at your local college store or at our preferred online store **www.CengageBrain.com.**

Printed in the United States of America
1 2 3 4 5 6 7 14 13 12 11 10

Contenido

Capítulo 2 Los sustantivos y sus determinantes 29

Capítulo 3 Los pronombres 59

Capítulo 6 Los verbos: uso 187

Capítulo 7 *Ser, estar, haber, hacer y tener* 267

Prefacio

Esta edición es una versión en español de la cuarta edición del ***Manual de gramática***, para aquellos estudiantes que tengan ya un nivel de comprensión adecuado para prescindir del apoyo continuo del inglés.

El ***Manual*** se diseñó desde sus orígenes para estudiantes de lengua al nivel intermedio y avanzado cuya misión es lograr la autonomía. Los libros de texto disponibles para las clases de lenguas contienen por lo general segmentos abreviados sobre puntos gramaticales y dificultades léxicas, dispersados de manera estratégica a través del texto alrededor de situaciones, temas, funciones o tareas. Es innegable el valor positivo de este enfoque primario en la intención y el contenido del mensaje en vez de concentrarse en lo correcto de la forma en sí. Sin embargo, cuando el estudiante tiene que escribir un ensayo o preparar una presentación oral, y necesita buscar una forma o un uso, el libro de texto orientado hacia lo contextual es inadecuado: requiere una obra de referencia de fácil acceso.

Es con ese enfoque que hemos desarrollado en esta obra lo que consideramos una herramienta útil para el estudiante de nivel intermedio y avanzado que necesita una referencia clara y directa a la gramática. Nuestra intención ha sido proporcionar un medio de comprender las diferencias conceptuales a veces complejas y sutiles entre el inglés y el español, o, cuando no se trate de un concepto, de presentar en una luz lo más clara posible los principales puntos de contraste entre los dos idiomas.

Tecnología

***iLrn™: Heinle Learning Center* (0-495-91591-2):** Por medio de este centro de aprendizaje en la red, el estudiante tiene acceso a los distintos componentes del *Manual*. Por ejemplo, en el formato electrónico del libro, el estudiante puede hacer búsquedas precisas de términos e incluso adherir a cualquier página sus propias notas. El estudiante tiene acceso también a 50 lecciones gramaticales que se pueden ver directamente en la red, imprimir o bajar a un aparato móvil. Asimismo, los ejercicios que se encuentran al final del libro están disponibles en un formato interactivo. Así, el estudiante puede recibir calificación y comentario inmediatos, si así lo decidiese el instructor.

Atajo (1-4130-0060-6): Los ejercicios de escritura del ***Manual*** tienen una concordancia con el programa exclusivo de Heinle ***Atajo Writing Assistant Software for Spanish. Atajo*** le proporciona al estudiante acceso veloz a materiales de referencia lingüística. El estudiante, mientras redacta un ensayo, fácilmente puede buscar vocabulario y expresiones idiomáticas, verificar usos, referirse a notas gramaticales y ver expresiones verbales completas expandidas. ***Atajo*** también tiene un corrector ortográfico, pronunciación de palabras de vocabulario y una barra de herramientas para acentos.

Heinle iRadio: Este programa, presentado por *Heinle World Languages* y disponible en CengageBrain.com, ofrece al cliente *podcasts* en distintas lenguas. Estos *podcasts* funcionan como un breve programa de radio y se pueden escuchar en la computadora o bajar directamente a un equipo portátil de tipo MP3.

La adquisición de lenguas exige que el estudiante practique lo auditivo, lo oral y la pronunciación. Con los *podcasts* de *Heinle iRadio*, el estudiante puede repasar breves lecciones de gramática y de pronunciación para complementar las lecciones de la clase. De este modo, el estudiante tiene la libertad de decidir lo que necesita practicar y cuándo lo requiere.

Les agradeceríamos a los usuarios del texto, tanto estudiantes como profesores, que nos comunicaran sus ideas para mejorar este ***Manual***. Envíen sus comentarios a *zi10@cornell.edu* o a *ed15@cornell.edu*.

Zulma Iguina y *Eleanor Dozier*

Agradecimientos

Este ***Manual*** en español es el resultado de los valiosos comentarios y sugerencias de académicos que señalaron la necesidad de contar con una gramática de referencia enteramente en español para sus clases avanzadas de lengua y literatura. Para ellos va nuestro sincero agradecimiento.

María Alegre, *Towson University*
Mark Anderson, *University of Georgia*
Eileen M. Angelini, *Canisius College*
Antonio Baena, *Louisiana State University*
Melanie Bloom, *University of Nebraska at Omaha*
Elizabeth Bruno, *The University of North Carolina at Chapel Hill*
Flor María Buitrago, *Muhlenberg College*
Eduardo Cabrera, *Millikin University*
Maria J. Cabrera, *West Chester University*
Lisa Calvin, *Indiana State University*
Michael Cartmill, *University of Utah*
Isabel Castro, *Towson University*
Tulio Cedillo, *Lynchburg College*
Benita Clarke, *University of Kentucky*
Marisa DeSantis, *Wells College*
Otis Elliott, *Southern University*
Dolores Flores-Silva, *Roanoke College*
Adriana Gutiérrez, *Harvard University*
Quina Hoskisson, *Brigham Young University*
Tony Houston, *Bryant University*
Casilde Isabelli, *University of Nevada, Reno*
Santiago Juan-Navarro, *Florida International University*
Erik Ladner, *Central College*
Joy Landeira, *University of Northern Colorado*
Karen Martin, *Union University*
Cecilia Montes-Alcalá, *Georgia Institute of Technology*
Benjamin J. Nelson, *University of South Carolina Beaufort*
Othon Olivas, *East Los Angeles College*
Ana Peña-Oliva, *The University of Texas at Brownsville*
Graciela Pérez Boruszko, *Biola University*
Dennis Pollard, *University of Michigan*
Catherine Quibell, *Santa Rosa Junior College*
Duane Rhoades, *University of Wyoming*
Gabriel Rico, *Victor Valley College*
R. Joseph Rodriguez, *The University of Texas at Austin*
Kristin Routt, *Eastern Illinois University*
Miguel R. Ruiz-Avilés, *Austin Peay State University*
Laura Sanchez, *Longwood University*
Lourdes Sánchez-López, *University of Alabama at Birmingham*
Michele Shaul, *Queens University of Charlotte*
Cynthia Slikker-Baertich, *University of Southern Mississippi*
Steve Sloan, *Texas Christian University*

Catherine Smith, *University of South Carolina*
Jesús L. Tafoya, *Sul Ross State University*
Elizabeth Teel Evans, *University of South Carolina*
Tamara Townsend, *Wheaton College*
Phyllis E. VanBuren, *St. Cloud State University*
Lucía T. Varona, *Santa Clara University*
Daniel Villa, *New Mexico State University*
Andrew Wiseman, *Cedarville University*

Asimismo, queremos expresar nuestro agradecimiento al Grupo de Lenguas Extranjeras de Cengage Learning: Beth Kramer, Heather Bradley, Marissa Vargas-Tokuda, Morgen Murphy, Ben Rivera y Tiffany Kayes, por su dedicación y apoyo a esta edición del ***Manual***.

Algunas decisiones lingüísticas tomadas para esta edición

Por razones de preferencia personal en ciertos casos, y en otros casos para evitar la confusión, hemos tomado las siguientes decisiones para esta edición del ***Manual***.

1. Decidimos usar el acento en el adverbio **sólo** y en los pronombres demostrativos no neutros (**ése, éste, aquél,** etcétera), aún cuando no haya ambigüedad contextual.
2. Optamos por el uso de **lo** como objeto directo, humano o no, y de **le** en el caso de objetos directos humanos con el **se** impersonal. Hemos tratado de evitar situaciones en que otros dialectos pudieran estar en conflicto con este uso.
3. En lo perteneciente al estilo para esta edición en español, usamos como referencia la Real Academia Española, su ***Diccionario de la lengua española*** y el ***Diccionario panhispánico de dudas***.
4. Para lo que se refiere a decisiones ortográficas en general, usamos la ***Ortografía de la lengua española*** de la Real Academia Española.
5. En cuanto a la nomenclatura de los tiempos y modos verbales, usamos en el ***Manual*** lo más cercano al inglés, para que le sea más familiar al estudiante. En esta versión en español hemos añadido en todos los lugares pertinentes referencias a la terminología paralela del sistema educativo hispanohablante. El siguiente cuadro presenta los términos en paralelo.

English Terminology	Terminología hispana A*	Terminología hispana B**
Imperfect	Imperfecto	Pretérito imperfecto
Preterite	Pretérito	Pretérito indefinido
Pluperfect	Pluscuamperfecto	Pretérito pluscuamperfecto
Present Perfect	Presente perfecto	Pretérito perfecto
Conditional	Condicional	Potencial
Conditional Present	Condicional presente	Potencial simple
Conditional Perfect	Condicional perfecto	Potencial compuesto

*uso tradicional en clases de español como segundo idioma en los Estados Unidos
**uso tradicional en clases de español en países de habla hispana

Referencias

A continuación presentamos una bibliografía abreviada de las obras que consideramos indispensables como referencia para el estudiante de español. A esta lista se le tendría que añadir la de los artículos que se publican regularmente en las revistas profesionales, que contribuyen a la constante evolución del estudio lingüístico, al igual que el diálogo no publicado entre profesionales y aficionados, que orientan nuestro pensamiento sobre el tema de la comunicación en diversos idiomas.

Alarcos Llorach, E. et al. *Lengua española.* Madrid: Santillana, 1981.

Bello, A. *Gramática.* Caracas: Ediciones del Ministerio de Educación, 1972.

Bosque, Ignacio. *Nueva gramática de la lengua española.* Madrid: Espasa Libros, 2009.

Bull, W. *Spanish for Teachers.* Ronald, 1965.

Campos, H. *De la oración simple a la oración compuesta.* Georgetown University Press, 1993.

de Bruyne, J. *A Comprehensive Spanish Grammar.* Blackwell, 1995.

Gili Gaya, S. *Curso superior de sintaxis española.* Barcelona: Vox, 1964.

King, L.D. and Suñer, M. *Gramática española: Análisis y práctica.* McGraw-Hill, 1999.

Lázaro, F. *Curso de lengua española.* Madrid: Ediciones Anaya, 1983.

Real Academia Española. *Esbozo de una nueva gramática española.* Madrid: Espasa-Calpe, 1991.

Real Academia Española. *Ortografía de la lengua española.* Madrid: Espasa-Calpe, 2003.

Real Academia Española y Asociación de Academias de la Lengua Española. *Diccionario panhispánico de dudas.* 2.ª edición. Madrid: Santillana, 2006.

Seco, R. *Diccionario de dudas y dificultades de la lengua castellana.* Madrid: Espasa-Calpe, 1986.

Seco, R. *Manual de gramática española.* Aguilar, 1998.

Al estudiante

Éste es un libro de gramática diseñado como herramienta de referencia, y no sólo como herramienta para el estudio. Esperamos que le sea de uso cuando necesite comprender o repasar algún punto gramatical, pero principalmente esperamos que aprenda a usarlo eficazmente como medio de ayuda para lograr un mayor nivel de corrección en su expresión oral y escrita, y para comprender mejor lo que lee y escucha.

El *Manual* como herramienta de estudio

A la hora de estudiar la gramática, recomendamos que aplique ciertos criterios básicos:

- **Momento más oportuno** Estudie la gramática que le asigne su instructor a una hora del día en que tiene la mente alerta. Si lo deja para el final, no va a ser tan receptivo como lo sería a una mejor hora del día.

- **Duración y frecuencia** Para mantener su atención a su nivel óptimo, es mejor estudiar en dosis breves y frecuentes, en vez de hacerlo durante mucho tiempo corrido. Una rutina diaria y consistente de estudio es lo mejor.
- **Práctica** Mientras estudie las reglas, haga los ejercicios, ya sea en el libro o en ***iLrn: Heinle Learning Center.*** Esto asegurará que su proceso de aprendizaje sea más eficaz.
- **Aplicación** El estudiante de lengua más eficiente busca conscientemente aplicar la comprensión de formas a su propia expresión. Si su comunicación es correcta, otros tenderán a comprender mejor y a ser más receptivos a lo que tenga que comunicarles porque percibirán en su esfuerzo de corrección una forma de respeto hacia su lengua y su cultura.
- **Perspectiva** Como estudiante de nivel intermedio o avanzado, está ya encaminado a un recorrido de toda la vida. Recuerde que el aprendizaje de una lengua es un proceso que no va a terminar con un año más de estudio. Es natural que no lo sepa todo, que siga cometiendo errores, aún en áreas que ya ha estudiado varias veces. No deje que la frustración se convierta en obstáculo. Sea paciente con sus propias necesidades y siga esforzándose. Mientras más quiera entender y practicar, más enriquecerá su recorrido.

El *Manual* como herramienta de referencia

En este libro proporcionamos una variedad de contextos que puede usar como referencia cuando quiera expresarse en español, tal como explicaciones, ejemplos, cuadros y ejercicios contextualizados. Familiarícese con todas las facetas de este libro para que pueda usarlo de la manera más eficaz. Localice el contenido al principio, el índice al final, el índice de verbos y los modelos de conjugación que lo acompañan; marque las páginas que tienen cuadros útiles para Ud. (conjugaciones verbales, verbos reflexivos, cognados falsos) y las páginas que se refieren a áreas que no domina aún. Cuando escriba, refiérase con frecuencia a estas partes marcadas del texto.

Fíjese también que hay una concordancia entre explicaciones y ejercicios, y viceversa. Si está haciendo un ejercicio, y no comprende por qué está cometiendo errores, busque el subtítulo que precede al ejercicio: verá debajo la referencia a las páginas del libro que contienen las reglas y explicaciones pertinentes.

Esperamos que encuentre este libro útil como medio de aumentar su uso preciso y correcto del español, y que disfrute de este proceso haciéndolo suyo.

Manual de gramática

Capítulo 1

Perspectiva general

- **A** Componentes de la oración
- **B** Estructura verbal
- **C** Estructura de la oración
- **D** Concordancia entre el sujeto y el verbo
- **E** Acentos

A Componentes de la oración

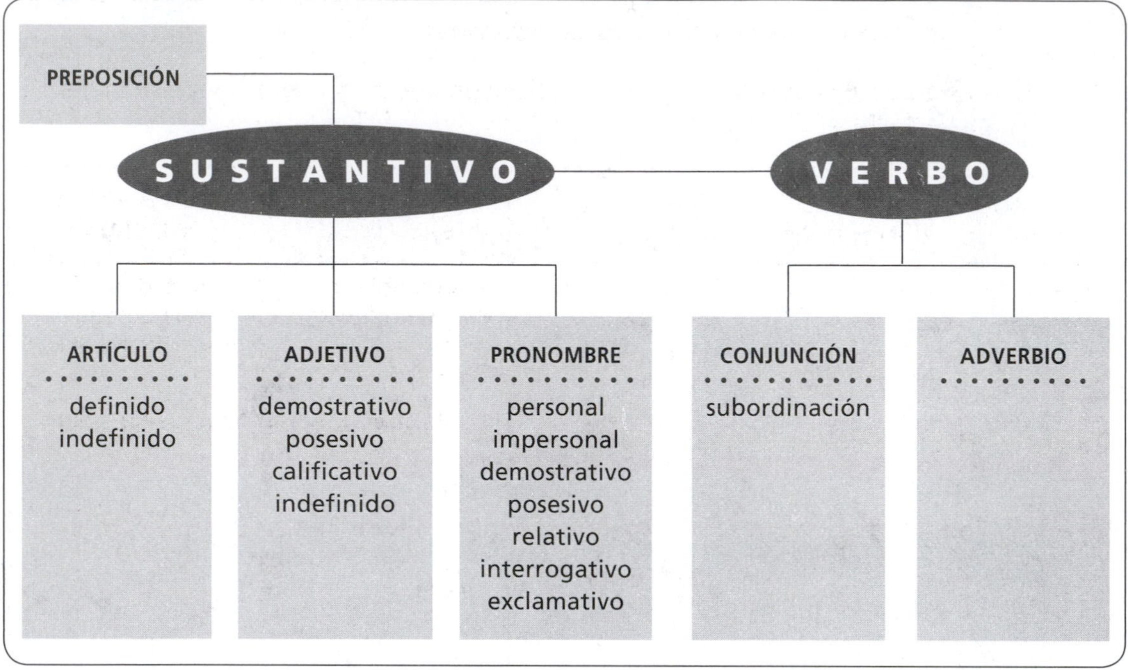

Una oración es una unidad independiente de comunicación que se puede formar con combinaciones de los siguientes ocho tipos de palabras: sustantivos, verbos, preposiciones, artículos, adjetivos, pronombres, conjunciones y adverbios. Cada uno de estos tipos de palabras tiene una función particular en una oración.

SUSTANTIVO: puede cumplir la función de sujeto, objeto directo o indirecto del verbo, o de objeto de una preposición. En español, los equivalentes de los sustantivos (es decir, palabras o grupos de palabras que pueden tener las mismas funciones gramaticales que un sustantivo) son los pronombres, los infinitivos y las palabras o grupos de palabras sustantivadas.

VERBO: núcleo gramatical de la oración; expresa una acción o un estado. Su forma cambia en concordancia con el sujeto, el tiempo, el modo, el aspecto y la voz.

ARTÍCULO: acompaña y modifica a un sustantivo o a su equivalente en cuanto a su especificidad.

ADJETIVO: acompaña y modifica a un sustantivo o a su equivalente.

ADVERBIO: modifica a un verbo, a un adjetivo, a otro adverbio o a una oración.

PRONOMBRE: se usa para evitar la repetición de un sustantivo cuya referencia es clara.

PREPOSICIÓN: relaciona a un sustantivo o a su equivalente con otro sustantivo, con el verbo o con el resto de la oración.

CONJUNCIÓN: une dos partes de una oración. Las conjunciones subordinantes introducen cláusulas subordinadas.

En el siguiente cuadro se amplía la explicación anterior y se proporcionan los términos en inglés.

TIPO DE PALABRA	WORD TYPE	SUBCATEGORÍAS Y EJEMPLOS	FUNCIÓN GRAMATICAL	GRAMMATICAL FUNCTION
Nombre o sustantivo	Noun	Propio (España...) Común (libro...)	Sujeto; objeto directo/indirecto; objeto de preposición	Subject; direct/ indirect object; prepositional object
Pronombre	Pronoun	Personal (yo, me, mí...) Impersonal (se, uno...) Demostrativo (eso, esto...) Posesivo (el mío, el tuyo...) Interrogativo (¿qué?, ¿quién?...) Exclamativo (¡qué!, ¡quién!...) Indefinido (alguien, algo...)	Igual que el nombre	Same as the noun
		Relativo (el que, que, cuyo...)	Reemplaza al nombre e introduce una cláusula relativa. Sujeto u objeto del verbo de la cláusula subordinada, u objeto de preposición	Replaces the noun and introduces a relative clause. Subject or object of verb in the subordinate clause, or prepositional object
Artículo	Article	Definido (el, la; los, las) Indefinido (un, una; unos, unas)	Acompaña y modifica al nombre o a su equivalente	Accompanies and modifies the noun or its equivalent

(*continúa*)

TIPO DE PALABRA	WORD TYPE	SUBCATEGORÍAS Y EJEMPLOS	FUNCIÓN GRAMATICAL	GRAMMATICAL FUNCTION
Adjetivo	Adjective	Calificativo (verde, grande...) Demostrativo (ese, esta...) Posesivo (mi, tu, su...) Indefinido (algún, ningún...)	Acompaña y modifica al nombre o a su equivalente	Accompanies and modifies the noun or its equivalent
Preposición	Preposition	(a, de, en, por, para, con, desde...)	Introduce el nombre o su equivalente	Introduces the noun or its equivalent
Verbo	Verb	Transitivo / Intransitivo 1.ª, 2.ª, 3.ª conjugación	Proporciona acción o descripción; es el núcleo de la oración	Provides action or description; is the core of the sentence
Adverbio	Adverb	(rápidamente, bien, mal, muy...)	Modifica a un verbo, a un adjetivo, a otro adverbio o a una oración	Modifies a verb, an adjective, another adverb, or a sentence
Conjunción	Conjunction	De coordinación (y, o, pero, sino...) De subordinación (que, aunque...)	Une dos palabras o grupos de palabras Introduce una cláusula subordinada	Links two parts of speech or clauses Introduces a subordinate clause

Ejercicios 1.1–1.2, página 316

B Estructura verbal

MODO	MOOD	TIEMPO ASPECTO	EJEMPLO	EXAMPLE
Infinitivo	Infinitive	Presente	estudiar	*to study*
		Perfecto	haber estudiado	*to have studied*
Participio	Participle	Presente	estudiando	*studying*
		Pasado	estudiado	*studied*
Indicativo	Indicative	Presente	estudio[1]	*I study*
		Presente perfecto	he estudiado	*I have studied*
		Futuro	estudiaré	*I will study*
		Futuro perfecto	habré estudiado	*I will have studied*
		Pretérito	estudié	*I studied*
		Imperfecto	estudiaba	*I studied, would study, was studying*
		Pluscuamperfecto	había estudiado	*I had studied*
Condicional[2]	Conditional	Presente	estudiaría	*I would study*
		Perfecto	habría estudiado	*I would have studied*
Subjuntivo	Subjunctive	Presente	estudie	
		Presente perfecto	haya estudiado	
		Imperfecto	estudiara	
		Pluscuamperfecto	hubiera estudiado	
Imperativo	Imperative	(sólo una forma)	¡Estudien!	*Study!*

Ejercicio 1.3, páginas 316–317

1. Los ejemplos de los modos indicativo, condicional y subjuntivo se dan en primera persona del singular (**yo**). El ejemplo del modo imperativo se da en la forma **ustedes.**
2. Algunos gramáticos consideran que el condicional es un tiempo del modo indicativo, no un modo. Como se usa en contextos diferentes de los contextos en que se usan otros modos, y como tiene dos tiempos, hemos decidido considerarlo un modo. La única situación en que se le puede considerar un tiempo del modo indicativo es cuando se usa como futuro del pasado.

C Estructura de la oración

Una oración puede estar compuesta de una o muchas cláusulas. Estas cláusulas se pueden identificar porque tienen un verbo conjugado (que no está ni en el infinitivo ni en el participio).

Ejercicio 1.4, página 317

1. Cláusulas independientes

Las cláusulas independientes no son dependientes entre sí ni tienen otras cláusulas que dependan de ellas. Pueden estar solas…

Querían ahorrar dinero en gasolina.	*They wanted to save money on gas.*

o pueden estar unidas entre sí por medio de conjunciones coordinantes.

Querían ahorrar dinero en gasolina y estaban considerando un coche de energía alternativa.	*They wanted to save money on gas and were considering an alternative energy car.*

2. Cláusulas principales

Una cláusula principal es una cláusula que puede ser independiente según su significado, pero que tiene una o más cláusulas que dependen de ella.

Soltaron a los presos para que estuviera clara su intención de cumplir con los derechos humanos.	*They released the prisoners so that their intention to comply with human rights was clear.*

3. Cláusulas subordinadas o dependientes

En español, las cláusulas subordinadas o dependientes se introducen con una conjunción subordinante o locución adverbial (que, porque, cuando, tan pronto como...) o con un pronombre relativo (que, el que, lo que, cuyo...). Las cláusulas subordinadas dependen de la cláusula principal. La relación de las cláusulas subordinadas con la cláusula principal varía según el tipo de cláusula subordinada: nominal, adverbial o adjetival.

Las cláusulas **nominales** funcionan como sustantivos y pueden cumplir la función de sujeto, objeto directo del verbo de la cláusula principal u objeto de una preposición.

Quiero **pan.**	*I want bread.*
Quiero **que me ayudes.**	*I want you to help me.*

En estas oraciones, tanto **pan** como **que me ayudes** funcionan como objeto directo del verbo principal, **Quiero.**

Las cláusulas **adverbiales** funcionan como adverbios y modifican al verbo de la cláusula principal indicando modo (¿cómo?), propósito (¿para qué?), razón (¿por qué?), tiempo (¿cuándo?), condición (¿en qué condiciones?), etcétera.

Salió **rápidamente.**	*She left quickly.*
Salió **tan pronto como pudo.**	*She left as soon as she could.*

Tanto **rápidamente** como **tan pronto como pudo** modifican al verbo principal, **Salió,** indicando cómo se desarrolló la acción.

Las cláusulas **adjetivales** funcionan como adjetivos y modifican al sustantivo. Las cláusulas adjetivales también se llaman relativas, porque siempre comienzan con un pronombre relativo, el cual reemplaza a un sustantivo de la cláusula principal (su antecedente) e introduce la cláusula subordinada que modifica al antecedente.

Quiero leer una novela **divertida.**	*I want to read a fun novel.*
Quiero leer una novela **que me haga reír.**	*I want to read a novel that will make me laugh.*

Tanto **divertida** como **que me haga reír** modifican al sustantivo, **novela.**

Terminología en español y en inglés

ESPAÑOL	INGLÉS
frase, oración	sentence
expresión o locución	phrase
cláusula	clause
cláusula principal	main clause
cláusula subordinada	subordinate or dependent clause
cláusula independiente	independent clause
cláusula relativa	relative clause

TIPO DE CLÁUSULA	SUBCATEGORÍA	INTRODUCIDA POR	FUNCIÓN
Independiente		(ninguna)	(existe por sí misma)
Principal		(ninguna)	(puede existir por sí misma)
Subordinada	Nominal	Conjunción subordinante	Sujeto u objeto directo del verbo de la cláusula principal
	Adverbial	Conjunción subordinante o locución adverbial	Modifica al verbo de la cláusula principal describiendo modo, propósito, razón, tiempo, condición, etcétera
	Adjetival	Pronombre relativo	Modifica al antecedente del pronombre relativo

En el siguiente cuadro se dan ejemplos de cláusulas principales y cláusulas subordinadas o dependientes.

CLÁUSULA PRINCIPAL		CLÁUSULA SUBORDINADA	
		Introducida por	
		CONJUNCIÓN [CLÁUSULA NOMINAL]	
Le dije a Elsa	*I told Elsa*	que me gustaba la universidad.	*(that)*[3] *I liked the university.*
		CONJUNCIÓN [CLÁUSULA ADVERBIAL]	
Nos fuimos	*We left*	porque hacía mucho frío.	*because it was very cold.*
		PRONOMBRE RELATIVO [CLÁUSULA ADJETIVAL o CLÁUSULA RELATIVA]	
Fuimos a una fiesta	*We went to a party*	que dieron nuestros amigos.	*(that)*[4] *our friends gave.*

3. En inglés, la conjunción se puede omitir. Esto es imposible en español, ya que en español deben incluirse todas las conjunciones.
4. En inglés, en determinados contextos, el pronombre relativo se puede omitir. En español, el pronombre relativo siempre se debe incluir.

En algunas oraciones complejas, la cláusula puede estar separada en dos partes, con una cláusula subordinada entre ambas partes.

El libro que leí ayer fue muy interesante.	*The book I read yesterday was very interesting.*

Cláusula principal: **El libro (...) fue muy interesante.**
Cláusula subordinada: **que leí ayer** [cláusula relativa]

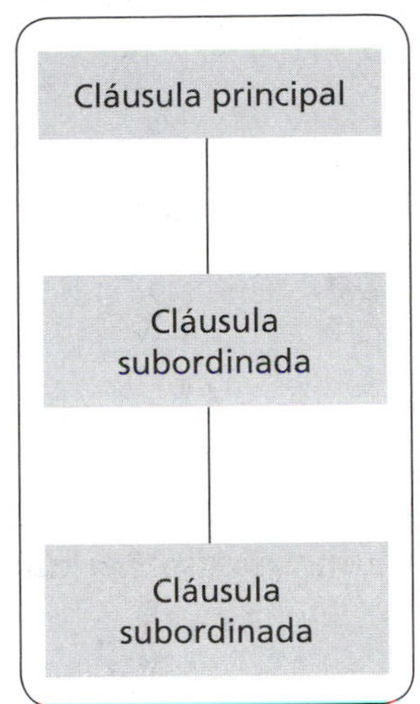

En algunas oraciones complejas, la cláusula subordinada puede cumplir la función de cláusula principal de otra cláusula subordinada (sub-subordinada).

La clase de español que me recomendaste que tomara me ha interesado mucho.

The Spanish class (that) you recommended (to me) (that) I take has interested me a lot.

Cláusula principal: **La clase de español (...) me ha interesado mucho.**
Cláusula subordinada 1: **que me recomendaste** [cláusula relativa o adjetival]
Cláusula subordinada 2 (la cláusula subordinada 1 es su cláusula principal): **que tomara** [cláusula nominal]

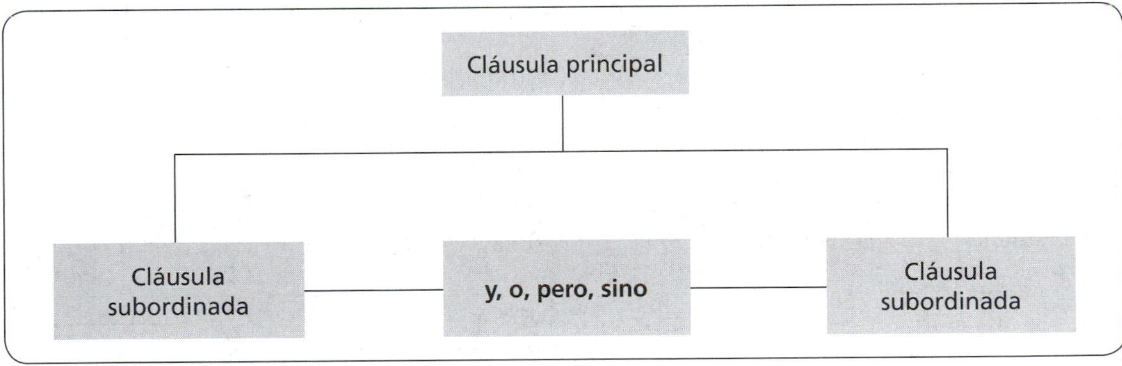

Una cláusula principal puede tener dos cláusulas subordinadas de igual valor unidas con una conjunción coordinante **(y, o, pero, sino).**

Me dijo que lo haría y que[5] me lo daría.	*She told me (that) she would make it and (that she would) give it to me.*

5. Esta conjunción se puede omitir porque es una repetición de la anterior: **Me dijo que lo haría y me lo daría.**

Cláusula principal: **Me dijo**
Cláusula subordinada 1: **que lo haría** [nominal]
Cláusula subordinada 2: **que me lo daría** [nominal]
Conjunción coordinante: **y**

Yo sabía que Juan lo había hecho o que había ayudado a sus amigos a hacerlo.	*I knew that Juan had done it, or that he had helped his friends do it.*

Cláusula principal: **Yo sabía**
Cláusula subordinada 1: **que Juan lo había hecho** [nominal]
Cláusula subordinada 2: **que había ayudado a sus amigos a hacerlo** [nominal]
Conjunción coordinante: **o**

Me dijo que vendría, pero que llegaría tarde.	*He told me that he would come, but that he would arrive late.*

Cláusula principal: **Me dijo**
Cláusula subordinada 1: **que vendría** [nominal]
Cláusula subordinada 2: **que llegaría tarde** [nominal]
Conjunción coordinante: **pero**

No le dije que viniera, sino que me llamara.	*I did not tell her to come, but rather to call me.*

Cláusula principal: **No le dije**
Cláusula subordinada 1: **que viniera** [nominal]
Cláusula subordinada 2: **que me llamara** [nominal]
Conjunción coordinante: **sino**

Una oración puede tener dos cláusulas principales unidas por conjunciones coordinantes, en la que cada cláusula principal tenga su(s) propia(s) cláusula(s) subordinada(s).

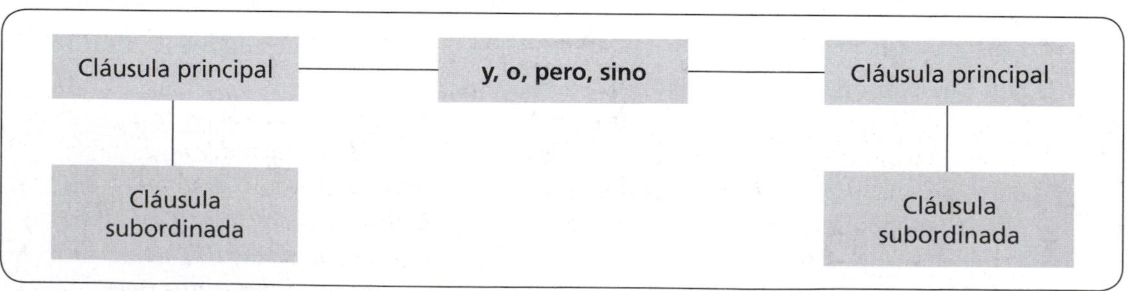

Lamento que no puedas venir, pero estoy contento de que tus amigos te hayan invitado a cenar.

I am sorry you cannot come, but I am glad (that) your friends invited you to dinner.

Cláusula principal 1: **Lamento**
Cláusula subordinada 1: **que no puedas venir** [nominal]
Cláusula principal 2: **estoy contento de**
Cláusula subordinada 2: **que tus amigos te hayan invitado a cenar** [nominal]
Conjunción coordinante: **pero**

Me dijo que necesitábamos boletos y luego llamó para que nos reservaran dos.

She told me that we needed tickets, and then she called so that they would reserve two for us.

Cláusula principal 1: **Me dijo**
Cláusula subordinada 1: **que necesitábamos boletos** [nominal]
Cláusula principal 2: **luego llamó**
Cláusula subordinada 2: **para que nos reservaran dos** [adverbial]
Conjunción coordinante: **y**

La complejidad de una oración es prácticamente ilimitada. El siguiente diagrama es un ejemplo de una oración con una cláusula principal y cuatro cláusulas subordinadas, tres de las cuales son subordinadas de la primera cláusula subordinada.

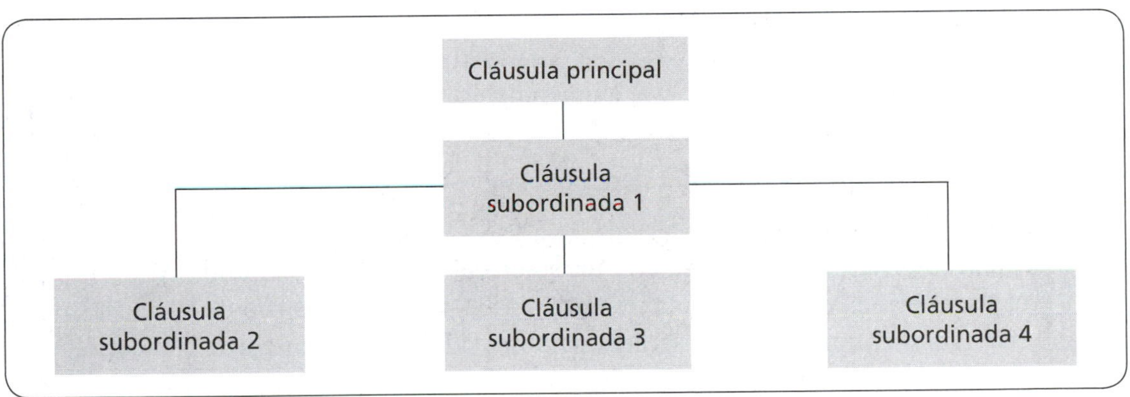

Mis amigos me habían dicho que cuando regresaran de las vacaciones me llamarían para que pudiéramos salir juntos a pesar de que tuviéramos poco tiempo.

My friends had told me that when they returned from vacation they would call me so that we could go out together, in spite of the fact that we might have little time.

Cláusula principal: **Mis amigos me habían dicho**
Cláusula subordinada 1: **que me llamarían** [nominal]
Cláusula subordinada 2: **cuando regresaran de las vacaciones** [adverbial]
Cláusula subordinada 3: **para que pudiéramos salir juntos** [adverbial]
Cláusula subordinada 4: **a pesar de que tuviéramos poco tiempo** [adverbial]

Ejercicios 1.5–1.10, páginas 317–319

D Concordancia entre el sujeto y el verbo

Un verbo concuerda con el sujeto en cuanto al número y la persona.

Yo tengo hambre.	*I am hungry.*
Ellos no contestaron.	*They did not answer.*

En español, el sujeto está siempre implícito en la terminación del verbo, aunque no siempre se exprese en la oración. (Para obtener más información sobre la necesidad del pronombre de sujeto, consultar el Capítulo 3, sección 2, páginas 63–66).

Llegamos.	*We arrived.*

Por lo general, el verbo concuerda en número con el sujeto plural.

Los españoles son estoicos.	*Spaniards are stoical.*

Cuando un sujeto plural incluye a quien habla, el verbo tendrá la terminación de la primera persona del plural.

Los españoles nos conside**ramos** europeos.	*We Spaniards consider ourselves European.*

Cuando el verbo **ser** se usa con un sujeto en primera o segunda persona en la cláusula principal y va seguido de una cláusula relativa, el verbo de la cláusula relativa estará conjugado en la tercera persona, debido a su concordancia con el pronombre relativo como sujeto.

Fui yo la que lleg**ó** primero.	*It was I who arrived first.*
Eres tú el que miente.	*You are the one who lies.*

Los sustantivos colectivos son, en principio, singulares: **gente, infinidad, muchedumbre, multitud, número, pueblo, vecindario,** etcétera.

La gente comprender**á**.	*People will understand.*
La pareja sal**ió** por atrás.	*The couple went out the back.*
Un grupo de estudiantes se manifest**ó** en contra del cambio.	*A group of students protested against the change.*

La combinación de un sustantivo colectivo con un sustantivo en plural permite elegir un verbo en plural o en singular.

La mitad de las familias no tien**e(n)** comida.	*Half of the families have no food.*
La mayor parte de los exiliados viv**ía(n)** en campos de refugiados.	*Most of the exiled people lived in refugee camps.*
Un gran número de ciervos se acerc**aba(n)** a la casa.	*A large number of deer came close to the house.*

La misma elección se produce cuando el sujeto colectivo está separado del verbo, en una segunda cláusula.

La gente se espantó con la explosión, y poco a poco se **fueron** (o: **fue**) amontonando en las escaleras.	*The people were frightened by the explosion, and little by little they crowded together in the stairways.*

Cuando en el colectivo se incluye la primera o la segunda persona, el verbo indicará esta concordancia.

Todos lleg**amos** al mismo tiempo.	*We all arrived at the same time.*
Los cuatro salt**asteis** a la vez.	*All four of you jumped at once.*
Algunos sab**íamos** la respuesta.	*Some of us knew the answer.*

Cuando se distingue un subgrupo del conjunto plural, es necesario que el verbo esté en singular para evitar que haya confusión.

Aquel grupo, entre todos los manifestantes, ten**ía** los mayores carteles.	*That group, among all the protesters, had the largest signs.*

Los verbos impersonales son siempre singulares, independientemente del sujeto.

Hay tres niños en la calle.	*There are three children in the street.*
Había veinte sillas en la clase.	*There were twenty chairs in the class.*
Hace dos años que vivimos aquí.	*We have lived here for two years.*

Normalmente, los verbos relacionados al tiempo y al clima son impersonales **(llover, nevar, lloviznar, granizar, relampaguear, tronar, amanecer, anochecer).**

Nieva mucho en febrero.	*It snows a lot in February.*
Llovería cuarenta días.	*It would rain for forty days.*
Amaneció nublado.	*It was cloudy at daybreak.*

Cuando se usa uno de estos verbos en sentido figurado, con un sustantivo como sujeto figurado, el verbo concuerda con el sujeto.

Parecía que **llovían** desgracias sin cesar.	*It seemed to be raining misfortunes incessantly.*
Amanezco feliz en verano.	*I get up feeling happy in summertime.*

En contextos en que se presentan atributos con verbos como **ser, estar** y **parecer,** algunas veces el verbo concuerda con su atributo en lugar de concordar con su sujeto. En la primera de las siguientes oraciones, **es** está en singular porque el sujeto, **lo que dices,** es neutro. En la segunda oración, el atributo plural, **mentiras,** asume la concordancia del verbo.

Lo que dices **es** cierto.	*What you say is true.*
Lo que dices **son** mentiras.	*What you say are lies.*

Cuando hay varios sujetos, el verbo es plural.

El amor y la locura siempre **van** juntos.	*Love and madness always go together.*

Si el grupo se considera una unidad, el verbo es singular.

La compra y venta de drogas **estaba** prohibida.	*Buying and selling of drugs was forbidden.*
El constante **ir y venir** de la gente me **molestaba**.	*The constant coming and going of people bothered me.*

En combinaciones de sujetos en primera, segunda y/o tercera persona, la primera persona tiene prioridad sobre la segunda y la segunda persona tiene prioridad sobre la tercera. Por lo tanto, si uno de los sujetos está en primera persona, el verbo se conjuga en primera persona del plural.

Tú y yo **somos** amigos.	*You and I are friends.*
Ustedes y yo **somos** amigos.	*You and I are friends.*
Vosotros y yo **somos** amigos.	*You and I are friends.*
Ellos y yo **somos** amigos.	*They and I are friends.*

Si la segunda persona se combina con sujetos en segunda o tercera persona, el verbo se conjuga en segunda persona del plural en la forma **ustedes** o **vosotros,** dependiendo del dialecto que se usa y del grado de formalidad. Las variaciones en las siguientes oraciones reflejan las diferencias de dialecto entre España y América Latina. En ambas regiones **usted** es formal y **tú** es informal, pero en plural, en América Latina se usa **ustedes** tanto para expresiones formales como informales, mientras que en España, **vosotros** es informal y **ustedes** es formal. Las tres oraciones siguientes se traducen como *"Both you and he are responsible"*.

Informal:

Tú y él **son** ambos responsables. (América Latina)

Tú y él **sois** ambos responsables. (España)

Formal:

Usted y él **son** ambos responsables. (América Latina y España)

En las combinaciones **o/o** o **ni/ni,** se puede usar singular o plural.

O Luis o Eva lo har**á(n)** por mí.	*Either Luis or Eva will do it for me.*
Ni Luis ni Eva lo har**á(n)** por mí.	*Neither Luis nor Eva will do it for me.*

En las combinaciones de primera y segunda persona, el verbo está a menudo en plural, y la primera persona tiene prioridad sobre la segunda y la segunda sobre la tercera.

O tú o yo lo ha**remos**.	*Either you or I will do it.*
Ni tú ni yo lo ha**remos**.	*Neither you nor I will do it.*
O tú o él lo har**án**. (o har**éis**)	*Either you or he will do it.*
Ni tú ni él lo har**án**. (o har**éis**)	*Neither you nor he will do it.*

Cuando el verbo precede al sujeto, a menudo sólo concuerda con el primer sujeto, y hay una pausa entre los dos sujetos, como si el segundo fuera una idea posterior.

No estaba caliente la carne, ni la salsa.	*The meat was not hot, nor (was) the sauce.*

Los infinitivos y las cláusulas que cumplen la función de sujeto son singulares.

Me gus**ta soñar.**	*I like to dream.*
Convie**ne que digas la verdad.**	*It is best that you tell the truth.*

Aun cuando hay varios infinitivos y cláusulas, el verbo principal suele mantenerse invariable.

Me gusta **bailar y cantar.**	*I like to dance and sing.*
Es mejor **que vengas a casa y te acuestes.**	*It is best that you come home and go to bed.*

Con títulos como **usted, señoría, excelencia, eminencia, alteza** y **majestad,** la concordancia varía según el género de la persona a la que se aplican.

Usted es muy generos**o**.	*You are very generous.* (masculino)
Usted es muy generos**a**.	*You are very generous.* (femenino)
Ustedes son honrad**os**.	*You are honest.* (masculino)
Ustedes son honrad**as**.	*You are honest.* (femenino)
¿Su Alteza está cansad**o**?	*Is your Highness tired?* (masculino)
¿Su Alteza está cansad**a**?	*Is your Highness tired?* (femenino)

En el caso de los términos de cariño usados como epítetos (como **alma, amor, cariño, corazón, vida,** etcétera), el verbo y los otros modificadores concuerdan en género y en persona con el individuo al que se dirigen las palabras, no con el término de cariño. Sólo los modificadores del epíteto en sí concordarán con él en género.

¿Est**<u>ás</u>** cansad**o** esta mañana, vida mía?	*Are you tired this morning, my love?*

En la oración anterior, el término de cariño **vida** es femenino, al igual que el pronombre posesivo que lo acompaña, **mía.** Sin embargo, la persona a la que se dirigen las palabras **estás cansado** es la segunda del singular (masculina).

De la misma manera, en la siguiente oración, **amor** es masculino; sin embargo, la persona a la que se dirige es una mujer, como se puede ver en la concordancia de **guapa.** El verbo está en segunda persona del singular, indicando el sujeto.

¡Qué guap**a** est**ás** hoy, mi amor!	*You look so beautiful today, my love!*

Después de un porcentaje, el verbo puede ser singular o plural.

78% de los hombres tien**e(n)** barba.	*78% of the men have a beard.*
El veinte por ciento de los habitantes no trabaj**a(n).**	*Twenty percent of the inhabitants do not work.*

Ninguno va acompañado de un verbo en singular, excepto cuando lo califica un sustantivo o pronombre plural: en ese caso el verbo puede estar en singular o plural.

No me gust**a** ninguno.	*I don't like any of them.*
Ninguno de nosotros lo sab**e** (o sab**emos**).	*None of us knows.*

Ejercicios 1.11–1.13, página 319

E Acentos

1. División en sílabas

La división de una palabra en sílabas facilita la aplicación de las reglas de acentuación.

a. Consonantes

Una consonante intervocálica: Una consonante entre dos vocales se une a la vocal siguiente para formar una sílaba. (En español, **ch, ll** y **rr** representan una consonante.)

ta/**z**a	me/**s**a	mi/**s**a	ma/**c**e/**t**a
ca/**l**a/**b**a/**z**a	ta/**ll**a	me/**ch**a	ba/**rr**o
fe/**rr**o/**c**a/**rr**i/**l**e/**r**o			

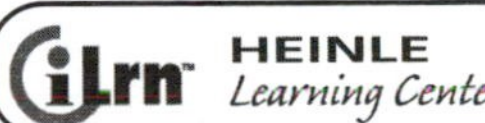
Ejercicio 1.14, página 320

Dos consonantes intervocálicas: Se separan (excepto **ch, ll** y **rr**).

lá**m**/**p**a/ra	pa**n**/**t**a/lla	a**n**/**g**us/tia	co**m**/**p**u/ta/do/ra
pe**r**/**s**o/na	e**n**/**c**a/rar	di**c**/**c**io/na/rio	

No se deben separar las consonantes **b, c, f, g** y **p** seguidas de **l** o **r,** ni las combinaciones **dr** y **tr.**

ta/**bl**a	fe/**br**e/ro	te/**cl**a	re/**cr**e/o
a/**fl**o/jar	a/**fr**en/ta	re/**gl**a	a/**gr**io
re/**pl**e/to	de/**pr**i/mir	po/**dr**i/do	re/**tr**a/to

iLrn HEINLE Learning Center *Ejercicio 1.15, página 320*

Tres o más consonantes intervocálicas: Con tres o más consonantes entre vocales, sólo la última consonante se une a la siguiente vocal (a menos que sea **l** o **r**).

co**ns**/**t**a	i**ns**/**p**i/ra	i**ns**/**t**an/te	i**n**/**gl**és
co**m**/**pr**ar			

iLrn HEINLE Learning Center **Ejercicio 1.16, página 320**

b. Vocales

VOCALES FUERTES	VOCALES DÉBILES	COMBINACIONES DE VOCALES
a	i	**Hiato:** dos vocales que forman dos sílabas
e	u	**Diptongo:** dos vocales que forman una sílaba
o		**Triptongo:** tres vocales que forman una sílaba

Hiato: Dos vocales que tienen la misma fuerza representan dos sílabas. Cada vocal fuerte representa una sílaba; cuando se combina con otra vocal fuerte, se separan.

c**a**/**e**/mos	l**e**/**e**n	em/pl**e**/**o**	em/pl**e**/**a**/do

Si se enfatiza una vocal débil antes o después de una vocal fuerte, hay separación; una vocal débil enfatizada combinada con una vocal fuerte siempre llevará acento escrito.

c**a**/**í**/da	r**e**/**í**/mos	m**a**/**ú**/lla	gra/d**ú**/**e**n
t**í**/**o**s	sa/l**í**/**a**n	r**í**/**e**n	gr**ú**/**a**
r**e**/**ú**/no			

iLrn HEINLE Learning Center **Ejercicio 1.17, página 320**

Diptongo: Una combinación en una sílaba de dos vocales débiles o una fuerte y una débil representa un diptongo, y no debe separarse.

I/ta/**lia** **bai**/le **vie**/nen **rei**/no

re/me/d**io** v**io**/lín c**ua**n/do **au**/la

r**ue**/da d**eu**/da r**ui**/do c**iu**/dad

c**uo**/ta es/ta/d**ou**/ni/den/se

Vocal fuerte enfatizada: Ocurre lo mismo aun cuando hay énfasis en la vocal fuerte del diptongo.

d**iá**/fa/no tam/b**ié**n na/c**ió** g**uá**r/da/lo

f**ué**/ra/mos q**uó**/rum[6] bai/l**ái**s die/ci/s**éi**s

ói/ga/me c**áu**/sa/me **Éu**/fra/tes

Triptongo: Un triptongo es una sílaba formada por tres vocales.

a/ve/ri/g**uái**s lim/p**iéi**s

Hay más de una sílaba si hay más de una vocal fuerte o una vocal débil con énfasis.

s**e**/**ái**s c**a**/**í**/**a**n r**e**/**í**/**a**/mos

En español, la **h** no se pronuncia; si está entre dos vocales, estas dos vocales se comportarán como si estuvieran juntas.

No es necesario el acento escrito:

a/h**o**/rrar r**e**/h**a**/cer r**e**/h**o**/gar **ahi**/ja/do

r**ehi**/lar r**ehu**n/dir

Es necesario el acento escrito:

pr**o**/h**í**/bo b**ú**/h**o**

6. Los préstamos lingüísticos siguen las mismas reglas de acentuación que otras palabras del español.

2. Acentuación

En español, todas las palabras con más de una sílaba tienen una sílaba con más énfasis que las demás. Dependiendo del tipo de palabra o de dónde está el énfasis, la palabra puede requerir un acento escrito.

a. Clasificación de palabras según su acentuación

En español, las palabras con más de una sílaba se clasifican de la siguiente manera.

TIPO	SÍLABA ENFATIZADA	EJEMPLO
Aguda	Última (*last*)	ca / mi / **né**
Llana	Penúltima (*next-to-last*)	**lá** / piz
Esdrújula	Antepenúltima (*third-to-last*)	**quí** / mi / ca
Sobresdrújula	Anteantepenúltima (*fourth-to-last*)	**cóm** / pre / me / lo

b. Reglas del acento escrito

Agudas: Este tipo de palabra requiere acento escrito sólo cuando la palabra termina en vocal, **n** o **s.**

Es necesario el acento escrito:

a**mó** vi**ví** vi**vís** fran**cés**
cai**mán**

No es necesario el acento escrito:

a**mar** vi**vir** espa**ñol** ciu**dad**
Je**rez**

Llanas: Este tipo de palabra requiere acento escrito sólo cuando la palabra termina en una consonante que no es **n** o **s.**

Es necesario el acento escrito:

ca**rác**ter   im**bé**cil   **lá**piz   **tú**nel
ver**sá**til

No es necesario el acento escrito:

hablo   a**cen**to   nece**si**ta   conso**nan**te
fran**ce**ses   **mar**gen   **lu**nes   e**xa**men
estu**dia**ron   **bai**las

Esdrújulas y **sobresdrújulas:** Estos tipos de palabras siempre requieren acento escrito.

Esdrújulas:

ca**rá**tula   es**tú**pido   lu**ciér**naga

Sobresdrújulas:

ven**dá**moselo   **dé**moselas   pon**gá**monoslas

Ejercicios 1.22–1.25, páginas 321–322

c. Casos especiales

(1) Adverbios que terminan en *-mente*

Los adverbios formados por un adjetivo + **mente** requieren acento escrito sólo cuando el adjetivo original lo tiene.

rápido   es la forma adjetiva del adverbio   rápidamente
fácil   es la forma adjetiva del adverbio   fácilmente
lento   es la forma adjetiva del adverbio   lentamente

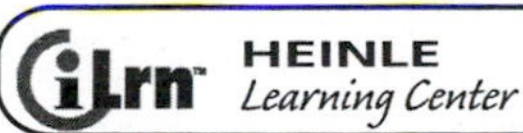

Ejercicio 1.26, página 322

(2) Monosílabos

Los monosílabos (palabras que tienen una sola sílaba) no deben tener acento escrito. Hay sólo una parte de la palabra que se puede enfatizar, por lo tanto, no es necesario el acento escrito.

a al ti la le lo di da me fui fue dio Dios

Algunos monosílabos son homónimos (palabras que se escriben o se pronuncian igual, pero tienen diferentes significados). Una de las dos tendrá acento escrito para diferenciarla de la otra.

el	*the*	mas	*but*	se	[pron.]	te	*you, yourself*
él	*he*	más	*more*	sé	*I know*	té	*tea*
de	*of, from*	mi	*my*	tu	*your*	si	*if*
dé[7]	*give*	mí	*me*	tú	*you*	sí	*yes, itself, oneself*

Me preguntó **el** nombre **de mi** profesora.	*She asked me the name of my professor.*
—¿A ti[8] **te** lo dijo? —**Sí**, a **mí** me lo dijo.	*"Did she tell you?"* *"Yes, she told me."*
¿**Tú** también necesitas que **te dé** la llave?	*Do you also need me to give you the key?*
No **sé si él** quiere **más té**.	*I don't know if he wants more tea.*
El problema en **sí** no es tan grave.	*The problem in itself isn't so serious.*

Ejercicio 1.27, página 322

7. Cuando el verbo **dar** está conjugado en modo imperativo y tiene un pronombre unido a él, pierde el acento escrito: **dele.** Deja de ser un homónimo de la preposición. Por supuesto, recupera el acento escrito cuando se agrega un segundo pronombre, porque es necesario para mantener el énfasis en el verbo, ya que la nueva palabra es **esdrújula: démelo**.

8. Se debe tener cuidado con la tentación de colocar un acento escrito sobre **ti** sólo porque **mí** lleva acento escrito; a diferencia de **mí, ti** no tiene homónimo.

(3) Homónimos no monosilábicos

A pesar de no ser monosílabos, las siguientes palabras son homónimas. Una de las dos tendrá acento escrito para diferenciarla de la otra.

(a) **Aun**[9] vs. **aún**
(b) **Solo** vs. **sólo**
(c) Pronombres demostrativos
(d) Adjetivos, pronombres o adverbios exclamativos o interrogativos

(a) Aun vs. aún

La palabra **aún** requiere un acento escrito cuando significa "todavía"; sin embargo, cuando significa "incluso", no lleva acento escrito.

Aun de día hace frío.	*Even during the day it is cold.*
Aún no hemos llegado.	*We still have not arrived.*

(b) Solo vs. sólo

La palabra **solo** puede ser un adjetivo o un adverbio. Se usa un acento escrito en el adverbio para diferenciarlo del adjetivo. El acento escrito es opcional, excepto en los casos de posible confusión entre los dos usos.

Vivo **solo**.	*I live alone.*
Mi hermana **sólo** come fruta.	*My sister only eats fruit.*

En el ejemplo anterior, el acento escrito en **sólo** es opcional, porque no puede confundirse con el adjetivo, que tendría que ser **sola**.

Mi tío viaja **solo** en tren.	*My uncle travels alone by train.*
Mi tío viaja **sólo** en tren.	*My uncle travels only by train.*

En el caso anterior, sin embargo, el acento escrito en **sólo** es necesario para evitar una confusión con el adjetivo **solo**.

---

9. A pesar de ser monosílabo, **aun** no forma parte de esta categoría porque cuando lleva acento escrito (**aún**), no es monosílabo.

(c) Pronombres demostrativos

Las palabras **ese, esa, esos, esas; este, esta, estos, estas; aquel, aquella, aquellos, aquellas** pueden ser adjetivos o pronombres. Se usa un acento escrito en el pronombre para diferenciarlo del adjetivo. Este acento escrito es opcional, excepto en los casos de posible confusión entre los dos usos.

Mira **ese** perro. [adj.]	*Look at that dog.*
Éste es mío. [pron.]	*This one is mine.*

En el último ejemplo, el acento escrito en **éste** es opcional.

En **este** país todos tienen animales domésticos: **éstos**, perros; **aquéllos**, gatos.	*In this country, everybody has pets: some have dogs, others cats.* (literally: *these, dogs* and *those, cats*)

En este último ejemplo, el acento escrito en **éstos** y **aquéllos** es necesario para indicar el uso de las palabras como pronombres que se refieren a personas [todos]; sin el acento escrito, estas palabras serían adjetivos que acompañan a **perros** y **gatos**.

La forma neutra de los pronombres **eso, esto** y **aquello** no tiene un adjetivo equivalente y, por lo tanto, no requiere acento escrito.

Mira eso. [pron. neutral]	*Look at that.*

(d) Adjetivos, pronombres o adverbios exclamativos e interrogativos

Los adjetivos, pronombres o adverbios exclamativos e interrogativos llevan acento escrito. En las exclamaciones y las interrogaciones no siempre hay un pronombre o un adverbio exclamativo o interrogativo. Por ejemplo, se puede preguntar: **¿Me dijiste la verdad?** o exclamar: **¡Bien dicho!** Ninguna de estas palabras lleva acento escrito. También se puede exclamar: **¡Que te vaya bien!** Aquí, **que** es una conjunción, no un pronombre ni un adjetivo, y no lleva acento escrito.

A continuación se muestran algunos ejemplos de pronombres y adverbios exclamativos.

¡**Qué** día!	*What a day!*
¡**Cómo** trabajas!	*How you work!*
¡**Cuánto** comes!	*How much you eat! (es decir, You eat a lot!)*

En el siguiente cuadro se muestran algunos ejemplos de adjetivos, pronombres y adverbios interrogativos.

INTERROGATIVO[10] (CON ACENTO ESCRITO O TILDE)		NO INTERROGATIVO (SIN ACENTO ESCRITO O TILDE)
Discurso directo[11]	**Discurso indirecto**	
¿Qué? = *What?*		**Que = *That, which, who***
¿**Qué** quieres? ***What*** *do you want?*	No sabía **qué** hacer. *I did not know* ***what*** *to do.*	Quiero **que** estudies. *I want you to study.* (literalmente: *I want* ***that*** *you study.*) [conjunción] El libro **que** quiero es azul. *The book* ***that*** *I want is blue.* [pronombre relativo]
¿Por qué? = *Why?*		**Porque = *Because***
¿**Por qué** llamaste? ***Why*** *did you call?*	No sé **por qué** llamó. *I do not know* ***why*** *he called.*	Llamé **porque** quise. *I called* ***because*** *I wanted to.*
¿Cómo? = *How?*		**Como = *Like***
¿**Cómo** llegó? ***How*** *did she get here?*	No sé **cómo** llegó. *I do not know* ***how*** *she got here.*	Trabaja **como** yo. *He works* ***like*** *me.*
¿Cuánto? = *How much/many?*		**Cuanto = *As much/many as***
¿**Cuántos** libros tienes? ***How many*** *books do you have?*	No sé **cuántos** tengo. *I do not know* ***how many*** *I have.*	Te di **cuantos** pude. *I gave you* ***as many as*** *I could.*
¿Dónde? = *Where?*		**Donde = *Where, in which***
¿**Dónde** está? ***Where*** *is it?*	Me dijo **dónde** estaba. *He told me* ***where*** *it was.*	Es la casa **donde** me crié. *It is the house* ***in which*** *I grew up.*
¿Cuándo? = *When?*		**Cuando = *When***
¿**Cuándo** llega? ***When*** *does it arrive?*	Me dijo **cuándo** venía. *She told me* ***when*** *she was coming.*	Lo vi **cuando** entró. *I saw him* ***when*** *he came in.*
¿Quién? = *Who(m)?*		**Quien = *Who(m), he who***
¿**Quién** es? ***Who*** *is it?*	Me dijo **quién era.** *He told me* ***who*** *it was.*	Ése es el hombre con **quien** llegó. *That is the man with* ***whom*** *she arrived.*

---

10. **Interrogativo vs. no interrogativo.** Esto diferencia las palabras que se usan en preguntas—directa o indirectamente—de las palabras que no son interrogativas, como las conjunciones, los pronombres relativos y las locuciones adverbiales.

11. **Discurso directo vs. discurso indirecto.** Esto diferencia las preguntas que se hacen directamente (por ejemplo, ¿Cómo te llamas?) de las preguntas indirectas (por ejemplo, Me preguntó cómo me llamaba).

Que

En el cuadro anterior, bajo la columna "No interrogativo", el bloque bajo **que** incluye conjunciones y pronombres relativos que no siempre tienen traducción al inglés, mientras que la columna de la izquierda para "Interrogativo" incluye palabras que siempre se enuncian en inglés. Considérese la traducción de las siguientes oraciones.

Quiero **que** estudies.	*I want you to study.*
El libro **que** quiero es azul.	*The book (that) I want is blue.*

Por qué vs. **porque** • **Cómo** vs. **como** • **Cuánto** vs. **cuanto**

Debido a la diferencia de significado entre las dos formas, no es difícil recordar cuándo estas palabras requieren acento escrito.

por qué = *why*	cómo = *how*	cuánto = *how much/many*
porque = *because*	como = *as, like*	cuanto = *as much/many*

Dónde vs. **donde**

Mientras que en la mayoría de los casos se puede ver que las traducciones de las palabras con y sin acento escrito son diferentes, en el caso de **dónde** y **donde** no siempre hay una diferencia. Quizás ayude pensar en la palabra sin acento escrito como un pronombre relativo que necesita un antecedente, o un sustantivo anterior a él y al que se refiere.

Es la **casa donde** me crié.	*It is the **house in which** I grew up.* OR: *It is the **house** I grew up in.*

El interrogativo **dónde,** ya sea en discurso directo o indirecto, nunca tiene antecedente.

—¿**Dónde** está?	*"**Where** is she?"*
—No sé **dónde** está.	*"I do not know **where** she is."*

Cuándo vs. cuando

Con estas dos palabras, la distinción es, quizás, aun más difícil de hacer, ya que para que haya acento escrito debe haber una pregunta explícita o implícita. La forma no interrogativa **cuando** puede reemplazarse con "en ese momento" sin gran cambio en el significado, mientras que la forma interrogativa podría reemplazarse con "en qué momento". Compare las siguientes oraciones.

No sé **cuándo** se fue.	*I do not know* ***when*** *(at what time) she left.*
Lloramos **cuando** se fue.	*We cried* ***when*** *(at the time) she left.*

A menudo, en el discurso indirecto en inglés, hay un énfasis mayor en la palabra cuando es de naturaleza interrogativa que cuando no lo es. Compare las siguientes oraciones leyéndolas en voz alta.

Te vi **cuando** entraste.	*I saw you* ***when*** *you came in.*
No sé **cuándo** entraste.	*I don't know* ***when*** *you came in.*

Quién vs. quien

Quién con acento escrito se usa cuando hay una pregunta implícita o explícita. **Quien** sin acento escrito no es interrogativo. Es un pronombre relativo, a menudo precedido de un sustantivo (que es su antecedente). También se puede usar sin antecedente al comienzo de una oración. En esos casos, es equivalente a "el que...".

¿**Quién** eres?	***Who*** *are you?*
No sé **quién** eres.	*I don't know* ***who*** *you are.*
El hombre con **quien** habla es un espía.	*The man with* ***whom*** *she is talking is a spy.*
Quien busca encuentra.	***He who*** *seeks shall find.*

iLrn HEINLE Learning Center
Ejercicios 1.28–1.35, páginas 323–324;
Ejercicios de repaso 1.36–1.37, páginas 324–325

Capítulo 2

Los sustantivos y sus determinantes

A Los sustantivos y sus equivalentes

B Los determinantes de los sustantivos

A Los sustantivos y sus equivalentes

1. Introducción

a. Definición

Sustantivos: palabras que pueden cumplir la función gramatical de sujeto de un verbo.

Ese **soldado** sabe mucho de armas.	*That soldier knows a lot about weapons.*

b. Equivalentes de los sustantivos

Otras palabras que pueden tener la función básica de sujeto de un verbo son los pronombres, los infinitivos y las palabras sustantivadas (palabras convertidas en sustantivo).

Pronombres: palabras que reemplazan a los sustantivos y tienen el mismo género y número que el sustantivo al que se refieren.

Ellas me lo dijeron.	*They told me.*
¿**Cuál** es el mío?	*Which one is mine?*
El mío habla mejor que el tuyo.	*Mine speaks better than yours.*
El que vino ayer fue Juan.	*The one who came yesterday was Juan.*
Esa casa es **mía.**	*That house is mine.*

Infinitivos: (Consultar el Capítulo 6.H, páginas 242–247, sobre el uso de los infinitivos y los participios)

Caminar es bueno para la salud.	*To walk (Walking) is good for one's health.*
Me gusta **bailar.**	*I like to dance. (Dancing is pleasing to me.)*

Palabras y locuciones sustantivadas:

El azul del Mediterráneo siempre me sorprende.	***The blue** of the Mediterranean always surprises me.*

En el caso de los adjetivos sustantivados en español, la persona u objeto al que se hace referencia está a menudo incluido en el significado del adjetivo. En inglés, esta referencia se escribe con frecuencia en forma de *man*, *woman*, *people*, o, cuando la referencia es más específica, como el pronombre *one*.

Esa refugiada tiene ojos increíbles.	***That refugee <u>woman</u>*** *has incredible eyes.*
Ese moreno es mi hermano.	***That dark-complexioned <u>man</u>*** *is my brother.*
Los indígenas resisten la pérdida de su territorio.	***The indigenous <u>people</u>*** *resist the loss of their territory.*
Este jabón no sirve. Tengo que encontrar **el bueno.**	*This soap is no good. I have to find the* ***good <u>one</u>.***

Se puede sustantivar cualquier adjetivo. Se debe recordar esto cuando se quiera escribir algo equivalente a los contextos anteriores, que contenga *one*, *people* u otros equivalentes en inglés.

El primero en terminar gana.	***The first <u>one</u>*** *to finish wins.*
El último en irse cierra las ventanas.	***The last <u>one</u>*** *to leave closes the windows.*
Deberíamos respetar a **los mayores.**	*We should respect* ***older <u>people</u>.***
Es una batalla en que no hay ni **buenos** ni **malos.**	*It's a battle where there are no* ***good <u>guys</u>*** *or* ***bad <u>guys</u>.***

La colocación del **lo** neutro delante de un adjetivo sustantivado también se usa con mucha frecuencia en español, y cambia el significado del adjetivo para convertirlo en una generalización o una característica.

Lo interesante es el silencio.	***What is interesting*** *is the silence.*
Lo mejor sería una tregua.	***The best*** *thing would be a truce.*
Lo bueno y **lo malo** se confunden.	***Good*** *and* ***evil*** *become confused.*
Eso es **lo absurdo** de la situación.	*That is* ***the absurdity*** *of the situation.*
Lo violento en las noticias me deprime.	***The violence*** *in the news depresses me. (Or: It always depresses me* ***how violent*** *the news is.)*
Me encanta **lo dulce** combinado con **lo agrio.**	*I love the combination of* ***sweet (foods, things, flavors ...)*** *and* ***sour (foods, things, flavors ...).***

A continuación, vea los diferentes usos del adjetivo sustantivado **extranjero.**

El extranjero llegó ayer.	***The foreigner*** *arrived yesterday.*
Viajarán **al extranjero**.	*They will travel* ***abroad.***
Evita **lo extranjero**.	*He avoids* ***what is foreign.***

Las locuciones sustantivadas también son frecuentes en español.

La del velo es mi prima.	***The woman with the veil*** *is my cousin.*
El de azul es mi hermano.	***The one in blue*** *is my brother.*
Los de al lado siempre hacen ruido.	***The people next door*** *always make noise.*
Me caen bien **los que respetan a los demás.**	*I like* ***people who respect others.***

Ejercicios 2.1–2.2 página 326

c. Acompañantes de los sustantivos

Los artículos y los adjetivos son palabras que acompañan y modifican a los sustantivos. Concuerdan con el sustantivo al que modifican.

la casa blanca, **las** casas rojas	*the white house, the red houses*
el árbol, **los** árboles	*the tree, the trees*
una mesa, **un** libro	*a table, a book*
esa casa, **esas** casas	*that house, those houses*
este libro, **estos** libros	*this book, these books*
nuestra casa, **vuestras** ideas	*our house, your ideas*
mis libros, **tus** cuadernos	*my books, your notebooks*
una niña **bonita**	*a pretty girl*

Las preposiciones son palabras que muestran una relación entre un sustantivo o su equivalente y otro sustantivo, el verbo o el resto de la oración.

Te llamo **con** mi celular.	*I'll call you on my cell phone.*
La devastación del huracán fue una sorpresa **para** todos.	*The destruction of the hurricane was a surprise for everyone.*
Después **de** rescatar al perro, lo llevaron adentro **a** secarlo.	*After rescuing the dog, they took him inside to dry him off.*

2. Sustantivos: Género y número

a. Género

Todos los sustantivos del español son masculinos o femeninos.

La mayoría de los sustantivos que terminan en **-o, -l** y **-r** son masculinos.

el libro *book*	el barril *barrel*	el actor *actor*

EXCEPCIONES:

la foto *photo*	la capital *capital*	la moral *morale*
la mano *hand*	la cárcel *jail*	la piel *skin*
la moto *motorcycle*	la catedral *cathedral*	la sal *salt*
la radio *radio*	la miel *honey*	la señal *sign, signal*

La mayoría de los sustantivos que terminan en **-a, -d, -ción, -sión, -umbre** y **-z** son femeninos.

la trama *plot*	la libertad *liberty*
la costumbre *custom, habit*	la luz *light*
la condición *condition*	la decisión *decision*

EXCEPCIONES:

el día *day*	el arroz *rice*
el tranvía *streetcar*	el lápiz *pencil*
el ataúd *coffin*	el maíz *corn*
el césped *lawn*	el matiz *shade of color*
el huésped *guest*	el pez *fish*
el clima *climate*	el poema *poem*

el crucigrama *crossword puzzle*
el drama *drama*
el fantasma *ghost*
el idioma *language*
el mapa *map*
el panorama *panorama*
el planeta *planet*
el poeta *poet*
el problema *problem*
el programa *program*
el síntoma *symptom*
el sistema *system*
el telegrama *telegram*
el tema *theme, topic*

Los idiomas, los días de la semana, las montañas, los ríos y los océanos son masculinos.

el español	el lunes	los Pirineos
Spanish	*Monday*	*Pyrenees*

Las letras del alfabeto son femeninas.

la a *a* la hache *h* la ere *r*

Los infinitivos son masculinos cuando se sustantivan.

el amanecer *dawn* el poder *power*

Muchos sustantivos del español que se refieren a humanos y animales tienen equivalentes masculinos o femeninos. A veces son similares en su forma y otras veces no lo son, pero el género se diferencia siempre.

el hombre *man* ⟷ la mujer *woman*
el actor *actor* ⟷ la actriz *actress*
el rey *king* ⟷ la reina *queen*
el toro *bull* ⟷ la vaca *cow*

Algunos sustantivos masculinos y femeninos del español que se refieren a humanos son idénticos en su forma (sólo el modificador indica el género).

el/la estudiante *student*
el/la joven *young man/woman*
el/la modelo *model*
el/la turista *tourist*
el/la atleta *athlete*
el/la demócrata *democrat*
el/la ciclista *cyclist*
el/la comunista *communist*
el/la pianista *pianist*
el/la guía *guide*

Algunos sustantivos cambian su significado cuando cambia el género.

el policía *policeman*	⟷	PERO: la policía *policewoman/the police*
el guía *guide (e.g., tour guide)*	⟷	PERO: la guía *guide (woman)/guidebook*
el papa *pope*	⟷	PERO: la papa *potato*
el cura *priest*	⟷	PERO: la cura *cure*

Algunos sustantivos existen sólo en un género, pero sirven para ambos sexos. Los siguientes ejemplos pueden referirse tanto a mujeres como a hombres.

Mi tía es **un ángel.**	*My aunt is an angel.*
Esa niña es **un amor.**	*That little girl is a sweetheart.*

Estos ejemplos pueden referirse tanto a hombres como a mujeres.

Mi padre es **una persona** encantadora.	*My father is a charming person.*
Ese hombre fue **una víctima** de la sociedad.	*That man was a victim of society.*

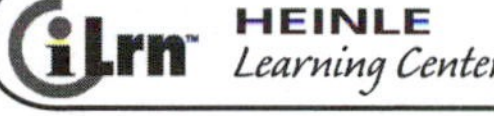

Ejercicios 2.3–2.5, páginas 326–327

b. Número

A los sustantivos que terminan en vocal se les agrega **-s** para formar el plural.

casa *house*	⟶	casas *houses*

A los sustantivos que terminan en consonante o en **-y**, y a algunos que terminan en una vocal acentuada, se les agrega **-es** para formar el plural.

amor *love*	⟶	amores *loves*
ley *law*	⟶	leyes *laws*
rubí *ruby*	⟶	rubíes *rubies*
francés *Frenchman*	⟶	franceses[1] *Frenchmen*
examen *exam*	⟶	exámenes[1] *exams*

1. Obsérvese el acento escrito en **francés** y **exámenes.** Un plural puede adquirir o perder el acento escrito para que el énfasis permanezca en la misma sílaba que en el singular.

Los sustantivos que terminan en **-z** tienen plurales que terminan en **-ces.**

lápiz	⟶	lápices

Los sustantivos que terminan en vocal no enfatizada y con **-s** final no cambian en el plural.

el lunes	⟶	los lunes
el tocadiscos	⟶	los tocadiscos
la crisis	⟶	las crisis

3. *A* personal

En español, los sustantivos en función de objeto directo que se refieren a seres humanos van precedidos de la **a** personal. La **a** personal se agrega para evitar ciertas confusiones relacionadas con el sujeto. En primer lugar, el sujeto de un verbo no siempre está presente ya que en español, los pronombres sujeto se omiten con frecuencia cuando la terminación del verbo es referencia suficiente y el contexto elimina toda ambigüedad. En segundo lugar, en español hay flexibilidad en cuanto al orden de las palabras, por lo que el sujeto puede estar antes o después del verbo. Compare los siguientes ejemplos.

Comprendió.	*He understood.*
Mi hermano comprendió. (O: Comprendió mi hermano.)	*My brother understood.*

Si se quiere formar una oración con [*he* + *understands* + *my brother*], en español no puede decirse [**él** + **comprende** + **mi hermano**]**,** ya que tanto **él** como **mi hermano** podrían ser el sujeto del verbo **comprende.** Dicha construcción ambigua sería gramaticalmente incorrecta. Para formar la oración correctamente en español, debe agregarse una **a** personal (y omitir el pronombre sujeto si el contexto no es ambiguo).

Comprendió **a** mi hermano.	*He understood my brother.*

El uso de la **a** personal con objetos directos humanos se extiende a todos los contextos, sin importar cuál sea el sujeto del verbo. Como su nombre lo indica, la **a** personal se usa con personas y no con cosas.

Vi el libro en tu casa.	*I saw the book in your house.*
Vi **a** Carmen en la clase.	*I saw Carmen in class.*
Conocemos ese barrio.	*We are familiar with that neighborhood.*
Conocemos **a**l tío de Juan.	*We know Juan's uncle.*

Si las personas a quienes se refiere la oración no son individuos específicos y, para efectos prácticos, están despersonalizadas al punto de considerarlas objetos, se omite la **a** personal.

Buscan secretarios bilingües.	*They are looking for bilingual secretaries.*
Busco **a** mi secretaria.	*I am looking for my secretary.*

Por el contrario, si el objeto directo no humano puede actuar como sujeto del verbo, se le considera equivalente a un humano y lo precede la **a** personal. Éste es el caso de los animales y los conceptos personificados.

El cazador mató **al** león.	*The hunter killed the lion.*
El científico vio **a** la Muerte.	*The scientist saw Death.*

En ambas oraciones, el objeto directo podría actuar como sujeto: el león podría matar al cazador y la Muerte podría ver al científico.

Cuando se usa el verbo **tener** con objetos directos humanos, no debe usarse la **a** personal en contextos objetivos en los que simplemente se exprese el hecho de la posesión.

Tengo cuatro tíos.	*I have four uncles.*

Sin embargo, cuando **tener** se usa en un contexto subjetivo en el que el sujeto se ve afectado de manera personal por el contexto o en el que el significado no se refiere sólo a la posesión sino a un sentido implícito de mantener o sostener, se usa la **a** personal. En estos contextos, el objeto directo está identificado de manera más específica que en los contextos en los que no se usa la **a** personal. El objeto directo puede ser un nombre propio o puede ir precedido de un adjetivo posesivo.

Tenemos **a** nuestro abuelo en una residencia de ancianos.	*We have our grandfather in a retirement home.*

(En otras palabras, nuestro abuelo vive en una residencia geriátrica y nosotros somos responsables o nos sentimos impotentes o apenados por ello).

Tengo **a** mi suegra de visita.	*I have my mother-in-law visiting.*

(En otras palabras, mi suegra está de visita y esto afecta mi rutina diaria de alguna manera).

Esa mujer tenía **a** mi bebé en sus brazos.	*That woman had my baby in her arms.*

(En otras palabras, mi bebé estaba en sus brazos; lo estaba sosteniendo).

—No tengo **a** nadie que me acompañe al baile. ¿Y tú tienes **a** alguien? — *"I don't have anyone to go with me to the dance. Do you have someone?"*

—Sí, yo tengo **a** Rita. — *"Yes, I have Rita."*

(En este contexto, la primera persona que habla señala una ausencia significativa. Es posible que la segunda persona que habla tenga una sensación especial de seguridad u orgullo de contar con Rita para ir al baile).

Como los pronombres **alguien, nadie** y **quien** se refieren a personas, son precedidos de la **a** personal cuando funcionan como objeto directo.

Oí **a** alguien llorando. — *I heard someone crying.*

No conozco **a** nadie aquí. — *I do not know anyone here.*

¿**A** quién viste? — *Whom did you see?*

Los pronombres que funcionan como objeto directo (**lo, la, los** y **las**) nunca están acompañados por la **a** personal aunque se refieran a personas. El uso del pronombre es para enfatizar.

Lo vi **a él** ayer. — *I saw him yesterday.*

La llamé **a ella** anoche. — *I called her last night.*

A ellos no los entiendo nunca. — *I never understand them.*

A ellas las regañé ayer. — *I scolded them yesterday.*

(Nótese que éstos son ejemplos de pronombres de objetos que se repiten, que se usan para enfatizar o clarificar. Si no hay dudas en cuanto a la referencia, el único pronombre necesario en las cuatro oraciones anteriores es **lo, la, los** o **las**).

HEINLE *Learning Center* ***Ejercicios 2.6–2.8, páginas 328–329***

B Los determinantes de los sustantivos

Los determinantes de los sustantivos son las palabras que acompañan y modifican a los sustantivos.

1. Artículos

a. Artículos definidos

ARTÍCULOS DEFINIDOS		
	SINGULAR	**PLURAL**
Masculino	el	los
Femenino	la	las

Concordancia: Los artículos definidos concuerdan con el sustantivo al que acompañan.

el hombre *(the) man*	**la** mujer *(the) woman*
los libros *(the) books*	**las** clases *(the) classes*

Los artículos definidos también se usan en el caso de la sustantivación de palabras y expresiones, como adjetivos, pronombres, infinitivos y expresiones con **de** usadas para dar características.

Me gusta **el azul.**	*I like* ***blue.***
El alto es mi padre.	***The tall one*** *is my father.*
La rubia ganó.	***The blonde woman*** *won.*
Los ricos no entienden.	***Rich people*** *do not understand.*
Todo se olvida con **el correr del tiempo.**	*Everything is forgotten with* ***the passing of time.***
La del sombrero es mi hermana.	***The one with a hat*** *is my sister.*
Ya llegaron **los míos.**	***Mine*** *already arrived.*

Cuando un sustantivo femenino singular comienza con las sílabas **a** o **ha** enfatizadas, **la** se cambia por **el** para evitar el hiato.

el **a**gua *water*	el **a**ula *classroom*
el **a**lma *soul*	el **a**ve *bird*
el **a**ma de casa *housewife*	el **ha**cha *axe*
el **á**guila *eagle*	el **ha**mbre *hunger*

Esto no altera el género del sustantivo. Todos los otros modificadores siguen siendo femeninos.

el agua frí**a**	*the cold water*
el alma tranquil**a**	*the tranquil soul*

En el plural se usa **las: las aguas, las almas, las amas de casa,** etcétera.

Si los sustantivos femeninos comienzan con las sílabas **a** o **ha** pero éstas no están enfatizadas, se usa **la.**

la ab**e**ja *bee*	la har**i**na *flour*

En español, los artículos definidos tienen dos funciones: pueden referirse a una cosa en particular o a un grupo de cosas en particular.

La conferencia le gustó **al** público.	*The audience liked the speech.*

Pueden referirse a un concepto generalizado (en inglés, en este caso, no se usa el artículo).

Las conferencias de ese tipo son muy buenas para **la** gente, porque aumentan **los** conocimientos humanos.	*Speeches of that type are very good for people, because they increase human knowledge.*

(1) Sujetos

Por lo general, a diferencia del inglés, las oraciones en español no pueden comenzar con sustantivos que no estén acompañados con determinantes.

La gente es así. O: Así es **la gente.**	***People*** *are like that.*
El amor es eterno.	***Love*** *is eternal.*

En los ejemplos anteriores, el sustantivo que se usa como sujeto también es un concepto generalizado (toda la gente, todo el amor) y, por lo tanto, es natural en español agregar el artículo definido. Sin embargo, en casos donde la generalización no se aplica (no toda la gente, sino alguna gente), se puede elegir alterar el orden de las palabras y colocar el sujeto después del verbo.

Venía **gente** a verlo.	***People*** *came to see him.*
Llegaron **noticias** de Juan esta mañana.	***News*** *from John arrived this morning.*

NOTA: Sería un error (anglicismo) decir ~~**Gente venía...**~~, ~~**Noticias llegaron...**~~.

En algunos contextos, se puede superar este tipo de dificultad de traducción alterando el contexto y agregando **había,** convirtiendo así el sujeto en objeto de una cláusula nueva.

Había gente que venía a verlo.	***There were people*** *who came to see him.*

Con la palabra "gente" en particular, cuando no es un concepto generalizado, se puede omitir el sujeto por completo y dejar que el plural del verbo funcione como el sujeto impersonal "ellos".

Venían a verlo.	***They came*** *to see him.*

(2) Títulos

Para hablar **sobre** alguien, no **a** alguien, que tiene un título (**señor, señora, señorita, profesor, profesora, doctor, doctora**) se usa el artículo definido.

La señora Gómez le explicó a **la** profesora Ruiz por qué su hijo había faltado.	*Mrs. Gómez explained to Professor Ruiz why her son had missed class.*

EXCEPCIONES: **don, doña, san, santo, santa**

Don Jesús Gamboa es un ranchero muy conocido de esta región.	*Don Jesús Gamboa is a very well-known rancher in this region.*

Para dirigirse a alguien directamente, no se usa el artículo.

—Profesora Ruiz, perdone la ausencia de mi hijo: estuvo enfermo.	*"Professor Ruiz, forgive my son's absence: he was ill."*
—No se preocupe, Señora Gómez, le ayudaré a repasar.	*"Do not worry, Mrs. Gómez, I will help him review."*

(3) Idiomas

El artículo definido se usa antes de los nombres de los idiomas, excepto cuando el nombre del idioma sigue a la palabra **en** o al verbo **hablar.**

Escribe **el** español con facilidad.	*She writes Spanish easily.*
Hablo español.	*I speak Spanish.*
Me lo dijo **en** español.	*She told me that in Spanish.*

Se omite el artículo después de **de** cuando se usan dos o más sustantivos, uno para modificar al otro.

mi profesora **de** español	*my Spanish professor*
el libro **de** ruso	*the Russian book*

Con **aprender, entender, comprender, enseñar, leer** y otros verbos relacionados con actividades con el lenguaje, el artículo es opcional.

Aprendí (el) español a los seis años.	*I learned Spanish when I was six.*
Mi madre **enseña** (el) inglés.	*My mother teaches English.*

El artículo es necesario si se usa un adverbio entre el verbo y el nombre del idioma.

Aprendí **fácilmente** el español cuando tenía seis años.	*I learned Spanish easily when I was six.*

(4) Posesivos vs. artículos

En cuanto a las partes del cuerpo, las prendas de vestir y cualquier cosa que pertenece a la persona, el posesivo no es necesario en situaciones donde no puede haber ambigüedad. En la mayoría de los casos se usa un artículo definido.

El estudiante levantó **la** mano.	*The student raised his hand.*

En oraciones donde la parte del cuerpo, la prenda de vestir, etcétera, es el objeto directo del verbo y el objeto indirecto indica quién es el poseedor, se usa un artículo en lugar de un posesivo.

El dentista me sacó **el** diente.	*The dentist extracted my tooth.*
Nos compró **el** coche.	*He bought our car.*

Con los verbos reflexivos se usa el artículo definido cuando el verbo se refiere a partes del cuerpo y prendas de vestir.

Me lavé **las** manos.	*I washed my hands.*
Se quitaron **el** abrigo.	*They took off their coats.*

En la mayoría de los casos, el artículo definido acompaña al objeto preposicional.

Lo llevaron **a la cárcel**. — *They took him to jail.*

Salimos **de la mezquita** a esa hora. — *We left the mosque at that time.*

Estaban **en el salón.** — *They were in the room.*

Cuando **casa, clase** o **misa** son objetos de **a, de** o **en,** se omite el artículo.

Voy **a clase** a las ocho. — *I go to class at eight.*

Saldremos **de misa** a las once. — *We will leave church at eleven.*

No está **en casa** ahora. — *She is not at home now.*

Con los días de la semana, siempre se usa el artículo, incluso después de **hasta** y **para.**

El lunes tenemos una prueba. — *On Monday we have a test.*

¡Hasta el martes! — *See you on Tuesday!*

Esta tarea es **para el viernes.** — *This assignment is for Friday.*

El artículo definido no se usa después de **ser,** excepto cuando la oración se traduce al inglés con **on.**

Hoy **es** miércoles. — *Today is Wednesday.*

La prueba **es el** lunes. — *The test is on Monday.*

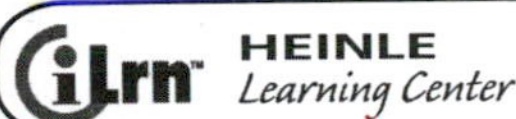

Ejercicios 2.10–2.11, página 329–330

b. Artículos indefinidos

ARTÍCULOS INDEFINIDOS		
	SINGULAR	**PLURAL**
Masculino	un	unos
Femenino	una	unas

Concordancia: Los artículos indefinidos concuerdan con el sustantivo al que acompañan. Se aplica la misma excepción a los artículos indefinidos femeninos y a los artículos definidos. **Una** cambia a **un** cuando un sustantivo femenino comienza con las sílabas **a** o **ha** enfatizadas.

¡Tengo **un** hambre! — *I am so hungry! (I have such a hunger!)*

El artículo indefinido se usa mucho más en inglés que en español, en el que, en la mayoría de los casos, tiene el significado del número "uno". En plural, **unos** y **unas** significan "algunos".

Cuando se usa un sustantivo no modificado en referencia a profesión, religión, nacionalidad o estado civil, se omite el artículo indefinido después de **ser.**

Es estudiante. *She is a student.*
Es mexicana. *She is (a) Mexican.*
Soy católico. *I am (a) Catholic.*
Eres soltero. *You are a bachelor.*

Si se modifica el sustantivo, se usa el artículo.

Es **una** estudiante muy aplicada.	*She is a very hardworking student.*
Es **un** dentista joven.	*He is a young dentist.*
Es **una** mexicana famosa.	*She is a famous Mexican.*

Antes o después de **cierto, cien, mil, otro, medio, semejante, tal** y **¡qué...!,** se omite el artículo indefinido.

Había **cierta** duda en su voz.	*There was a certain (some) doubt in her voice.*
Hay **cien** invitados.	*There are a hundred guests.*
Necesito **mil** dólares.	*I need a thousand dollars.*
¿Puede darme **otro** ejemplo?	*Can you give me another example?*
Pesa cinco kilos y **medio.**	*It weighs five and a half kilos.*
¿Puedes creer **semejante** mentira?	*Can you believe such a lie?*
Nunca dije **tal** cosa.	*I never said such a thing.*
¡Qué problema!	*What a problem!*

En oraciones negativas, después de **haber** (cuando es impersonal) y **tener,** se omite el artículo indefinido.

No hay respuesta.	*There is no answer.*
No tiene coche.	*He has no car.*

Si se usa el artículo singular, tiene el significado del número "uno".

No tiene **un** coche—tiene dos.	*He does not have one car—he has two.*
No tengo ni **un** centavo.	*I do not have a single cent.*

Después de **sin,** se omite el artículo indefinido.

Salió **sin** abrigo. *She went out without a coat.*

Después de **con** cuando se menciona el objeto como un tipo específico de objeto, se omite el artículo indefinido.

Escriban **con** pluma, por favor. *Please write with a pen.*

Si el objeto es específico o está presente el número "uno", se usa el artículo.

Pudo hacerlo con **una** mano. *He was able to do it with one hand.*

Ejercicios 2.12–2.13, página 330

2. Adjetivos

a. Adjetivos demostrativos[2]

ADJETIVOS DEMOSTRATIVOS		
	SINGULAR	PLURAL
Masculino	este	estos
Femenino	esta	estas
Masculino	ese	esos
Femenino	esa	esas
Masculino	aquel	aquellos
Femenino	aquella	aquellas

este = *this*, **ese** = *that* (near you),
aquel = *that* (over there, far from you)

Concordancia: Los adjetivos demostrativos concuerdan en género y número con el sustantivo al que acompañan. Estos adjetivos preceden al sustantivo. Se debe recordar que en su forma de adjetivo no tienen acento escrito, mientras que en su

2. Consultar el Capítulo 3.C.1, páginas 88–89, sobre pronombres demostrativos (**éste, ése, esto, eso,** etcétera).

forma de pronombre es posible que lo tengan en casos de ambigüedad. (Para obtener más información sobre el uso del acento escrito en el **Manual,** consulte en el Capítulo 1 la sección sobre pronombres demostrativos, página **24**). Si resulta difícil recordar cuál es cuál, conviene recordar que el adjetivo siempre está acompañado de un sustantivo, pero el pronombre nunca está acompañado de un sustantivo. (El pronombre subsume el sustantivo, reemplazándolo).

Este libro es mío, y **ése** [pron.] es tuyo. (Aquí, el acento escrito en **ése** es opcional). — *This book is mine, and that one is yours.*

Dame **esa** libreta, por favor. — *Give me that notebook, please.*

¿Recuerdas **aquellos** días? — *Do you remember those days?*

Ejercicios 2.14–2.15, página 331

b. Adjetivos posesivos[3]

ADJETIVOS POSESIVOS "CORTOS"		
	SINGULAR	**PLURAL**
1.ª persona del singular	mi	mis
2.ª persona del singular	tu	tus
3.ª persona del singular	su	sus
1.ª persona del plural	nuestro, nuestra	nuestros, nuestras
2.ª persona del plural	vuestro, vuestra	vuestros, vuestras
3.ª persona del plural	su	sus

Concordancia: Los adjetivos posesivos concuerdan en género y número con la cosa que se posee, ***no*** con el poseedor.

No tengo **mis** libros hoy. — *I do not have my books today.*

Me gustan **vuestras** ideas. — *I like your ideas.*

Sus manos siempre están limpias. — *His hands are always clean.*

Ellos me regalaron **su** coche. — *They gave me their car.*

---

3. Consultar el Capítulo 3.C.2, páginas 90–91, sobre pronombres posesivos (**el mío, el tuyo,** etcétera).

ADJETIVOS POSESIVOS "LARGOS"		
	SINGULAR	PLURAL
1.ª persona del singular	mío, mía	míos, mías
2.ª persona del singular	tuyo, tuya	tuyos, tuyas
3.ª persona del singular	suyo, suya	suyos, suyas
1.ª persona del plural	nuestro, nuestra	nuestros, nuestras
2.ª persona del plural	vuestro, vuestra	vuestros, vuestras
3.ª persona del plural	suyo, suya	suyos, suyas

Los adjetivos posesivos largos se usan cuando el posesivo sigue al sustantivo, donde en inglés se usaría "*of*...".

Es una amiga **mía.** — *She is a friend of mine.*

También se usan después del verbo **ser.**

Este libro es **mío.** — *This book is mine.*

Esta caja es **mía.** — *This box is mine.*

En ciertos contextos, **suyo** puede provocar ambigüedad, ya que puede referirse a algo masculino, femenino, singular o plural. En ese caso, es mejor usar **de él, de ella, de usted, de ellos, de ellas** o **de ustedes** en su lugar.

Aquí están sus cosas: creo que esta bufanda es **de él**; este abrigo es **de ella**; este sombrero es **de usted.** ¿No es así? — *Here are your things: I think this scarf is his; this coat is hers; this hat is yours. Am I right?*

Ejercicios 2.16–2.17, página 331

c. Formas de adjetivos calificativos

Los adjetivos calificativos son aquellos que modifican sustantivos, como **rojo, viejo,** etcétera.

Concordancia: Los adjetivos calificativos concuerdan en número y género con el sustantivo al que modifican.

(1) Terminaciones comunes de adjetivos

Los adjetivos que terminan en **-o** cambian a **-a** para formar el femenino.

un lugar remot**o** — *a distant place*

una probabilidad remot**a** — *a remote chance*

Los adjetivos que terminan en consonante, **-e** o **-ista** generalmente no cambian según el género.

un hombre **joven,** una mujer **joven**	*a young man, a young woman*
un final **triste,** una mirada **triste**	*a sad ending, a sad look*
un vestido **azul,** una túnica **azul**	*a blue dress, a blue tunic*
un joven **terrorista,** una célula **terrorista**	*a young terrorist, a terrorist cell*

EXCEPCIONES: Los adjetivos que se refieren a nacionalidad, religión u origen y que terminan en consonante **sí** cambian según el género.

andaluz, andaluz**a**, andaluces, andaluz**as**	*Andalusian*
español, español**a,** españoles, español**as**	*Spanish*
alemán, aleman**a,** alemanes, aleman**as**	*German*
francés, frances**a,** franceses, frances**as**	*French*
inglés, ingles**a,** ingleses, ingles**as**	*English*
libanés, libanes**a,** libaneses, libanes**as**	*Lebanese*
musulmán, musulman**a**, musulmanes, musulman**as**	*Muslim*

Los siguientes adjetivos **no** cambian según el género, sólo según el número:

belga, belgas	*Belgian*
iraní, iraníes	*Iranian*
iraquí, iraquíes	*Iraqi*
israelí, israelíes	*Israeli*
marroquí, marroquíes	*Moroccan*
pakistaní, pakistaníes	*Pakistani*

(2) Adjetivos con formas cortas y largas

Bueno y **malo** pierden la **-o** final antes de un sustantivo masculino singular.

un **buen** libro/un libro **bueno**	*a good book*
el **mal** tiempo/el niño **malo**	*the bad weather/the bad child*

Grande se transforma a **gran** antes de un sustantivo singular de cualquier género.

un **gran** evento	*a great event*
una **gran** amiga	*a great friend*

Santo se transforma a **San** antes de cualquier nombre masculino, a menos que comience con **To-** o **Do-.**

San Juan de la Cruz	**Santo** Tomás
San Nicolás	**Santo** Domingo

A los adjetivos que terminan en consonante se les agrega **-es** para formar el plural y se pueden agregar o eliminar acentos escritos para mantener el énfasis en la misma sílaba que en el singular.

joven, jóven**es**	*young*

Ejercicio 2.18, página 332

d. Posición de los adjetivos calificativos

Hay pocos adjetivos, principalmente de naturaleza cuantitativa, que siempre preceden al sustantivo. A este grupo pertenecen todos los números ordinales, como **primer, segundo, tercer,** etcétera y **algún, varios, ambos, mucho, poco, tanto, otro.**

Era mi **primer viaje** a México.	*It was my first trip to Mexico.*
Algún día volveré.	*Some day I'll go back.*
Tengo **varios amigos** aquí.	*I have several friends here.*
Sueño en **ambas lenguas.**	*I dream in both languages.*
Muchas gracias.	*Thank you very much. (Many thanks.)*
Tiene **poca paciencia.**	*He has little patience.*
No necesito **tanto dinero.**	*I don't need so much money.*
Quiero **otro café.**	*I want another coffee.*

En español, usualmente, los adjetivos calificativos no cuantitativos ***siguen*** al sustantivo al que modifican. Por lo general, cumplen la función de restringir a qué persona o lugar se hace referencia.

Viene a hablarnos un profesor **famoso.**	*A famous professor is coming to talk to us.*
Me gusta la casa **verde.**	*I like the green house.*

En las oraciones anteriores, se establece un contraste entre los sustantivos mencionados y otros que no tienen la misma cualidad que se indica en el adjetivo: viene un profesor famoso, no uno desconocido; me gusta la casa verde, no la blanca ni las otras.

Los adjetivos calificativos ***precederán*** al sustantivo si este sustantivo indica alguien o algo que ya está identificado, es conocido o está restringido de alguna manera. Cuando los adjetivos preceden al sustantivo, su función es explicativa, no restrictiva. Agregan información a la persona o cosa ya identificada, la describen, le dan color, la decoran o la definen, con características o rasgos inherentes o adquiridos. A menudo, el adjetivo está asociado con el sustantivo.

Éste es el caso, por ejemplo, con los nombres propios, pero también con sustantivos que describen cosas o relaciones de las que sólo tenemos una (una nariz, un ombligo, una madre, un padre, un esposo, una esposa, etcétera).

> el **extravagante** Dalí
> *the extravagant Dalí* [Salvador Dalí era extravagante por naturaleza]
>
> el **elegante** Museo del Prado
> *the elegant Prado Museum* [la elegancia es una cualidad inherente del museo]
>
> la **conocida** profesora Sainz
> *the famous Professor Sainz* [su fama la precede]
>
> la **simbólica** torta de manzanas
> *the symbolic apple pie* [la torta de manzanas es simbólica en Estados Unidos]
>
> tu **pequeño** ombligo
> *your small navel* [la pequeñez es una cualidad inherente al ombligo]
>
> su **gigantesca nariz**[4]
> *his gigantic nose* [gigantesca es una característica de su nariz]
>
> mi **hermosa** madre
> *my beautiful mother* [mi madre tiene una belleza innata]

---

4. Si se quiere describir algo que ya fue identificado como grande, se debe evitar usar **gran**, que, cuando está antes de un sustantivo, significa "sensacional"; otras posibilidades: **gigantesco, enorme, voluminoso,** etcétera.

Un nombre común que se refiere a una persona, un lugar o una cosa en particular también entraría en la categoría descrita arriba.

nuestra **adorada** maestra
our adored teacher [sabemos su nombre]

el **utilísimo** manual
the very useful manual [lo conocemos por su título]

los **impresionantes** avances de la tecnología moderna
the impressive advances of modern technology [**de la tecnología moderna** especifica claramente el progreso al que nos referimos]

Si un adjetivo sigue a un nombre propio o identificado, la implicación es que hay dos o más cosas o personas descritas por ese nombre.

el Museo del Prado **moderno**
the modern Museo del Prado [el museo fue renovado o hay dos partes del museo: una moderna y una que no lo es]

el vaso **lleno**
the full glass [not the others, which are not full]

Cuando se usa un adjetivo para describir una cualidad inherente a algo, es posible que tenga dejos poéticos o de oratoria, especialmente cuando es universalmente redundante.

La **blanca** nieve cubría los montes.
The white snow covered the hills. [la nieve es inherentemente blanca; esta construcción es poética]

Los adjetivos de nacionalidad ***siempre siguen*** al sustantivo.

Esa novela es de un autor **argentino.**
That novel is by an Argentine author.

Quince adjetivos calificativos comunes cambian su significado según su ubicación. Se pueden encontrar ejemplos de estos quince adjetivos en el cuadro de la página siguiente.

ADJETIVO	ANTES DEL SUSTANTIVO	DESPUÉS DEL SUSTANTIVO
ALTO	**el alto** funcionario *the high official*	el funcionario **alto** *the tall official*
ANTIGUO	**el antiguo** contrato *the old [former, not current] contract*	la mesa **antigua** *the old [not new] table*
BUENO	un **buen** estudiante *a good student [studious]*	un hombre **bueno** *a good man [moral]*
CIERTO	**cierto** tono *certain tone [indeterminate]*	una declaración **cierta** *a true statement*
DIFERENTE	**diferentes** lugares *various or several places*	lugares **diferentes** *different or distinct places*
GRANDE	un **gran** hombre *a great man*	un hombre **grande** *a big man*
MEDIO	**medio** litro *half a liter*	la clase **media** *the middle class* temperatura **media** *average temperature*
NUEVO	el **nuevo** contrato *the new [latest] contract*	un coche **nuevo** *a [brand-] new car*
POBRE	el **pobre** hombre *the poor [unfortunate] man*	un hombre **pobre** *a poor [not rich] man*
PURO	**pura** suerte *sheer luck, just luck*	agua **pura** *pure [uncontaminated] water*
RARO	**la rara** habilidad *the rare ability*	una voz **rara** *a strange voice*
SIMPLE	un **simple** adiós *just a simple good-bye [nothing more]*	un hombre **simple** *a simpleton*
TRISTE	una **triste** manzana *just one humble, insignificant apple*	una empleada **triste** *a sad employee*
ÚNICO	mi **único** problema *my only problem*	un problema **único** *a unique problem*
VIEJO	un **viejo** amigo *an old [longtime] friend*	un amigo **viejo** *an old [aged] friend*

Cuando estos adjetivos especiales se usan con sustantivos que se refieren a personas, cosas o lugares ya identificados, pierden parte de su variedad de significado.

> mi **viejo** padre
> *my old father* [obviamente, no anterior ni desde hace muchos años]
>
> las **pobres** obreras de esa fábrica
> *the poor workers of that factory* [pueden ser penosas, no tener dinero o ambas cosas]

Algunos adjetivos están fijos en ciertas expresiones por el uso.

idea **fija** *set idea*

sentido **común** *common sense*

Semana **Santa** *Holy Week*

la **pura** verdad *the basic truth*

libre albedrío *free will*

alta fidelidad *high fidelity*

Bueno y **malo** son dos adjetivos especiales que siguen las reglas generales, pero por las posibles ambigüedades de "bondad" y "maldad", probablemente hay más sutilezas relacionadas con la ubicación que con otros adjetivos. En muchos casos, estos adjetivos aparecen en expresiones fijas.

buena suerte *good luck*

un **buen** día *one day, unexpectedly*

de **buena** familia *from a good family*

¡**Buenos** días! *Good morning!*

mala suerte *bad luck*

mal dormir *sleeplessness*

malos pensamientos *evil thoughts*

Algunos sustantivos se han formado incorporando el adjetivo.

la hierbabuena *spearmint*

la buenaventura *good fortune*

el malhumor *ill temper*

el malparto *miscarriage*

En última instancia, el diccionario es el mejor lugar para buscar el uso especial de los adjetivos comunes.

Ejercicios 2.19–2.21, página 332–333

e. Comparaciones

(1) Comparaciones de desigualdad

(a) Con adverbios, adjetivos y sustantivos

"a"	**más/menos**	adverbio adjetivo sustantivo	**que**	"b"

Marta comprende **más** fácilmente **que** yo.	*Marta understands more easily than I do.*
Esa novela es **más** larga **que** ésta. (El acento escrito en **ésta** es opcional).	*That novel is longer than this one.*
José tiene **menos** dinero **que** yo.	*José has less money than I do.*

(b) Con una expresión numérica, se usa de en lugar de que

Leí que había **más de treinta** rehenes en un solo cuarto.	*I read there were more than thirty hostages in a single room.*
Nos quedan **menos de veinte** minutos.	*We have less than twenty minutes left.*
Te di **más de la mitad**.	*I gave you more than half.*
Conocí a **menos de diez** personas nuevas.	*I met fewer than ten new people.*
No invitó a **más de treinta** personas.	*He did not invite more than thirty people.*

Uso especial de más que

En las oraciones negativas, **más que** es el equivalente a "*only*" o alguna otra expresión de tipo exclusivo del inglés y no tiene significado comparativo.

No tengo **más que** tres pesos.	*I have only three dollars.*
No invitó **más que** a tres personas.	*She invited only three people.*
Nunca come **más que** fruta.	*He eats only fruit.* [He never eats anything but fruit, anything other than fruit.]
Nunca viaja **más que** a España.	*She only travels to Spain.* [She never travels to any other place than Spain, nowhere but to Spain.]

Comparativos irregulares

mejor(es) *better, best*	**mayor(es)** *older, oldest*
peor(es) *worse, worst*	**menor(es)** *younger, youngest*

(**Más bueno** y **más malo** se usan sólo ocasionalmente, cuando el énfasis está en los rasgos del carácter de las personas, especialmente en expresiones idiomáticas. **Más viejo** y **más joven** a menudo se pueden cambiar por **mayor** y **menor**).

Mi clase es **mejor que** la tuya.	*My class is better than yours.*
Yo canto **peor que** tú.	*I sing worse than you do.*
Yo soy **mayor que** tú. Yo soy **más viejo que** tú.	*I am older than you.*
Tú eres **menor que** yo. Tú eres **más joven que** yo.	*You are younger than I.*

(c) Con un verbo o una cláusula como segunda parte de la comparación

Con un sustantivo como el enfoque de la comparación y el verbo o cláusula en la segunda parte de la comparación, se usa la locución variable **del que, de la que, de los que** o **de las que,** en concordancia con el género y número del sustantivo.

más/menos	sustantivo	**del que** **del la que** **de los que** **de las que**	cláusula

Alquilamos más películas **de las que** pudimos ver.	*We rented more movies than we could watch.*
Yo le di muchos menos regalos **de los que** me dio él a mí.	*I gave him a lot fewer gifts than he gave me.*
Me serví más comida **de la que** me puedo comer.	*I served myself more food than I can eat.*

También es posible que se haga referencia al sustantivo en un contexto anterior, como en la siguiente oración, en la que se habla de las fotos de la boda y, por lo tanto, se usa el femenino plural para la frase variable **de las que:**

[...] Sacaron más **de las que** habíamos pedido.	*[...] They took more than we had ordered.*

Cuando se busca menos especificidad en la comparación, se usa la frase invariable neutra **de lo que** en lugar de la forma variable:

Aquí hay más libros **de lo que** creía.	*There are more books here than I thought.*

Cuando el enfoque de la comparación no es un sustantivo, sino un verbo, un adjetivo o un adverbio, se usa la locución invariable neutra **de lo que.**

más/menos	verbo adjetivo adverbio	**de lo que**	cláusula

Nevó más **de lo que** nos hubiera gustado. — *It snowed more than we would have liked.*

La guerra fue más **larga de lo que** esperaban. — *The war was longer than they expected.*

El taxi llegó más **rápidamente de lo que** anticipábamos. — *The taxi arrived more quickly than we expected.*

(2) Comparaciones de igualdad

(a) Tanto(-a, -os, -as)... como

Con un sustantivo, se usa **tanto(-a, -os, -as)... como,** en concordancia con el sustantivo.

Tengo **tantos problemas como** tú. — *I have as many problems as you do.*

(b) Tanto como

Cuando se encuentra solo, en función de adverbio, se usa **tanto como**.

Ella no come **tanto como** yo. — *She does not eat as much as I do.*

(c) Tan... como

Con un adverbio o un adjetivo, se usa **tan... como.**

Ese coche está **tan brillante como** el nuestro. — *That car is as shiny as ours.*

Ellos hablan **tan bien como** tú. — *They speak as well as you do.*

f. Superlativos

En español, el superlativo se forma con un artículo + **más/menos** + adjetivo + **de** (si se indica un grupo).

Iris es **la más lista de** la clase.	*Iris is the smartest of the class.*
Esas flores son **las más rojas de** todas.	*Those flowers are the reddest of all.*
Mi tío es **el menos presumido de** todos.	*My uncle is the least conceited of all.*
Julio es **el más alto.**	*Julio is the tallest.*
Esa noche fue **la más oscura.**	*That night was the darkest.*

El más grande y **el más pequeño** se transforman en **el mayor** y **el menor** cuando se refieren a edad.

Jorge es **el mayor** y Juan es **el menor.**	*Jorge is the oldest and Juan is the youngest.*

iLrn HEINLE Learning Center ***Ejercicios 2.22–2.23, página 333; Ejercicios de repaso 2.24–2.25, páginas 334–335***

Capítulo 3

Los pronombres

A Pronombres personales

B *Se*

C Pronombres demostrativos y posesivos

D Interrogativos

E Exclamativos

F Indefinidos y negativos

G Pronombres relativos

A Pronombres personales

La elección de pronombre la rige el tipo de verbo con que se asocia. Se presentan las siguientes distinciones entre los tipos de verbos para que sea más fácil determinar los pronombres necesarios en español.

1. Definiciones

a. Verbos intransitivos

Los verbos intransitivos tienen sólo un sujeto.[1] No tienen objeto directo.

Llegué. *I arrived.* Salieron. *They went out.*

Cuando estos verbos tienen complementos, son complementos de lugar, destino, origen, tiempo, etcétera, pero ***nunca*** de objeto.

Llegué a casa temprano.	*I got home early.*
Van a misa a las ocho.	*They go to mass at eight.*
Volvimos del museo a las cuatro.	*We returned from the museum at four.*
Llegaron por la avenida.	*They arrived by (way of) the avenue.*

b. Verbos transitivos

Los verbos transitivos pueden tener un sujeto y un objeto directo y/o un objeto indirecto.

(1) Con sujeto y objeto directo

Oí las noticias. [suj.: **yo;** o.d.: **las noticias**]	*I heard the news.*
Vimos la película. [suj.: **nosotros;** o.d.: **la película**]	*We saw the movie.*
Vi a[2] tu hermana. [suj.: **yo;** o.d.: **tu hermana**]	*I saw your sister.*

---

1. En español, el pronombre sujeto se usa más que nada para dar énfasis o aclarar.
2. La **a** personal se usa con objetos directos humanos o personificados sustantivos.

(2) Con sujeto, objeto directo y objeto indirecto

Le regalamos los dulces a[3] su abuelita. [suj.: **nosotros;** o.d.: **los dulces;** o.i.: **su abuelita**]	*We gave the sweets to her grandmother.*
¿Le enviaste el mensaje a tu consejera? [suj.: **tú;** o.d.: **el mensaje;** o.i.: **tu consejera**]	*Did you send the message to your advisor?*
Les dio la niña[4] a los padres adoptivos. [suj.: **ella;** o.d.: **la niña;** o.i.: **los padres**]	*She gave the child to the adoptive parents.*

(3) Con sujeto y objeto indirecto solamente

Generalmente, el verbo **gustar** se usa como modelo de este tipo de verbo. (Consultar el Capítulo 6.I, páginas 247–252, sobre verbos como **gustar**). Para muchos de estos verbos, la traducción al inglés es difícil porque el sujeto en inglés es el objeto indirecto en español, y el objeto en inglés es el sujeto en español.

Me gusta este cuadro. [Español: suj.: **este cuadro;** o.i.: **a mí**]	*I like this painting.* [Inglés: suj.: **I;** o.d.: **this painting**]
Le caes bien a mi hermano. [Español: suj.: **tú;** o.i.: **a mi hermano**]	*My brother likes you.* [Inglés: suj.: **My brother;** o.d.: **you**]
Nos encanta Sevilla. [Español: suj.: **Sevilla;** o.i.: **a nosotros**]	*We love Seville.* [Inglés: suj.: **We;** o.d.: **Seville**]

Es importante observar que, a menudo, hay diferencias significativas entre el inglés y el español en cuanto a los verbos y su naturaleza transitiva o intransitiva. Estas diferencias son, principalmente, distinciones léxicas que afectan directamente la elección de los pronombres. El dominio de estas distinciones requiere mucha práctica y experiencia con un idioma, y el diccionario no siempre es nuestro mejor amigo. Algunos estudiantes encuentran útil mantener una

---

3. La preposición **a** se usa para introducir un objeto indirecto.

4. En caso de posible ambigüedad, la **a** personal, usualmente necesaria antes del objeto directo humano **la niña,** se elimina. Aquí hay un objeto indirecto, **los padres,** introducido por la preposición **a.** Si la **a** personal se usara antes de la niña, no sería claro quién se le da a quién.

lista de los verbos intransitivos y transitivos que usan, verbos con usos múltiples y diferencias entre el uso de los verbos en inglés y en español. Esta lista debe basarse en la propia experiencia con el idioma y, más específicamente, incluir áreas de dificultad con la escritura (donde se encuentren correcciones del instructor, por ejemplo) o detalles que se hayan observado al estudiar. La lista puede estar subdividida en las siguientes cinco categorías:

1. Intransitivos: **ir, venir, llegar...**
2. Transitivos con objeto directo (posible objeto indirecto): **aprender, comer, beber, estudiar, ver, querer...** [NOTA: La mayoría de estos verbos también se puede usar como intransitivos, sin objeto.] En estas oraciones no hay objeto: ***lo que*** comí o ***lo que*** aprendemos no es importante.

Ya comí hoy.	*I already ate today.*
Todos aprendemos.	*We all learn.*

3. Transitivos con objeto indirecto (objeto directo posible): **dar, regalar, enviar, decir, comunicar, gritar, escribir...** (La mayoría de los verbos de comunicación pertenece a esta categoría, al igual que los verbos relacionados con dar o enviar).
4. Transitivos con objeto indirecto (objeto directo ***imposible***): **gustar, caer bien...**
5. Verbos problemáticos:

   - **RETURN:** En inglés, el verbo "*to return*" puede ser transitivo o intransitivo, pero en español, se usan dos verbos distintos.

Volví ayer.	*I **returned** yesterday.*
Devolví el libro.	*I **returned** the book.*

   - **LOOK AT:** En español, esto se expresa con **mirar.** La función de la preposición inglesa "*at*" está incluida en el verbo **mirar,** y **el libro** es el objeto directo en español.

Miro el libro.	*I **look at** the book.*

   - **LOOK FOR:** En español, esto se traduce como **buscar.** Aquí también la función de la preposición del inglés "*for*" está incluida en el verbo **buscar,** y **el libro** es el objeto directo en español.

Busco el libro.	*I **look for** the book.*

Ejercicio 3.1, página 336

2. Pronombres sujeto

PRONOMBRES SUJETO		
PERSONA	SINGULAR	PLURAL
1.ª	yo	nosotros
2.ª	tú*	vosotros
3.ª	él/ella/usted*	ellos/ellas/ustedes*

*__Usted__ se usa para dirigirse a alguien y es, por lo tanto, segunda persona y no tercera (la primera persona es la que habla, la segunda persona es aquélla a la que uno se dirige y la tercera persona es aquélla de la que uno habla o a la que uno se refiere). Sin embargo, las formas de los pronombres objeto y los verbos que corresponden a **usted** están todas en tercera persona y, por esa razón, en este cuadro y en todos los cuadros a continuación que estén relacionados con pronombres objeto, las formas relacionadas con **usted** están ubicadas bajo la tercera persona.

Uso de *usted, tú, vosotros* y *vos*

En Latinoamérica, **ustedes** es el plural de **tú o usted**, pero en España, **vosotros** es el plural de **tú**, y **ustedes** sólo es el plural de **usted.**

A menudo, **usted** y **ustedes** se ven en sus formas abreviadas, **Ud.** y **Uds.**

Usted se usa con distinta frecuencia en los diferentes dialectos. Como regla general, se observará que es más común en Latinoamérica que en España. Se usa para marcar una diferencia de algún tipo, ya sea de edad o de estatus. Por ejemplo, un adolescente se dirigiría a un adulto de estatus igual o mayor con la palabra **usted;** en una casa, los padres probablemente se dirigirían a los sirvientes con la palabra **tú,** pero un sirviente usaría **usted** para dirigirse a ellos. En algunas familias, se usa **usted** entre padres e hijos; en otras, es más común el uso de **tú.** Sin embargo, a veces, es posible escuchar a un padre que regaña a su hijo o hija cambiar a **usted** para establecer distancia y lograr un regaño más efectivo.

Para decidir si usar **usted** o **tú** en una situación determinada, se debe observar el uso local para determinar la elección, pero mientras tanto, la siguiente regla general puede resultar útil: en un lugar de trabajo o una oficina de gobierno, es más seguro usar **usted;** en contextos sociales, generalmente, es seguro usar **tú** con cualquier persona de la misma edad o más joven; y es más seguro usar **usted** con el resto de las personas.

Es probable que quien haya pasado un tiempo en Centroamérica o Sudamérica o entre personas de esta parte del mundo, conozca el **voseo. Voseo** se refiere al uso del

(continúa)

pronombre **vos** como alternativa de la segunda persona del singular, usado en lugar de, o junto con, **tú/ti.** Su aceptación varía de una región a otra, al igual que su uso.

En Argentina, Paraguay y Uruguay, el **voseo** se acepta en la mayoría de los registros, pero en algunos casos, puede estar restringido a registros informales. En Uruguay, aunque **vos** es más común, también es posible escuchar **tú.** En ambos casos, el verbo se conjuga con la forma de **vos** (**vos tenés/tú tenés,** en vez de **vos tenés/tú tienes**).

En otras regiones, **vos** se usa más entre individuos que se consideran socialmente iguales y tienen una relación informal. A continuación hay algunos ejemplos del uso de **vos:**

Vos como sujeto:

Vos no sabés nada del asunto.	*You know nothing about the matter.*

Vos como objeto preposicional:

Siempre lo hago todo <u>por</u> **vos.**	*I always do everything for you.*
Si ella sale <u>con</u> **vos**, se va a divertir.	*If she goes out with you, she'll have fun.*

Vos no tiene una forma alternativa para **te, tu** y **tuyo,** que se pueden encontrar en combinación con él:

Vos <u>te</u> dormiste en clase.	*You fell asleep in class.*
Abrí **vos** <u>tu</u> libro.	*Open your book.*
No amo a nadie como <u>te</u> amo a **vos**.	*I don't love anyone the way I love you.*

Conjugación de verbos

Aunque hay casos de uso del **voseo** en diferentes tiempos, el presente del indicativo y el imperativo son, claramente, los más aceptados. La forma **vos** se asemeja a la forma **vosotros,** con cambios menores:

Presente del indicativo: Observe la pérdida de la ***i*** del diptongo final de **vosotros:**

Vosotros: habláis / coméis / sois

Vos: hablás / comés / sos

(N.B. Cuando no hay diptongo en la forma **vosotros,** como en los verbos terminados en **-ir** [por ej., **partís**], se usa la misma forma para **vos** y **vosotros**).

Imperativo: Observe la pérdida de la ***d*** final de la forma verbal **vosotros:**

Vosotros: hablad / comed / partid / decid / oíd

Vos: hablá / comé / partí / decí / oí

(N.B. En el imperativo, para el **voseo**, se usa el verbo **andar** (**andá, andate**) en lugar del verbo **ir**).

Uso del pronombre sujeto

En español, el pronombre sujeto está ausente en la mayoría de los casos. Normalmente, la referencia al sujeto está contenida en la terminación del verbo y el contexto suele ser lo suficientemente claro para que no sea necesario usar el pronombre sujeto. Esto es cierto incluso para la tercera persona, mientras el contexto no sea ambiguo.

Juan se levantó y caminó a la ventana. Miró afuera y suspiró: "Otro día de nieve".	*Juan got up and walked to the window. He looked outside and sighed, "Another day of snow."*

Observe en las oraciones anteriores que **caminó, miró** y **suspiró** no requieren el uso de **él.** Se entiende que los verbos que siguen al primero (con Juan como sujeto) también tendrán a Juan como sujeto, a menos que se indique lo contrario. Sin embargo, esa claridad absoluta no es realmente necesaria en español. A menudo se encuentran narrativas que comienzan sin especificidad de sujeto y sólo lo aclaran más adelante en el contexto del cuento.

> Se levantó y caminó a la ventana. Miró afuera y suspiró: "Otro día de nieve". Entonces oyó la voz de su compañero de cuarto que le gritaba: "¡Juan!".

Para traducir este texto, se debe leer por completo antes de saber cuál es el sujeto del primer verbo. No se puede saber si el sujeto es "ella" o "él" hasta leer el nombre "Juan".

Hay, fundamentalmente, cuatro razones para usar el pronombre sujeto: enfoque, contraste, cambio de sujeto y con **usted.**

Enfoque: El pronombre sujeto no se usa cuando el enfoque no está en el sujeto. Compare los siguientes diálogos breves.

—¿Cuántos hermanos tienes?	*"How many brothers do you have?"*
—Tengo tres hermanos.	*"I have three brothers."*
—¿Quién hizo esto?	*"Who did this?"*
—Lo hice **yo.**	*"**I** did it."*

En el primero de los diálogos, la pregunta está relacionada con el objeto del verbo, los hermanos, y no con el sujeto del verbo. Dado que **tienes** y **tengo** indican sin duda alguna quién es el sujeto, no hay razón para agregar **tú** o **yo.** Sin embargo, en el segundo diálogo, la pregunta está relacionada con el sujeto del verbo. Por esa razón, se debe expresar el sujeto en la respuesta, ya sea como sustantivo o como pronombre.

Contraste: El pronombre sujeto se usa para marcar un contraste entre dos sujetos diferentes.

Yo resumo el informe, y **tú** lo lees.	***I** will summarize the report, and **you** will read it.*

Cambio de sujeto: En párrafos donde se cambia de un sujeto a otro, se debe usar el nuevo sujeto, ya sea en forma de pronombre o en forma de sustantivo.

Caminaron juntos hasta el borde del lago. **Él** la abrazó y le dijo que la quería. **Ella** se quedó callada.	*They walked together to the edge of the lake. He put his arms around her and told her he loved her. She remained quiet.*

En la anterior serie de oraciones, el sujeto cambia de **ellos** a **él** y de **él** a **ella.**

Obsérvese, sin embargo, que no habría necesidad de agregar el sujeto si no hubiera cambios.

Héctor caminó con ella hasta el borde del lago. La abrazó y le dijo que la quería. Esperó una respuesta, pero no oyó nada.	*Hector walked with her to the edge of the lake. He put his arms around her and told her that he loved her. He waited for an answer, but heard nothing.*

Con *usted*: El uso de **usted** como pronombre sujeto da la idea de formalidad o cortesía.

¿Desea **usted** algo más?	*Would you like something else?*
Usted conoce a mi prima, ¿verdad?	*You know my cousin, don't you?*

Los pronombres sujeto de tercera persona (**él, ella, ellos** y **ellas**[5] se refieren sólo a personas, nunca a cosas. No hay pronombre sujeto para *it* (ni su plural *they*) en español.

Esa mesa es de madera. Es de madera.	*That table is made of wood.* *It is made of wood.*
Me gusta[6] esa película. Me gusta mucho.	*I like that movie.* *I like it a lot.*
Se venden[7] muchas PC ahora. Se venden rápido.	*Many PCs are sold now.* *They are sold quickly.*

Ejercicios 3.2–3.4, página 336

5. Estos pronombres no se pueden usar como sujetos cuando se refieren a cosas; sin embargo, se pueden usar como objetos preposicionales que se refieren a cosas: **¿Y esos tomates? ¿Qué vas a preparar con ellos?** *And those tomatoes? What are you going to prepare with them?*
6. Para **gustar** y otros verbos similares, el sujeto en inglés es el objeto indirecto en español, y el objeto en inglés es el sujeto en español.
7. En la construcción con **se** impersonal con objetos inanimados, el objeto inanimado funciona como sujeto del verbo. Con frecuencia, esto se traduce al inglés como la voz pasiva.

3. Pronombres de objeto directo

a. Formación y uso

PRONOMBRES DE OBJETO DIRECTO		
PERSONA	**SINGULAR**	**PLURAL**
1.ª	me	nos
2.ª	te	os
3.ª	lo/la*	los/las*

NOTA: Los pronombres de objeto que corresponden a **usted** están incluidos bajo la 3.ª persona porque su forma verbal es la misma.

Los pronombres de objeto directo reciben la acción directa del verbo.

Me ven.	*They see **me.***
Te conocen.	*They know **you.***
Nos escuchan.	*They listen to **us.***
Os entiendo.	*I understand **you.***
Lo vi ayer.	*I saw **him/you*** (usted) *yesterday.*
Las conozco bien.	*I know **them/you*** (ustedes) *well.*

En la mayor parte de España, pero no en la mayor parte de Latinoamérica, se usa **le(s)** en lugar de **lo(s)** para hablar de hombres.

No **lo** conozco. (Latinoamérica)	*I do not know him.*
No **le** conozco. (España)	*I do not know him*

El uso de **le** para el objeto directo humano se llama **leísmo**; los que hablan de esta forma se llaman **leístas**. Los estudiantes de español deben adoptar este uso de **le** sólo cuando adoptan el resto de los rasgos dialectales de la región, que incluyen el uso de **vosotros.**

Os se usa sólo en España para el plural de **te.**

	LATINOAMÉRICA ***(I saw you.)***	**ESPAÑA** ***(I saw you.)***
Singular	Te vi.	Te vi
Plural	Los vi (a ustedes).	Os vi.

El pronombre de objeto directo que reemplaza un objeto inanimado reflejará el género y número del sustantivo al que reemplaza.

Miro la televisión. ¿Tú **la** miras?	*I watch television. Do you watch it?*

b. Pronombres de objeto (directo o indirecto) tónico y clítico

Es importante observar la diferencia entre los pronombres clíticos **me, te, lo, la, le, se, nos, os, los, las, les** y los tónicos **a mí, a ti, a él, a ella, a usted, a sí, a nosotros, a vosotros, a ellos, a ellas, a ustedes.** El primer grupo de pronombres clíticos se usa en la mayoría de las condiciones normales de referencia; el segundo grupo se agrega al primero si hay un enfoque especial, si hace falta un énfasis adicional o si es necesaria una aclaración en el caso de la tercera persona. Se deben considerar los siguientes contextos.

Enfoque: Para responder a preguntas acerca del objeto directo.

—¿A quién llamó?	*"Whom did he call?"*
—**A mí**. (O: **Me** llamó **a mí.**)	***"Me."***

Énfasis: En inglés, se agrega énfasis pronunciando los pronombres (o las palabras) con más hincapié, mientras que en español, esto no es posible. En español, se agregan palabras para indicar el énfasis. En el siguiente ejemplo, las palabras en mayúsculas se pronuncian enfáticamente. Obsérvese la necesidad de agregar palabras en español. En este caso, las palabras agregadas (que en los siguientes ejemplos están en negrita) son las formas tónicas de los pronombres.

No te escribió **a ti,** me escribió **a mí,** así que me quiere **a mí** y no **a ti.**	*He didn't write YOU, he wrote ME, so he loves ME and not YOU.*

Aclaración: Cuando se usa el pronombre de la tercera persona y hay ambigüedad de referencia, se agrega la forma tónica para aclarar.

—¿Viste a Ricardo y a Luisa?	*"Did you see Ricardo and Luisa?"*
—Sí, los vi. Pero la vi **a ella** primero, y no lo vi **a él** hasta después. No estaban juntos. Quería preguntarles por qué, pero no me atreví.	*"Yes, I saw them. But I saw HER first, and did not see HIM until later. They were not together. I wanted to ask them why, but didn't dare."*

Un error frecuente que cometen los estudiantes anglohablantes de español es el uso de la forma tónica de los pronombres en lugar de la clítica en oraciones completas: [~~**Vi a ella. Quería preguntar a ellos.**~~] La forma tónica sólo puede estar sola cuando no hay verbo, y, en esos casos, no se puede usar la forma clítica, que no puede estar sola.

c. *Lo:* El pronombre neutro (invariable)

El pronombre neutro **lo** se refiere a una idea o una situación que no es lo suficientemente específica para ser masculina o femenina.

—Nos queda poco tiempo.	*"We have little time left."*
—Sí, ya **lo** sé.	*"Yes, I know it."*

Lo se usa como complemento para reemplazar adjetivos, pronombres o sustantivos con **ser, estar** y **parecer.** Obsérvese que en inglés, en la mayoría de los casos, el equivalente de **lo** se representa simplemente con el énfasis en el verbo al hablar.

—Creo que ella es muy lista.	*"I think she is very clever."*
—Yo no creo que **lo** sea.	*"I do not think she is."*
—Esa mujer es la tía de Juan.	*"That woman is Juan's aunt."*
—Sé que no **lo** es porque conozco a su tía.	*"I know she is not because I know his aunt."*
—¿Estas llaves son tuyas?	*"Are these keys yours?"*
—No, no **lo** son.	*"No, they are not."*
—¿Estás frustrada?	*"Are you frustrated?"*
—Sí, **lo** estoy.	*"Yes, I am."*
—Parece que estás nervioso.	*"You look nervous."*
—Quizá **lo** parezca, pero no **lo** estoy.	*"Maybe I look that way, but I am not."*

iLrn HEINLE Learning Center **Ejercicios 3.5–3.8, páginas 337–338**

4. Pronombres de objeto indirecto

PRONOMBRES DE OBJETO INDIRECTO		
PERSONA	**SINGULAR**	**PLURAL**
1.ª	me	nos
2.ª	te	os
3.ª	le*	les*

*Cuando se combina con **lo(s)** o **la(s), le(s)** se convierte en **se.** Obsérvese también que los pronombres de objeto que corresponden a **usted** están ubicados bajo la 3.ª persona porque su forma verbal es la misma.

Le dio la manzana a la maestra. ⟶ Se la dio.
He gave the apple to the teacher. *He gave it to her.*

Les regaló el coche. ⟶ Se lo regaló.
She gave them the car. *She gave it to them.*

El objeto indirecto se usa para indicar la persona o personas que reciben el objeto directo o para indicar la persona o cosa afectada de alguna manera por la acción del verbo.

Me regaló sus guantes. *He gave me his gloves.*
¿**Te** dijo su secreto? *Did she tell you her secret?*
Les mandó el recado. *She sent them the message.*

Hay muchas traducciones posibles al inglés de los objetos indirectos en español, con una variedad de preposiciones en la versión del inglés.

Le hiciste la merienda. *You made the snack **for** her.*
Les quitó la llave. *He took the key **away from** them.*
Nos pidió ese favor. *He asked that favor **of** us.*

Es posible que los verbos usados a menudo con objetos indirectos sean verbos como **gustar:**

Le gustaron los regalos. *She liked the gifts.* (traducción literal: *The gifts were pleasing **to her**.*)

¿**Te** cayó bien mi tía? *Did you like my aunt?* (traducción literal: *Was my aunt pleasing **to you**?*)

Nos faltan diez pesos.	*We are missing ten pesos.* (traducción literal: *Ten pesos are lacking* ***for us.***)

(Consultar el Capítulo 6.I, páginas 247–252, para obtener una explicación completa de los verbos como **gustar**).

A continuación hay algunos verbos que pueden cambiar de significado si se usan con un objeto directo o indirecto:

No **le** creo. *I do not believe him (or her).* [es decir, está mintiendo.]	No **lo** creo. *I do not believe it.* (what he is saying) [Es posible que esté diciendo lo que piensa que es cierto, pero creo que la verdad es otra: es decir, no está mintiendo.]
¿**Le** pagaste? *Did you pay him (or her)?*	¿**La** pagaste? *Did you pay it?* (por ej., la cuenta)
Le gané. *I beat him (or her)* [en un juego].	**Lo** gané. *I won it.*
Le pegué duro. *I hit him (or her) hard.*	**Lo** pegamos. *We glued it.*
Le di en la cara. *I hit him (or her) in the face.*	Me **lo** dio. *He gave it to me.*
Le robaron. *They robbed him (or her).*	**Lo** robaron. *They stole it.*
Le extraña que hagas eso. *It surprises him (her) that you do that.*	**Lo** extraña mucho. *She misses him a lot.*

Ejercicios 3.9–3.12, páginas 338–339

5. Pronombres de objeto repetitivos necesarios

Los siguientes pronombres de objeto se deben usar aunque suenen redundantes.

a. Pronombres de objeto directo

Los pronombres de objeto directo se deben usar cuando el sustantivo del objeto está antes del verbo y no después.

La salida la encontrará a su derecha.	*You will find the exit to the right.*
A todos los convidados los critica.	*She criticizes all of her guests.*
A ella no **la** conozco.	*I don't know her.*

Los pronombres de objeto directo también se deben usar cuando se usa el pronombre **todo (toda, todos, todas)** como objeto directo.

Lo vendieron **todo.**	*They sold it all.*
La cantaron **toda.** (por ej., la canción)	*They sang it all.*
Nos invitaron a **todos.**	*They invited all of us.*

b. Pronombres de objeto indirecto

Estos pronombres se usan casi siempre aunque su referente aparezca en la cláusula.

Le dije **a Maira** que venías.	*I told Maira you were coming.*
Le cedió el poder **a su hermano.**	*He transferred the power to his brother.*
Les caes bien **a mis hijos.**	*My children like you.*
Le caes bien **a él.**	*He likes you.*
Le caes bien.	*He likes you.*
Les hace falta **a sus padres.**	*Her parents miss her.*
Les hace falta **a ellos.**	*They miss her.*
Les hace falta.	*They miss her.*

Ejercicio 3.13, página 339

6. Orden de los pronombres de objeto cuando se combinan

ORDEN DE LOS PRONOMBRES DE OBJETO CUANDO SE COMBINAN			
1	2	3	4
se	**2.ª persona**	**1.ª persona**	**3.ª persona**
se	te os	me nos	lo(s) la(s) le(s)

Ejemplos:

Se te cayeron los libros.	*You dropped your books.*
Se os dirá cuando llegue el momento.	*You will be told when it is time.*
Se me dijo la verdad.	*I was told the truth.*
Se nos acabaron las ideas.	*We ran out of ideas.*
Se lo expliqué.	*I explained it to him/her.*
Se los regalé.	*I gave them to him/her.*
Se la mandaron.	*They sent it to them.*
Se le olvidó.	*He/She forgot it.*
Te lo dije.	*I told you (so/it).*
Te la regalé.	*I gave it to you.*
Me lo dijeron.	*They told me (so/it).*
Me la enseñaron.	*They showed it to me.*
Nos lo contaste.	*You told us (so/it).*
Nos la enseñaron.	*They showed it to us.*

Ejercicio 3.14, página 340

7. Posición de los pronombres de objeto

Los pronombres de objeto directo e indirecto deben estar antes o después del verbo relacionado, dependiendo de la forma del verbo. En los mandatos afirmativos, no hay elección en cuanto a la posición después del verbo. No hay elección en cuanto a la posición antes del verbo con ninguna otra forma excepto el infinitivo y el participio presente. Con estos últimos, los pronombres pueden estar antes o después de la frase verbal, siempre y cuando todos los pronombres relacionados con el mismo verbo estén en la misma posición.

FORMA VERBAL	POSICIÓN DE PRONOMBRE(S)	EJEMPLOS
verbo conjugado	antes	**La** vi ayer. *I saw her yesterday.*
tiempo compuesto	antes del auxiliar **(haber)**	Nunca **la** he visto. *I have never seen her.*
infinitivo	antes de auxiliar o después del infinitivo[8]	**Me la** quiero comprar. Quiero comprár**mela.** *I want to buy it (for myself).*
participio presente	antes de auxiliar o después del participio presente[8]	**Lo** estaba mirando. Estaba mirándo**lo.** *I was looking at it.*
mandato afirmativo	después[8]	Míra**la.** Cómprate**los.** *Look at it. Buy them (for yourself).*
mandato negativo	antes	No **la** mires. No **te los** compres. *Do not look at it. Do not buy them.*

En las oraciones en las que se combina más de un verbo, el pronombre de objeto se debe ubicar cerca del verbo que lo rige:

Viajaremos para conseguir**lo.** — *We will travel to get it.*

Salieron persiguiéndo**la.** — *They left pursuing her.*

Vaya a comprar**lo.** — *Go and buy it.*

Sigue estudiándo**lo.** — *Continue studying it.*

Sígue**me** tomando apuntes. — *Follow me, taking notes.*

---

8. Cuando los pronombres están unidos al final de un infinitivo, un participio presente o un mandato, es posible que sea necesario un acento para mantener el énfasis original en el verbo: **vender—venderlos—vendérselos; vendiendo—vendiéndolos; vende—véndelos.**

La oyeron decír**telo**. — *They heard her tell it to you.*

Nos dejó gritándo**nos**. — *She left us yelling at each other.*

Ejercicio 3.15, página 340

8. Pronombres de objeto preposicional

PRONOMBRES DE OBJETO PREPOSICIONAL		
PERSONA	**SINGULAR**	**PLURAL**
1.ª	mí	nosotros
2.ª	ti	vosotros
3.ª	él/ella	ellos/ellas
formal	usted	ustedes
reflexivo	sí	sí

Los pronombres de objeto preposicional se usan después de las preposiciones.

Lo hizo **por mí.** — *She did it because of me.*

Puedes contar **con nosotros.** — *You can count on us.*

Se fue **sin ella.** — *He left without her.*

Lo guardó **para sí.** — *He kept it for himself.*

Lo guardó **para él.** — *She kept it for him.*

Estaba sentado **frente a vosotros.** — *He was sitting in front of you.*

Corrió **tras ella.** — *He ran after her.*

Estaba **cerca de ti.** — *He was near you.*

No encuentro mi diccionario; ayer trabajé **con él.** — *I cannot find my dictionary; yesterday I worked with it.*

La gorra de Roberto es parte **de él**; nunca sale **sin ella.** — *Roberto's cap is a part of him; he never leaves without it.*

Las siguientes preposiciones toman la forma del pronombre sujeto para **yo** y **tú.**

entre:

Estaba sentado **entre tú** y **yo.** — *He was sitting between you and me.*

según:

Según tú, esto es incorrecto. — *According to you, this is incorrect.*

Como, excepto y **menos** toman **yo** y **tú,** a menos que estén seguidos de otra preposición. Se usa el pronombre que corresponde a la última preposición.

como:

Mis amigos piensan **como yo.** — *My friends think like me.*

A mí no me duele **como a ti.** — *It does not hurt me the way it hurts you.*

excepto:

Todos lo vieron **excepto yo.** — *They all saw it except me.*

Les dieron **a** todos **excepto a mí.** — *They gave to everyone but me.*

Se lleva bien **con** todos **excepto conmigo.** — *He gets along with everyone but me.*

menos:

Todos **menos tú** comieron postre. — *They all ate dessert except you.*

Hubo carta **para** todos **menos para ti.** — *There was a letter for everyone but you.*

La preposición **con** con **mí, ti** y **sí** se transforma en **conmigo, contigo** y **consigo.**

Ven **conmigo.** — *Come with me.*

Pensé que estaba **contigo.** — *I thought he was with you.*

Se lo llevó **consigo.** — *He took it along (with himself).*

Consigo se usa cuando el sujeto del verbo es el mismo que el objeto de **con,** como en el ejemplo anterior. En situaciones donde el sujeto es diferente del objeto de **con,** se usa el pronombre preposicional común de la tercera persona.

Fuimos al cine con Juan. — *We went to the movies with Juan.*
Fuimos al cine **con él.** — *We went with him.*

Quiero bailar con María. — *I want to dance with Maria.*
Quiero bailar **con ella.** — *I want to dance with her.*

Me gusta hablar con mis vecinos.	*I like to talk with my neighbors.*
Me gusta hablar **con ellos.**	*I like to talk with them.*
Nunca he ido al cine con mis hermanitas.	*I have never gone to the movies with my little sisters.*
Nunca he ido al cine **con ellas.**	*I have never gone to the movies with them.*

Ejercicio 3.16, página 340;
Ejercicio de repaso 3.17, página 341

B *Se*

1. Introducción

El pronombre **se** en español puede tener diferentes usos según el contexto en el que se usa:

- Los pronombres de objeto indirecto **le** y **les,** cuando están seguidos de un pronombre de objeto directo como **lo** o **la,** se transforman en **se.** (Consultar el Capítulo 3.A.4, páginas 70–71).
- **Se** es también la forma singular y plural de la tercera persona del pronombre reflexivo.
- En su función de pronombre reflexivo, **se** se puede usar en construcciones con una cosa como sujeto y una persona como objeto indirecto para describir un hecho accidental. En **Se me olvidó la tarea,** el sujeto del verbo es **tarea** y la persona es el objeto indirecto. En este tipo de oración, la cosa se está haciendo la acción a sí misma (por eso el reflexivo) y la persona aparece como un inocente o una víctima indirectamente afectada por el suceso.
- El uso impersonal de **se** se aplica a contextos en que la acción se lleva a cabo sin que se mencione ningún sujeto. Evidentemente, alguien está llevándola a cabo, pero eso no tiene importancia para el contexto. Cuando se lee **Se habla español** en la puerta de una tienda, esto indica que, en caso de necesidad, en esa tienda se habla español. No tiene importancia expresar quién habla el idioma.

SINOPSIS DE LOS USOS DE *SE*
1. **Le** o **les** transformados antes de **lo(s)** o **la(s)** Le di la flor. → **Se** la di. *I gave her the flower. → I gave it to her.*
2. Tercera persona reflexiva Ella **se** levanta temprano. *She wakes up early.* Tercera persona recíproca Ellos **se** odian. *They hate each other.*
3. Accidental **Se** me cayó el libro. *I dropped the book.*
4. Impersonal **Se** habla español. *Spanish is spoken.*

2. Pronombres reflexivos

a. Reflexivos

PRONOMBRES REFLEXIVOS		
PERSONA	SINGULAR	PLURAL
1.ª	me	nos
2.ª	te	os
3.ª	se	se

Una construcción reflexiva se produce cuando el sujeto y el objeto de un verbo son la misma persona. En algunos casos, el objeto del verbo es directo.

Me lavo. *I wash myself.*

En otros casos, el objeto del verbo es indirecto.

Se escribían todos los días. *They wrote (to) each other every day.*

Ciertos verbos que se refieren a hábitos personales cotidianos se usan con más frecuencia en construcciones reflexivas. (Consultar el Capítulo 6. J, páginas 252–260, sobre verbos reflexivos).

bañarse *to bathe (oneself)* lavarse *to wash (oneself)*

despertarse *to wake (oneself) up* levantarse *to get (oneself) up*

Estos verbos se pueden usar en forma no reflexiva, en una construcción transitiva común, con un objeto diferente del sujeto.

La madre bañó a su bebé. ⟶ **Lo** bañó.
The mother bathed her baby. *She bathed him.*

Ella se bañó a las seis. ⟶ **Se** bañó.
She bathed (herself) at six. *She bathed (took a bath).*

Los posesivos se cambian a artículos definidos con las partes del cuerpo o las prendas de vestir.

Me lavé **las** manos. *I washed my hands.*

Me puse **el** abrigo. *I put on my coat.*

Para enfatizar los pronombres reflexivos, se usan los siguientes pronombres reflexivos de objeto preposicional, también llamados pronombres reflexivos tónicos.

PRONOMBRES REFLEXIVOS DE OBJETO PREPOSICIONAL		
PERSONA	SINGULAR	PLURAL
1.ª	mí	nosotros
2.ª	ti	vosotros
3.ª	sí	sí

Estos pronombres se usan para marcar un pronombre tónico después de las preposiciones y, algunas veces, en construcciones en las que el verbo no es reflexivo pero la acción sí lo es.

Es muy codicioso. Se lo guarda todo **para sí (mismo)** y no deja nada para los demás. *He is very greedy. He keeps everything for himself and leaves nothing for the rest.*

Lo hago **por mí.** *I do it for myself.*

Lo compró **para sí.** *She bought it for herself.*

Trajo el paraguas **consigo.** *She brought the umbrella (with her).*

b. Recíprocos

Los pronombres plurales también se pueden usar para acciones recíprocas.

Ellos **se** conocen bien. — *They know each other well.*

En caso de ambigüedad, se puede agregar lo siguiente.

RECÍPROCOS = *each other*		
	SINGULAR	PLURAL
Masculinos	el uno al otro	unos a otros
Femeninos	la una a la otra	unas a otras

REFLEXIVOS = *myself, yourself, etcétera*		
PERSONA	SINGULAR	PLURAL
1.ª	a mí mismo(a)	a nosotros(as) mismos(as)
2.ª	a ti mismo(a)	a vosotros(as) mismos(as)
3.ª	a sí mismo(a)	a sí mismos(as)

Nos conocemos **el uno al otro**. — *We know each other.* (recíproco)

Nos conocemos **a nosotros mismos**. — *We know ourselves.* (reflexivo: each one of us knows him- or herself)

Ejercicios 3.18–3.20, páginas 341–342

3. Construcción *se me*: el *se* accidental

En español, hay una estructura de uso muy común para expresar situaciones accidentales, casuales o no planeadas. Éste suele ser el caso con acciones como **olvidar, dejar caer algo, quemar, romper,** etcétera. En estas situaciones, la cosa involucrada en el accidente es el sujeto del verbo y el verbo se usa en formato reflexivo. La persona, o víctima del accidente, es el objeto indirecto del verbo. Por lo tanto, nombrar este **se** de una manera distinta de cualquier otro **se** reflexivo podría ser engañoso. La única razón por la que es invariable es que las cosas siempre están en tercera persona del singular o del plural, nunca en primera o segunda persona del singular o del plural, que son formas reservadas para los humanos.

Ejemplos:

Se rompieron mis lentes. [suj.: **mis lentes;** o.d.: none]	*My glasses broke.*
Se rompió tu regla. [suj.: **tu regla;** o.d.: none]	*Your ruler broke.*
Se me rompieron los lentes.[9] [suj.: **los lentes;** o.i.: **a mí**)	*I (accidentally) broke*[10] *my glasses.* [suj.: *I;* o.d.: *my glasses*]
Se me rompió tu regla. [suj.: **tu regla;** o.i.: **a mí**]	*I (accidentally) broke your ruler.*

En inglés, como en español, hay algunos verbos que se pueden usar de tal manera que la cosa u objeto al que le ocurrió el accidente sea el sujeto del verbo: las cosas se rompen (break), se caen (fall), se rasgan (tear), se cierran (close), se abren (open), se apagan (go out, like a light), se arrugan (wrinkle), se ensucian (get dirty), se mojan (get wet), se arruinan (go bad), etcétera. La diferencia en cuanto a la estructura en español es que se puede incluir a la persona a la que le ocurrió este hecho accidental. Obsérvese que el posesivo cambia a artículo definido cuando se refiere a una parte del cuerpo, una prenda de vestir o una posesión personal.

Se me rompieron los lentes.	*My glasses broke.*
Se te rompieron los lentes.	*Your* **(tú)** *glasses broke.*
Se le rompieron los lentes.	*His/Her/Your* **(Ud.)** *glasses broke.*
Se nos rompieron los lentes.	*Our glasses broke.*
Se os rompieron los lentes.	*Your* **(Vosotros)** *glasses broke.*
Se les rompieron los lentes.	*Their/Your* **(Uds.)** *glasses broke.*

Obsérvese que **rompieron** está en tercera persona del plural porque el sujeto del verbo es plural: **los lentes.** Si el sujeto fuera singular, el verbo también sería singular.

Se me rompió la uña.	*My fingernail broke.*

---

9. Los sustantivos de estas oraciones que funcionan como sujeto u objeto indirecto pueden estar antes o después del verbo.

Se me rompieron los lentes. = Los lentes se me rompieron.

10. En español, si la acción de romper fue hecha a propósito, el verbo y los pronombres se comportan "normalmente", con la persona como sujeto del verbo.

Ese chico me puso tan furioso que le rompí los lentes. (suj.: **yo;** o.d.: **lentes)**
That kid made me so angry that I broke his glasses.

Si se quiere incluir a la persona a la que le ocurrió el accidente, cabe recordar que la función gramatical de la persona es la de objeto indirecto, introducida con la preposición **a.**

Se le olvidó la cita **al presidente**.	*The president forgot the quote.*
A Quico se le perdieron los boletos.	*Quico lost the tickets.*
Se le rompió el paraguas **a Carmelita**.	*Carmelita's umbrella broke.*

Si no es necesario expresar el sujeto de este tipo de oración porque ya se ha mencionado antes en el contexto, se debe recordar la regla básica de que en español no hay pronombre sujeto equivalente al "*it*" del inglés (o "*they*" como plural de "*it*").

—¿Qué pasó con tu lente?	*"What happened to your lens?"*
—Se me rompió.	*"It broke."*

Los siguientes verbos se pueden usar con esta construcción.

quemársele a uno *to burn*

A propósito: **Quemaron los libros.** *They burned the books.*
Accidental (sin víctima): **Los libros se quemaron.** *The books burned (up).*
Accidental (con víctima): **Se nos quemaron los libros.** *We accidentally burned up our books.*

caérsele a uno *to drop; to fall*
(**Dejar caer** is used for the purposeful action, and means, literally, *to let fall.*)

A propósito: **Dejó caer el vaso.** *He dropped the glass.*
Accidental (sin víctima): **El vaso se cayó.** *The glass fell.*
Accidental (con víctima): **Se le cayó el vaso.** *He dropped the glass.*

olvidársele a uno *to forget*

A propósito: **Olvidemos nuestros problemas.** *Let's forget our problems.*
Accidental (sin víctima): imposible en español.
Accidental (con víctima): **Se nos olvidó el libro.** *We forgot the book.*

Con esta construcción se puede describir una variedad de hechos desafortunados o accidentales.

Se me cerró la puerta en la mano.	*The door closed on my hand.*
Se nos apagó el fuego.	*The fire went out (on us).*
Se nos fue la luz.	*The electricity went out (on us).*

Los temblores no se me van. — *My shivering will not go away.*

Se te arrugó la falda. — *Your skirt got wrinkled.*

Se les ensuciaron los pantalones. — *Their pants got dirty.*

Se me cierran los ojos. — *My eyes are closing.*

El frío no se te va a quitar si no te pones los calcetines. — *The cold you feel is not going to go away if you do not put on your socks. (You will not warm up . . .)*

Siempre se te ocurren las ideas más raras. — *You always come up with the strangest ideas. (They come to your mind unexpectedly.)*

Se nos pasó la hora; ya son las nueve. — *We are running late; it is already nine. (The hour went by us . . . We forgot the time . . .)*

Se me quedaron las muletas en casa. — *I left my crutches at home. (They stayed at home.)*

Se me quitó el apetito. — *I lost my appetite.*

Se me pararon los pelos. — *I got goose bumps.*

Se le dobló la foto. — *She accidentally folded the picture. (Her picture got folded.)*

Obsérvese que esta construcción no se puede usar con todos los accidentes o acciones involuntarias, aun si se agrega la palabra "accidentalmente" u otra indicación de accidente.

Me robaron el coche. — *They stole my car.*

Leímos el libro equivocado. — *We read the wrong book.*

Me caí. — *I fell down.*

Lo vi sin querer. — *I saw it by accident (unintentionally).*

Chocamos. — *We crashed (had a car accident).*

Ejercicios 3.21–3.25, páginas 342–343; Ejercicio de repaso 3.26, páginas 343–344

4. *Se* impersonal

a. Introducción

El **se** impersonal se usa para acciones que no tienen un sujeto específico. En inglés, estas oraciones corresponden a la voz pasiva o a las formas impersonales de *they*, *you*, *people* o *one*.

En el senado **se rechazó** una medida que hubiera elevado el salario mínimo.	*At the senate they voted down a measure that would have raised the minimum wage.*
No entiendo por qué **se dicen** tantas mentiras.	*I do not understand why people tell so many lies.*
Eso implica que **se abandonó** la prohibición de llevar equipaje de mano en todos los vuelos.	*That implies that they lifted the ban on hand baggage on all flights.*
Hay indicios de que **se avanza** en el desarrollo de fuentes alternas de energía.	*There is evidence that they are making progress in the development of alternative sources of energy.*

Hay otras formas de expresar oraciones impersonales en español.

En España usan el "vosotros" como plural de "tú".	*In Spain* ***they*** *use "vosotros" as the plural of "tú."*
En época de sequía **la gente** come lo que haya.	*In times of drought,* ***people*** *eat whatever there is.*
Uno nunca sabe lo que el futuro puede traer.	***One*** *never knows what the future might bring.*

UNA NOTA SOBRE LA VOZ PASIVA (consultar el Capítulo 7.B.4, páginas 278–280, para obtener más información):

La voz pasiva se usa mucho más en inglés que en español, donde se encuentra más que nada en contextos literarios. La voz pasiva en español se usa cada vez más en la prosa periodística, pero esto se considera resultado de la traducción literal del inglés. Para aquellos que aún no son expertos en el idioma, es mejor evitar la voz pasiva en español. En su lugar, es mejor usar la voz activa si la acción del verbo tiene un sujeto o un agente, y una estructura impersonal si no hay sujeto. En español, cuanto más alto es el grado de impersonalidad, mayor es la tendencia al uso del **se** impersonal.

(1) Agente presente (sujeto de la acción: expresado)

Agente presente	⟶	Voz activa
She was awakened by the dog.	⟶	El perro la despertó.

En el contexto anterior, donde el agente **el perro** está expresado, en español se prefiere la voz activa. Aunque no es gramaticalmente incorrecta, en español no hay razón para usar una construcción pasiva aquí, porque hay un agente o sujeto para la acción del verbo (el perro). Sin embargo, es gramaticalmente incorrecto el uso del **se** impersonal para traducir esta oración al español, dada la presencia de un agente (o sujeto de la acción).

(2) No hay agente: no es impersonal (sujeto de la acción: ausente, pero implícito)

No hay agente: no es impersonal	⟶	Voz activa: sujeto no especificado
She was found.	⟶	La encontraron. Alguien la encontró.

En el contexto anterior se omite el sujeto, ya sea porque no es el enfoque de la oración o porque no se conoce. Si se intentara visualizar a la persona que realiza la acción, se imaginaría a un individuo o a varios, no a la gente en general. La traducción más común al español sería la voz activa sin sujeto específico, como "ellos" o "alguien".

No hay agente: impersonal (sujeto de la acción: ausente e irrelevante)

No hay agente: impersonal	⟶	**Se** impersonal
Spanish is spoken.	⟶	**Se** habla español.

El **se** impersonal es ideal para un contexto como el anterior, donde no hay agente. Si se pensara en el sujeto implícito del verbo, se vería que es impersonal, ya que se puede reemplazar con **gente** y no con un individuo específico. Este ejemplo tiene un grado mayor de impersonalidad que el sujeto implícito de la oración anterior.

Sujeto de la acción	Preferencia en español	Preferencia en inglés
Expresado	VOZ ACTIVA	VOZ ACTIVA O PASIVA
Ausente, pero implícito	VOZ ACTIVA	VOZ ACTIVA O PASIVA
Ausente e irrelevante	**se** impersonal	VOZ PASIVA

b. *Se* impersonal con objetos inanimados

Cuando se habla de objetos inanimados, el objeto inanimado funciona gramaticalmente como sujeto del verbo (es decir, el verbo concuerda en número con el objeto o los objetos inanimados).

Se habla kurdo en Iraq.	*Kurdish is spoken in Iraq.*
Se hablan muchas lenguas en Suiza.	*Many languages are spoken in Switzerland.*

Si el sujeto del verbo se ha expresado con anterioridad en el contexto y se siente la tentación de reemplazarlo con un pronombre, se debe recordar que no hay pronombre sujeto para objetos inanimados *(it/they)*.

Sí, **se** habla.	*Yes, it is spoken.*
Se hablan.	*They are spoken.*
¿Cómo **se** dice eso?	*How does one say that?*
¿Cómo **se** dice?	*How does one say it?*
¿Cómo **se** prepara ese platillo?	*How does one prepare that dish?*
Se prepara con huevos y leche.	*One prepares it with eggs and milk.*

c. *Se* impersonal con personas

Cuando una estructura con **se** impersonal se refiere a un ser humano y no a un objeto inanimado, la función gramatical del ser humano es la de ***objeto directo*** del verbo. Por esta razón, el verbo sigue siendo singular. Además, la **a** personal es necesaria para marcar al humano como objeto directo.

Se castiga **a** los criminales.	*Criminals are punished.*

Si el verbo se concordara con el ser humano y no se usara la **a** personal, la construcción sería reflexiva en lugar de impersonal. (**Se castigan los criminales** = *Criminals punish themselves.*)

El **se** impersonal se puede usar en conjunción con todas las personas y todos los tiempos verbales, según las necesidades del contexto. A continuación hay algunos ejemplos. Obsérvese que **se** es siempre invariable y que el verbo siempre está en la tercera persona del singular.

Se **te** notificará por correo electrónico.	*You will be notified by e-mail.*
No se **nos** había visto allí antes.	*We had not been seen there before.*
Ojalá se **os** hubiera premiado.	*I wish you had been rewarded.*

Para referirse a seres humanos en la tercera persona en contextos de **se** impersonal (en la mayoría de los dialectos), se usa **le** en lugar de la forma común de objeto directo **lo, la.**

¿Y a los niños? ¿Se **les** avisó de los peligros?	*What about the children? Were they warned of the dangers?*

En esta estructura, el pronombre de objeto se usa de manera similar a otros en que se omite cuando el objeto está presente en la oración y es necesario sólo cuando el objeto está ausente o precede al verbo. (Consultar "Pronombres objeto repetitivos necesarios", página 72). Las dos oraciones siguientes se traducen como *"The parents will be invited tomorrow"*. Obsérvese que en la segunda oración se agrega **les** por el cambio en el orden de las palabras (el objeto directo precede al verbo).

Se invitará a los padres mañana.

A los padres se **les** invitará mañana.

En los pocos casos en los que las personas se perciben como una categoría y no como individuos, en esta construcción se les trata como si fueran cosas.

Se buscan empleados.	*Help needed. Now hiring.* (literalmente: *Employees are being sought.*)

Obsérvese que con **empleados** no se usa artículo ya que no son personas específicas.

d. *Se* impersonal con humanos y seres inanimados

En oraciones que combinan el **se** impersonal con seres humanos y objetos inanimados, la persona es el ***objeto indirecto*** del verbo y el objeto inanimado sigue funcionando como el sujeto gramatical del verbo.

No se me dio un ejemplar.	*I was not given a copy.*
No se nos anunciaron los cambios.	*The changes were not announced to us.*
Se les envió una solicitud a las universidades.	*The universities were sent an application.* (o: *An application was sent to the universities.*)

En el tercer ejemplo, **les** es un pronombre de objeto indirecto repetitivo que se refiere a **las universidades.**

e. Construcción reflexiva impersonal: *Uno*

No es posible usar el **se** reflexivo y el **se** impersonal juntos. Se usa **se** como pronombre reflexivo y **uno** como pronombre impersonal. Obsérvense las variaciones de posición en las siguientes oraciones.

Uno se levanta temprano en el ejército. **Se** levanta **uno** temprano en el ejército.	*One gets up early in the army.*
Uno se broncea rápido con ese sol. Con ese sol **se** broncea **uno** rápido.	*With that sun, one tans quickly.*

iLrn HEINLE Learning Center **Ejercicios 3.27–3.32, páginas 345–349**

C Pronombres demostrativos y posesivos

1. Pronombres demostrativos

En su forma, son idénticos a los adjetivos demostrativos (ver página 45), excepto que, para diferenciarlos, se agrega un acento escrito a la sílaba con énfasis. (Consulte la página 24 para obtener más información sobre el uso del acento).

PRONOMBRES DEMOSTRATIVOS

	SINGULAR	PLURAL
Masculino	éste	éstos
Femenino	ésta	éstas
Masculino	ése	ésos
Femenino	ésa	ésas
Masculino	aquél	aquéllos
Femenino	aquélla	aquéllas

éste = *this one;* **ése** = *that one (near you);*
aquél = *that one (over there, far from you)*

Ejemplos:

Esta mesa es más grande que **ésa.**	*This table is larger than that one.*
—¿Qué asiento prefieres? —Me gusta más **éste.**	*"Which seat do you prefer?"* *"I like this one better."*
—¿Desea Ud. este pastel? —No, deme **aquél,** el de chocolate.	*"Do you want this cake?"* *"No, give me that one, the chocolate one."*

Cuando no hay sustantivo como referente del pronombre, se usa el pronombre neutro. Como no hay adjetivo equivalente, no hay necesidad de usar acento escrito.

PRONOMBRES DEMOSTRATIVOS NEUTROS	
esto	*this*
eso	*that*
aquello	*that*

Ejemplos:

Esto es riquísimo.	*This is delicious.*
¿Qué es **eso**?	*What is that?*
Aquello fue aburrido.	*That was boring.*

2. Pronombres posesivos

Los pronombres posesivos se forman con la forma "larga" del adjetivo (ver página 47), con un artículo definido agregado que concuerda con el objeto que se posee, no con el poseedor.

PRONOMBRES POSESIVOS	
mine	el mío, la mía, los míos, las mías
yours **(tú)**	el tuyo, la tuya, los tuyos, las tuyas
ours	el nuestro, la nuestra, los nuestros, las nuestras
yours **(vosotros)**	el vuestro, la vuestra, los vuestros, las vuestras
yours **(Ud./Uds.)** *his* *hers* *its* *theirs*	el suyo, la suya, los suyos, las suyas

Ejemplos:

Mi mochila pesa más que **la tuya.**	*My knapsack weighs more than yours.*
—¿Cuál es mi café? —Éste es **el suyo.**	*"Which is my coffee?"* *"This one is yours."*
—Mis abuelos están en Florida. —¿Y **los vuestros?** —**Los nuestros** están en California.	*"My grandparents are in Florida."* *"And yours?"* *"Ours are in California."*

Con **ser**, se omite el artículo.

Esa llave es **mía.**	*That key is mine.*

El artículo se usa cuando hay elección entre objetos.

—¿Cuáles son tus llaves? —Éstas son **las mías** y ésas son **las tuyas.**	*"Which keys are yours?"* *"These are mine and those are yours."*

Cuando puede haber ambigüedad con respecto a la referencia de **suyo,** se puede aclarar el contexto especificando mediante **de él, de ella, de usted, de ellos, de ellas, de ustedes.**

—¿Cuál es mi café?	*"Which is my coffee?"*
—Éste es el **de usted,** este otro es el **de él,** ése es el **de ella,** y aquél es el **de ustedes.**	*"This one is yours, this other one is his, that one is hers, and that one over there is yours."* (plural en Latinoamérica, plural formal en España)

Cuando el objeto que se posee no es específico, sino general (mis cosas, mi parte, etcétera), se usa la forma neutra **lo** en lugar del artículo.

Quiero **lo mío** y nada más.	*I want what is mine, and nothing else.*

Ejercicio 3.33, página 349

D Interrogativos

¿Qué?	*What?* (antes de un sustantivo—*Which?*)
¿Cuál?	*Which?* (antes de **ser**—*What?*)
¿Cuánto(a)(s)?	*How much? How many?*
¿Quién?	*Who?*
¿Dónde?	*Where?*
¿Cómo?	*How?*
¿Por qué?	*Why?*
¿Cuándo?	*When?*

1. *¿Qué?*

Este pronombre interrogativo se puede usar antes de un verbo o antes de un sustantivo.

¿Qué quieres?	*What do you want?*
¿Qué es esto?	*What is this?*
¿Qué película prefieres ver?	*Which movie do you prefer to see?*

2. *¿Cuál?*

Este pronombre interrogativo también se puede usar antes de un verbo y antes de **de** y un sintagma nominal, pero no antes de un sustantivo.

¿Cuál prefieres?	*Which one do you prefer?*
¿Cuál de estos libros es tuyo?	*Which one of these books is yours?*
¿Cuáles son los tuyos?	*Which ones are yours?*

3. *¿Qué?* vs. *¿Cuál?* con *ser*

¿Qué? + **ser** pide una definición, o el significado de las palabras.

¿Cuál? + **ser** pide una precisión o una especificación.

Aquí hay algunos diálogos para comparar.

—¿**Qué es** "La Bamba"? —Es un baile folklórico mexicano.	*"What is 'La Bamba'?"* *"It is a Mexican folkloric dance."*
—¿**Cuál es** "La Bamba"? —Es la que están tocando ahora.	*"Which one is 'La Bamba'?"* *"It's the one they are playing now."*

En estos dos diálogos, el contexto es completamente diferente. Es posible que la persona que hizo la primera pregunta haya escuchado las palabras "la bamba" por primera vez y le esté pidiendo a la otra persona que le explique qué significa. En el segundo diálogo, la persona que hace la pregunta sabe qué es "La Bamba" y le está pidiendo a la otra persona que le diga cuándo la tocan.

—¿**Cuál es** tu apellido? —Gómez.	*"What is your last name?"* *"Gómez."*
—¿**Cuál es** tu apellido? —Es éste.	*"Which one is your last name?"* *"It's this one."*

Esa pregunta con **¿qué?** tendría el fin de averiguar el significado de las palabras **tu** y **apellido,** o el origen del nombre.

—¿**Qué es** "tu apellido"? —Es mi nombre de familia.	*"What is 'tu apellido'?"* *"It's my family name."*
—¿**Qué es** tu apellido? —Es turco.	*"What is your last name?"* *"It's Turkish."*

Si se quiere averiguar la diferencia entre dos cosas, se haría la siguiente pregunta.

¿**Cuál es** la diferencia?	*What is the difference?*

Un niño que quiere saber qué significa la palabra "diferencia" usaría **¿qué?** para hacer esta pregunta.

¿**Qué es** "diferencia"?	*What is "difference"?*

¿Cuál es? se usa cuando se está frente a un conjunto de objetos y se quiere que alguien elija uno en particular.

—¿**Cuál es** el tuyo? —Éste.	*"Which one is yours?"* *"This one."*

A continuación hay algunos ejemplos más del uso de **¿cuál es?.** Se debe pensar en las consecuencias que tendrían estas mismas preguntas si se hicieran con **¿qué es?.**

¿**Cuál fue** el problema?	*What was the problem?*
¿**Cuál era** la fecha?	*What was the date?*
¿**Cuál es** tu número de teléfono?	*What is your phone number?*

Cuando el interrogativo es seguido de un sustantivo en lugar de un verbo, se prefiere **qué.**

¿**Qué** <u>color</u> te gusta más?	*What color do you prefer?*
¿**Cuál** <u>es</u> tu color favorito?	*Which is your favorite color?*

En español, *who* tiene forma singular y plural: **¿quién?, ¿quiénes?.**

¿**Quién** te dijo eso?	*Who told you that?*
¿**Quiénes** fueron a la fiesta?	*Who (all) went to the party?*

Whose se traduce con la preposición **de** antes de **¿quién(es)?.**

¿**De quién** es esto?	*Whose is this?*

En español, la preposición siempre debe preceder al interrogativo.

¿**De dónde** sale esa idea?	*Where does that idea come from?*
¿**Para qué** sirve esto?	*What is this for?*
¿**Con cuál** lo escribiste?	*Which one did you write it with?*

4. "How?"

La traducción al español de preguntas que comienzan con *how?* variará dependiendo de lo que sigue al pronombre interrogativo—un verbo, un adjetivo o un adverbio.

a. "How" + verbo = *¿Cómo?*

¿**Cómo** estás?	*How are you?*
¿**Cómo** lo hiciste?	*How did you do it?*
¿**Cómo** llegaron?	*How did they get here?*

Se debe tener en cuenta las siguientes preguntas.

¿**Cómo** te llamas?	*What is your name?*
¿**Cómo** es?	*What is he/she/it like?*

b. "How" + adjetivo o adverbio

Nunca se usa **¿cómo?** para traducir *how?* seguido de un adjetivo o un adverbio.

HOW + PREGUNTA CON ADJETIVO O ADVERBIO	SUSTANTIVO EQUIVALENTE	PREGUNTA EN ESPAÑOL	SIGNIFICADO LITERAL EN INGLÉS
How tall is he?	*height* = **estatura**	¿Qué **estatura** tiene?	What height does he have?
		¿*Cuánto* mide de estatura?	*What does he measure in height?*
How important is it?	*importance* = **importancia**	¿Qué **importancia** tiene?	*What importance does it have?*
		¿Cuál es su **importancia?**	*What is its importance?*
How far is it?	*distance* = **distancia**	**¿A qué distancia** queda?	*At what distance is it?*
How big is it?	*size* = **tamaño**	¿De qué **tamaño es**?	*What size is it?*
How old is she?	*age* = **edad**	¿Qué **edad** tiene?	*What age does she have?*
How fast do you run?	*speed* = **velocidad**	¿A qué **velocidad** corres?	*At what speed do you run?*
How often do you see him?	*frequency* = **frecuencia**	¿Con qué **frecuencia** lo ves?	*With what frequency do you see him?*

En México, *"How tall is he?"* se traduce como **¿Qué tan alto es?**, y en el Caribe como **¿Cuán alto es?**, pero ninguna de estas formas se usa en muchos otros países de habla hispana. Este tipo de pregunta se debe reformular usando un sustantivo en lugar del adjetivo o adverbio diciendo, por ejemplo, *"What is his height?"*. Si se aprende el último tipo de pregunta reformulada, se tendrá más elementos para comunicar esta pregunta en cualquier país de habla hispana.

Estas preguntas también se pueden hacer de la siguiente manera.

¿Es muy alto? ¿Cómo es de alto?

¿Es muy importante?

¿Queda muy lejos?

¿Es muy grande? ¿Cómo es de grande?

¿Es de nuestra edad?

¿Corres muy rápido?

¿Lo ves a menudo/frecuentemente?

"How much/many?" = **¿Cuánto(a)(s)...?**

¿**Cuánto** dinero tienes?	*How much money do you have?*
¿**Cuántos** huevos compraste?	*How many eggs did you buy?*

5. Orden de palabras

En preguntas que comienzan con pronombres interrogativos comunes, el orden de las palabras se invierte: el verbo precede al sujeto.

¿**Qué** vio Rafael?	*What did Rafael see?*
¿**Cuándo** salió Silvana?	*When did Silvana leave?*
¿**Por qué** gritaron los niños?	*Why did the children yell?*

Esta regla también se aplica al discurso indirecto. (Obsérvese la diferencia en el inglés).

No sé **qué** vio Rafael.	*I don't know what Rafael saw.*
No sé **cuándo** salió Silvana.	*I don't know when Silvana left.*
No sé **por qué** gritaron los niños.	*I don't know why the children yelled.*

Ejercicios 3.34–3.36, páginas 349–350

E Exclamativos

¡Qué! + sustantivo, adjetivo o adverbio	*What (a)(an) . . . ! How . . . !*
¡Cómo! + verbo	*(How) . . . !*
¡Cuánto! + verbo o sustantivo	*How much . . . !*
¡Cuántos(as)! + sustantivo	*How many . . . !*
¡Quién! + verbo	*Who . . . !*

1. *¡Qué!* + sustantivo

Obsérvese que en los siguientes ejemplos en español, no se usa un artículo en esta construcción como en inglés cuando el sustantivo es singular.

¡Qué alivio!	*What **a** relief!*
¡Qué problema!	*What **a** problem!*
¡Qué lío!	*What **a** mess!*
¡Qué nubes!	*What clouds!*
¡Qué desastre!	*What **a** disaster!*

En algunos casos, el sustantivo en español se traduce al inglés como adjetivo, con una variedad de construcciones.

¡Qué asco!	*Ugh! Gross! How disgusting!*
¡Qué calor (hace)!	*It is so hot!*
¡Qué frío (hace)!	*It is so cold!*
¡Qué cansancio (tengo)!	*I am so tired!*
¡Qué hambre (tengo)!	*I am so hungry!*

2. *¡Qué!* + sustantivo modificado

Aquí hay ejemplos del adjetivo antes del sustantivo:

¡Qué buena idea!	*What a good idea!*
¡Qué lindos ojos!	*What beautiful eyes!*

Si el adjetivo sigue al sustantivo, a menudo lo precede **más** o **tan.**

¡Qué explosión más (tan) horrible!	*What a terrible explosion!*
¡Qué final más (tan) sorprendente!	*What a surprising end!*

3. *¡Qué!* + adjetivo

¡Qué interesante!	*How interesting!*

Algunas de las siguientes exclamaciones son muy idiomáticas y marcadas geográfica o históricamente y se traducen de maneras muy diferentes dependiendo del contexto o del período.

¡Qué rico!

Esta exclamación se puede usar en muchas situaciones. Esencialmente, es un comentario positivo acerca de prácticamente cualquier cosa y significa algo así como "*How nice!*". Si se refiere a comida, puede significar "*Mmm! Delicious!*"

Otras expresiones similares se muestran a continuación.

¡Qué bueno!	*Good! Great!*
¡Qué chévere!,[11] ¡Qué padre!,[12] ¡Qué guay!,[13] ¡Qué bestial![14]	*Wow!* (otros equivalentes: *Cool! Excellent! Awesome! Rad!*)

4. *¡Qué!* + adverbio

¡Qué rápido acabaste!	*You finished so fast! How quickly you finished! That was fast!*
¡Qué bien bailas!	*How well you dance! You dance so well! You are such a good dancer!*
¡Qué mal me siento!	*I feel so sick!*

5. *¡Cómo!* + verbo

¡Cómo gritan!	*How they scream!*
¡Cómo te miraban!	*How they looked at you!*

---

11. El adjetivo **chévere** se usa en Puerto Rico y otros países del Caribe.

12. El adjetivo **padre** se usa en México.

13. El adjetivo **guay** se usa en España.

14. El adjetivo **bestial** se usa en Bolivia, Ecuador y otros países de Sudamérica.

6. *¡Cuánto!* + verbo

¡Cuánto lo siento!	*I am so sorry!*
¡Cuánto me gusta este pan!	*I like this bread so much!*
¡Cuánto gastan!	*They spend so much!*
¡Cuánto quisiera ser así!	*How I wish I could be like that!*

7. *¡Cuánto(a)!* + sustantivo

¡Cuánta paciencia tienes!	*How patient you are! You are so patient!*
¡Cuánto vino producen!	*They produce so much wine!*

8. *¡Cuántos(as)!* + sustantivo

¡Cuántos heridos hubo!	*There were so many who were injured!*
¡Cuántas islas hay en el Caribe!	*There are so many islands in the Caribbean!*

9. *¡Quién!* + verbo

¡Quién pudiera bailar como ella!	*If only I could dance the way she does!*

F Indefinidos y negativos

PRONOMBRES INDEFINIDOS	
AFIRMATIVOS	**NEGATIVOS**
alguien *someone*	nadie *nobody, no one, not anyone*
alguno(a) *anyone, one*	ninguno(a) *none, neither (of two)*
algunos *some* unos *some*	ninguno *nobody, no one, none, not any, not anyone*
algo *something*	nada *nothing, not anything*
cualquiera *anybody, any*	nadie *nobody, no one, not anyone*

Ejemplos:

Alguien te llamó.	*Someone called you.*
No conozco a **nadie** aquí.	*I do not know anyone here.*
—¿Quieres **algo** de beber? —No, no quiero **nada,** gracias.	*"Do you want something to drink?"* *"No, I do not want anything, thank you."*
—No sé de dónde es. —¿Lo sabrá **alguno** de tus abuelos?	*"I do not know where he is from."* *"Would one of your grandparents know?"*
—No, **ninguno** de ellos lo sabe.	*"No, none of them knows."*
Cualquiera podría cantar mejor.	*Anybody could sing better.*

ADJETIVOS INDEFINIDOS	
AFIRMATIVOS	**NEGATIVOS**
algún *some*	ningún* *not any, no*
todo *all of*	

*Las formas plurales **ningunos** y **ningunas** casi no se usan.

Ejemplos:

Algún libro tendrá eso.	*Some book will have that.*
Algunas manzanas son agrias.	*Some apples are bitter.*
Aquí no hay **ningún** niño.	*There is no little boy here.*
Todo el público aplaudió.	*All of the audience applauded.*

(NOTA: No usar **de** después de **todo**).

No regó **ninguna** flor.	*He did not water any flowers.*

ADVERBIOS INDEFINIDOS

AFIRMATIVOS	NEGATIVOS
también *also*	tampoco *neither, not . . . either*
en alguna parte *somewhere*	en ninguna parte *nowhere, not anywhere*
de algún modo *somehow*	de ningún modo *no way, by no means*
alguna vez *ever, at some (any) time* algunas veces *sometimes* una vez *once* algún día *some day, ever* siempre *always*	nunca, jamás *never, not . . . ever*

Ejemplos:

—Tú **también** lo hiciste. —Yo no lo hice. ¿Y tú? —Yo **tampoco** lo hice.	*"You did it too."* *"I did not do it. Did you?"* *"I did not do it either."*
—¿Dónde estará mi libro? No lo encuentro **en ninguna parte.** —Tiene que estar **en alguna parte.**	*"Where is my book? I cannot find it anywhere."* *"It has to be somewhere."*
—No puedo convencerlo **de ningún modo.** —**De algún modo** lo convencerás.	*"I cannot convince him at all."* *"Somehow you will convince him."*
—Cantó **una vez** en Buenos Aires. —Yo **nunca** la oí cantar.	*"She sang in Buenos Aires once."* *"I never heard her sing."*
—**Algún día** comprenderás. —No comprenderé **nunca.**	*"Some day you will understand."* *"I will never understand."*
—**Siempre** cometes el mismo error. —Y tú **nunca** cometes errores…	*"You always make the same mistake."* *"And you never make mistakes . . ."*

En las preguntas, **alguna vez** y **algún día** significan *"ever"*, la primera para el significado común de *"ever"*, la segunda para el futuro lejano.

—¿Has ido a Chile **alguna vez?**	*"Have you ever been to Chile?"*
—No, **nunca** he ido a Chile.	*"No, I have never been to Chile."*
—¿Irás a Chile **algún día?**	*"Will you ever go to Chile?"*

Si el negativo está antes del verbo, se usa solo; si sigue al verbo, **no** o **ni** debe preceder al verbo.

Nadie te llamó. **No** te llamó **nadie.**	*No one called you.*
Nada le gusta. **No** le gusta **nada.**	*He does not like anything.*
Nunca lo vi. **No** lo vi **nunca.**	*I never saw it.*
Tampoco lo vi. **No** lo vi **tampoco.**	*I did not see it either.*

El uso de múltiples negativos es frecuente en español.

Nunca entiendes **nada.**	*You never understand anything.*
Nunca le digas **nada** a **nadie.**	*Never tell anything to anyone.*

Ningún (ninguna) se usa para negativos enfáticos.

No tengo interés.	*I have no interest. I am not interested.*
No tengo **ningún** interés.	*I have no interest whatsoever. I am not interested at all.*

NOTA: *Any*, *anything* y *anyone* en inglés pueden ser negativas o indefinidas y la traducción al español es diferente según el uso.

NEGATIVOS	INDEFINIDOS
No veo **ninguno.** *I do not see any.*	Podríamos usar **cualquiera.** *We could use any.*
No quiero **nada.** *I do not want anything.*	**Cualquier cosa** serviría. *Anything would work.*
No traigas a **nadie.** *Do not bring anyone.*	**Cualquiera** podría hacer eso. *Anyone could do that.*

Ocasionalmente, ciertas palabras negativas tienen un significado no negativo, como se ve en los siguientes ejemplos.

Con expresiones impersonales que indican inutilidad, imposibilidad (obsérvese el uso de la **a** personal con **nadie** como objeto directo humano):

Era imposible convencer a **nadie.**	*It was impossible to convince anyone.*
Es inútil decirle **nada** cuando llora.	*It is useless to tell him anything when he cries.*

Con comparativos o superlativos:

Es la mejor película que **jamás** haya visto.	*It is the best movie I have ever seen.*
Mi hermano comió más que **nadie.**	*My brother ate more than anyone.*
Hablas menos que **ninguno** de tus compañeros.	*You speak less than any of your classmates.*

Con ciertos términos restrictivos:

Llegamos **antes que nadie.**	*We arrived before anyone.*
Apenas comimos **nada.**	*We barely ate anything.*
Se lo tragó **sin nada** de beber.	*He swallowed it without anything to drink.*

iLrn HEINLE Learning Center **Ejercicio 3.39, página 350**

G Pronombres relativos

1. Formación y uso

PRONOMBRES RELATIVOS
que *(invariable)*
el que (los que, la que, las que)
el cual (los cuales, la cual, las cuales)
lo que *(invariable)*
lo cual *(invariable)*
quien (quienes)
cuyo (cuyos, cuya, cuyas)
donde *(invariable)*

Un pronombre relativo se refiere a un sustantivo (su antecedente) de la cláusula principal e introduce una cláusula subordinada: una cláusula relativa o adjetival. Une dos referencias al mismo sustantivo. (Consultar el Capítulo 6.G.3, páginas 222–223, sobre el uso del subjuntivo en cláusulas adjetivales).

1.	El estudiante se especializa en español.	*The student is a Spanish major.*
2.	El estudiante vino a verme.	*The student came to see me.*
1 + 2.	El estudiante **que** vino a verme se especializa en español.	*The student who came to see me is a Spanish major.*

En inglés, el pronombre relativo a menudo no se expresa.

The house we saw yesterday is too big.

En español, sin embargo, el pronombre relativo no se puede omitir.

La casa **que** vimos ayer es demasiado grande.

El pronombre relativo sigue inmediatamente a su antecedente; sólo algunas estructuras, como las preposiciones, pueden estar entre el antecedente y su pronombre relativo.

Se quemó la **casa en que** me crié. — *The house I grew up in burned down.*

El antecedente **(casa)** y su pronombre relativo **(que)** están separados por la preposición **en.**

Un pronombre relativo puede tener la misma variedad de funciones gramaticales en una oración que un sustantivo; puede ser el sujeto del verbo de la cláusula relativa, su objeto directo, su objeto indirecto o el objeto de la preposición que lo precede.

La autora **que** nos habló ayer es famosa en Chile.
The author who spoke to us yesterday is famous in Chile.
Función de **que:** sujeto de **habló**

El perro **que** vimos es de los vecinos.
The dog (that) we saw is the neighbors'.
Función de **que:** objeto directo de **vimos**

El hombre **al que** le preguntamos no sabía la respuesta.
The man (whom) we asked did not know the answer.
Función de **al que:** objeto indirecto de **preguntamos**

La ventana al lado de **la cual** trabajo no cierra bien.
The window next to which I work does not close well.
Función de **la cual:** objeto de la preposición **al lado de**

A menudo, se puede usar una variedad de pronombres relativos según la estructura gramatical de la oración. Para simplificar la tarea de aprender estos pronombres, he aquí algunas opciones simples que siempre son gramaticalmente correctas.

ANTECEDENTE = UN SUSTANTIVO	SIN PREPOSICIÓN	CON PREPOSICIÓN*
	que	el cual/el que**
ANTECEDENTE = CLÁUSULA	lo que/lo cual	
the one . . .	el que	
what	lo que	
whose	cuyo**	

*A, de, en y con pueden estar acompañados sólo por **que** cuando el antecedente es un objeto inanimado.
****El/la que** y **el/la cual** concuerdan con su antecedente; **cuyo** concuerda con el sustantivo que lo sigue.

2. Pronombres relativos sin preposición

Que siempre se puede usar, sin importar que el antecedente sea un objeto inanimado o un ser humano. (**Quien** ***nunca*** es correcto en este tipo de oración).

La casa **que** tengo en Ithaca es vieja. (una cosa)	*The house (that) I have in Ithaca is old.*
El amigo **que** vive en Ithaca es viejo. (una persona)	*The friend who lives in Ithaca is old.*

3. Pronombres relativos con preposición

a. *El cual / el que*[15]

Las formas **el/la cual, los/las cuales, el/la que** y **los/las que** siempre se pueden usar. (NOTA: Siempre se coloca la preposición antes del pronombre relativo).

La compañía para **la cual/la que** trabajo es japonesa.	*The company for which I work (I work for) is Japanese.*
La mujer para **la cual/la que** trabajo es puertorriqueña.	*The woman for whom I work (I work for) is Puerto Rican.*

b. *Que* después de *a / de / en / con*

Las siguientes preposiciones[16] se pueden usar con **que** cuando el antecedente es un objeto inanimado (no humano): **a, de, en, con.**

La iglesia **a que** voy está en el centro.	*The church I go to is downtown.*
El tifón **de que** me habló ha sido el peor.	*The typhoon he told me about has been the worst.*
La silla **en que** me senté estaba pegajosa.	*The chair I sat in was sticky.*
El lápiz **con que** escribo se me rompió.	*The pencil I write with broke.*

---

15. Hay variación dialectal: en muchas zonas, se prefiere **el que** a **el cual.**

16. También se pueden usar con **el que** o **el cual.**

4. Usos adicionales

a. *Lo que / lo cual* (invariable)

Si el antecedente es una cláusula entera, tanto **lo que** como **lo cual** son posibles.

El examen fue difícil, **lo que/ lo cual** nos sorprendió.	*The exam was hard, which surprised us.*

b. *El que*[17]

Cuando se usa con **ser,** este pronombre significa *"the one"*, *"the one who"*, *"the one (that)"*, *"the one (which)"*.

Margarita es **la que** me regaló estas flores.	*Margarita is the one who gave me these flowers.*
Ese libro es **el que** me gusta.	*That book is the one (that) I like.*
Esas mujeres, **las que** están vestidas de traje (y no las otras), son abogadas.[18]	*Those women, the ones wearing suits (not the other ones), are lawyers.*
Mi coche, **el que** está en el garaje, es un Ford.	*My car, the one that is in the garage, is a Ford. (I have another one.)*
La que me gustó fue la verde.	*The one I liked was the green one.*
Los que no tenían eran los azules.	*The ones they did not have were the blue ones.*
La que me cae bien es Nilda.	*The one I like is Nilda.*

En estructuras como éstas, **quien** sólo es necesario si la oración es un proverbio.

Quien bien te quiera te hará llorar.	*Whoever loves you a lot will make you cry.*

---

17. **El que** seguido de subjuntivo significa *"whoever"* o *"whomever"*.

    Regálaselo al que quieras. *Give it to whomever you want.*

    La que le gane a Sánchez se hará famosa. *Whoever beats Sánchez will become famous.*

18. Si se usara **la que** en lugar de **que** en la siguiente oración, se traduciría como *"the one who"* y, en la mayoría de los casos, sonaría absurdo.

    Mi madre, *que* vive en México, nunca viaja. *My mother, who lives in Mexico, never travels.*

c. *Lo que*

Cuando se usa sin antecedente al comienzo de la oración, **lo que** significa *"what"*.

Lo que no entiendo es por qué lo hicieron. Eso es **lo que** me molesta.	*What I do not understand is why they did it. That is what bothers me.*
Lo que dijiste no es verdad.	*What you said is not true.*
Contrario a **lo que** pueden pensar los que sólo lo conocen por los periódicos, es un personaje complejo.	*Contrary to what those who only know him through the papers may think, he is a complicated person.*

NOTA: **Lo que** seguido del subjuntivo significa *"whatever"*.

Haré **lo que** digas.	*I will do whatever you say.*

d. *Cuyo*

Ésta es una palabra que une los atributos de un pronombre relativo y uno posesivo: significa *"whose"*. Funciona como adjetivo y concuerda con el sustantivo que se refiere al elemento que se posee, no al poseedor.

Tienen un buque **cuya** tripulación es filipina.	*They have a ship whose crew is Philippine.*

NOTA: El pronombre interrogativo *whose?* se traduce al español como **¿de quién(es)?** (obsérvese el acento escrito).

¿De quién es ese anuncio? (discurso directo)	*Whose ad is that?*
No me dijo **de quién** era el anuncio. (discurso indirecto)	*He did not tell me whose ad it was.*

e. *Donde*

Donde significa *"where"* y es invariable.

Prefiero las oficinas **donde** entra mucha luz del día.	*I prefer offices where there is a lot of daylight.*

NOTA: El pronombre interrogativo *where?* se traduce al español como ***¿dónde?*** con acento escrito.

¿Dónde están los archivos?	*Where are the files?*

Recuerde que el interrogativo en el discurso indirecto se puede diferenciar del pronombre relativo por la ausencia de antecedente.

Quería saber dónde estabas.	*He wanted to know where you were.*

f. "Who"

En una pregunta, *who* se traduce como ***quién,*** pero se traduce como **que** en una cláusula relativa.

(1) Pronombre interrogativo: *¿Quién?*

¿**Quién** te dio eso? (discurso directo)	***Who*** *gave you that?*
No sé **quién** lo hizo. (discurso indirecto)	*I do not know* ***who*** *did it.*

(2) Pronombre relativo: *Que*

Se debe tener en cuenta el peligro de traducir *who* como **quien** en cláusulas relativas, especialmente cuando no hay preposición antes de él.
Que se traduce como "*who*" cuando no hay preposición.

El candidato **que** copie perderá. (***Nunca*** se debe usar **quien** aquí).	*The candidate* ***who*** *copies will lose.*

(3) *El cual / el que*

El cual o **el que** siempre son posibles con preposiciones.

La estudiante con **la cual** llegaste es nueva. (también: con **la que,** con **quien**)	*The student with whom you arrived is new.*

g. "What"

En una pregunta, *what* se traduce como ***qué,*** pero en una cláusula relativa, es **lo que.**

Preguntas:

¿**Qué** dijo? (discurso directo)	***What*** *did he say?*
No sé **qué** hacer. (discurso indirecto)	*I do not know* ***what*** *to do.*

Cláusula relativa:

Eso es **lo que** me gusta.	*That is* ***what*** *I like.* (antecedente = *that*)

Lo que hizo fue horrible.	***What*** *he did was horrible.* (cláusula relativa sin antecedente)
¿Sabes **lo que** dijo durante la tregua?	*Do you know what he said during the truce?*

iLrn HEINLE Learning Center ***Ejercicios 3.40–3.42, página 351; Ejercicios de repaso 3.43–3.44, páginas 352–354***

Capítulo 4

Las preposiciones, los adverbios, las conjunciones y las transiciones

- **A** Preposiciones
- **B** Adverbios
- **C** Conjunciones
- **D** Transiciones

A Preposiciones

1. Función de las preposiciones

Una preposición relaciona un sustantivo o su equivalente con otro sustantivo, con el verbo o con el resto de la oración.

Con sustantivos:

Salí **con Ana.**	*I went out with Ana.*
Esta comida es **para mi perro.**	*This food is for my dog.*

Con pronombres:

Vete **con ellos.**	*Go with them.*
Entremos **en ésta.**	*Let's go into this one.* (por ej., **tienda**)
Vamos **en el mío.**	*Let's go in mine.* (por ej., **coche**)
¿Esta tortilla es **para alguien?**	*Is this tortilla for someone?*
No, no es **para nadie.**	*No, it is not for anyone.*
¿**Con quién** saliste?	*Whom did you go out with?*
Ése es el hombre **con el cual** llegó.	*That is the man she arrived with.*

Con infinitivos:

Terminé rápido **para salir.**	*I finished quickly so as to (so I could) go out.*

Cuando se combinan, las preposiciones se pueden agrupar con adverbios o con otras preposiciones para formar una sola locución preposicional.

a por	Voy **a por** leche. [**a por** se usa en España] *I'm going to get milk.*
debajo de	Se escondió **debajo de** la mesa. *He hid under the table.*
delante de	Ella se sienta **delante de** mí. *She sits in front of me.*
dentro de	La pluma está **dentro de** mi chequera. *The pen is inside my checkbook.*

detrás de	Yo me siento **detrás de** ella. *I sit behind her.*
encima de	Pon las llaves **encima de** mi mochila. *Put the keys on top of my knapsack.*
enfrente de (o: en frente de)	Está **enfrente de** usted. *It is in front of you.*
frente a	Me senté **frente a** la estatua. *I sat in front of the statue.*
fuera de	Eso está **fuera de** mi alcance. *That is out of my reach.*
para con	Su actitud **para con**migo ha cambiado. *His attitude toward me has changed.*
por delante de	El desfile pasa **por delante de** la casa. *The parade passes in front of the house.*
por encima de	El avión voló **por encima de** mi casa. *The plane flew over my house.*

(Consultar la sección sobre adverbios de lugar, página 145, y el cuadro de "Preposiciones y adverbios relacionados", página 149).

Ejercicio 4.1, página 355

2. Verbos usados sin preposiciones

Los siguientes verbos son transitivos en español, mientras que en inglés se usan con una preposición. La diferencia es que, en español, la preposición es parte del significado del verbo, y la cosa o persona que se espera, se busca, etcétera, es el objeto directo del verbo.

agradecer *to be grateful for*	Te agradezco la ayuda. *I am grateful to you* ***for*** *your help.*
buscar *to look for*	—¿Qué buscas? —Estoy buscando mis llaves, pero no las encuentro. *"What are you looking* ***for****?"* *"I am looking* ***for*** *my keys, but I cannot find them."*
esperar *to wait for*	Esos niños siempre esperan el autobús en la esquina. *Those children always wait* ***for*** *the bus on the corner.*
pedir + cosa *to ask for (something)*	Siempre me piden dinero cuando no tengo. *They always ask me* ***for*** *money when I do not have any.* (Ver también **preguntar por** + persona, bajo "Verbos con **por**").
pensar + inf. *to plan on*	Pensamos ir a Sudamérica el verano entrante. *We are planning* ***on*** *going to South America next summer.* (Ver también **pensar en** y **pensar de,** bajo "Verbos con **en**" y "Verbos con **de**").

3. Preposiciones individuales

a. *A*

(1) Uso

A	
USO	**EJEMPLOS**
Para introducir el objeto indirecto	Se lo dio **a** Jorge. *He gave it to Jorge.*
Para indicar dirección hacia una cosa o un lugar, después de un verbo de movimiento **(ir, venir, bajar, subir, dirigirse, acercarse...)**	Fueron **a** la cabaña. *They went to the cabin.* Subieron **al** tren. *They got on the train.*
Para indicar el momento en que ocurre algo	Me levanté **a** las ocho. *I got up at eight.*
Para indicar el período después de que ocurrió algo	Se divorciaron **a** los dos años. *They divorced after two years.*
Para indicar la distancia a la que está algo	Mi auto está **a** una cuadra. *My car is one block away.*
Al + infinitivo: para indicar acciones simultáneas	**Al** entrar, lo vi. *When I went in I saw it.*

(2) *A* personal

A PERSONAL	
USO	**EJEMPLOS**
Para introducir a un humano o un objeto directo personificado	Veo **a** Juan. *I see Juan.* Veo **a** mi perro. *I see my dog.*
Con los pronombres indefinidos **alguien, nadie, alguno, ninguno, cualquiera,** cuando se hace referencia a humanos	No veo **a** nadie. *I do not see anyone.*
OMISIÓN	**EJEMPLOS**
Después de **tener**	Tengo una hermana. *I have a sister.*
Con objetos directos indefinidos	Buscan secretarias. *They are looking for secretaries.*

(Consultar el Capítulo 2.A.3, páginas 36–38, para obtener más información sobre la **a** personal).

(3) Expresiones con *a*

a caballo	Llegaron **a caballo.** *They arrived on horseback.*
a causa de + sustantivo	No pudimos ir **a causa de** la tormenta. *We were unable to go because of the storm.* *because* + verbo conjugado = **porque:** No pudimos ir **porque** había una huelga. *We were unable to go because there was a strike.*
a eso de	Llegaron **a eso de** las tres. *They arrived at about (around) three.* (NOTA: **A eso de** se usa sólo con el tiempo, no con el espacio: *It is about two miles away.* = **Está a unas dos millas**).
a fondo	Quiero que estudies esto más **a fondo.** *I want you to study this more in depth.*
a fuerza de	**A fuerza de** trabajar día y noche, lo terminé. *By (dint of) working day and night, I finished it.*
a la vez[1]	No puedo hacer dos cosas **a la vez.** *I cannot do two things at the same time.* (NOTA: *"at the time"* se traduce **en esa época** y no **a la vez**).
al final	Eso se va a resolver **al final.** *That will be resolved in the end.*
al menos	Nos quedan **al menos** dos horas. *We have at least two hours left.*
al principio	**Al principio** no se sabe quién es el narrador. *In the beginning we don't know who the narrator is.*

a lo mejor

¿Qué es eso? No sé; **a lo mejor** es el viento.
What is that? I do not know; maybe it is the wind.

a mano

Está hecho **a mano.**
It is handmade.

a menudo

Visito a mi abuela **a menudo.**
I visit my grandmother frequently (often).

a ojo

No tengo una cinta métrica; tendré que calcular la distancia **a ojo.**
I do not have a measuring tape; I will have to calculate the distance by eye (roughly, by guessing).

a pesar de

Me gusta jugar en la nieve **a pesar del** frío.
I like to play in the snow in spite of the cold.

a pie

Prefiero ir **a pie** por el ejercicio.
I would rather go on foot (walk) for the exercise.

a tiempo[1]

La clase siempre termina **a tiempo.**
Class always finishes on time.

a veces[1]

A veces no sé qué decir.
Sometimes I do not know what to say.

(4) Verbos con *a*[2]

acostumbrarse a + inf.

Me acostumbré a bañarme con agua fría.
I got used to bathing with cold water.

aprender a + inf.

Quiero **aprender a** patinar.
I want to learn how to skate.

apresurarse a + inf.

Se apresuró a ayudar a las víctimas.
She rushed to help the victims.

asistir a + sustantivo (no inf.)

Asistieron a clase ayer.
They attended class yesterday.

---

1. Consultar el Capítulo 8.B.26, páginas 309–310, para obtener más información sobre cómo expresar temas relacionados con el tiempo.

2. Algunos verbos, como **aprender,** se usan con **a** sólo para relacionarlos con el infinitivo que los sigue; otros, como **acostumbrarse,** se usan con **a** con cualquier objeto, incluso un infinitivo; otros, como **asistir,** se usan con **a,** pero no con un infinitivo.

atreverse a + inf.	**Se atrevió a** hablar. *He dared to speak.*
ayudar a + inf.	Me **ayudaron a** conseguir seguro médico. *They helped me get medical insurance.*
comenzar a + inf.	**Comencé a** estudiar el caso hace dos años. *I began to study the case two years ago.*
detenerse a + inf.	Los turistas **se detuvieron a** admirar la estatua. *The tourists stopped to admire the statue.*
empezar a + inf.	Los pájaros **empiezan a** cantar al amanecer. *The birds begin to sing at dawn.*
enseñar a + inf.	¿Quién te **enseñó a** cantar así? *Who taught you to sing like that?*
invitar a + inf.	Te **invito a** cenar fuera. *I invite you to eat dinner out.*
ir a + inf.	**Vamos a** lograr la paz. *We are going to achieve peace.*
negarse a + inf.	La víctima **se negó a** identificar al criminal. *The victim refused to identify the criminal.*
ponerse a + inf.	De repente, **se puso a** gritar. *Suddenly, he began to scream.*
resignarse a + inf.	Tendrás que **resignarte a** ganar menos dinero. *You will have to resign yourself to earning less money.*
volver a + inf.	Tu amigo te **volvió a** llamar. *Your friend called you again.*

b. *Con*

(1) Uso

CON	
USO	EJEMPLOS
Para expresar acompañamiento	Vengan **con** nosotros al cine. *Come with us to the movies.*
Seguida de un sustantivo en expresiones adverbiales	Lo visitamos **con** frecuencia. *We visit him frequently.*
Para indicar adhesión, contenido, posesión	El hombre **con** la guitarra se llama José. *The man with the guitar is named Jose.*
Seguida de un instrumento o herramienta	Tendremos que cortarlo **con** el serrucho. *We will have to cut it with the saw.*
Para indicar una relación	Habló **con** su novia. *He spoke with his girlfriend.*
Para indicar concesión	**Con** todo el dinero que tiene, más vale que no se queje. *With all the money he has, he'd better not complain.*

(2) Expresiones con *con*

con respecto a

No sé qué hacer **con respecto a** mi abuela.
I do not know what to do regarding (about) my grandmother.

con tal (de) que

Te ayudaré **con tal (de) que** me pagues.
I will help you provided that you pay me.

(3) Verbos con *con*

casarse con

Se casó con un musulmán.
She married a Muslim.

encontrarse con

Me encontré con mis compañeros en el centro.
I met my friends downtown.

enojarse con

Creo que **se enojó conmigo.**
I think she got mad at me.

meterse con	No **te metas con** esa pandilla. *Do not get involved (mixed up) with that gang.*
quedarse con	**Se quedó con** mi disco compacto. *She kept my CD.*
soñar con	Anoche **soñé con** la luna. *Last night I dreamed about the moon.*

c. *De*

(1) Uso

DE	
USO	**EJEMPLOS**
Posesión	El suéter **de** María es lindo. *Maria's sweater is pretty.*
Origen, nacionalidad	Jorge es **de** Colombia. *Jorge is from Colombia.*
Material del que está hecho algo	La mesa es **de** madera. *The table is (made of) wood.*
Con complementos sustantivos que funcionan como adjetivos	Me encanta la clase **de** español. *I love Spanish class.*
Seguido de un sustantivo, para describir condición o estado	**De** niña, me dormía fácilmente. *As a child, I fell asleep easily.*
Con **estar** para expresar *"acting as"*	Están **de** directoras este semestre. *They are working (acting) as directors this semester.*
Con estar en expresiones típicas: **de pie, de rodillas, de luto, de acuerdo con, de buen humor, de mal humor, a favor de, en contra de, de huelga, de vacaciones, de viaje, de visita, de vuelta, de regreso**	No estoy **de** acuerdo contigo. *I do not agree with you.* Los obreros están **de** huelga. *The workers are on strike.*
Para indicar el lugar de algo o alguien	La farmacia **de** la esquina cerró. *The corner drugstore closed.* Conozco a la gente **del** barrio. *I know the people in the neighborhood.*
Para describir a alguien por algún aspecto físico o algo que lleva puesto	El hombre **del** bigote. *The man with the mustache.* La mujer **de** ojos azules. *The woman with blue eyes.*

(2) Expresiones con *de*

(Consultar el Capítulo 7.D, página 282, para obtener más información sobre las expresiones con **estar + de**).

de buena/mala gana	Lo hizo **de buena gana.** *He did it willingly.*
de esta manera	Mira, se hace **de esta manera.** *Look, this is the way you do it.*
de modo que	Habló rápido **de modo que** no la interrumpieran. *She spoke quickly so that they would not interrupt her.*
	De modo que no me vas a decir tu secreto, ¿eh? *So, you are not going to tell me your secret, are you?*
de nuevo	El partido quedó **de nuevo** en empate. *The game was tied again.*
de pie	He estado **de pie** todo el día. *I have been standing all day long.*
de repente	**De repente** empezó a llover a cántaros. *Suddenly it started pouring.*
de veras	**De veras** que no sé la respuesta. *I really do not know the answer.*
de vez en cuando	**De vez en cuando** se aparece sin avisar. *Once in a while he shows up without warning.*

(3) Verbos con *de*

acabar de + inf.	**Acabo de** comer. *I just ate.* **Acababa de** comer. *I had just eaten.* **Acabé de** comer. *I finished eating.*
acordarse de	**Me acordé de** ponerme el reloj. *I remembered to put on my watch.*
alegrarse de	**Me alegro de** verte. *I am glad to see you.*
arrepentirse de	**Se arrepintió de** haberse burlado de ella. *He regretted having made fun of her.*
avergonzarse de	**Me avergüenzo de** mis estupideces. *I am ashamed of my stupidities.*

burlarse de	¡No **se burlen de** él! *Do not make fun of him!*
darse cuenta de	**Me di cuenta de** mi error. *I realized my mistake.*
dejar de	**Dejen de** molestar al perro. *Stop bothering the dog.*
depender de	—¿Cuál es la verdad? *"Which is the truth?"* —**Depende de** quién habla. *"It depends on who is speaking."*
despedirse de	**Nos despedimos de** nuestros padres en el aeropuerto. *We said good-bye to our parents at the airport.*
enamorarse de	**Se enamoró de** ella. *He fell in love with her.*
enterarse de	**¿Te enteraste de** las noticias? *Did you hear (find out about) the news?*
estar enamorado(a) de	**Estamos enamorados de** la misma chica. *We are in love with the same girl.*
irse de + lugar	**Se fueron de** la universidad ayer. *They left the university yesterday.*
olvidarse de	No **te olvides de** sacar la basura. *Do not forget to take out the garbage.*
pensar de	¿Qué **piensas de** este libro? *What do you think about this book?* (es decir, *Do you like it?*)
quejarse de	**Se quejaron de** la duración del vuelo. *They complained about the duration of the flight.*
reírse de	Me gusta que **te rías de** mis chistes. *I like it that you laugh at my jokes.*
terminar de + inf.	**Terminaron de** comer y se fueron. *They finished eating and left.*

tratar de + inf.	**Trataron de** ayudarme, pero no pudieron. *They tried to help me, but could not.*
tratarse de	—Me gustó esa película. *"I liked that movie."* —¿**De** qué **se trata**? *"What is it about?"* —**Se trata de** una familia durante la Segunda Guerra Mundial. *"It is about a family during the Second World War."*

d. *En*

(1) Uso

EN	
USO	**EJEMPLOS**
Para indicar dónde se desarrolla o dónde se encuentra algo	Estábamos **en** la playa. *We were at the beach.*
Para expresar *"in, inside"*	Ese cuaderno está **en** mi mochila. *That notebook is in my knapsack.*
Para expresar *"on, on top of"*	Tu libro está **en** mi escritorio. *Your book is on my desk.*
Con expresiones de tiempo: meses, años y otras expresiones de tiempo (pero no los días de la semana: **Lo haré el lunes.** *I will do it on Monday.*)	La visité **en** enero. *I visited her in January.* No quería verlo **en** ese momento. *I did not want to see him at that moment.*
Con números ordinales seguidos por el infinitivo	Fue el primero **en** irse. *He was the first to leave.*

(2) Expresiones con *en*

en cambio	Yo no hablaba su idioma; ellos, **en cambio,** sí hablaban inglés. *I did not speak their language; they, however, did speak English.*
en cuanto	Llámame **en cuanto** llegues a casa, por favor. *Call me as soon as you get home, please.*
en cuanto a	**En cuanto a** la comida india, no sé mucho. *In regard to Indian food, I do not know much.*
en frente de (también: enfrente de)	Se sentó **en frente de** mí en el cine. *She sat in front of me at the movies.*
en seguida (también: enseguida)	Vendrá **en seguida.** *He will come right away (immediately).*
en vez de	**En vez de** llorar, deberíamos reír. *Instead of crying, we should laugh.*

(3) Verbos con *en*

Algunos de estos verbos pueden estar acompañados del infinitivo, otros no.

consentir en	Ella nunca **consentirá en** casarse contigo. *She will never consent to marrying you.*
consistir en	¿**En** qué **consiste** este programa? *What does this program consist of?*
convenir en	**Convinimos en** encontrarnos a las diez. *We agreed to meet at ten.*
convertirse en	Estas semillas pronto **se convertirán en** plantitas. *These seeds will soon become little plants.*

empeñarse en	**Se empeñó en** pagarme lo que me debía. *He insisted on paying me what he owed me.*
entrar en	**Entró en** la sala cantando. *He entered the room singing.*
especializarse en	Ella **se especializa en** ingeniería. *She is majoring in engineering.*
fijarse en	No **me había fijado en** sus ojos. *I had not noticed his eyes.*
influir en	La enseñanza **influye en** nuestras decisiones. *Education influences our decisions.*
insistir en	**Insistimos en** pagar. *We insist on paying.*
pensar en	**Pienso en** ti a menudo. *I often think of you.*
tardar en	**Tardaron** mucho **en** responder. *They took a long time to respond.*

iLrn HEINLE Learning Center *Ejercicios 4.2–4.7, páginas 355–357*

e. *Para*

(1) Uso

PARA	
USO	**EJEMPLOS**
Destino	Lo escribí **para** la profesora de historia. *I wrote it for the history professor.*
Propósito	Lo hice **para** ti. *I did it for you.* (por ej., *to give it to you*) Fue a la tienda **para** comprar pan. *He went to the store to (in order to) buy bread.* ¿**Para** qué sirve esto? *What is this for?* Es un buen libro **para** leer. *It is a good book to read.* Necesita una mesa **para** estudiar. *He needs a table to study.*
Destino temporal, fecha límite	Lo terminaré **para** las diez. *I will finish by ten.*
Destino en el espacio	Salimos **para** Europa. *We left for Europe.* Ven **para** acá. *Come over here.*
Comparación con la "norma"	**Para** ser extranjero, habla muy bien. *For (Considering he is) a foreigner, he speaks very well.*
Indicación de la fuente de empleo	Ella trabaja **para** el gobierno. *She works for the government.*

(2) Expresiones con *para*

no estar para bromas	**No estoy para bromas** hoy. *I am not in the mood for jokes today.*
no ser para tanto	¡No llores! **No es para tanto.** *Do not cry! It is not that bad.*
para siempre	Pensé que la conferencia duraría **para siempre.** *I thought the lecture would last forever.*

f. *Por*

(1) Uso

POR	
USO	**EJEMPLOS**
Para introducir el agente de la voz pasiva	Esa novela fue escrita **por** Cervantes. *That novel was written by Cervantes.*
Razón	Lo hice **por** ti. *I did it because of you.*
Causa	**Por** comer tanto, le dio dolor de estómago. *He got a stomachache from eating so much.* No fuimos **por** la lluvia. *We did not go because of the rain.*
A través del tiempo	Trabajó **por** dos horas. *She worked for two hours.*
A través del espacio	Pasamos **por** el parque. *We went through the park.* Los vi **por** aquí. *I saw them somewhere around here.*
Medios de comunicación	Te llamaron **por** teléfono. *They called you on the phone.*
Medios de transporte	Lo mandaron **por** avión. *They sent it airmail.*
Intercambio (a cambio de)	Te daré un dólar **por** tu ayuda. *I will give you a dollar (in exchange) for your help.*
Para indicar sustitución (en lugar de)	Ella trabajó **por** mí porque estaba enfermo. *She worked for (instead of) me, because I was ill.*
Con verbos de movimiento, introduciendo un sustantivo, para expresar "*to get*" o "*to fetch*"	Fue a la tienda **por** pan. *He went to the store for (to fetch) bread.*
Con **estar,** para expresar *"to be about to"* (en Latinoamérica) o *"to be in favor of"*	Estamos **por** salir. *We are about to leave.* Yo estoy **por** la libertad de expresión. *I am in favor of freedom of speech.*
Con **quedar,** seguido del infinitivo, con el significado *"(yet) to be done"*	Me quedan dos tareas **por** hacer. *I have two assignments (yet) to be done.*

(2) Expresiones con *por*

por eso	Llueve. **Por eso** llevo el paraguas. *It is raining. That is why I am taking my umbrella.*
por fin	**Por fin** me dejaron jugar. *They finally let me play.*
por lo general	**Por lo general** estudio de noche. *As a rule, I study at night.*
por lo menos	Me dijo que tardaría **por lo menos** una hora. *He told me that it would take him at least an hour.*
por otra parte	No me gusta el clima aquí. **Por otra parte**, sí me gusta el pueblo. *I do not like the climate here. On the other hand, I do like the town.*
por poco	¡**Por poco** me caigo! *I almost fell!*
por... que + subjuntivo	**Por más que** trate, no puedo alzarlo. *However much I try, I cannot lift it.* **Por más** sed **que** tenga, no bebe. *However thirsty she may be, she will not drink.* **Por** evidente **que** fuera el peligro, nadie lo reconoció a tiempo para evitar el desastre. *However evident the danger was, nobody recognized it in time to prevent the disaster.*
por supuesto	—¿Te gustaría ir al cine conmigo? *"Would you like to go to the movies with me?"* **—¡Por supuesto!** *"Of course!"*

(3) Verbos con *por*

esforzarse por	Ella **se esfuerza por** darles lo mejor a sus hijos. *She makes an effort to give her children the best.*
interesarse por	**Me intereso por** tu futuro. *I am interested in your future.*
preguntar por + persona	Llamó Carlos y **preguntó por ti.** *Carlos called and asked for you.*
preocuparse por	No **te preocupes por** mí. *Do not worry about me.*
tomar por	Lo **tomaron por** idiota. *They took him for an idiot.*

iLrn HEINLE Learning Center ***Ejercicios 4.8–4.10, página 357***

4. Lista de expresiones con preposiciones (inglés–español)

EXPRESIONES CON PREPOSICIONES			
INGLÉS	**ESPAÑOL**	**INGLÉS**	**ESPAÑOL**
again	**de nuevo**	*not to exaggerate*	**no ser para tanto**
almost	**por poco**	*of course*	**por supuesto**
as soon as	**en cuanto**	*often*	**a menudo**
at about, around (hora)	**a eso de**	*on foot*	**a pie**
at least	**al menos, por lo menos**	*on horseback*	**a caballo**
at the same time	**a la vez**	*on the other hand*	**por otra parte**
because of	**a causa de**	*on time*	**a tiempo**
because of that	**por eso**	*once in a while*	**de vez en cuando**
by dint of	**a fuerza de**	*provided that*	**con tal (de) que**
conversely, however	**en cambio**	*really*	**de veras**
finally	**por fin**	*regarding*	**con respecto a**
forever	**para siempre**	*sometimes*	**a veces**
however much . . .	**por... que...** + suj.	*standing*	**de pie**
immediately	**en seguida; enseguida**	*suddenly*	**de repente**
in depth	**a fondo**	*that is why*	**por eso**
in front of	**en frente de**	*to agree to*	**convenir en**
in general, as a rule	**por lo general**	*to ask a question*	**hacer una pregunta**
in regard to	**en cuanto a**	*to ask for someone*	**preguntar por alguien**
in spite of	**a pesar de**	*to ask for something*	**pedir algo**
in such a way that	**de modo que**	*to be about, deal with* (por ej., un cuento)	**tratarse de**
in that way	**de esa manera**	*to be ashamed of*	**estar avergonzado de**
instead of	**en vez de**	*to be glad that*	**alegrarse de**
maybe	**a lo mejor**	*to be in love with*	**estar enamorado de**
not to be up for jokes	**no estar para bromas**	*to get used to*	**acostumbrarse a**

(continúa)

EXPRESIONES CON PREPOSICIONES			
INGLÉS	**ESPAÑOL**	**INGLÉS**	**ESPAÑOL**
to begin to	**comenzar a, empezar a, ponerse a**	*to laugh at*	**reírse de**
to complain about	**quejarse de**	*to learn to*	**aprender a**
to consent to	**consentir en**	*to look for*	**buscar** (sin prep.)
to consist of	**consistir en**	*to major (specialize) in*	**especializarse en**
to dare to	**atreverse a**	*to make an effort to*	**esforzarse por**
to delay in doing	**tardar en**	*to make fun of*	**burlarse de**
to depend on	**depender de**	*to marry, get married to*	**casarse con**
to do again	**volver a**	*to meet*	**conocer, encontrarse con**
to fall in love with	**enamorarse de**	*to notice*	**fijarse en**
to feel ashamed of	**avergonzarse de**	*to plan (to do something)*	**pensar** + inf. (sin prep.)
to find out about	**enterarse de**	*to realize*	**darse cuenta de**
to finish	**terminar de**	*to refuse to*	**negarse a**
to fire someone	**despedir a alguien**	*to remember*	**acordarse de**
to forget about	**olvidarse de, olvidar** (sin prep.), **olvidársele a uno**	*to repent, regret*	**arrepentirse de**
to get angry with	**enojarse con**	*to say good-bye to*	**despedirse de**
to have just (done)	**acabar de**	*to stop to (do something)*	**detenerse a**
to help to	**ayudar a**	*to take for*	**tomar por**
to hurry to	**apresurarse a**	*to teach to*	**enseñar a**
to influence	**influir en**	*to thank (someone) for*	**agradecer** (sin prep.)
to insist on	**empeñarse en, insistir en**	*to think about*	**pensar en, pensar de**
to intend to (do something)	**pensar** + inf. (sin prep.)	*to try to*	**tratar de**
to interest oneself in, become interested in	**interesarse por**	*to wait for*	**esperar** + sustantivo (sin prep.)
to invite to	**invitar a**	*to worry about*	**preocuparse por**
to keep	**quedarse con**	*willingly / unwillingly*	**de buena/mala gana**

5. Repaso de expresiones con preposiciones

por	(más) + adj./adv. + que	**a**	lo mejor	**de**	pie
de	buena/mala gana	**por**	lo menos	**por**	poco
en	cambio	**al**	menos	**de**	repente
en	cuanto	**por**	más + sustantivo + que	**en**	seguida
por	eso	**por**	más que	**para**	siempre
de	esta manera	**a**	menudo	**por**	supuesto
por	fin	**de**	modo que	**con**	tal (de) que
a	fondo	**de**	nuevo	**a**	tiempo
a	la vez	**por**	otra parte	**a**	veces
por	lo general	**a**	pie	**de**	veras

no estar no ser	**para** **para**	bromas tanto

de	vez	**en**	cuando

a	causa	**de**
a	eso	**de**
a	fuerza	**de**
a	pesar	**de**
con	respecto	**a**
en	cuanto	**a**
en	frente	**de**
en	vez	**de**

acabar (+ inf.)	**de**	depender	**de**	olvidar	**Ø**
acordarse	**de**	despedirse	**de**	olvidarse	**de**
acostumbrarse	**a**	detenerse (+ inf.)	**a**	pedir (+ cosa)	**Ø**
agradecer	**Ø**	empeñarse	**en**	pensar	**en**
alegrarse	**de**	empezar (+ inf.)	**a**	pensar (+ inf.)	**Ø**
aprender (+ inf.)	**a**	enamorarse	**de**	pensar (opinión)	**de**
apresurarse (+ inf.)	**a**	encontrarse	**con**	ponerse (+ inf.)	**a**
arrepentirse	**de**	enojarse	**con**	preguntar (+ persona)	**por**
atreverse (+ inf.)	**a**	enseñar (+ inf.)	**a**	preocuparse	**por**
avergonzarse	**de**	enterarse	**de**	quedar (+ inf.)	**por**
ayudar (+ inf.)	**a**	esforzarse	**por**	quedarse	**con**
burlarse	**de**	especializarse	**en**	quejarse	**de**
buscar (+ cosa)	**Ø**	esperar	**Ø**	reírse	**de**
casarse	**con**	estar enamorado	**de**	resignarse	**a**
comenzar (+ inf.)	**a**	fijarse	**en**	soñar	**con**
consentir	**en**	influir	**en**	tardar	**en**
consistir	**en**	insistir	**en**	terminar	**de**
convenir	**en**	interesarse	**por**	tomar	**por**
convertirse	**en**	invitar (+ inf.)	**a**	tratar (+ inf.)	**de**
darse cuenta	**de**	irse	**de**	tratarse	**de**
dejar (*to let, leave*)	**Ø**	meterse	**con**	volver (+ inf.)	**a**
dejar (*to stop*) (+ inf.)	**de**	negarse (+ inf.)	**a**		

iLrn HEINLE Learning Center *Ejercicios 4.11–4.21, páginas 358–361*

B Adverbios

1. Definición

Un adverbio es una palabra que modifica a un verbo, a un adjetivo, a otro adverbio o a una oración. Los siguientes son ejemplos de adverbios.

Hazlo **bien.**	*Do it right.*
Tienen un nivel de vida **muy** alto.	*They have a very high standard of living.*
Tu perro menea la cola **muy lentamente.**	*Your dog wags its tail very slowly.*

Los adverbios y las preposiciones tienen mucho en común; lo que los diferencia es su función gramatical en la oración. Una preposición introduce un sustantivo o su equivalente, mientras que un adverbio no lo hace. (Consultar la página 149 para ver un cuadro en el que se comparan estas dos funciones).

2. Adverbios que terminan en *-mente*

Los adverbios que terminan en **-mente** se forman con el femenino del adjetivo.

Adjetivo	⟶	**Femenino**	⟶	**+ *-mente***
lento	⟶	lenta	⟶	lentamente

Con adjetivos que no tienen una forma femenina, se formarán con la base del adjetivo.

Adjetivo	⟶	**Adverbio**
alegre	⟶	alegremente
vil	⟶	vilmente

Los adjetivos con acento escrito mantienen el acento escrito cuando se transforman en adverbios.

Adjetivo	⟶	**Adverbio**
fácil	⟶	fácilmente

Cuando están en una sucesión, los adverbios que terminan en **-mente** pierden la terminación, excepto el último.

El presidente habló discreta, elegante y apasionadamente.	*The president spoke discreetly, elegantly, and passionately.*

Se puede hacer caso omiso de esta regla si el efecto deseado es transmitir monotonía.

El profesor presentaba sus explicaciones detalladamente, pausadamente, aburridamente.	*The professor presented his explanations in detail, slowly, boringly.*

Se observa que un adverbio que termina en **-mente** no puede modificar otro adverbio que termina en **-mente.** Sería incorrecto decir:

~~Lo presentó sorprendentemente claramente~~.	*He presented it surprisingly clearly.*

Lo correcto sería decir:

Lo presentó muy claramente. O: ...con una claridad sorprendente.

3. Orden de palabras

En español, el adverbio se ubica junto a la palabra a la que modifica. Obsérvese la diferencia en inglés.

Raúl se disculpó **elocuentemente** en su presentación.	*Raúl apologized eloquently during his talk.*
Habla **bien** el quechua.	*She speaks Quechua well.*

4. Palabras con varias funciones

Hay palabras que funcionan como adjetivos, como pronombres o como adverbios según su función en la oración: **mucho, poco, bastante, tanto, cuanto, algo, nada,** etcétera. Comparar las siguientes oraciones.

a.	Comen **mucho** pan.	*They eat a lot of bread.*
b.	Comen **mucho.**	*They eat a lot.*
c.	Corren **mucho.**	*They run a lot.*

En la oración **a., mucho** modifica a **pan** y es un adjetivo. Obsérvese que esto se confirma por el hecho de que si se pasara **pan** a plural, el adjetivo también cambiaría. Ésta es una diferencia entre los adjetivos y los adverbios: los adverbios son invariables, mientras que los adjetivos cambian según el sustantivo al que modifican, como se muestra en la siguiente oración.

d.	Comen **muchas** frituras.	*They eat a lot of fried foods.*

En la oración **b.**, **mucho** puede ser un pronombre, que incorpora **pan,** o puede ser un adverbio, que es invariable y modifica el verbo **comen** y no está relacionado con ningún alimento en particular. De la misma manera, si se quisiera que **mucho** se refiriera a las **frituras** mencionadas anteriormente, se podría decir **Comen muchas.** Si hay un verbo transitivo como **comer,** sólo el contexto puede determinar si se refiere a un objeto o no.

En la oración **c.**, el verbo es intransitivo, y, por lo tanto, **mucho** es un adverbio.

Algunos adjetivos se usan frecuentemente como adverbios.

Habla **claro.**	*Speak clearly.*
Caminen **derecho.**	*Walk straight ahead.*
Lo pronuncian **distinto.**	*They pronounce it differently.*
Pégale **duro.**	*Hit it hard.*
Respira **hondo.**	*Breathe deeply. (Take a deep breath.)*
Lo hice **igual.**	*I did it the same way.*
Juega **limpio.**	*Play fairly (cleanly). (Don't cheat.)*
Corro **rápido.**	*I run fast.*
Hablan **raro.**	*They speak in a strange fashion.*

En algunos casos, una palabra puede tener distintos significados, según se use como adjetivo o como adverbio, o según termine en **-mente** o no. Se deben considerar las siguientes diferencias.

Es un hombre **alto/bajo.**	*He is a tall/short man.* (adjetivo)
Ella habla **alto/bajo.**	*She speaks loudly/quietly.* (adverbio)
Es un hombre **altamente** moral.	*He is a very moral man.*
Lo hizo **bajamente.**	*He did it meanly.*

Ejercicio 4.22, página 362

5. Adverbios de tiempo

cuando	*when*	¿cuándo?	*when?*
ahora	*now*	entonces	*then*
antes	*before*	después	*later, after*
luego	*later*		
hoy	*today*	mañana	*tomorrow*
ayer	*yesterday*	anteayer	*day before yesterday*
anoche	*last night*		
aun	*even*	aún	*still*
nunca	*never*	jamás	*never (absolutely)*
tarde	*late*	temprano	*early*
ya	*already*	ya no	*no longer*
todavía	*still*	todavía no	*not yet*
mientras	*while*		

Algunos ejemplos de uso

Aun, aún

Aún con acento es sinónimo de **todavía**. Sin acento, es sinónimo de **incluso.**

Aún no la he visto. — *I have not seen it yet.*

Aun de adulto se me antojan. — *Even as an adult I crave them.*

Nunca, jamás

Jamás es más fuerte que **nunca.** Los dos se pueden usar juntos para enfatizar la negativa (notar que **nunca**, en combinación con **jamás**, siempre lo precede).

Nunca volveré. — *I shall never return.*

Jamás volveré. — *I shall **never** return.*

Nunca jamás volveré. — *I shall never, ever return.*

Tarde, temprano

Tarde y **temprano** se pueden usar con el verbo **ser** sólo en el contexto de la expresión impersonal del momento del día, "*it is late*" o "*it is early*", donde "*it*" no se refiere a nada específico, sino que es un sujeto impersonal similar a "*it*" en "*it is three o'clock*".

Es tarde.	*It is late. (time of day)*
Es temprano.	*It is early.*

Si el sujeto de "*to be*" no es impersonal, o si "*it*" se refiere a algo en particular, no se usa **ser** en español. Sino **llegar.**

Llegó tarde.	***It*** *is late. (the package)*
Llegué tarde.	***I*** *am late.*
Llegaste temprano.	***You*** *are early.*

Tarde y **temprano** con frecuencia se usan con verbos de acción.

Comen tarde en España.	*They eat **late** in Spain.*
Me levanto temprano.	*I get up early.*

"Tarde o temprano" significa "*sooner or later*".

Tarde o temprano ganaremos.	*We'll win sooner or later.*

Ya, ya no, todavía, todavía no

Se debe tener cuidado con estas expresiones: pueden ser útiles si se aprende su significado, pero tienden a causar confusión. Comparar los siguientes pares de oraciones.

Ya comí. **Todavía no** he comido.	*I **already** ate.* *I have **not** eaten **yet.***
Todavía anda en triciclo. **Ya no** anda en triciclo.	*He **still** rides a tricycle.* *He **no longer** rides a tricycle.*

Ya también se puede usar para enfatizar. En inglés, se enfatizaría la pronunciación de palabras específicas para indicar el mismo énfasis y en algunos dialectos del inglés, se puede usar "*already*".

¡Ya voy!	*I am **coming**! (already, or right away)*
Ya sé.	*I **know** (already).*

Otros ejemplos de adverbios de tiempo

Ahora tengo hambre.	*Now I am hungry.*
Anoche no pude dormir.	*I could not sleep last night.*
Llegaron anteayer.	*They arrived the day before yesterday.*
Lo había practicado antes.	*I had practiced it beforehand.*
Ayer lavé el baño.	*Yesterday I cleaned the bathroom.*
Habla cuando quiere.	*He speaks when he wants to.*
Nos vemos después.	*We shall meet afterwards.*
Entonces lo vi.	*Then I saw it.*
Hoy es mi cumpleaños.	*Today is my birthday.*
Luego la felicitaron.	*Then they congratulated her.*
Mañana será otro día.	*Tomorrow is (will be) another day.*
Lo hice mientras dormías.	*I did it while you were sleeping.*
Nunca he bailado tanto.	*I have never danced so much.*
Pronto se abrirán las tiendas.	*The stores will open soon.*
Son recién casados.	*They are newlyweds.*
Siempre te querré.	*I shall always love you.*

Ejercicios 4.23–4.24, páginas 362–363

6. Adverbios de modo

¿cómo?	*how?*	así	*like this, like that*
bien	*well*	mal	*poorly, badly*
como	*like, as*	según	*according to, depending on*

Algunos ejemplos de uso

Así

Así se usa para expresar *"like this"* o *"like that"*; a menudo, los angloparlantes que estudian español agregan "como" antes, lo cual es un error. Se deben considerar las siguientes oraciones.

—¿Cómo lo hiciste? — *"How did you do it?"*
— **Así.** — ***"Like this."***

Así también se puede usar como adjetivo para modificar un sustantivo.

Estudiamos los adverbios, y cosas **así.** — *We studied the adverbs, and things* ***like that.***

Bien

Bien puede tener dos significados: cuando modifica un verbo, significa *"well"*; cuando modifica otro adverbio o un adjetivo, lo intensifica y significa *"really"* o *"very"*.

Cocinas **bien.** — *You cook* ***well.***

Está **bien** lindo el día. — *The day is* ***really*** *beautiful.*

Bien usado con **estar** puede tener distintos significados.

—¿Cuál quieres? — *"Which one do you want?"*
—El rojo está **bien.** — *"The red one is* ***okay*** *(or* ***good****)."*

Su hija está **bien** ahora. — *Your daughter is* ***well*** *now.*

Bien también se puede usar como adjetivo.

Viene de una familia **bien.** — *He is from a* ***well-to-do*** *family.*

Ejercicio 4.25, página 363

7. Adverbios de cantidad

algo	*somewhat, rather*	medio	*half*
apenas	*barely, scarcely*	menos	*less*
bastante	*rather, enough, quite, really*	mucho, muy	*very*
casi	*almost*	nada	*not at all*
cuanto	*as much*	poco	*little*
¿cuánto?	*how much?*	sólo	*only*
demasiado	*too much*	tanto	*so much*

Algunos ejemplos de uso

Demasiado, mucho, muy

Demasiado no se usa con tanta frecuencia como "*too*" o "*too much*" en inglés. La indicación de exceso puede estar en el contexto de la oración, o en palabras como **mucho** o **muy,** y no tanto en **demasiado.**

Es temprano para que vuelva. — *It is too early for him to be back.*

Ya es tarde para ti. — *It is too late for you.*

Es muy joven para beber. — *He is too young to drink.*

Hace mucho calor para salir. — *It is too hot to go out.*

Si hay ambigüedad en la indicación de exceso, se usa **demasiado.**

Hablas demasiado. — *You talk too much.*

Se debe tener cuidado con el error común de combinar **demasiado** y **mucho.**

Otros ejemplos de adverbios de cantidad

Estoy **algo** incómoda. — *I am slightly uncomfortable.*

Apenas llegamos. — *We just made it.*

Apenas si me habló. — *He barely spoke to me.*

No comes **bastante.** — *You don't eat enough.*

Es **bastante** tarde. — *It is quite late.*

Casi lo compré. — *I almost bought it.*

Come **cuanto** quiere.	*She eats as much as she wants.*
Gritan **demasiado.**	*They shout too much.*
Trabajas **mucho.**	*You work a lot (too much).*
Es **muy** fuerte.	*It is very strong.*
No estoy **nada** seguro.	*I am not at all sure.*
Se ejercita **poco.**	*He exercises little.*
Sólo lee.	*She only reads.*
¡Nieva **tanto!**	*It snows so much!*

Ejercicio 4.26, página 364

8. Adverbios de confirmación, duda o negación

sí	*yes, definitely*	¿sí?	*yes?*
no	*no, not*	¿no?	*no? right? isn't it?*
bueno	*okay, all right, well*	ya	*already, enough already, I know, of course*
también	*also, as well*	tampoco	*neither*
acaso	*by chance*	tal vez	*perhaps*
quizá(s)	*perhaps*		

Algunos ejemplos de uso

Acaso, quizá, tal vez

Estas tres palabras tienen un significado similar, de duda, pero tienen usos ligeramente distintos. El uso del subjuntivo refuerza la duda del contexto o indica futuro. Considérense los siguientes ejemplos.

¿**Acaso** dudas de mí?	*Perhaps you doubt me?*
Quizá es Roberto.	*Maybe it is Roberto.*
Quizá sea Roberto.	*Maybe it might be Roberto.*
Tal vez era de noche.	*Maybe it was nighttime.*
Tal vez salgamos.	*Maybe we'll go out.*

Bueno

La palabra **bueno** ya se conoce como adjetivo. Cuando se usa como interjección coloquial en respuesta a una pregunta, significa algo parecido a "*okay*".

—¿Te llamo mañana? —Bueno.	*"Shall I call you tomorrow?"* *"Okay."*

Bueno se puede usar también como transición o pausa en el discurso, parecida a "*well . . .*" en inglés.

Bueno... y ahora... ¿qué hacemos?	*Well . . . and now . . . what shall we do?*

En México, **¿bueno?** Se usa para contestar el teléfono. En otros países de habla hispana, se dice **¿diga?** o **¿aló?**

No

No debe preceder al verbo al que modifica.

No puedo comer.	*I cannot eat.*
Puedo no comer.	*I can go without eating.*
No puedo no comer.	*I cannot go without eating.*

A menudo, **no** se usa en la forma interrogativa **¿no?** después de una oración, en el sentido de "*right?*" o algo similar. Un error frecuente es usar **¿sí?** en su lugar.

Fueron al cine, **¿no?**	*They went to the movies, right?*

Sí

Sí se usa para enfatizar la afirmación.

—Yo no quiero ir al cine. —Pues yo **sí** (quiero).	*"I don't want to go to the movies."* *"Well, I do."*
Ahora **sí** que vamos a gozar.	*Now we really are going to have fun.*
Ah, no, ¡eso **sí** que no!	*Oh, no. No way! (Not a chance!)*

También, tampoco

Tampoco es el negativo de **también.**

—Tengo hambre. —Yo **también.** —Pero no quiero comer tacos. —Yo **tampoco.**	*"I'm hungry."* *"Me too."* *"But I don't want to eat tacos."* *"Me neither."*

Ya

La interjección coloquial **"Ya."** se usa como respuesta afirmativa para denotar que se recuerda algo, o que se comprende algo, o que se ha terminado algo. En este uso, **"Ya."** no es un sinónimo de la simple respuesta afirmativa **"Sí."**. No hay una traducción satisfactoria de este término al inglés. A continuación hay algunos ejemplos:

—¿Terminaste tu trabajo? —Ya.	*"Did you finish your work?"* *"Yes, I already finished it."*
—Marta está enferma. —Ya.	*"Marta is sick."* *"I know this already."*
—¡Apúrate! ¡Vamos a llegar tarde! —Ya ya.	*"Hurry up! We're going to be late!"* *"Okay, okay, enough already, I'm coming!"*

Ejercicio 4.27, página 364

9. Locuciones adverbiales

Estas locuciones también se pueden encontrar en este **Manual** bajo las preposiciones que integran.

a gusto	*at ease, comfortably, at home*
a medias	*halfway, half*
a menudo	*often, frequently*
al final	*at the end, in the end*
alguna vez	*sometime, ever*
en alguna parte	*somewhere*
en algún lugar	*somewhere*
en fin	*finally, in the long run, oh well*
en resumen	*in summary, all in all*
no... hasta	*not until*
por cierto	*actually, as a matter of fact, by the way*
por fin	*finally, at last*
por poco	*almost*

Algunos ejemplos de uso

Viven muy **a gusto** aquí.	*They live very comfortably here.*
No lo hagas **a medias.**	*Don't do it halfway.*
Viajan **a menudo.**	*They travel often.*
Al final de la película, lo vi.	*At the end of the movie, I saw him.*
¿Lo has visto **alguna vez?**	*Have you ever seen it?*
Lo vi **en alguna parte.**	*I saw it somewhere.*
En fin, así fue.	*Well, that's how it was.*
En resumen, me divertí.	*In summary, I had fun.*
No iré **hasta** enero.	*I won't go until January.*
Por fin llegamos.	*We finally arrived.*
Por cierto, nevó.	*By the way, it snowed.*
Por poco me caigo. (Obsérvese en esta frase el uso especial del tiempo presente en español para referirse al pasado).	*I almost fell down.*

Ejercicio 4.28, página 365

10. Adverbios de lugar

¿adónde?	*where [to]*	¿dónde?	*where [at]*
adonde	*where [to]*	donde	*where [at]*
acá	*here (over here)*	aquí	*here*
allá	*there (over there)*	allí (ahí)	*there*
abajo	*below, downstairs*	debajo	*underneath, beneath*
arriba	*above, upstairs*	encima	*on top*
adentro	*inside*	dentro	*within, inside*
afuera	*outside*	fuera	*out, outside*
atrás	*behind, in back*	detrás	*behind*
adelante	*ahead, forward*	delante	*in front*
enfrente	*in front, across*		
cerca	*close*	lejos	*far*

Algunos ejemplos de uso

¿Adónde?, ¿dónde?, donde, adonde

¿Adónde? y **adonde** se usan para referirse a un movimiento hacia una ubicación en el espacio, mientras que **¿dónde?** y **donde** se usan para referirse a una ubicación en el espacio.

¿**Dónde** viste esa casa? No sé **dónde** está.	*Where did you see that house?* *I do not know where it is.*
¿**Adónde** fue? No me dijo **adónde** iba.	*Where did he go?* *He did not tell me where he was going.*
Está **donde** lo dejaste. Iremos **adonde** nos digas.	*It is where you left it.* *We shall go where you tell us to.*

Acá, allá; aquí, allí

Acá y **allá** se usan generalmente con verbos de movimiento, mientras que **aquí** y **allí** se usan con verbos de estado.

Vengan **acá** primero y luego vayan **allá.**	*Come here first and then go there.*
Están **aquí** ahora.	*They are here now.*

Aquí y **allí** se refieren a un lugar o una ubicación más específica, mientras que **acá** y **allá** se refieren a una zona en general que está cerca o lejos de la persona que habla.

—No sé dónde puse mis libros. Pensé que estaban **aquí.** —Creo que los vi **allá,** en el otro cuarto. Ah, no, mira: **allí** están, en el estante cerca de ti.	*"I don't know where I put my books. I thought they were here."* *"I think I saw them over there, in the other room. Oh, no, look: there they are, on the shelf next to you."*

No es imposible hallar el uso de **aquí** y **allí** en contextos con movimiento, como en **Ven aquí** *(Come here)*, o **Ponlo allí** *(Put it there)*, cuando se intenta expresar una ubicación más precisa.

Abajo, arriba, debajo, encima

Estos adverbios se refieren a una ubicación que está sobre o debajo de un lugar que se entiende en el contexto.

Abajo y **arriba** se pueden traducir en ciertos contextos como en el piso de arriba o en el piso de abajo o hacia un lado o hacia el otro de una calle.

Ellos viven **arriba.**	*They live upstairs.*
Nosotros vivimos **abajo.**	*We live downstairs.*
Esa casa está más **arriba.**	*That house is farther up the street.*

También pueden cumplir la función de exclamación para expresar apoyo, oposición o un asalto:

¡**Arriba** la libertad!	*Long live liberty!*
¡**Abajo** el terrorismo!	*Down with terrorism!*
¡**Arriba** las manos!	*Hands up!*

Debajo y **encima** se refieren a la ubicación específica relativa de cosas que están sobre o bajo otras cosas.

Pon esa caja **encima.**	*Put that box on top.*
Pon la otra **debajo.**	*Put the other one underneath.*

Abajo y **arriba** también se pueden usar de manera similar a **debajo** y **encima** para referirse a la ubicación específica relativa de cosas que están sobre o bajo otras cosas, pero puede haber ambigüedad.

Pon esa caja **arriba.**	*Put that box on top (or upstairs).*
Pon la otra **abajo.**	*Put the other one underneath (or downstairs).*

(Para obtener más información sobre los usos de la preposición **bajo** y las locuciones preposicionales **encima de** y **debajo de,** consultar el cuadro de "Preposiciones y adverbios relacionados", página 149).

Adentro, afuera; dentro, fuera

Aunque hay flexibilidad en el uso de estos adverbios, **adentro** y **afuera** se usan con más frecuencia con ubicaciones literales físicas, entendidas en un contexto particular. Con frecuencia, se usan para referirse al interior y al exterior de una casa o un edificio:

Ven **adentro.**	*Come inside.*
Vamos **afuera.**	*Let's go outside.*
Afuera hay un patio.	*Outside (the house) there is a patio.*

Dentro y **fuera** pueden referirse a una ubicación figurativa:

Sufría por **dentro,** pero por **fuera** logré mantener la calma.	*I suffered inside, but on the outside I succeeded in maintaining my calm.*

(Para obtener más información sobre el uso de las locuciones preposicionales **dentro de** y **fuera de,** consultar el cuadro de "Preposiciones y adverbios relacionados", página 149).

Adelante, atrás; delante, detrás; enfrente (o: en frente)

A menudo, los adverbios **adelante** y **atrás** se usarán con verbos de movimiento, en el espacio o en el tiempo:

Vete **adelante.**	*Go to the front (forward, ahead).*
¡Adelante!	*Come on in!* (respondiendo a un golpe en la puerta)
Dio un paso para **atrás.**	*He stepped back (backward).*
De aquí en **adelante** todo será diferente.	*From here on, everything will be different.*
Años **atrás** se habían conocido en la universidad.	*Years before, they had met at the university.*

Delante y **detrás** se usan en situaciones más estáticas, a menudo con cuestiones específicas implícitas que sólo se pueden aclarar con el resto del contexto (obsérvese que **adelante** y **atrás** también se pueden usar en estos contextos, mientras que **delante** y **detrás** no se usarían en los ejemplos anteriores):

Lo tengo **delante.**	*I have it in front (of me).*
Tiene el motor **detrás.**	*It (the car) has the engine in the back.*

Enfrente (o: **en frente**) se usa para indicar una ubicación que se encuentra del otro lado (de la calle, del pasillo, etc.) del punto de referencia del que habla.

Eva vive **enfrente.**	*Eva lives across the street.* *Eva lives across the hallway.*

iLrn HEINLE Learning Center **Ejercicio 4.29, página 365**

(Para obtener más información sobre los usos de la preposición **tras** y las locuciones preposicionales **delante de, detrás de, frente a** y **enfrente de** [o: **en frente de**], consultar el cuadro de "Preposiciones y adverbios relacionados", página 149).

11. Preposiciones y adverbios relacionados

Comparar las oraciones del cuadro de la página 149 y observar el uso de **de** para ciertas estructuras preposicionales.

PREPOSICIONES Y ADVERBIOS RELACIONADOS			
ADVERBIO	**EJEMPLO**	**PREPOSICIÓN**	**EJEMPLO**
abajo *below, downstairs*	Los niños están **abajo,** en la cocina. *The children are downstairs, in the kitchen.*	**bajo** *below, under (not physically underneath)*	Nos sentamos **bajo** los árboles. *We sat under the trees (not underneath their roots, however).*
(a)delante *in front, ahead*	Sigan **adelante.** *Continue ahead.*	**delante de** *in front of, ahead of*	Ella se sienta **delante de** mí. *She sits in front of me.*
(a)dentro *inside*	Prefiero trabajar **adentro.** *I prefer to work inside.*	**dentro de** *inside*	Mi cuaderno está **dentro de** la gaveta. *My notebook is inside the drawer.*
(a)fuera *outside*	Vamos **afuera** a jugar. *Let's go outside to play.*	**fuera de** *out(side) of*	Estaba **fuera de** nuestro alcance. *It was out of our reach.*
alrededor *around*	Miraron **alrededor,** pero no vieron nada. *They looked around but did not see anything.*	**alrededor de** *around*	Corrimos **alrededor de** la casa. *We ran around the house.*
atrás *behind, back*	¿Dónde están los niños? Están **atrás,** jugando a la pelota. *Where are the children? They are in the back, playing ball.*	**detrás de, tras** *behind, after*	Venían **detrás de** nosotros. *They were coming behind us.* Venían **tras** nosotros. *They were coming after (pursuing) us.*
cerca *near, nearby*	Viven **cerca.** *They live nearby.*	**cerca de** *near, close to*	Ese árbol está muy **cerca de** la casa. *That tree is very close to the house.*
debajo *below, underneath*	Lo pusieron **debajo.** *They put it underneath.*	**debajo de** *below, under(neath)*	El perro duerme **debajo de** la casa. *The dog sleeps underneath the house.*
encima *on top*	Cayó **encima.** *It fell on top.*	**encima de** *on top of, above*	Ponga la fruta **encima de** las latas de conserva. *Put the fruit on top of the cans of preserves.*
enfrente *facing, in front, across the street*	La casa de **enfrente** es linda. *The house across the street is pretty.*	**enfrente de, frente a** *in front of, facing*	Hay tres árboles **frente a** la casa. *There are three trees in front of the house.*
lejos *far away*	¿Vives **lejos?** *Do you live far away?*	**lejos de** *far from*	No está muy **lejos de** la casa. *It is not very far from the house.*

C Conjunciones

1. Uso

Una conjunción es una palabra que se usa para unir dos partes de una oración. Esta unión puede ser de partes iguales o la segunda mitad de la unión puede estar subordinada a la primera. Si la unión es de dos partes iguales, se usan conjunciones coordinantes; si la segunda parte está subordinada a la primera, se usan conjunciones subordinantes.

2. Conjunciones coordinantes

Las conjunciones coordinantes unen vocablos o grupos sintácticos equivalentes: sustantivos, adjetivos, adverbios, pronombres, etcétera, o cláusulas.

CONJUNCIONES	
ESPAÑOL	**INGLÉS**
y/e	*and*
o/u	*or*
pero	*but*
sino	*but rather*
ni... ni	*neither . . . nor*

Y se convierte en **e** antes de palabras que comienzan con **i** o **hi.**

España **e** Italia están en el sur de Europa. — *Spain and Italy are in the south of Europe.*

Mis materias favoritas son geografía **e** historia. — *My favorite subjects are geography and history.*

O se convierte en **u** antes de palabras que comienzan con **o** u **ho.**

No importa que sea mujer **u** hombre. — *It does not matter whether it is a man or a woman.*

Siempre me preocupo por una cosa **u** otra. — *I am always worried by one thing or another.*

Pero se usa para indicar algo contrario a lo que lo precede.

Sé que hace frío, **pero** yo tengo calor.	*I know it is cold, but I am hot.*
No hace calor, **pero** yo estoy sudando.	*It is not hot, but I am sweating.*

Sino se usa después de una negación para indicar una alternativa (en lugar de, en vez de).

No fue Marta **sino** Juana la que me lo dijo.	*It was not Marta, but (rather) Juana who told me.*

Sino se convierte en la conjunción **sino que** antes de un verbo conjugado.

No me lo vendió, **sino que** me lo regaló.	*She did not sell it to me, but rather gave it to me.*

No sólo... sino también se traduce como "*not only . . . but also*".

No sólo trajeron flores, **sino también** una botella de vino.	*They not only brought flowers, but also a bottle of wine.*

Obsérvese que **también** se puede omitir, y sólo sobrentenderse, como se ve en la siguiente oración:

La fuerza de sus esculturas radica **no sólo** en la perfección de su técnica, **sino** en la forma en que el artista utiliza la pose, los gestos y la escala para transmitir emociones.
The power of his sculptures resides not only in the perfection of the artist's technique but also in the manner in which he utilizes pose, gestures, and scale to transmit emotions.

Ejercicios 4.31–4.33, páginas 366–367

3. Conjunciones subordinantes

Las conjunciones subordinantes introducen una cláusula subordinada. **Que** es la conjunción subordinante más común.

Veo **que** estás cansada.	*I see (that) you are tired.*

En inglés, la conjunción "*that*" se puede omitir, pero en español, se debe expresar.

Dice **que** viene.	*He says he is coming.*

La mayoría de las preposiciones combinadas con **que** se convierten en conjunciones para introducir cláusulas en lugar de sustantivos o sus equivalentes. Éste es, a menudo, el caso cuando el sujeto del verbo principal y el sujeto del verbo subordinado son distintos.

Te llamé **para** darte las últimas noticias. (infinitivo igual a sustantivo) — *I called you to give you the latest news.*

Te llamé **para que** supieras que estoy pensando en ti. — *I called you so (that) you would know (that) I am thinking about you.*

Ejercicios 4.34–4.35, página 367

D Transiciones

Las siguientes expresiones pueden ser útiles al escribir.

con respecto a
en cuanto a
en lo tocante a
por lo que se refiere a — ***regarding, concerning***

Con respecto a su pedido, enviaré el libro esta tarde. — *Regarding your order, I will send the book this afternoon.*

En cuanto al precio, le cobraré luego. — *As for the price, I shall charge you later.*

En lo tocante al diccionario que pide, no lo tenemos. — *Concerning the dictionary you ask for, we do not have it.*

Por lo que se refiere a lo demás, me comunicaré con los interesados. — *As for the rest, I will get in touch with the interested parties.*

según — ***according to***

Según el patrón, no hay fondos. — *According to the boss, there are no funds.*

por lo general — ***in general, as a rule***

Por lo general, yo gano. — *In general, I win.*

Al principio; al final... — ***In the beginning; in the end . . .***

Al principio, los personajes parecen inocentes, pero **al final** uno se da cuenta de lo contrario. — *In the beginning, the characters appear to be innocent, but in the end one realizes that it is the opposite.*

en primer lugar; en segundo lugar...	***in the first place; second place . . .***
En primer lugar, no tengo tiempo.	*In the first place, I don't have time.*
En segundo lugar, no quiero.	*In the second place, I don't want to.*
por ejemplo	***for example***
casi siempre	***almost always***
casi nunca	***almost (n)ever***
en gran parte	***for the most part***
Por ejemplo, casi siempre comen arroz blanco.	*For example, they almost always eat white rice.*
cada vez más **de más en más**	***more and more***
cada vez menos **de menos en menos**	***less and less***
Hay **cada vez más** guerras y **cada vez menos** humanidad.	*There are more and more wars and less and less humanity.*
acaso	***by chance, perhaps, maybe***
a lo mejor **quizás** **tal vez**	***maybe, perhaps***
¿**Acaso** no ves que lo hago por tu bien?	*Don't you see that I am doing this for your own good?*
Quizás algún día comprendas; **a lo mejor** cuando te cases, o **tal vez** cuando seas madre.	*Maybe someday you will understand; possibly when you get married, or perhaps when you are a mother.*
por suerte	***luckily, fortunately***
por desgracia	***unfortunately***
Por desgracia, tuvo un accidente. **Por suerte**, nadie se hizo daño.	*Unfortunately, he had an accident. Luckily, nobody got hurt.*

a su vez — ***in turn***
por su parte

por otro lado — ***on the other hand***

Mi padre, **por su parte,** nos llevaba al cine los sábados. — *My father, in turn, would take us to the movies on Saturday.*

Por otro lado, era mi madre la que luchaba con nuestros problemas cotidianos. — *On the other hand, it was my mother who struggled with our daily problems.*

entonces — ***thus, therefore, then***
por consiguiente
por lo tanto

por eso — ***for that reason***
por ese motivo
por esa razón

como consecuencia — ***as a result***
como resultado

Estaba harto del gobierno. **Por consiguiente,** decidió mudarse con la familia a otro país. **Por eso** terminamos viviendo en México, y **como resultado,** todos hablamos español. — *He was fed up with the government. Therefore, he decided to move with his family to another country. For that reason we ended up living in Mexico, and as a result, we all speak Spanish.*

de hecho — ***in fact, as a matter of fact***

en realidad — ***actually***

actualmente — ***nowadays***
hoy en día

En realidad, no sé cuándo empezó todo. **Actualmente** no quedan rastros de la lucha. **De hecho,** tenemos muy pocos datos.
(Obsérvese que **actualmente** y "*actually*" son cognados falsos). — *Actually, I don't know when it all began. Nowadays there are no traces left of the struggle. As a matter of fact, we have very little information.*

sin embargo **no obstante**	***nevertheless, yet, however***
a pesar de	***in spite of***
Somos pobres. **No obstante,** venceremos **a pesar de** todo.	*We are poor. Nevertheless, we shall prevail in spite of it all.*
desde	***since (time)***
como	***since (because)***
Desde el día en que llegué aquí, la vida ha sido más fácil.	*Since the day I arrived here, life has been easier.*
Como tenía hambre, comí.	*Since I was hungry, I ate.*

Algunas expresiones se usan como transición entre ideas relacionadas en la misma oración.

... pero / sino...	***. . . but . . .***
... y / e...	***. . . and . . .***
... también...	***. . . also . . .***
... porque...	***. . . because . . .***

Para introducir una idea con una relación más lejana, a menudo al comienzo de una oración, se pueden usar las siguientes expresiones.

Sin embargo	***However*** ***But*** ***Yet***
Además	***In addition*** ***Also***
Como **Puesto que** **Ya que** **Debido a que**	***Since, Because***

Un error frecuente es el uso de **pero** seguido de una coma al comienzo de una oración. Cuando se usa una coma para separarlo de lo que sigue, el énfasis en la palabra **pero** es tal que sería mejor reemplazarlo con **sin embargo,** que es más fuerte. Lo mismo ocurre con **también,** que no es natural cuando está a principio de oración y seguido de una coma: el mejor término en ese contexto sería **además.**

Considere el siguiente enunciado informal:

> Ayer llamé a Luisa. **Como** ella no me llamaba, la llamé yo. **Pero** no le dije por qué llamaba **porque** no quería que supiera lo que siento. **Sin embargo,** sí quería oír su voz, y **también** contarle de la visita de mis padres. **Además,** no quería dejar pasar más tiempo sin comunicarme con ella.
> *Yesterday I called Luisa. Since she wouldn't call me, I called her. But I didn't tell her why I was calling because I didn't want her to know how I feel. However, I did want to hear her voice and also to tell her about my parents' visit. Besides, I didn't want to let more time go by without getting in touch with her.*

(Obsérvese que la tercera oración comienza con **pero.** Sin embargo, si se observa con atención, se podrá ver que la tercera oración es diferente a la cuarta. La tercera oración no es una idea nueva, sino una continuación de la segunda oración. Podría haber estado después de una coma o de un punto. La cuarta oración, por el contrario, tiene un enfoque diferente).

Las siguientes expresiones pueden ser útiles para concluir una idea.

en conclusión — ***in conclusion***

> **En conclusión,** es mejor tratar de vivir bien. — *In conclusion, it is best to try to live well.*

para resumir
en resumen
en resumidas cuentas — ***in short, to summarize***

> **En resumen,** es un cuento de amor tradicional. — *In short, it's a traditional love story.*
>
> **Para resumir,** diría que es un cuento de amor tradicional. — *To summarize, I would say it is a traditional love story.*

de lo anterior, se puede concluir que — ***from the above, it can be concluded that***

> **De lo anterior, se puede concluir que** no todo lo que reluce es de oro. — *From the above, it can be concluded that not all that glitters is gold.*

de todos modos — ***anyway***

en todo caso — ***in any case***

después de todo — ***after all***

a fin de cuentas — ***in the end, all in all***

De todos modos, siguieron siendo amigos. **En todo caso,** nadie se mudó. **Después de todo,** se conocían desde la primaria. **A fin de cuentas,** todos salieron ganando.

Anyway, they continued being friends. In any case, nobody moved. After all, they had known each other since primary school. In the end, everyone ended up winning.

Ejercicios 4.36–4.37, páginas 368–369; Ejercicios de repaso 4.38–4.39, páginas 369–372

Capítulo 5

Los verbos: formación

- **A** Modo indicativo
- **B** Modo condicional
- **C** Modo subjuntivo
- **D** Modo imperativo
- **E** Infinitivo
- **F** Participio

A Modo indicativo

1. Presente

[Para obtener información sobre el uso del presente de indicativo en contexto, consultar el Capítulo 6.A: Presente de indicativo, páginas 188–189.]

a. Verbos regulares

	-ar	**-er**	**-ir**
	Hablar	**Comer**	**Vivir**
yo	habl**o**	com**o**	viv**o**
tú	habl**as**	com**es**	viv**es**
él, ella, usted	habl**a**	com**e**	viv**e**
nosotros	habl**amos**	com**emos**	viv**imos**
vosotros	habl**áis**	com**éis**	viv**ís**
ellos, ellas, ustedes	habl**an**	com**en**	viv**en**

b. Verbos con cambio de raíz

e → ie

-ar	**-er**	**-ir**
Cerrar	**Perder**	**Sentir**
c**ie**rro	p**ie**rdo	s**ie**nto
c**ie**rras	p**ie**rdes	s**ie**ntes
c**ie**rra	p**ie**rde	s**ie**nte
cerramos	perdemos	sentimos
cerráis	perdéis	sentís
c**ie**rran	p**ie**rden	s**ie**nten

Otros verbos con este cambio:

-ar	**-er**	**-ir**
comenzar	defender	mentir
empezar	encender	preferir
negar	entender	
pensar	querer	

e → i

Pedir
p**i**do
p**i**des
p**i**de
pedimos
pedís
p**i**den

Otros verbos con este cambio: **conseguir, impedir, seguir, elegir, repetir, servir**

o → ue

-ar	**-er**	**-ir**
Contar	**Volver**	**Dormir**
c**ue**nto	v**ue**lvo	d**ue**rmo
c**ue**ntas	v**ue**lves	d**ue**rmes
c**ue**nta	v**ue**lve	d**ue**rme
contamos	volvemos	dormimos
contáis	volvéis	dormís
c**ue**ntan	v**ue**lven	d**ue**rmen

Otros verbos con este cambio:

-ar	**-er**	**-ir**
costar	devolver	morir
encontrar	llover	
mostrar	mover	
probar	poder	
recordar		

Otros verbos con este cambio, con alguna variación:

Oler	**Jugar**
huelo	j**ue**go
hueles	j**ue**gas
huele	j**ue**ga
olemos	jugamos
oléis	jugáis
huelen	j**ue**gan

c. Verbos con cambio de ortografía

Los cambios de ortografía se hacen con el propósito de mantener el mismo sonido en todas las formas del verbo. Por ejemplo, un verbo cuyo infinitivo termina en **-ger** o **-gir** (no la **g** "fuerte" de "*go*") tendrá una **j** en la conjugación antes de una **a** o una **o.** Si se mantuviera la **g,** el sonido se convertiría en fuerte.

g → j

Escoger
escojo
escoges
escoge
escogemos
escogéis
escogen

Otros verbos con este cambio:

-er	-ir
coger	corregir
proteger	dirigir
	elegir
	exigir
	fingir

gu → g

Distinguir
distingo
distingues
distingue
distinguimos
distinguís
distinguen

Otros verbos con este cambio: **seguir, conseguir**

c → zc

Antes de **o:**

Parecer
parezco
pareces
parece
parecemos
parecéis
parecen

Otros verbos con este cambio:

-er	**-ir**
agradecer	conducir
aparecer	introducir
conocer	producir
merecer	traducir
obedecer	
ofrecer	
permanecer	
reconocer	

c → z

Antes de **o:**

Convencer

convenzo
convences
convence
convencemos
convencéis
convencen

Otros verbos con este cambio: **vencer, torcer, ejercer, mecer**

d. Verbos irregulares clasificados

i → í	**u → ú**
Enviar	**Continuar**
envío	continúo
envías	continúas
envía	continúa
enviamos	continuamos
enviáis	continuáis
envían	continúan

Otros verbos con este cambio:

-iar	**-uar**
confiar	acentuar
criar	actuar
guiar	graduar

Reunir es similar:

Reunir
re**ú**no
re**ú**nes
re**ú**ne
reunimos
reunís
re**ú**nen

ui → uy

Concluir
concl**uy**o
concl**uy**es
concl**uy**e
concluimos
concluís
concl**uy**en

Otros verbos con este cambio: **construir, distribuir, contribuir, huir, destruir, incluir**

e. Otros verbos irregulares

Caer	**Hacer**	**Poner***	**Salir**	**Traer****	**Valer**
caigo	hago	pongo	salgo	traigo	valgo
caes	haces	pones	sales	traes	vales
cae	hace	pone	sale	trae	vale
caemos	hacemos	ponemos	salimos	traemos	valemos
caéis	hacéis	ponéis	salís	traéis	valéis
caen	hacen	ponen	salen	traen	valen

*Otros verbos como **poner: componer, disponer, proponer, suponer**
Otros verbos como **traer: atraer, distraer

Decir*	**Tener****	**Venir‡**
digo	tengo	vengo
dices	tienes	vienes
dice	tiene	viene
decimos	tenemos	venimos
decís	tenéis	venís
dicen	tienen	vienen

*Otros verbos como **decir: desdecir, maldecir**
Otros verbos como **tener: atenerse, contener, detener, mantener, obtener, sostener
‡Otros verbos como **venir: convenir, prevenir**

Dar	Estar	Haber*	Ir
doy	estoy	he	**voy**
das	estás	has	**vas**
da	está	ha	**va**
damos	estamos	**hemos**	**vamos**
dais	estáis	habéis	**vais**
dan	están	han	**van**

***Haber** tiene una forma de tercera persona del singular especial: **hay** para *"there is"*, *"there are"*.

Oír	Saber	Ser	Ver
oigo	**sé**	**soy**	**veo**
oyes	sabes	**eres**	ves
oye	sabe	**es**	ve
oímos	sabemos	**somos**	vemos
oís	sabéis	**sois**	veis
oyen	saben	**son**	ven

Ejercicios 5.1–5.8, páginas 373–377

2. Aspectos del pasado de indicativo

[Para obtener información sobre el uso del pasado del indicativo en contexto, consultar el Capítulo 6.B: Aspectos del pasado de indicativo: pretérito vs. imperfecto vs. pluscuamperfecto, páginas 189–199.]

a. Imperfecto*

Regulares:

-ar **Hablar**	-er **Comer**	-ir **Vivir**
habl**aba**	com**ía**	viv**ía**
habl**abas**	com**ías**	viv**ías**
habl**aba**	com**ía**	viv**ía**
habl**ábamos**	com**íamos**	viv**íamos**
habl**abais**	com**íais**	viv**íais**
habl**aban**	com**ían**	viv**ían**

*El **imperfecto** se denomina **pretérito imperfecto** o **copretérito** en la terminología usada en los países de habla hispana.

Irregulares:

Ir	Ser	Ver
iba	era	veía
ibas	eras	veías
iba	era	veía
íbamos	éramos	veíamos
ibais	erais	veíais
iban	eran	veían

iLrn HEINLE Learning Center *Ejercicios 5.9–5.12, páginas 378–380*

b. Pretérito**

Regulares:

-ar	-er	-ir
Hablar	**Comer**	**Vivir**
habl**é**	com**í**	viv**í**
habl**aste**	com**iste**	viv**iste**
habl**ó**	com**ió**	viv**ió**
habl**amos**	com**imos**	viv**imos**
habl**asteis**	com**isteis**	viv**isteis**
habl**aron**	com**ieron**	viv**ieron**

El **pretérito se denomina **pretérito perfecto simple o pretérito indefinido** en la terminología usada en los países de habla hispana.

PRETÉRITO (RAÍCES IRREGULARES CON *u*)		
INFINITIVO	RAÍZ	TERMINACIONES
andar	anduv-	
caber	cup-	-e
estar	estuv-	-iste
haber	hub-	-o
poder	pud-	-imos
poner	pus-	-isteis
saber	sup-	-ieron
tener	tuv-	

PRETÉRITO (RAÍCES IRREGULARES CON *i*)	
INFINITIVO	RAÍZ
hacer*	hic-
querer	quis-
venir	vin-

*Para la tercera persona del singular, **hic-** cambia a **hiz-** para mantener el sonido [s].

Dar tiene terminaciones de verbo en **-ir.**

di
diste
dio
dimos
disteis
dieron

En el pretérito, **ir** y **ser** son idénticos.

fui
fuiste
fue
fuimos
fuisteis
fueron

Irregulares: cambia la raíz cuando hay **j** (incluyendo todos los verbos que terminan en **-ducir**):

Decir	**Producir**	**Traer**
dije	produje	traje
dijiste	produjiste	trajiste
dijo	produjo	trajo
dijimos	produjimos	trajimos
dijisteis	produjisteis	trajisteis
dijeron	produjeron	trajeron

Todos los verbos que terminan en **-ir** con cambios de raíz en el presente muestran un cambio de raíz en la tercera persona del singular y en el plural del pretérito. (Consultar la página siguiente para ver ejemplos).

e → i			o → u
Pedir	**Reír**	**Sentir**	**Dormir**
pedí	reí	sentí	dormí
pediste	reíste	sentiste	dormiste
p**i**dió	r**i**ó	s**i**ntió	d**u**rmió
pedimos	reímos	sentimos	dormimos
pedisteis	reísteis	sentisteis	dormisteis
p**i**dieron	r**i**eron	s**i**ntieron	d**u**rmieron

Cambios de ortografía:

i → y				
Caer	**Creer**	**Leer**	**Oír**	**Concluir***
caí	creí	leí	oí	concluí
caíste	creíste	leíste	oíste	concluiste
ca**y**ó	cre**y**ó	le**y**ó	o**y**ó	conclu**y**ó
caímos	creímos	leímos	oímos	concluimos
caísteis	creísteis	leísteis	oísteis	concluisteis
ca**y**eron	cre**y**eron	le**y**eron	o**y**eron	conclu**y**eron

*Se aplica a verbos que terminan en **-uir** con el mismo cambio de ortografía en el presente.

c → qu	g → gu	z → c
Buscar	**Llegar**	**Alcanzar**
bus**qu**é	lle**gu**é	alcan**c**é
buscaste	llegaste	alcanzaste
buscó	llegó	alcanzó
buscamos	llegamos	alcanzamos
buscasteis	llegasteis	alcanzasteis
buscaron	llegaron	alcanzaron

Otros verbos con este cambio:

-car	**-gar**	**-zar**
explicar	apagar	almorzar
sacar	colgar	comenzar
tocar	entregar	empezar
	jugar	
	negar	
	pagar	

Ejercicios 5.13–5.17, páginas 381–384

c. Presente perfecto*

[Para obtener información sobre el uso del presente perfecto de indicativo en contexto, consultar el Capítulo 6.C.2.a, página 201.]

El presente perfecto se forma con el presente del auxiliar **haber** + un participio pasado que siempre termina en **-o.**

*El **presente perfecto** se denomina **pretérito perfecto compuesto** o **antepresente** en la terminología usada en los países de habla hispana.

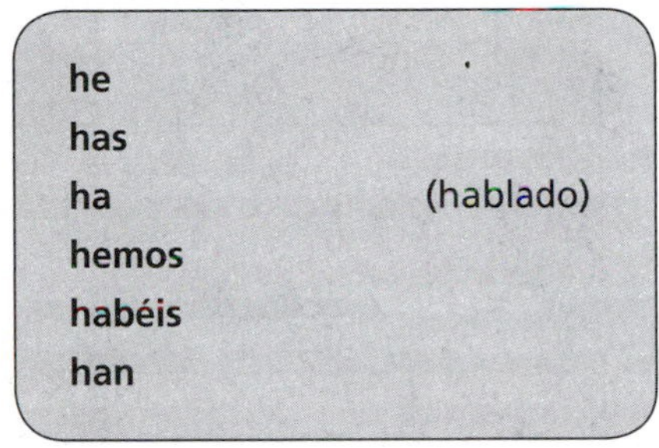

he
has
ha (hablado)
hemos
habéis
han

d. Pluscuamperfecto**

[Para obtener información sobre el uso del pluscuamperfecto en contexto, consultar el Capítulo 6.B.13, páginas 198–199 y el Capítulo 6.C.2.c, página 202.]

El **pluscuamperfecto se denomina **pretérito pluscuamperfecto** o **antecopretérito** en la terminología usada en los países de habla hispana.

El pluscuamperfecto se forma con el imperfecto del auxiliar **haber** + un participio pasado que siempre termina en **-o.**

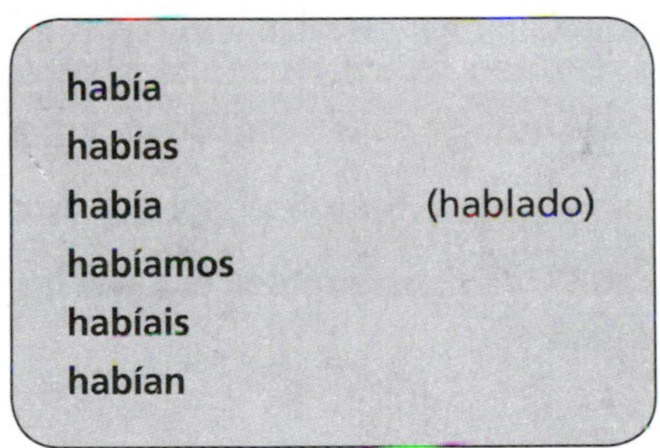

había
habías
había (hablado)
habíamos
habíais
habían

3. Futuro

[Para obtener información sobre el uso del futuro en contexto, consultar el Capítulo 6.C.2.b, página 201, el Capítulo 6.D, página 208 y el Capítulo 6.F, páginas 210–212.]

a. Futuro simple

El futuro se forma con el infinitivo y las terminaciones, que son idénticas para todos los verbos.

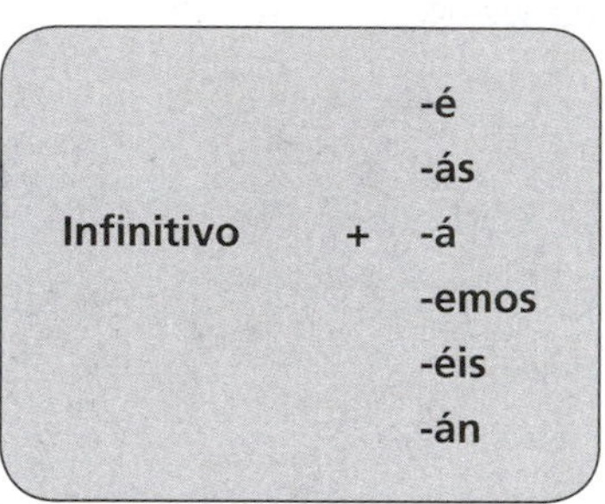

-ar	-er	-ir
Hablar	**Comer**	**Vivir**
hablar**é**	comer**é**	vivir**é**
hablar**ás**	comer**ás**	vivir**ás**
hablar**á**	comer**á**	vivir**á**
hablar**emos**	comer**emos**	vivir**emos**
hablar**éis**	comer**éis**	vivir**éis**
hablar**án**	comer**án**	vivir**án**

FUTURO SIMPLE (RAÍCES IRREGULARES)

INFINITIVO	RAÍZ	INFINITIVO	RAÍZ
caber	cabr-	querer	querr-
decir*	dir-	saber	sabr-
haber	habr-	salir	saldr-
hacer**	har-	tener†	tendr-
poder	podr-	valer	valdr-
poner‡	pondr-	venir	vendr-

Los verbos derivados de éstos tienen la misma irregularidad: ***desdecir**, †**deshacer**, ‡**suponer**, ****mantener**, etcétera.

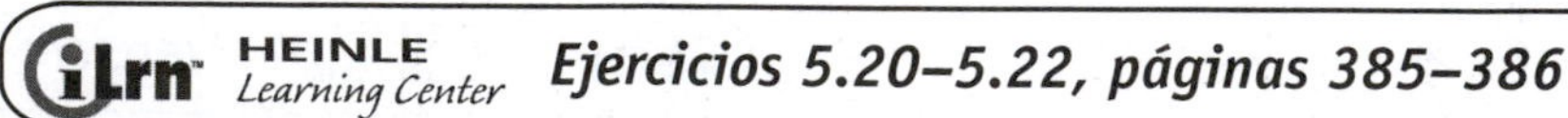

b. Futuro perfecto*

El futuro perfecto se forma con el futuro del auxiliar **haber** + un participio pasado que siempre termina en **-o.**

*El **futuro perfecto** se denomina **futuro compuesto** o **antefuturo** en la terminología usada en los países de habla hispana.

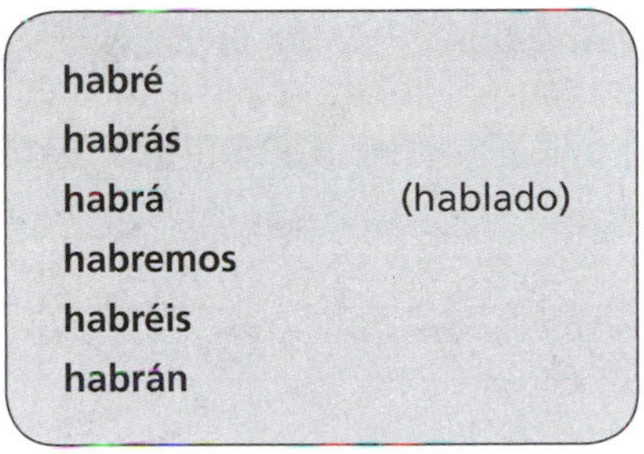

habré	
habrás	
habrá	(hablado)
habremos	
habréis	
habrán	

Ejercicio 5.23, página 386

B Modo condicional

[Para obtener información sobre el uso del condicional en contexto, consultar el Capítulo 6.E, páginas 209–210, el Capítulo 6.F, páginas 210–212, y el Capítulo 6.G.6, páginas 237–239.]

1. Presente de condicional o condicional simple*

El presente de condicional se forma con el infinitivo y las terminaciones, que son idénticas para todos los verbos.

*El **presente de condicional** o **condicional simple** se denomina también **condicional simple** o **pospretérito** en la terminología usada en los países de habla hispana.

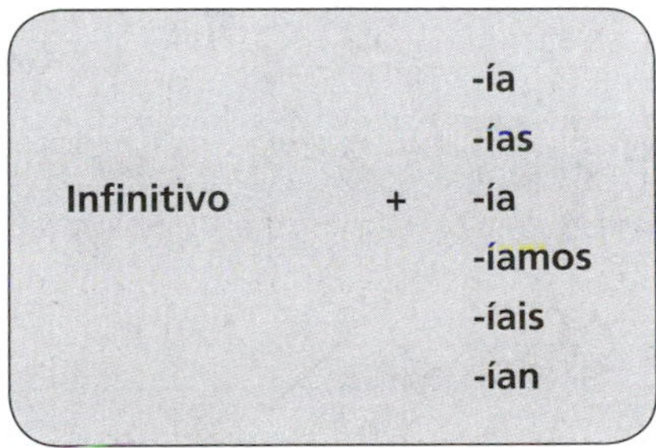

		-ía
		-ías
Infinitivo	+	**-ía**
		-íamos
		-íais
		-ían

-ar	**-er**	**-ir**
Hablar	**Comer**	**Vivir**
habla**ría**	come**ría**	vivi**ría**
habla**rías**	come**rías**	vivi**rías**
habla**ría**	come**ría**	vivi**ría**
habla**ríamos**	come**ríamos**	vivi**ríamos**
habla**ríais**	come**ríais**	vivi**ríais**
habla**rían**	come**rían**	vivi**rían**

CONDICIONAL SIMPLE (RAÍCES IRREGULARES)			
caber	cabr-	querer	querr-
decir*	dir-	saber	sabr-
haber	habr-	salir	saldr-
hacer**	har-	tener†	tendr-
poder	podr-	valer	valdr-
poner‡	pondr-	venir	vendr-

Los verbos derivados de éstos tienen la misma irregularidad: ***desdecir,** †**deshacer,** ‡**suponer,** ****mantener,** etcétera.

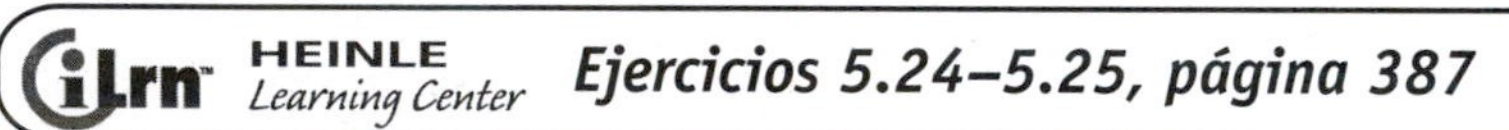

2. Condicional perfecto*

El condicional perfecto se forma con el condicional simple del auxiliar **haber** + un participio pasado que siempre termina en **-o.**

*El **condicional perfecto** se denomina **condicional compuesto** o **antepospretérito** en la terminología usada en los países de habla hispana.

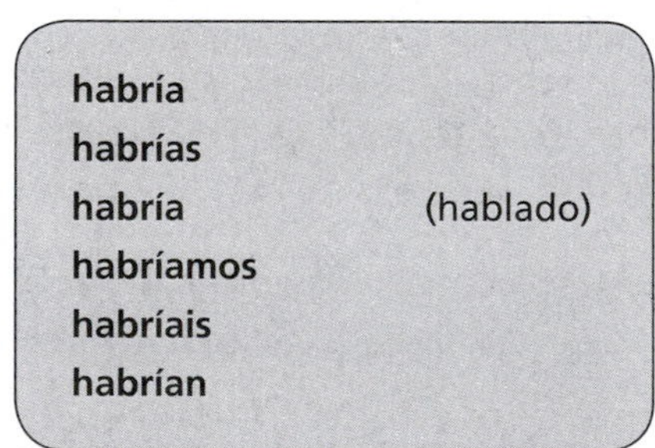

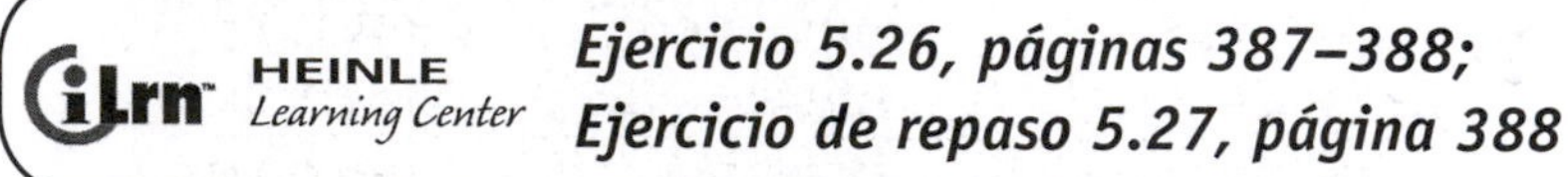

C Modo subjuntivo

[Para obtener información sobre el uso del subjuntivo en contexto, consultar el Capítulo 6.G, páginas 212–242.]

1. Presente

a. Verbos regulares

El presente de subjuntivo se forma eliminando la **o** de la primera persona del singular del presente de indicativo y agregando la vocal "opuesta": **e** para los verbos en **-ar** y **a** para los verbos en **-ir/-er.**

	-ar **Hablar**	**-er** **Comer**	**-ir** **Vivir**
yo	habl**e**	com**a**	viv**a**
tú	habl**es**	com**as**	viv**as**
él, ella, usted	habl**e**	com**a**	viv**a**
nosotros	habl**emos**	com**amos**	viv**amos**
vosotros	habl**éis**	com**áis**	viv**áis**
ellos, ellas, ustedes	habl**en**	com**an**	viv**an**

b. Verbos con cambio de raíz

Si el verbo cambia su raíz en el presente de indicativo, seguirá los mismos cambios en el presente de subjuntivo.

Cerrar	**Perder**	**Contar**	**Volver**
c**ie**rre	p**ie**rda	c**ue**nte	v**ue**lva
c**ie**rres	p**ie**rdas	c**ue**ntes	v**ue**lvas
c**ie**rre	p**ie**rda	c**ue**nte	v**ue**lva
cerremos	perdamos	contemos	volvamos
cerréis	perdáis	contéis	volváis
c**ie**rren	p**ie**rdan	c**ue**nten	v**ue**lvan

Excepciones: En las formas de la primera y la segunda persona del plural de los verbos en **-ir** que cambian de raíz, la **e** de la raíz cambia a **i** y la **o** de la raíz cambia a **u.**

Pedir	**Sentir**	**Dormir**
p**i**da	s**ie**nta	d**ue**rma
p**i**das	s**ie**ntas	d**ue**rmas
p**i**da	s**ie**nta	d**ue**rma
p**i**damos	s**i**ntamos	d**u**rmamos
p**i**dáis	s**i**ntáis	d**u**rmáis
p**i**dan	s**ie**ntan	d**ue**rman

c. Verbos irregulares

Si el verbo es irregular en el presente de indicativo, el presente de subjuntivo mostrará las mismas irregularidades.

Decir	**Oír**	**Tener**
di**g**a	oi**g**a	ten**g**a
di**g**as	oi**g**as	ten**g**as
di**g**a	oi**g**a	ten**g**a
di**g**amos	oi**g**amos	ten**g**amos
di**g**áis	oi**g**áis	ten**g**áis
di**g**an	oi**g**an	ten**g**an

Enviar	**Continuar**	**Reunir**
env**í**e	contin**ú**e	re**ú**na
env**í**es	contin**ú**es	re**ú**nas
env**í**e	contin**ú**e	re**ú**na
enviemos	continuemos	reunamos
enviéis	continuéis	reunáis
env**í**en	contin**ú**en	re**ú**nan

Parecer	**Conducir**	**Concluir**
pare**zc**a	condu**zc**a	conclu**y**a
pare**zc**as	condu**zc**as	conclu**y**as
pare**zc**a	condu**zc**a	conclu**y**a
pare**zc**amos	condu**zc**amos	conclu**y**amos
pare**zc**áis	condu**zc**áis	conclu**y**áis
pare**zc**an	condu**zc**an	conclu**y**an

Los siguientes verbos también mantienen la irregularidad en todas las personas:

PRESENTE DE SUBJUNTIVO (RAÍCES IRREGULARES)

INFINITIVO	1.ª PERSONA	INFINITIVO	1.ª PERSONA
caber	quepa	salir	salga
caer	caiga	traer	traiga
hacer	haga	valer	valga
poner	ponga	venir	venga

Incluso **dar, estar, haber, ir, saber** y **ser,** cuya forma en primera persona del singular en el presente de indicativo no termina en **-o**, permanecen regulares en sus terminaciones.

Dar[1]	**Estar**	**Haber**
dé	esté	haya
des	estés	hayas
dé	esté	haya
demos	estemos	hayamos
deis	estéis	hayáis
den	estén	hayan

Ir	**Saber**	**Ser**
vaya	sepa	sea
vayas	sepas	seas
vaya	sepa	sea
vayamos	sepamos	seamos
vayáis	sepáis	seáis
vayan	sepan	sean

Si el verbo tiene cambios de ortografía en el presente de indicativo, el presente de subjuntivo mostrará las mismas irregularidades.

g → j		**gu → g**
Escoger	**Dirigir**	**Distinguir**
esco**j**a	diri**j**a	distin**g**a
esco**j**as	diri**j**as	distin**g**as
esco**j**a	diri**j**a	distin**g**a
esco**j**amos	diri**j**amos	distin**g**amos
esco**j**áis	diri**j**áis	distin**g**áis
esco**j**an	diri**j**an	distin**g**an

c → z	**c → qu**	**g → gu**	**z → c**
Convencer	**Buscar**	**Llegar**	**Alcanzar**
conven**z**a	bus**qu**e	lle**gu**e	alcan**c**e
conven**z**as	bus**qu**es	lle**gu**es	alcan**c**es
conven**z**a	bus**qu**e	lle**gu**e	alcan**c**e
conven**z**amos	bus**qu**emos	lle**gu**emos	alcan**c**emos
conven**z**áis	bus**qu**éis	lle**gu**éis	alcan**c**éis
conven**z**an	bus**qu**en	lle**gu**en	alcan**c**en

---

1. Las formas de la primera y la tercera persona del singular de **dar** tienen acento escrito para diferenciarlas de la preposición **de**.

Todos los verbos que terminan en:

-ger son como **escoger (g → j)**	**-car** son como **buscar (c → qu)**
-gir son como **dirigir (g → j)**	**-gar** son como **llegar (g → gu)**
-guir son como **distinguir (gu → g)**	**-zar** son como alcanzar **(z → c)**

La mayoría de los verbos que terminan en vocal más **-cer** y **-cir** y todos los verbos que terminan en **-ducir** son como **parecer.** Los verbos que terminan en **-ncer** y **-ncir** son como **convencer (c → z).**

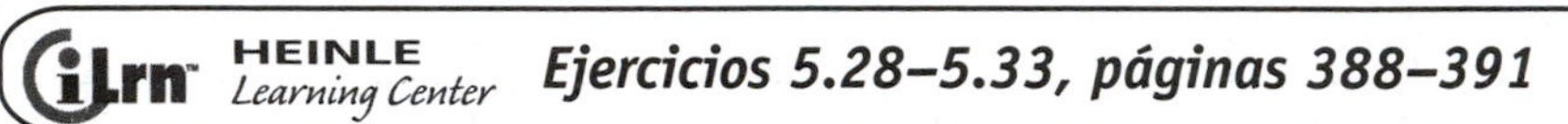

2. Imperfecto*

Sin excepción, el imperfecto de subjuntivo de todos los verbos se forma eliminando **-ron** de la tercera persona del plural en pretérito y agregando **-ra, -ras, -ra, -´ramos, -rais, -ran o -se, -ses, -se, -´semos, -seis, -sen.** En gran parte de Latinoamérica, predominan las formas con **-ra.**

*El **imperfecto** se denomina **pretérito imperfecto** o **copretérito** en la terminología usada en los países de habla hispana.

	-ar	**-er**	**-ir**
	Hablar	**Comer**	**Vivir**
yo	habla**ra**	comie**ra**	vivie**ra**
tú	habla**ras**	comie**ras**	vivie**ras**
él, ella, usted	habla**ra**	comie**ra**	vivie**ra**
nosotros	hablá**ramos**	comié**ramos**	vivié**ramos**
vosotros	habla**rais**	comie**rais**	vivie**rais**
ellos, ellas, ustedes	habla**ran**	comie**ran**	vivie**ran**

O:

yo	habla**se**	comie**se**	vivie**se**
tú	habla**ses**	comie**ses**	vivie**ses**
él, ella, usted	habla**se**	comie**se**	vivie**se**
nosotros	hablá**semos**	comié**semos**	vivié**semos**
vosotros	habla**seis**	comie**seis**	vivie**seis**
ellos, ellas, ustedes	habla**sen**	comie**sen**	vivie**sen**

Todos los verbos que son irregulares en el pretérito muestran las mismas irregularidades en el imperfecto de subjuntivo.

IMPERFECTO DE SUBJUNTIVO (RAÍCES IRREGULARES)			
INFINITIVO	1.ª PERSONA	INFINITIVO	1.ª PERSONA
andar	anduviera	poder	pudiera
caber	cupiera	poner	pusiera
caer	cayera	poseer	poseyera
concluir	concluyera	preferir	prefiriera
conducir	condujera	producir	produjera
dar	diera	querer	quisiera
decir	dijera	reír	riera
dormir	durmiera	saber	supiera
estar	estuviera	seguir	siguiera
haber	hubiera	sentir	sintiera
ir	fuera	ser	fuera
leer	leyera	tener	tuviera
oír	oyera	traer	trajera
pedir	pidiera	venir	viniera

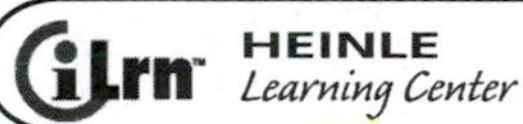

Ejercicios 5.34–5.35, páginas 391–392

3. Presente perfecto*

El presente perfecto de subjuntivo se forma con el presente de subjuntivo del auxiliar **haber** + un participio pasado que siempre termina en **-o.**

*El **presente perfecto** se denomina **pretérito perfecto compuesto** o **antepresente** en la terminología usada en los países de habla hispana.

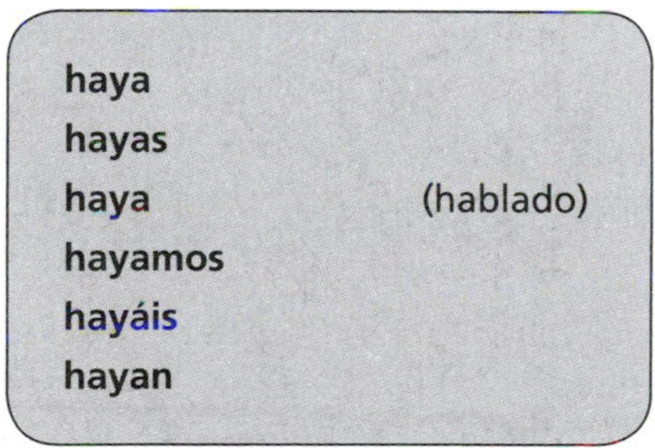

haya
hayas
haya (hablado)
hayamos
hayáis
hayan

Ejercicio 5.36, páginas 392–393

4. Pluscuamperfecto**

El pluscuamperfecto de subjuntivo se forma con el imperfecto de subjuntivo del auxiliar **haber** + un participio pasado que siempre termina en **-o.**

El **pluscuamperfecto se denomina **pretérito pluscuamperfecto** o **antepretérito** en la terminología usada en los países de habla hispana.

hubiera	
hubieras	
hubiera	(hablado)
hubiéramos	
hubierais	
hubieran	

O:

hubiese	
hubieses	
hubiese	(hablado)
hubiésemos	
hubieseis	
hubiesen	

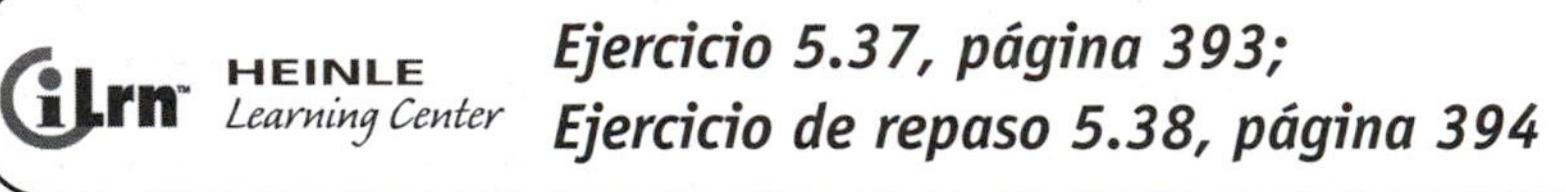

D Modo imperativo

1. Mandatos directos

a. *Tú*

Los mandatos afirmativos se forman con la tercera persona del singular del presente de indicativo.

Ejemplos: **habla, come, vive, cierra, abre**

Hay ocho excepciones:

IMPERATIVO CON *TÚ* (FORMAS AFIRMATIVAS IRREGULARES)			
INFINITIVO	**FORMA**	**INFINITIVO**	**FORMA**
decir	di	salir	sal
hacer	haz	ser	sé
ir	ve	tener	ten
poner	pon	venir	ven

Se agregan pronombres de objeto al final del imperativo y se agrega un acento escrito cuando es necesario para mantener el acento en la misma sílaba de la raíz.

Háblame. — *Talk to me.*
Ciérrala. — *Close it.* (**la = la puerta**)
Ábrelo. — *Open it.* (**lo = el sobre**)
Dímelo. — *Tell it to me.* (**lo = el secreto**)
Hazlo. — *Do it.* (**lo = el trabajo**)
Vete. — *Go away.* (**irse** es reflexivo)
Póntelo. — *Put it on.* (**lo = el abrigo; ponerse** es reflexivo)

Los mandatos negativos se forman con la segunda persona del singular del presente de subjuntivo.

Ejemplos: **no hables, no comas, no vivas, no cierres, no abras**

Aquéllos que son irregulares en los mandatos afirmativos son regulares en los mandatos negativos.

IMPERATIVO CON *TÚ* (FORMAS NEGATIVAS)			
INFINITIVO	**FORMA**	**INFINITIVO**	**FORMA**
decir	no digas	salir	no salgas
hacer	no hagas	ser	no seas
ir	no vayas	tener	no tengas
poner	no pongas	venir	no vengas

En el negativo, los pronombres se colocan antes del imperativo.

No me hables.	*Do not talk to me.*
No la cierres.	*Do not close it.*
No lo abras.	*Do not open it.*
No me lo digas.	*Do not tell it to me.*
No lo hagas.	*Do not do it.*
No te vayas.	*Do not go away.*
No te lo pongas.	*Do not put it on.*

Ejercicios 5.39–5.42, páginas 394–395

b. *Usted/Ustedes*

El imperativo de **usted/ustedes** se forma con la tercera persona del singular y del plural del presente de subjuntivo, tanto para los mandatos afirmativos como para los negativos.

hable	coma	viva	cierre	abra
hablen	coman	vivan	cierren	abran
no hable	no hablen			

Para ser más formal y cortés, se puede añadir el pronombre después del mandato.

Hable usted con la gerencia.	*Speak with the management.*
Pidan ustedes lo que deseen.	*Order whatever you wish.*

Ejemplos de imperativo afirmativo con **usted/ustedes** con pronombres:

IMPERATIVOS CON *USTED(ES)* (FORMAS AFIRMATIVAS)

USTED	*USTEDES*	TRADUCCIÓN
hábleme	háblenme	*talk to me*
ciérrela	ciérrenla	*close it*
ábralo	ábranlo	*open it*
dígamelo	díganmelo	*tell it to me*
hágalo	háganlo	*do it*
váyase	váyanse	*go away*
póngaselo	pónganselo	*put it on*

Ejemplos de imperativo negativo con **usted/ustedes** con pronombres:

IMPERATIVOS CON USTED(ES) (FORMAS NEGATIVAS)		
USTED	*USTEDES*	TRADUCCIÓN
no me hable	no me hablen	*do not talk to me*
no la cierre	no la cierren	*do not close it*
no lo abra	no lo abran	*do not open it*
no me lo diga	no me lo digan	*do not tell it to me*
no lo haga	no lo hagan	*do not do it*
no se vaya	no se vayan	*do not go away*
no se lo ponga	no se lo pongan	*do not put it on*

iLrn HEINLE Learning Center **Ejercicio 5.43, página 396**

c. *Vosotros*

El afirmativo se forma con el infinitivo menos la **r,** más **d.**

hablad	decid
cerrad	haced
abrid	id

Ejemplos de imperativo afirmativo con **vosotros** con pronombres:

Habladme.	*Talk to me.*
Cerradla.	*Close it.*
Abridlo.	*Open it.*
Decídmelo.	*Tell it to me.*

Con el pronombre reflexivo **os,** la **d** de la terminación se elimina. (La única excepción es **ir: idos**).

Levantaos.	*Get up.*
Callaos.	*Be quiet.*
Laváoslas.	*Wash them.* (**las = las manos**)
Ponéoslo.	*Put it on.* (**lo = el abrigo**)

Obsérvese que, aunque no es gramaticalmente correcto, en el discurso coloquial la **-d** final cambia a **-r** para expresar mandatos afirmativos. De esta manera, **venir** o

escuchar se usan en lugar de **venid** o **escuchad.** Para formar los imperativos de los reflexivos, a menudo se agrega **-r** antes del pronombre del final, no sólo para **iros,** sino para el resto, en los que, normalmente, se omitiría la **-d** por completo. Por lo tanto, **callaros** o **acercaros** se usan en lugar de **callaos** o **acercaos.**

El imperativo negativo con **vosotros** se forma con la segunda persona del plural del presente de subjuntivo.

No me habléis.	*Do not talk to me.*
No la cerréis.	*Do not close it.*
No me lo digáis.	*Do not tell it to me.*
No lo hagáis.	*Do not do it.*
No os vayáis.	*Do not go away.*
No os lo pongáis.	*Do not put it on.*

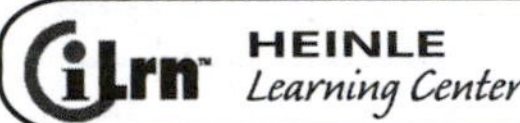

Ejercicios 5.44–5.47, páginas 396–397

d. *Nosotros*

Los mandatos afirmativos se forman con la primera persona del plural del presente de subjuntivo.

hablemos	digamos
comamos	hagamos
abramos	pongamos

Excepción: En el imperativo afirmativo, **ir** e **irse** se convierten en **vamos** y **vámonos.**

Con pronombres:

Hablémosle.	*Let's talk to him.*
Cerrémosla.	*Let's close it.* (**la = la puerta**)
Abrámoslo.	*Let's open it.* (**lo = el sobre**)
Hagámoslo.	*Let's do it.* (**lo = el trabajo**)

Con **nos** y **se,** se elimina la **s** final del verbo.

Digámoselo.	*Let's tell it to him.* (**lo = el secreto**)
Levantémonos.	*Let's get up.*
Callémonos.	*Let's be quiet.*
Lavémonoslas.	*Let's wash them.* (**las = las manos**)
Pongámonoslo.	*Let's put it on.* (**lo = el abrigo**)

En el imperativo negativo, los pronombres preceden al verbo.

No le hablemos.	*Let's not talk to him.*
No la cerremos.	*Let's not close it.*
No lo hagamos.	*Let's not do it.*
No nos levantemos.	*Let's not get up.*
No nos las lavemos.	*Let's not wash them.*

Ejercicios 5.48–5.49, páginas 397–398

2. Mandatos indirectos

Cuando se le da un mandato a una persona pero se tiene la intención de que la cumpla otra, se usa **que** + la tercera persona del singular o del plural del presente de subjuntivo.

Que venga.	*Let him come. Have him come. Tell him to come.*
Que lo haga Regina.	*Let Regina do it. Have her do it. Tell her to do it.*
Que pague Elena.	*Let Elena pay. Have her pay. Tell her to pay.*

Ejercicio 5.50, página 398;
Ejercicios de repaso 5.51–5.55, páginas 398–399

E Infinitivo

1. Infinitivo simple

Ésta es la forma estándar que se usa como identificación de cualquier verbo.

hablar	*to speak*
comer	*to eat*
vivir	*to live*

2. Infinitivo compuesto

Se forma con el infinitivo del auxiliar **haber** + el participio pasado del verbo.

haber hablado	*to have spoken*
haber comido	*to have eaten*
haber vivido	*to have lived*

F Participio

[Para obtener información sobre el uso del participio en contexto, consultar el Capítulo 6.H, páginas 245–247.]

1. Participio presente o gerundio*

Los participios presentes regulares se forman con **-ando** y **-iendo.**

hablar: hablando

comer: comiendo

vivir: viviendo

*El **participio presente** o **gerundio** se denomina únicamente **gerundio** en la terminología usada en los países de habla hispana.

Los verbos que cambian en su raíz y terminan en **-ir** mantienen el cambio: **e → i, o → u.**

sentir: sintiendo

pedir: pidiendo

dormir: durmiendo

La terminación **-iendo** se convierte en **-yendo** cuando se la agrega a una raíz que termina en vocal.

concluir: concluyendo — leer: leyendo

caer: cayendo — oír: oyendo

Otros participios presentes irregulares:

decir: diciendo — poder: pudiendo

ir: yendo — venir: viniendo

Ejercicios 5.56–5.58, páginas 399–400

2. Participio pasado**

Los participios regulares se forman agregando **-ado** e **-ido** a la raíz del infinitivo.

hablar: hablado

comer: comido

vivir: vivido

El **participio pasado se denomina simplemente **participio** en la terminología usada en los países de habla hispana.

PARTICIPIOS PASADOS IRREGULARES

INFINITIVO	PARTICIPIO PASADO	INFINITIVO	PARTICIPIO PASADO
abrir	abierto	morir	muerto
cubrir*	cubierto	poner‡	puesto
decir†	dicho	resolver	resuelto
escribir**	escrito	romper	roto
hacer***	hecho	volver††	vuelto

Los verbos derivados de los de arriba tienen la misma irregularidad: algunos ejemplos son *__descubrir__, ††**devolver** y ‡**suponer.** Hay muchos más verbos de este tipo, como ***recubrir,** *__encubrir__, †**desdecir,** ††**envolver,** ††**revolver,** ****reescribir,** *****rehacer,** *****deshacer,** ‡**posponer,** ‡**anteponer,** ‡**deponer,** ‡**reponer,** etcétera.

Algunos verbos tienen dos participios: uno regular, que se usa en los tiempos compuestos con **haber,** y uno irregular, que se usa como adjetivo.

Verbo:	he bendecido	*I have blessed*
Adjetivo:	bendito (un lugar bendito)	*holy, blessed (a holy place)*
Verbo:	he freído	*I have fried*
Adjetivo:	frito (papas fritas)	*fried (french fries)*
Verbo:	he maldecido	*I have cursed*
Adjetivo:	maldito (maldito examen)	*awful, accursed (accursed exam)*
Verbo:	he prendido	*I have arrested*
Adjetivo:	preso (un hombre preso)	*prisoner (a male prisoner)*
Verbo:	he soltado	*I have released*
Adjetivo:	suelto (pelo suelto)	*loose (flowing hair)*
Verbo:	he imprimido	*I have printed*
Adjetivo:	impreso (la palabra impresa)	*printed (the printed word)*

iLrn HEINLE *Learning Center* ***Ejercicios 5.59–5.61, páginas 400–401***

Capítulo 6

Los verbos: uso

A Presente de indicativo

B Aspectos del pasado de indicativo: pretérito vs. imperfecto y pluscuamperfecto

C Tiempos compuestos

D Formas de expresar el futuro

E Condicional

F Probabilidad

G Subjuntivo

H Infinitivos y participios presentes

I Verbos como *Gustar*

J Verbos reflexivos

K Discurso indirecto

A Presente de indicativo

[Para repasar la formación del presente de indicativo, ver el Capítulo 5.A.1, páginas 160–165.]

El presente de indicativo en español es equivalente al presente o al presente progresivo en inglés.

Hablo español.	*I speak Spanish.*
Viven en España.	*They are living in Spain.*

En el interrogativo, es equivalente a la construcción del inglés "*do*" o "*does*" + un verbo.

¿Hablas español?	*Do you speak Spanish?*

También se puede traducir como:

¿Lo compro?	*Shall I buy it? Should I buy it?*

Cuando **si** significa "*if*":

Si lo hace Iris, le pago.	*If Iris does it, I will pay her.*

Cuando **si** significa "*whether*", en español se usa el futuro.

No sé **si** lloverá.	*I do not know if (whether) it will rain.*

Para dar mandatos corteses:

¿Nos da la cuenta, por favor?	*Give us the check, please.*

Acabar + de en presente significa "*to have just*". (Ver páginas 288–289 para obtener más información sobre "acabar").

Acabo de comer.	*I just ate. (I have just eaten.)*

El presente progresivo en español se forma con el presente de indicativo de **estar** + un participio presente. Se usa para expresar acciones que se están llevando a cabo en el presente, como en inglés.

Estamos estudiando.	*We are studying.*

En español nunca se debe usar el presente progresivo para referirse al futuro.

Josefina se va mañana a las diez.	*Josefina is leaving tomorrow at ten.*

Otros verbos auxiliares que se usan ocasionalmente en el progresivo son **andar, ir** y **seguir.**

Anda buscando a su perro.	*He is looking for his dog. He is going around looking for his dog.*
Poco a poco vamos comprendiendo.	*We are understanding little by little.*
Siguen durmiendo.	*They are still sleeping. They continue sleeping.*

Ejercicios 6.1–6.3, páginas 402–405

B Aspectos del pasado de indicativo: pretérito vs. imperfecto y pluscuamperfecto

La distinción entre estos dos aspectos del tiempo pasado (obsérvese que no son tiempos, sino ***aspectos*** del tiempo pasado) es uno de los puntos más difíciles de dominar para los estudiantes. El siguiente cuadro resume las funciones básicas de cada uno (los números que están entre paréntesis se refieren a los segmentos que le siguen al cuadro):

PRETÉRITO	IMPERFECTO
• Condiciones pasadas cambiadas, reacciones (2)	• Condiciones pasadas, creencias (1)
• Acciones, sencillas o consecutivas (3)	• Acciones habituales (4)
• Acciones habituales limitadas en el tiempo (5)	• Acciones: medio, en progreso, interrumpidas (6b)
• Acciones repetidas (5)	• Acciones proyectadas — discurso indirecto (7)
• Acciones — Comienzo y/o final (6a)	

1. Condiciones, creencias pasadas: imperfecto

El imperfecto sirve para ilustrar una condición o una costumbre del pasado en contraste con el presente, ya sea explícita o implícitamente:

Yo **tenía** quince años en esta foto.	*I was fifteen years old in this picture.*
Antes le **gustaba** lo picante.	*He used to like hot (spicy) food.*
Mi madre sólo **tenía** dos hijos en esa época.	*My mother only had two children at that time.*
Creíamos que éramos inmortales.	*We thought we were immortal.*

2. Condiciones pasadas cambiadas, reacciones: pretérito

El pretérito se usa para describir cambios de creencias, condiciones o sentimientos del pasado, típicamente como reacciones a algún suceso:

Me **gustó** la película que vimos anoche.	*I liked the movie we saw last night.*
Mi madre **tuvo** su tercer hijo en este hospital.	*My mother had her third child in this hospital.*
En ese instante, **creí** que me iba a desmayar.	*At that instant, I thought I was going to faint.*

IMPERFECTO	PRETÉRITO
No hay implicación de cambio, ni de reacción, ni de acción, ni de límite de tiempo	**Para indicar un cambio repentino, una reacción o un límite de tiempo**
Eran las dos de la tarde. *It was two o'clock.*	De repente, **fueron** las dos de la tarde. *Suddenly, it was two o'clock in the afternoon.* (Aquí, la expresión **de repente** cambia la forma común de ver la hora).
Jorge **tenía** catorce años. *Jorge was fourteen years old.*	Jorge **cumplió** catorce años ese día. *Jorge turned fourteen that day.* (NOTA: Aquí, no se usa **tener**).
Mi madre **creía** en Dios. *My mother believed in God.*	En ese instante **creyó** en Dios. *In that instant, he believed in God.* (Conversión repentina)
Hacía mucho frío ayer. *It was very cold yesterday.*	Todo ese invierno **hizo** mucho frío. *All that winter it was very cold.* (Esta oración es casi idéntica a la de la izquierda. La única diferencia está en la manera en que el narrador desea percibir el frío, como si estuviera en progreso o como si tuviera una duración determinada).
Había diez sillas en la clase. *There were ten chairs in the classroom.* (NOTA: Estos son objetos, no sucesos).	**Hubo** una tormenta, una huelga, una pelea, un incendio, etcétera. *There was a storm, a strike, a fight, a fire, etc.* (Eventos o acciones)
Estaba en España cuando oí la noticia. *I was in Spain when I heard the news.*	**Estuve** en España por dos años. *I was in Spain for two years.* (Límite de tiempo: **dos años**)

3. Acciones sencillas o consecutivas: pretérito

El pretérito se usa para describir acciones o sucesos sencillos o consecutivos:

Ayer **vimos** a Juan.	*Yesterday we saw Juan.*
Corrió diez millas.	*She ran ten miles.*
Se levantó, se bañó, desayunó y **fue** al trabajo.	*She got up, bathed, ate breakfast, and went to work.*

Un punto que confunde a muchos estudiantes es que no importa cuánto dure la acción o el suceso: si es un solo evento, se expresa en pretérito.

Estudió los idiomas durante toda su vida.	*He studied languages all of his life.*

4. Acciones o sucesos habituales: imperfecto

Las acciones habituales se expresan en imperfecto:

Mi hermano me **acompañaba** a la escuela.	*My brother used to accompany me to school.*

5. Acciones habituales limitadas en el tiempo, acciones repetidas: pretérito

Las acciones habituales de duración o frecuencia limitada se expresan en pretérito:

Mi hermano me **acompañó** a la escuela durante seis años.	*My brother accompanied me to school for six years.*
Mi hermano me **acompañó** a la escuela tres veces.	*My brother accompanied me to school three times.*

6. Acciones: comienzo, medio, final

Las acciones se pueden percibir desde varios ángulos: al ***comienzo,*** en el ***medio*** o al ***final.*** Para las acciones vistas al comienzo o al final y para las acciones que comenzaron y terminaron en el pasado, se usa el pretérito; para las acciones percibidas en el medio o que están en progreso y de las que no se tiene visión del comienzo ni del final, se usa el imperfecto.

a. Pretérito: comienzo y/o final

Comienzo |—————— - - - - - -

Empecé a trabajar a las tres. *I started to work at three.*

Final - - - - - - ——————|

Trabajé hasta las cuatro de la tarde. *I worked until four in the afternoon.*

Estuve en México hasta la edad de veinte años. *I was in Mexico until the age of twenty.*

Comienzo y final |——————|

Trabajé desde las tres hasta las cuatro. *I worked from three to four.*

Estuve en España por dos meses. *I was in Spain for two months.*

b. Imperfecto: medio, en progreso, acción interrumpida

Medio - - - - - - —————— - - - - - -

Cuando entré, las dos **hablaban** de sus clases. *When I entered, both were speaking about their classes.*
(No sé cuándo comenzaron a hablar; la acción estaba en progreso cuando entré. La acción de hablar se puede ver como "interrumpida" por la acción de entrar, que se produjo en un punto específico en el tiempo mientras el acto de hablar estaba en progreso).

MÁS ACERCA DEL IMPERFECTO

Hay un cierto paralelismo entre el imperfecto y el presente. Se debe recordar que el **presente** se usa para los siguientes casos:

1. Para referirse a algo que está ocurriendo en el momento presente, en el momento en que se habla

   Lee una novela. *He reads (is reading) a novel.*

2. Para referirse a una acción habitual

   Siempre me despierto al amanecer. *I always wake up at dawn.*

3. Para indicar futuro

   Dice que sale en una hora. *He says he is leaving in an hour.*

El **imperfecto** se usa para estos tres tipos de referencia, evocando el pasado:

1. Lo que estaba ocurriendo en el pasado

   Leía una novela. *He read (was reading) a novel.*

2. Lo que era habitual en el pasado

   Siempre me **despertaba** al amanecer. *I always woke up (O: used to wake up, would wake up) at dawn.*

3. Lo que iba a suceder

   Dijo que **salía** en una hora. *He said he was leaving in an hour.*

7. Acciones proyectadas/Discurso indirecto: imperfecto

En español, el tiempo presente se puede referir a un suceso que se proyecta en el futuro en relación con el contexto, pero que aún no se ha producido en el momento en que se habla:

Dice que **llega** pronto. *He says **he will arrive** soon.*

El imperfecto sirve para reemplazar el presente y, en contextos de discurso indirecto, puede referirse a acciones que se proyectan o se planean (y que aún no se han realizado):

Dijo que **llegaba** pronto. *He said **he would arrive** soon.*

Se aplica la misma lógica al auxiliar modal **ir a** + infinitivo, que se usa para denotar futuro cercano: cuando se cambia al pasado, esta expresión va siempre en imperfecto.

Dicen que **va a** llover. *They say it is going to rain.*

Dijeron que **iba a** llover. *They said it was going to rain.*

(NOTA: Cuando **ir a** se usa en pretérito, deja de ser un auxiliar para convertirse en el verbo de acción "*to go*", como en: **Fuimos a** comer. *We went to eat).*

Es desconcertante para muchos estudiantes el hecho de que el imperfecto se pueda usar para el futuro, para referirse a un suceso proyectado más allá del presente (ver el Capítulo 6.K, páginas 260–266 para obtener más información sobre el discurso indirecto):

Dice que su vuelo **sale** mañana.	*He says his flight leaves tomorrow.*
Dijo que su vuelo **salía** mañana.	*He said his flight leaves tomorrow.*

8. *Would:* Contextos y traducciones

En inglés, las acciones habituales se pueden expresar mediante los auxiliares "*used to*" o "*would*" antes del verbo o simplemente con el verbo en el pasado: todas estas construcciones se pueden traducir al español mediante el imperfecto.

Cuando era niño, mis padres me **llevaban** al cine una vez por semana.	*When I was a child, my parents* ***would take*** *me* (O: *used to take me, took me*) *to the movies once a week.*

Se debe observar que "*would*" tiene otros usos en inglés para los que no se puede usar el imperfecto en español: uno de ellos es el condicional, para el que en español también se usa el condicional.

Si fuera rico, me **compraría** una isla.	*If I were rich, I* ***would buy*** *an island.*

Un tercer uso de "*would*" es en el negativo, "*would not*", para indicar una denegación. Para esto, en español, se usa el pretérito de **querer.**

No quiso decirme el secreto, por más que yo insistiera.	*He* ***would not*** *tell me the secret, no matter how much I insisted.*

Esto no debe confundirse con el negativo de un hábito (el contexto indicará si era un hábito o una denegación en un momento en particular).

Mi hermano **no me decía** nunca nada triste.	*My brother* ***would not tell me*** *anything sad, ever.*

9. Saber y conocer

Los verbos **saber** y **conocer** cambian de significado cuando se usan en pretérito o en imperfecto. Considere las siguientes diferencias.

SABER

Imperfecto: *to know*

Sabía español cuando era niño.	*He knew Spanish as a child.*

Pretérito: *to find out, become informed* o *realize*

Supo que ella había muerto. — *He found out that she had died.*

CONOCER

Imperfecto: *to know*

Conocíamos a los Gómez. — *We knew the Gomezes.*

Pretérito: *to meet* (por primera vez, como al ser presentado)

Conocí a Marta en la fiesta. — *I met Marta at the party.*

(NOTA: Para decir "*to meet*" para referirse a alguien conocido, cuando significa "*to get together*", se usa **encontrarse con.** Ver el Capítulo 8.B.16, páginas 300–301).

10. Auxiliares modales en el pasado

Los auxiliares modales **(acabar de, deber, ir a, poder, querer, tener que)** siguen los mismos principios generales para el pretérito y el imperfecto que los indicados arriba y, a menudo, su significado cambia:

a. ACABAR DE + infinitivo

(Ver más sobre este verbo en el Capítulo 8.B.1, páginas 288–289).

Imperfecto: *to have just done something*

Acababa de comer cuando llegaste. — *I had just eaten when you arrived.*

Pretérito: *to finish*

Acabé de comer y me fui. — *I finished eating and left.*

b. DEBER + infinitivo

Imperfecto: *to have an obligation, or be due* (acción no finalizada)

Debíamos cenar juntos. — *We were going to eat dinner together. (We were supposed to have dinner together.)*

Debía tener el bebé esa semana. — *She was due to have the baby that week.*

Pretérito: *should (not) have, ought (not) to* (contrario a la realidad)

Debimos haber hablado de eso. — *We should have spoken about that.*

No **debiste** haberme dicho. — *You ought not have told me.*

c. IR A + infinitivo

Imperfecto: *to be about to* (acción no finalizada)

Íbamos a cenar juntos.	*We were going to eat dinner together.*
Parecía que no **iba a** parar nunca.	*It seemed she was never going to stop.*

Pretérito: *to go* (acción finalizada)

Fuimos a trabajar.	*We went to work.*
No **fue** a practicar.	*He did not go to practice.*

(NOTA: Cuando se quiere decir que un suceso iba a producirse ["*was going to*"], se debe usar el imperfecto de **ir a.** Si se usa el pretérito, el verbo **ir a** toma el significado de "*went to*", un verbo de acción, en lugar de ser un auxiliar).

d. PODER + infinitivo

Imperfecto: *to be able, can*

Podían trabajar juntos.	*They could work together.*

Pretérito: afirmativo: *to succeed, be able, manage;* negativo: *to fail*

Después de mucho esfuerzo, **pudieron** abrir la ventana.	*After a lot of effort, they succeeded in opening the window.*
No pudieron salir.	*They could not (failed to) get out.*

e. QUERER + infinitivo

Imperfecto: *to want*

Queríamos viajar.	*We wanted to travel.*

Pretérito: afirmativo: *to attempt, try;* negativo: *to refuse to*

Quiso escapar, pero no pudo.	*He tried to escape, but failed.*
No quiso ayudarme.	*He would not help me. (He refused to.)*

Se debe observar con atención este uso de "*would*" en inglés, que es diferente al habitual y al condicional.

f. TENER QUE + infinitivo

Imperfecto: obligación que posiblemente no se cumple

Tenía que trabajar, pero fui al cine. — *I had to work, but went to the movies.*

Pretérito: obligación que se cumple

Tuve que trabajar anoche. — *I had to work last night (and did).*

11. *Ser* en oraciones con cláusulas relativas

El verbo **ser,** que típicamente se usa en el imperfecto para expresar un estado en el pasado, se comporta de manera diferente en oraciones con pronombres relativos, donde está en juego la identificación de un sujeto. En esas oraciones tiene que haber dos verbos (uno en la cláusula principal y otro en la cláusula relativa), y lo que normalmente determina el aspecto del verbo **ser** en esos contextos es el aspecto del otro verbo.

La que me **reconoció fue** Lupe. — *The one who recognized me was Lupe.*

En la oración anterior, "fue Lupe" es la cláusula principal y "La que me reconoció" es la cláusula relativa. El acto del reconocimiento, que era una acción única vista como finalizada en el pasado, está en el pretérito. El verbo **ser,** en la cláusula principal, identifica el sujeto del acto de reconocimiento, que tiene el mismo aspecto del acto (pretérito).

De la misma manera, si el acto de la cláusula relativa se presenta como habitual o en desarrollo, en imperfecto, el verbo **ser** usado para identificar el sujeto de esa acción también estará en imperfecto:

El que siempre me **saludaba era** Jorge. — *The one who always used to greet me was Jorge.*

Cuando el verbo **ser** no se usa para identificar el sujeto de la acción de la cláusula relativa, sino para describir algo sobre el sujeto, **ser** estará en imperfecto. Esto sigue la norma de la descripción invariable o ininterrumpida en el pasado, sin importar el aspecto del verbo de la cláusula relativa. Considérense los siguientes ejemplos:

La que **me reconoció era** joven. — *The one who recognized me was young.*

El que siempre me **saludaba era** cortés. — *The one who always used to greet me was courteous.*

12. El pretérito y el presente perfecto

Típicamente, el presente perfecto del inglés coincide con los usos del presente perfecto del español: ambos se refieren a acciones que se extienden hasta el presente o se relacionan directamente con el presente.

Ya **he visto** esa película.	*I have already seen that movie.*
No **he tomado** mis vitaminas en tres días.	*I haven't taken my vitamins for three days.*

Hay, sin embargo, algunos casos en los que el presente perfecto en español no se traduce al presente perfecto en inglés. Obsérvese, por ejemplo, que en algunas zonas de España, las acciones que se refieren al pasado reciente se expresan en presente perfecto:

Esta mañana **me he levantado** a las seis.	*This morning I got up at six.*
Anoche **hemos ido** al cine.	*Last night we went to the movies.*

En Latinoamérica y en algunas regiones de España, se prefiere el pretérito para expresar las acciones anteriores, y la Real Academia considera que el pretérito es la norma para esos contextos. (La Real Academia Española es la institución que evalúa las normas de uso del español).

Esta mañana **me levanté** a las seis.	*This morning I got up at six.*
Anoche **fuimos** al cine.	*Last night we went to the movies.*

Ejercicios 6.4–6.12, páginas 405–408

13. El pluscuamperfecto

[Para repasar la formación del pluscuamperfecto de indicativo, ver el Capítulo 5.A.2.d, página 169.]

Cuando se narra o se cuenta algo del pasado, una de las acciones precede a menudo a las demás. En ese caso, se usa el pluscuamperfecto. El pluscuamperfecto viene de "plus" (que significa "más") y "perfecto" (que significa "completo"). Éste es un tiempo que se usa para narrar acciones que terminaron antes de la línea cronológica del pasado que el narrador usa como base.

Un ejemplo de esto sería decir que si un historiador estuviera contando la historia de la Segunda Guerra Mundial y quiere referirse a sucesos de la Primera Guerra Mundial, usaría el pluscuamperfecto. Sin embargo, la distancia entre los dos pasados no tiene que ser tan grande. Puede ser de minutos. Mientras haya una referencia a una acción terminada antes de la línea cronológica básica, se usa el pluscuamperfecto.

El uso del pluscuamperfecto también existe en inglés, pero no se usa con tanta frecuencia como en español. Considérense las siguientes oraciones.

El príncipe vio que a Cenicienta se le **había caído** un zapato al salir corriendo.	*The prince saw that one of Cinderella's shoes had fallen off while she was running away.*

Aquí, la línea cronológica básica es el momento en que el príncipe apareció en escena, fuera del palacio, después de medianoche. Salió corriendo para buscar a Cenicienta, vio que se había ido y encontró su zapato en las escaleras. Supuso inmediatamente que se le había caído mientras se escapaba. La pérdida del zapato se produjo antes de que el príncipe viera el zapato. Obsérvese que si el cuento se estuviera narrando en presente, se usaría el siguiente grupo de verbos (obsérvense los tiempos): el príncipe sale corriendo, busca a Cenicienta, ve que se fue, encuentra su zapato en las escaleras y supone que se le cayó mientras se escapaba. El único verbo en el pasado es **cayó.** En general, se podría decir que el pluscuamperfecto es para el pasado lo que el pretérito o el presente perfecto son para el presente.

Obsérvese que si el cuento se contara desde una perspectiva diferente, los tiempos podrían cambiar.

Mientras corría escaleras abajo, se le cayó un zapato. Después, el príncipe lo encontró y lo usó para encontrar a la misteriosa desconocida.	*While she ran down the stairs, one of her shoes fell off. Later the prince found it and used it to find the mysterious stranger.*

El punto de vista de la narración anterior es diferente. Aquí, se ve primero a Cenicienta mientras escapa. Ella pierde su zapato mientras baja las escaleras. El príncipe llega después y sigue la línea cronológica de manera lógica. No hay referencias a sucesos anteriores; no hay pluscuamperfecto.

Ejercicio 6.13, página 408;
Ejercicios de repaso 6.14–6.19, páginas 409–411

C Tiempos compuestos

1. Introducción

En el siguiente cuadro, los verbos en negrilla son los que llamamos "tiempos compuestos", porque se forman con más de una parte. Obsérvese que, para la forma progresiva, se usa **estar** con el ***participio presente.*** Para las formas perfectas, se usa **haber** como auxiliar con el ***participio pasado.*** Las formas perfectas progresivas combinan **estar** en forma perfecta (auxiliar **haber** + el participio pasado de **estar**) y el participio presente del verbo que se conjuga.

	MODO	TIEMPO	NO PROGRESIVO	PROGRESIVO
SIMPLES	Indicativo	Presente	camino	**estoy caminando**
	Indicativo	Futuro	caminaré	**estaré caminando**
	Indicativo	Imperfecto	caminaba	**estaba caminando**
	Indicativo	Pretérito	caminé	**estuve caminando**
	Condicional	Presente	caminaría	**estaría caminando**
	Subjuntivo	Presente	camine	**esté caminando**
	Subjuntivo	Imperfecto	caminara	**estuviera caminando**
COMPUESTOS				
	Indicativo	Presente perfecto	**he caminado**	**he estado caminando**
	Indicativo	Futuro perfecto	**habré caminado**	**habré estado caminando**
	Indicativo	Pluscuamperfecto	**había caminado**	**había estado caminando**
	Condicional	Perfecto	**habría caminado**	**habría estado caminando**
	Subjuntivo	Presente perfecto	**haya caminado**	**haya estado caminando**
	Subjuntivo	Pluscuamperfecto	**hubiera caminado**	**hubiera estado caminando**

2. Tiempos compuestos

Por lo general, los tiempos compuestos se usan para enfocarse en la finalización de una acción en relación a un punto particular en el tiempo, ya sea presente o pasado.

TIEMPOS COMPUESTOS			
Formación	Auxiliar **Haber**	+	Participio pasado
Ejemplo	**Hemos**		**llegado.**
Traducción	*We have*		*arrived.*

a. Presente perfecto de indicativo

[Para repasar la formación del presente perfecto de indicativo, ver el Capítulo 5.A.2.c, página 169.]

Este tiempo se refiere a sucesos finalizados en relación con el presente.

Hemos regresado del museo. — *We have returned from the museum.*

Todavía no **ha terminado** la guerra. — *The war still has not ended.*

b. Futuro perfecto

[Para repasar la formación del futuro perfecto, ver el Capítulo 5.A.3.b, página 171.]

Este tiempo se refiere a un suceso futuro que se completará en un momento específico o después de otro suceso futuro.

Habremos acabado para las cinco. — *We will have finished by five.*

El futuro perfecto también se encuentra en contextos en los que se expresa probabilidad, para acciones que probablemente se completaron en el pasado.

—¿Adónde crees que fue Roberto? — "*Where do you think Roberto went?*"

—No sé. **Habrá ido** a la peluquería. — "*I do not know. I guess he went to the barbershop.*"

c. Pluscuamperfecto de indicativo

[Para repasar la formación del pluscuamperfecto de indicativo, ver el Capítulo 5.A.2.d, página 169.]

Este tiempo se refiere a un suceso anterior a otro suceso pasado.

Ya se **había apagado** el fuego cuando llegaron los bomberos. — *The fire had already gone out when the firemen arrived.*

d. Condicional perfecto

[Para repasar la formación del condicional perfecto, ver el Capítulo 5.B.2, página 172.]

Este tiempo se refiere a un suceso futuro en relación a otro suceso pasado.

Todos pensaban que la guerra **habría terminado** para entonces. — *Everyone thought that the war would have ended by then.*

Esta forma también se puede encontrar en estructuras que describen probabilidad, referida a una acción en el pasado que ocurre antes de otra acción en el pasado.

—¿Por qué piensas que esa estudiante se aburría en clase el semestre pasado? — *"Why do you think that student was bored in class last semester?"*

—No sé. Ya **habría leído** los mismos libros para otra clase. — *"I do not know. Maybe she had already read the same books for another class."*

e. Presente perfecto de subjuntivo

[Para repasar la formación del presente perfecto de subjuntivo, ver el Capítulo 5.C.3, página 177.]

Este tiempo describe un suceso que se completa en relación con el presente.

Me sorprende que **hayan publicado** el secreto. — *It surprises me that they published the secret.*

f. Pluscuamperfecto de subjuntivo

[Para repasar la formación del pluscuamperfecto de subjuntivo, ver el Capítulo 5.C.4, página 178.]

Este tiempo describe un suceso que se completó antes que otro en el pasado.

Nos sorprendió que **hubiera cenado** antes de venir. — *It surprised us that he had eaten before coming.*

3. Tiempos progresivos simples

a. Introducción

El progresivo se usa para expresar una acción en progreso.

TIEMPOS PROGRESIVOS			
Formación	Auxiliar **Estar**	+	Participio presente
Ejemplo	**Estamos**		**estudiando.**
Traducción	*We are*		*studying.*

Excepción: En español, **ir** y **venir** ***nunca*** se usan en el progresivo.

Vamos a Ginebra. — *We are going to Geneva.*

Adivina quién viene a cenar. — *Guess who is coming to dinner.*

En español, el progresivo ***nunca*** se usa para estados o condiciones.

Llevaba una chaqueta de cuero. — *She was wearing a leather jacket.*

Tengo zapatos puestos. — *I am wearing shoes.*

Estoy sentado. — *I am sitting. (posición)*

Faltaban dos sillas. — *Two chairs were missing.*

Dime si se me ve el tirante. — *Tell me if my strap is showing.*

b. Presente progresivo

Este tiempo se forma con el presente de **estar** y se refiere a acciones en progreso en el presente.

Estoy trabajando en este momento y no podré ayudarte. — *I am working at this moment and will not be able to help you.*

Pronto comeremos; **están preparando** la cena. — *We will eat soon; they are preparing dinner.*

En español, el presente progresivo ***nunca*** se usa para referirse al futuro, como ocurre a menudo en inglés.

Mañana van a tumbar el árbol. — *Tomorrow they are going to cut down the tree.*

c. Futuro progresivo

Este tiempo se forma con el futuro de **estar** y se refiere a acciones en progreso en el futuro.

Mañana, domingo, a las siete de la tarde, Asunción **estará jugando** al Sudoku. Lo sé porque siempre hace lo mismo. — *Tomorrow, Sunday, at seven in the evening, Asunción will be playing Sudoku. I know that because she always does the same thing.*

El futuro progresivo también se usa para expresar probabilidad en el presente.

—¿Qué hace Regina? — *"What is Regina doing?"*

—No lo sé. **Estará cortando el césped.** — *"I do not know. She must be mowing the lawn."*

d. Pasado progresivo

Este tiempo se forma con el imperfecto o el pretérito de **estar** y se refiere a una acción que estaba en progreso en el pasado pero ahora se ve como finalizada.

Estaba pensando en Citlali cuando me llegó su mensaje electrónico. — *I was thinking about Citlali when her e-mail arrived.*

Jeannine **estuvo viajando** todo el verano. — *Jeannine was traveling all summer long.*

El pasado progresivo ***nunca*** se puede usar para referirse a una acción futura en el pasado.

Iba a llover. — *It was going to rain.*

e. Presente progresivo del condicional

Este tiempo, que se forma con el presente del condicional de **estar,** se refiere a una acción en progreso que es futura (aún tiene que producirse) en el pasado; representa un paso hacia atrás en el tiempo con respecto al futuro progresivo (ver sección c. arriba).

Cecilia me dijo que el día siguiente, domingo, a las siete de la tarde, **se estaría mudando.** — *Cecilia told me that the next day, Sunday, at seven in the evening, she would be moving.*

El condicional progresivo también se usa para expresar la probabilidad de que se produzca una acción en progreso en el pasado.

—¿Por qué no fue Brisa a la fiesta anoche? — *"Why did Brisa not go to the party last night?"*

—Quién sabe. **Estaría corrigiendo** exámenes. — *"Who knows. Maybe she was grading exams."*

f. Presente progresivo de subjuntivo

Este tiempo se forma con el presente de subjuntivo de **estar** y se refiere a una acción en progreso en el presente, matizada por el subjuntivo.

Temo que mi hijo no **se esté cuidando.** — *I fear that my son is not taking care of himself.*

g. Imperfecto progresivo de subjuntivo

Este tiempo se forma con el imperfecto de subjuntivo de **estar** y se refiere a una acción en progreso en el pasado, matizada por el subjuntivo.

No podía creer que **estuvieran peleando** todavía. — *I could not believe they were still fighting.*

4. Tiempos progresivos compuestos

a. Introducción

Esta combinación sirve para enfatizar la finalización de una acción en progreso con relación a otro momento, presente, pasado o futuro.

TIEMPOS PROGRESIVOS COMPUESTOS					
Formación	Auxiliar **Haber**	+	Participio pasado **Estar**	+	Participio presente Verbo principal
Ejemplo	**Hemos**		**estado**		**corriendo.**
Traducción	*We have*		*been*		*running.*

b. Presente perfecto progresivo de indicativo

Mi madre **ha estado llamándome** todos los días. — *My mother has been calling me every day.*

c. Futuro perfecto progresivo de indicativo

Para cuando llegue, **habré estado manejando** durante doce horas sin parar. — *By the time I get there, I will have been driving for twelve hours nonstop.*

Esta forma también puede servir para expresar probabilidad cuando se hace referencia a una acción en progreso finalizada en el pasado.

—¿Por qué está tan cansada Zelmira?	*"Why is Zelmira so tired?"*
—No sé. **Habrá estado trabajando** toda la noche.	*"I do not know. She was probably working all night."*

d. Pluscuamperfecto progresivo de indicativo

Cuando por fin me dejaron entrar, **había estado esperando** tres horas.	*When they finally let me in, I had been waiting for three hours.*

e. Condicional perfecto progresivo

La policía **habría estado vigilando** la casa si se lo hubieras pedido.	*The police would have been watching the house if you had asked them.*

Esta forma también se puede usar para expresar probabilidad cuando se hace referencia a una acción en progreso finalizada en el pasado con anterioridad a otra.

—¿Por qué crees que tardó tanto en abrir la puerta?	*"Why do you think he took so long to open the door?"*
—**Habría estado escondiendo** las pruebas.	*"He must have been hiding the evidence."*

f. Presente perfecto progresivo de subjuntivo

Este tiempo se usa para cláusulas subordinadas cuando el verbo principal está en presente y para referirse a una acción en progreso finalizada en el pasado.

Dudo que **haya estado haciendo** lo que decía.	*I doubt that he was doing what he said.*

g. Pluscuamperfecto progresivo de subjuntivo

Este tiempo se usa en cláusulas subordinadas para hacer referencia a una acción en progreso finalizada en un momento en particular del pasado con anterioridad a otra acción pasada.

Nos chocó que **hubieran estado usando** escucha telefónica sin consultar con nadie primero.	*It shocked us that they had been wiretapping without first consulting with anyone.*

5. Auxiliares modales

Se debe observar que hay otros auxiliares además de **haber** y **estar** que se usan con un verbo principal y cuyo valor se altera de una u otra manera. Estos se llaman auxiliares modales. Cada uno de ellos puede ser el verbo principal de una oración y tener un significado o un peso diferente. Entre los auxiliares modales, los siguientes se usan con el participio presente: **ir, venir;** los siguientes se usan con el infinitivo: **ir a, tener que, poder, haber de, deber.** A continuación se muestran algunos ejemplos.

Vamos preparándonos poco a poco.	*We are preparing ourselves little by little.*
Vengo planeando esto desde hace ya varios años.	*I have been planning this for several years now.*
Van a darme la respuesta mañana.	*They are going to give me the answer tomorrow.*
Ustedes **tienen que** decirnos la verdad.	*You have to tell us the truth.*
Tuve que llamar a casa.	*I needed to call home.*

(Obsérvese que para traducir "*I needed to do something*" o "*I had to do something*" se usa "tuve que" y no "necesité". "Necesitar" no se usa en pretérito como auxiliar modal).

No **podemos** nadar.	*We cannot swim.*
Han de saber la verdad.	*They must* know the truth. (*probabilidad)*
Deberías comer más.	*You should eat more.*

Ejercicios 6.20–6.21, página 412

D Formas de expresar el futuro

[Para repasar la formación del futuro, ver el Capítulo 5.A.3, páginas 170–171.]

En español, el futuro se puede expresar con el futuro simple.

Mañana **iremos** al cine.	*Tomorrow we will go to the movies.*

También se puede expresar con el presente de **ir** + **a** + un infinitivo.

Mañana **vamos a ir** al cine.	*Tomorrow we are going to go to the movies.*

También se puede expresar con el presente.

Mañana **vamos** al cine.	*Tomorrow we are going to the movies.*

NOTA: En español, a diferencia del inglés, el futuro NO SE PUEDE expresar con el progresivo. Éste es un error muy común que se debe evitar. En la siguiente oración, obsérvese con atención cómo se traduce al español el futuro progresivo en inglés.

Esta tarde **vamos a comer** (O: **comemos**) aquí.	*This afternoon we **are eating** here.*

Cabe recordar que, en español, el progresivo sólo se puede usar para acciones que se están produciendo en el momento. **Estamos comiendo** sólo puede referirse a la acción en progreso de comer, ahora, en el presente. Observe que el siguiente contexto no es futuro y que, por esa razón, se puede traducir con el progresivo.

No puede venir al teléfono ahora: **está comiendo.**	*He cannot come to the phone now: he **is eating.***

Ejercicios 6.22–6.23, página 413

E Condicional

[Para repasar la formación del condicional, ver el Capítulo 5.B, páginas 171–172.]

1. Introducción

El condicional se usa para expresar lo siguiente:

- Cortesía con condicionales de auxiliares modales
- Situaciones hipotéticas con o sin condición expresadas con **si**
- Futuro del pasado
- Probabilidad en pasado

2. Cortesía con condicional de auxiliares modales

Esto es simplemente un atenuante del indicativo, al igual que en inglés; la diferencia entre *"can you"* y *"could you"*, *"must not"* y *"should not"*, *"I want"* y *"I would like"*, etcétera.

¿**Podría** Ud. ayudarme, por favor?	*Could you help me, please?*
No **deberías** decir eso.	*You should not say that.*

Obsérvese que, para expresar cortesía, el verbo **querer** tiende a usarse en imperfecto de subjuntivo y no en condicional.

Quisiera que me ayudaras.	*I would like you to help me.*

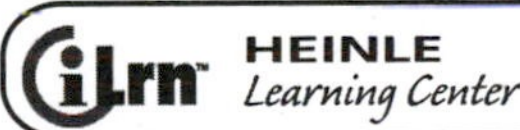

Ejercicio 6.24, página 413

3. Situaciones hipotéticas con o sin condición expresadas con *si*

[Ver el Capítulo 6.G.6, páginas 237–239, sobre cláusulas con **si** ("if").]

En esa situación, yo **tendría** mucho miedo.	*In that situation, I would be very frightened.*
Yo en tu lugar no le **pagaría** por grosero.	*I would not pay him if I were you because he was rude.*
Si me atreviera, **saltaría** en paracaídas.	*If I dared, I would skydive.*

4. Futuro del pasado

[Ver el Capítulo 6.K, páginas 260–266, sobre discurso indirecto.]

Se anunció que para esta noche **se sabría** su identidad.	*They announced that by tonight his identity would be known.*

Ejercicio 6.25, página 414

5. Probabilidad en el pasado

[Ver el Capítulo 6.F, páginas 210–212, sobre probabilidad.]

¿Dónde **estaría** el enemigo?	*I wonder where the enemy was.*
¿Dónde se **habría** escondido?	*Where could he have hidden?*

Ejercicio de repaso 6.26, página 414

F Probabilidad

[Para repasar la formación de los tiempos de esta sección, ver el Capítulo 5.A.3, páginas 170–171, sobre el futuro simple y el futuro perfecto, y el Capítulo 5.B, páginas 171–172, sobre el presente del condicional y el condicional perfecto.]

En inglés, hay varias maneras de expresar probabilidad. Aquí hay una lista de algunas de las muchas posibilidades para expresar duda con la pregunta "¿Quién es?" (*"Who is it?"*).

I wonder who it is.
Who do you suppose it is?
Who can it be?
Who do you think it is?
Who in the world is it?

En español, se usan varios tiempos para expresar probabilidad.

Se usa el ***futuro*** para expresar probabilidad en el presente.

¿Quién **será?**

(Todas las variaciones anteriores del inglés se traducirían así).

Con frecuencia, el ***futuro progresivo*** se usa con verbos de acción.

¿Qué **estarán haciendo**?	*I wonder what they are doing.*

El ***futuro perfecto*** se usa para expresar el pretérito o el presente perfecto.

Habrá ido al cine.	*He probably went to the movies.*
	I guess he went to the movies.
	He has probably gone to the movies.
	I suppose he went . . . etc.

El ***presente del condicional*** se usa para expresar el aspecto imperfecto del pasado.

Estaría en el cine.	*He probably was at the movies.*
	He must have been at the movies.
	I guess he was . . . etc.

El ***condicional progresivo*** se usa para verbos de acción.

Estaría bañándose.	*He was probably bathing.*

El ***condicional perfecto*** se usa para expresar el pluscuamperfecto.

Habría salido temprano.	*He probably had gone out early.*
	He must have gone out early.
	I guess he went out . . . etc.

En las siguientes columnas paralelas se muestra cómo se expresa la probabilidad en español. A la izquierda, las oraciones se forman con el adverbió **probablemente** y la forma estándar del verbo, mientras que en la columna de la derecha se da el tiempo del verbo cambiado que expresa probabilidad sin la necesidad de un adverbio.

ESTÁNDAR	PROBABILIDAD	TRADUCCIÓN
Probablemente **está** en casa.	**Estará** en casa.	*He must be home.*
Probablemente **está bañándose.**	**Estará bañándose.**	*He must be bathing.*
Probablemente **estaba** en casa.	**Estaría** en casa.	*He must have been home.*
Probablemente **estaba comiendo.**	**Estaría comiendo.**	*He must have been eating.*
Probablemente **murió.**	**Habrá muerto.**	*He must have died.*
Probablemente lo **ha visto.**	Lo **habrá visto.**	*He must have seen it.*
Probablemente **había regresado.**	**Habría regresado.**	*He must have returned.*

En inglés, la primera oración del cuadro anterior también podría ser: *"He's probably at home"*, *"I guess he's at home"*, *"I suppose he's at home"*, etcétera. Cada oración del cuadro podría, por lo tanto, tener varias traducciones al inglés.

Ejercicios 6.27–6.28, páginas 414–415

G Subjuntivo

[Para repasar la formación de los tiempos de subjuntivo, ver el Capítulo 5.C, páginas 173–178.]

1. Introducción

El subjuntivo se usa en cláusulas subordinadas y en algunas cláusulas independientes introducidas por **ojalá, quizá(s)** y **tal vez.**

Ojalá que se logre la paz.	*I hope peace will be achieved.*
Quizá pase este año.	*Maybe it will happen this year.*
Tal vez sea muy tarde.	*Maybe it is too late.*

El uso principal del subjuntivo es en las cláusulas subordinadas. Hay tres tipos de cláusulas subordinadas en las que el subjuntivo puede ser necesario.

- Nominal
- Adjetival
- Adverbial

Cada tipo de cláusula tiene su propio conjunto de reglas para determinar si es necesario o no el uso del subjuntivo. Por lo tanto, es necesario poder reconocer los tres tipos.

2. Cláusulas nominales

a. Definición y uso

Definición: Una cláusula nominal es aquella que tiene la misma función que tendría un sustantivo (es decir, puede ser el sujeto del verbo principal o su objeto directo).

Quiero **pan.**	*I want bread.*
Quiero **que me ayudes.**	*I want you to help me.*

Tanto **pan** como **que me ayudes** tienen la misma función en la oración, que es la de objeto directo del verbo principal; **que me ayudes** se llama ***cláusula nominal*** porque se comporta como un sustantivo. En la oración **Me gusta que canten,** la cláusula subordinada es el sujeto del verbo principal.

Uso del subjuntivo: Lo que determina si es necesario el uso del subjuntivo en la cláusula nominal es el ***verbo*** de la cláusula principal. Si este verbo indica un hecho o una verdad, la cláusula subordinada estará en modo indicativo. Éste sería el caso de verbos como *to see*, *to notice*, *to observe*, *to be clear*, *obvious*, *true*.

Es obvio que no me entiendes.	*It is obvious that you do not understand me.*
Es cierto que viajé a Rusia.	*It is true that I traveled to Russia.*
Veo que tienes bastante dinero.	*I see you have enough money.*
Me fijé que era hora de irnos.	*I noticed it was time to leave.*

Sin embargo, si el verbo de la cláusula principal indica algo más que un simple hecho, como emoción, duda, deseo, aprobación, sentimiento, voluntad, influencia, etcétera, el verbo de la cláusula nominal debe estar en modo subjuntivo.

Me encanta que **vengan.**	*I am delighted that they are coming.*
Dudo que ellos **puedan** hacerlo.	*I doubt that they can do it.*
Quiero que me **des** un beso.	*I want you to give me a kiss.*
Me gusta que **participen** mucho.	*I like them to participate often.*

Parecer, creer y **pensar** en negativo o interrogativo sólo toman el subjuntivo cuando hay duda en el que habla. También **parecer,** seguido de un adjetivo, toma el subjuntivo.

Parece que **va** a llover.	*It seems like it is going to rain.*
No parece que **vaya** a llover.	*It does not seem like it is going to rain.*
¿Parecía que **fuera** culpable?	*Did he seem guilty?*
Parece **increíble** que **hagan** eso.	*It seems incredible that they do that.*
Creo que **puede** hacerlo.	*I believe he can do it.*
No creo que **pueda** hacerlo.	*I do not believe he can do it.*
¿Crees que **pueda** hacerlo?	*Do you think he can do it?*
Pienso que **vendrá.**	*I think he will come.*
No pienso que **venga.**	*I do not think he will come.*

Sentir cambia de significado si está seguido del subjuntivo.

Siento que **voy** a estornudar.	*I feel like I am going to sneeze.*
Siento que **estés** enferma.	*I am sorry that you are ill.*

Ejercicios 6.29–6.32, páginas 416–417

b. Subjuntivo con expresiones de emoción

Si la cláusula contiene un verbo o una expresión de emoción, esto afecta el verbo de la cláusula subordinada. En este caso, se debe usar el subjuntivo, se haya producido o no la acción de la cláusula subordinada.

Estás aquí.	*You are here.*
Sé que **estás** aquí.	*I know you are here.*
Me alegro de que **estés** aquí.	*I am glad you are here.*

A continuación hay una lista de verbos de emoción.

esperar *to hope*	Espero que lo encuentren. *I hope they find him.*
lamentar *to regret*	Lamento que te hayan engañado. *I regret that they deceived you.*
sentir *to be sorry, regret*	Siento que no puedas entrar al país. *I am sorry you cannot get into the country.*
temer *to fear*	Temo que sea muy tarde. *I fear it is too late.*
tener miedo *to be afraid*	Tengo miedo de que haya una bomba. *I am afraid there will be a bomb.*

Verbos reflexivos:

alegrarse de *to be happy, glad*	Me alegro de que hayan llegado a un acuerdo. *I am glad they have arrived at an agreement.*
avergonzarse de *to be ashamed*	Se avergüenza de que sus hijos no usen ropa tradicional. *He is ashamed that his children do not wear traditional clothing.*

Verbos como *gustar:*

encantarle a uno *to delight, "love"* (not romantic)	Me encanta que toques el piano. *I am delighted that you play the piano.*
	Nos encantaría que vinieran. *We would love you to come.*
enojarle a uno *to anger, to make angry, be angry*	Nos enoja que nos griten. *It makes us angry that they yell at us.* *We are angry that they yell at us.*
gustarle a uno *to please, like*	Le gusta que ganen. *It pleases him that they win.* *He likes them to win.*
molestarle a uno *to annoy, be annoyed*	¿Te molesta que haga ruido? *Does it annoy you that I make noise?*
sorprenderle a uno *to surprise, be surprised*	Les sorprende que seamos malabaristas. *They are surprised that we are jugglers.*

Uso del infinitivo en la cláusula subordinada: para verbos de emoción, si el sujeto es el mismo en ambas cláusulas, se usa infinitivo en el segundo verbo.

Sentimos no **poder** ir a la fiesta.	*We are sorry we cannot go to the party.*
Me alegro de **ver**te.	*I am glad to see you.*
Adela odia **comer** fuera.	*Adela hates to eat out.*

Para verbos como **gustar,** si el objeto indirecto del verbo como **gustar** es el mismo que el sujeto del segundo verbo, se usa infinitivo en el segundo verbo.

Me encantó **bailar** contigo.	*I loved dancing with you.*
Me gustó **visitar** a mis abuelos.	*I enjoyed visiting my grandparents.*

Ejercicio 6.33, página 417

c. Subjuntivo con expresiones de voluntad e influencia

Si la cláusula principal contiene un verbo o una expresión de voluntad o influencia, se debe usar subjuntivo en la cláusula subordinada.

Quiero que **cantes** conmigo.	*I want you to sing with me.*

Verbos de voluntad:

desear *to want*	¿Desea que le traiga algo de beber? *Do you want me to bring you something to drink?*
empeñarse en *to insist*	Se empeña en que la respeten. *She insists that they respect her.*
insistir en *to insist on*	Insistieron en que les pagáramos. *They insisted on our paying them.*
necesitar *to need*	Necesito que me escuches. *I need you to listen to me.*
oponerse a *to object to*	Se oponía a que le abrieran la maleta. *He objected to their opening his suitcase.*
preferir *to prefer*	Prefiero que me hables en español. *I prefer that you speak to me in Spanish.*
querer *to want*	Queremos que llegue la primavera. *We want spring to arrive.*

Uso del infinitivo en la cláusula subordinada: Para los verbos de voluntad, si el sujeto es el mismo en ambas cláusulas, se usa el ***infinitivo*** en la cláusula subordinada.

Deseamos **ir** solos.	*We want to go alone.*
Se empeña en **gritar.**	*He insists on yelling.*
Insisto en **llamar** primero.	*I insist on calling first.*
Necesitas **tomar** vitaminas.	*You need to take vitamins.*
Me opongo a **votar** por él.	*I refuse (object) to vote for him.*
Prefieren **viajar** en barco.	*They prefer to travel by ship.*
Quiero **dar**te un recuerdo.	*I want to give you a souvenir.*

Los verbos de comunicación como **decir** y **escribir** pueden estar seguidos del indicativo o subjuntivo. Si se usan con el subjuntivo, implican un mandato.

Dijo que quería irse.	*He said he wanted to leave.*
Me dijo que me fuera.	*He told me to leave.*

Verbos de influencia con objeto directo:

dejar* *to let, allow*	Dejé que pasara. *I let him in.*
hacer* *to make*	Hizo que soltaran las armas. *He made them drop their weapons.*
invitar a* *to invite*	La invito a que cene con nosotros. *I invite you to eat dinner with us.*
obligar a* *to force*	Los obliga a que hablen. *He forces them to talk.*

Verbos de influencia con objeto indirecto:

aconsejar *to advise*	Le aconsejo que se calle. *I advise you to be quiet.*
advertir *to warn*	Les advierto que presten atención. *I warn you to pay attention.*
convencer *to convince*	Convenció a su tía para que la acompañara. *She convinced her aunt to go with her.*
exigir *to demand*	Exigen que liberen a los presos políticos. *They demand that they free the political prisoners.*
impedir* *to prevent*	Impidieron que pasara la frontera. *They prevented him from crossing the border.*
mandar* *to order*	Mandó que nadie dijera nada. *He ordered that nobody say anything.*
pedir *to ask*	Nos pide que tengamos paciencia. *He asks us to be patient.*
permitir* *to allow*	Le permiten que regrese tarde. *They allow him to return late.*

persuadir a
to persuade

Me persuadieron a que pronunciara el brindis.
They persuaded me to give the toast.

prohibir*
to forbid

Te prohíbo que salgas con ellos.
I forbid you from going out with them.

recomendar*
to recommend

Nos recomiendan que tomemos aspirina.
They recommend that we take aspirin.

rogar
to beg

Le ruego que me disculpe.
I beg you to forgive me.

sugerir
to suggest

Sugieren que nos quedemos aquí.
They suggest that we stay here.

*Comúnmente, **dejar, hacer, invitar a, obligar a, impedir, prohibir, recomendar, mandar** y **permitir** se usan con infinitivo, aun si hay un cambio de sujeto, y con un pronombre de objeto directo o indirecto: **Lo dejé pagar. Las hizo limpiar su cuarto. Te mandó callarte. Le permiten regresar tarde.** (Ver el Capítulo 6.H, páginas 242–245, sobre el infinitivo).

Expresiones impersonales:

bastar
to be enough

Basta que me lo pidas.
It is enough that you ask me for it.

convenir
to be suitable, a good idea

Conviene que te prepares con antelación.
It is a good idea that you prepare in advance.

importar
to matter

No importa que no tengas los medios.
It does not matter that you do not have the means.

más valer
to be better

Más vale que me pague pronto.
He had better pay me soon.

iLrn HEINLE Learning Center **Ejercicio 6.34, páginas 417–418**

d. Subjuntivo con expresiones de duda y negación de la realidad

Si la cláusula principal contiene un verbo o una expresión de duda o una negación de la realidad, se debe usar el subjuntivo en la cláusula subordinada.

Dudo que sea verdad.	*I doubt that it is true.*
Niega que él lo haya visto.	*She denies that he saw it.*

Verbos de duda y negación de la realidad:

dudar *to doubt*	Dudo que el usuario haga copias digitales. *I doubt that the user will make digital copies.*
negar *to deny*	Negó que fuera verdad. *He denied that it was true.*
puede ser *it may be*	Puede ser que llueva hoy. *It may be that it will (it might) rain today.*
no creer *not to believe*	No creo que el avión pueda despegar a tiempo. *I do not believe that the plane will be able to take off on time.*
no decir *not to say*	No digo que seas culpable. *I do not say that you are guilty.*
no pensar *not to think*	No piensa que tú le creas. *He does not think you believe him.*
no ser *not to be*	No es que no quiera, es que no puedo. *It is not that I do not want to, it is that I cannot.*
no significar *not to mean*	Eso no significa que no te quiera. *That does not mean that he does not love you.*

Ejercicio 6.35, página 418

e. Subjuntivo con expresiones impersonales con *ser*

Si la cláusula principal tiene una expresión impersonal con **ser** + un adjetivo o un sustantivo y el adjetivo o el sustantivo denota algo que no es una verdad o una certeza, se debe usar el subjuntivo en la cláusula subordinada.

Indicativo:

Es verdad que se **fue** temprano.	*It is true that he left early.*
Es cierto que **hace** frío.	*It is true that it is cold.*

Subjuntivo:

Es posible que **pueda** hacerlo.	*It is possible that he can do it.*
No es cierto que lo **haya visto.**	*It is not true that he saw it.*

Expresiones impersonales que toman el subjuntivo:

(ser) bueno *(to be) good*	Es bueno que sepas hacerlo sola. *It is good you know how to do it alone.*
malo *bad*	Fue malo que se lo dijeras. *It was bad for you to tell him.*
mejor *better*	Es mejor que nos vayamos temprano. *It is better that we leave early.*
curioso *curious, odd*	Es curioso que no haya correo. *It is odd that there is no mail.*
extraño *strange*	Fue extraño que se estrellara contra esa pared. *It was strange that he crashed into that wall.*
fantástico *fantastic*	Es fantástico que puedas venir. *It is fantastic that you can come.*
raro *strange, odd*	Es raro que no haga frío. *It is strange that it is not cold.*
triste *sad*	Es triste que se haya complicado tanto la situación. *It is sad that the situation has gotten so complicated.*

deseable *desirable*	Es deseable que pague al contado. *It is desirable that you pay cash.*
importante *important*	Es importante que apoyemos a los que sufren minusvalía física. *It is important that we support those who suffer from a handicap.*
necesario *necessary*	Es necesario que estudies más. *It is necessary that you study more.*
difícil *unlikely*	Es difícil que llegue a tiempo con esta tormenta. *It is unlikely that she will arrive on time with this storm.*
fácil *likely*	Es fácil que venga hoy el convoy de la OTAN. *It is likely that the NATO convoy will come today.*
imposible *impossible*	Es imposible que se lo haya dicho. *It is impossible that she told him.*
posible *possible*	Es posible que haya sido un atentado suicida. *It is possible that it was a suicide attempt.*
probable *probable*	Es probable que haya una inundación. *It is probable that there will be a flood.*
(una) lástima *a pity*	Es una lástima que rechazara ser nuestro portavoz. *It is a pity that he did not agree to be our spokesperson.*
(una) maravilla *a wonder*	Es una maravilla que el terremoto no los afectara. *It is a wonder that the earthquake didn't affect them.*
(una) pena *a pity*	Es una pena que no hagan caso al alto el fuego. *It is a pity that they don't respect the cease-fire.*

Estas expresiones son paralelas a las categorías de verbos de emoción, voluntad, influencia y duda o incertidumbre. Todas las expresiones impersonales toman el subjuntivo, excepto aquéllas que denotan certeza absoluta.

Es evidente, obvio, cierto, claro, etcétera.

Ejercicio 6.36, página 418;
Ejercicio de repaso 6.37, página 419

3. Cláusulas adjetivales

a. Definición

Una cláusula adjetival es aquélla que modifica un sustantivo como lo haría un adjetivo.

Quiero leer una novela **divertida.**	*I want to read a fun novel.*
Quiero leer la novela **que me regalaste.**	*I want to read the novel you gave me.*
Quiero leer una novela **que me haga reír.**	*I want to read a novel that will make me laugh.*

b. Uso

En esta última oración, **que** es un pronombre relativo (ver el Capítulo 3.G, páginas 103–109) no una conjunción, como es el caso en las cláusulas nominales. El ***antecedente*** del pronombre relativo en esta oración es **novela.** Para determinar si se debe usar el subjuntivo en una cláusula adjetival o relativa, se debe hallar el antecedente y ver si está en el contexto de la cláusula principal. Sólo se usará el subjuntivo si el antecedente es inexistente o si su existencia es desconocida o incierta.

Tengo una casa que **tiene** dos pisos.	*I have a house that has two floors.*
Quiero una casa que **tenga** dos pisos.	*I want a house that has two floors.*

Obsérvese que, en la primera oración, "Tengo una casa" significa que la casa existe. Por lo tanto, se debe usar el ***indicativo*** en la cláusula subordinada. Sin embargo, en la segunda oración, no se ha encontrado la casa que quiero, y por lo tanto no sé si existe. Por esta razón, el verbo de la cláusula subordinada debe estar en ***subjuntivo.*** Compare las siguientes oraciones:

Conozco a una mujer que **es** ingeniera.	*I know a woman who is an engineer.* (existente)
No conozco a nadie que **sea** brasileño.	*I do not know anyone who is Brazilian.* (existencia desconocida)
Hay alguien aquí que **está fumando** una pipa.	*There is someone here who is smoking a pipe.* (existente)
¿Hay alguien aquí que **sea** doctor?	*Is there someone here who is a doctor?* (existencia desconocida)

Lo que toma el subjuntivo cuando el antecedente implícito es totalmente desconocido y la implicación es "cualquier cosa". Si el antecedente es conocido para la persona que habla, se usa el indicativo.

Haré lo que me digas.	*I shall do what (whatever) you tell me to do.*
Haré lo que me dijiste.	*I shall do (specifically) what you told me to do.*

NOTA: En inglés, cuando una cláusula adjetival larga complementa el sujeto del verbo principal, se coloca el sujeto más su cláusula al comienzo, pero en español se tiende a colocarla al final.

Esta mañana llamó **[el reportero al que querías entrevistar sobre el artículo].**	*[The reporter (whom) you wanted to interview about the article] called this morning.*

En la oración anterior, el reportero es el sujeto del verbo principal "llamó".

Ejercicios 6.38–6.39, páginas 419–420

4. Cláusulas adverbiales

a. Definición

Una cláusula adverbial es aquélla que modifica el verbo de la cláusula principal de la misma manera en que lo haría un adverbio, indicando cómo, cuándo, con qué propósitos y bajo qué circunstancias se produce la acción de la cláusula principal.

Salió **rápidamente.**	*He left quickly.*
Salió **tan pronto como pudo.**	*He left as soon as he could.*

b. Uso

Uso del subjuntivo: Si la acción de la cláusula subordinada no se ha cumplido en el momento indicado en el verbo principal, se usa el subjuntivo. Esta regla permite subdividir las conjunciones en dos categorías, según el significado de la conjunción. Algunas conjunciones, como **para que** y **antes de que,** siempre introducen una acción que aún no se ha producido en el momento de la cláusula principal.

Lo hago para que tú no tengas que hacerlo.	*I am doing it so that you will not have to.*
Vino antes de que lo llamáramos.	*He came before we called him.*

Otras conjunciones, como **cuando,** pueden referirse a situaciones que ya ocurrieron o que aún no han ocurrido. Si se refieren a una situación que ya se produjo, el verbo de la cláusula subordinada estará en indicativo; si no, estará en subjuntivo.

Mi perro viene cuando lo llamo.	*My dog comes when I call him.*
Mi perro vendrá cuando lo llame.	*My dog will come when I call him.*

Algunas conjunciones se usan con el indicativo y no con el subjuntivo porque, generalmente, se refieren a situaciones que ya se han producido: algunos ejemplos son **así que, porque, desde que.**

La obra me aburrió, así que me fui temprano.	*The play bored me, so I left early.*
Se lo regalé a Luis porque él me lo pidió.	*I gave it to Luis because he asked me for it.*
No lo he visto desde que se graduó.	*I have not seen him since he graduated.*

A continuación hay un cuadro de conjunciones que se usan con el subjuntivo, ya sea siempre u ocasionalmente. Ver ejemplos de uso en las páginas 226 y 227.

SIEMPRE SUBJUNTIVO	OCASIONALMENTE SUBJUNTIVO
para que	cuando
a fin de que	apenas
a menos que	en cuanto
salvo que	tan pronto como
a no ser que	aunque
antes de que	a pesar de que
con tal de que	después de que
sin que	mientras
en caso de que	hasta que

Cuando el sujeto del verbo principal es el mismo que el sujeto del verbo subordinado, algunas de estas conjunciones cambian a preposiciones.

Cambio obligatorio:

antes de que → antes de — Antes de salir, me puse el abrigo.
Before going out, I put on my coat.

para que → para — Para preparar esto, necesitas dos huevos.
To prepare this, you need two eggs.

sin que → sin — Se fue sin despedirse.
He left without saying good-bye.

después de que → después de — Después de cenar, jugaron a la baraja.
After eating dinner, they played cards.

Cambio opcional:

hasta que → hasta — No se irá hasta haberse acabado la comida. O: No se irá hasta que se acabe la comida.

He will not leave until he has finished his food.

Las conjunciones del cuadro de esta página ***siempre*** se usan con el subjuntivo o el infinitivo si el sujeto es el mismo para el verbo principal y el subordinado; sin embargo, ***nunca*** van seguidas del indicativo.

CONJUNCIÓN	SIGNIFICADO	EJEMPLOS
para que a fin de que	*so that*	Subjuntivo: Preparé la comida para que la **comieras.** *I prepared the food so that you would eat it.* Infinitivo (mismo sujeto para ambos verbos): para que → para a fin de que → a fin de Se vistió para **salir.** *He got dressed to go out.* Estudia a fin de **mejorarte.** *Study to improve yourself.*
a menos que salvo que a no ser que	*unless*	Subjuntivo: Iremos al parque a menos que **llueva.** *We will go to the park unless it rains.*
antes de que	*before*	Subjuntivo: Lo preparé todo antes de que **llegaran** los invitados. *I prepared everything before the guests arrived.* Infinitivo: antes de que → antes de Se despidió antes de **irse.** *He said good-bye before leaving.*
con tal que con tal de que	*provided (that)*	Subjuntivo: Prepararé la comida con tal de que tú **laves** los platos. *I will prepare the food provided you wash the dishes.* Infinitivo: con tal de que → con tal de Iré al cine con tal de **poder** ir con ustedes. *I will go to the movies provided I can go with you.*
sin que	*without*	Subjuntivo: Salí sin que ellos me **oyeran.** *I left without their hearing me.* Infinitivo: sin que → sin Salí sin **hacer** ruido. *I left without making any noise.*
en caso de que	*in case (that)*	Subjuntivo: Traje abrigo en caso de que **hiciera** frío. *I brought a coat in case it was cold.*

Las conjunciones del cuadro de la página siguiente se usan con el subjuntivo sólo cuando la situación a la que se hace referencia no se ha experimentado o si hay una implicación del futuro en la cláusula principal.

CONJUNCIÓN	SIGNIFICADO	EJEMPLOS
cuando	*when*	Subjuntivo: Vendré cuando **pueda.** *I will come when I can. (whenever that might be)* Indicativo: Vino cuando **pudo.** *He came when he could.*
apenas en cuanto tan pronto como	*as soon as*	Subjuntivo: Vendré en cuanto **pueda.** *I will come as soon as I can.* Indicativo: Vino en cuanto **pudo.** *He came as soon as he could.*
aunque a pesar de que aun cuando	*even though* (subj.) *although* (indic.)	Subjuntivo: Vendrá aunque no lo **invites.** *He will come even though you do not invite him.* Infinitivo: Vino aunque no lo **invitaste.** *He came although you did not invite him.*
después de que	*after*	Subjuntivo: Llegaré después de que tú te **hayas ido.** *I will arrive after you have left.* Indicativo: Llegó después de que tú te **fuiste.** *He arrived after you had left.* Infinitivo: Llamó después de **irse.** *He called after leaving.*
mientras	*provided (that), as long as* (subj.) *while* (indic.)	Subjuntivo: Mientras no **digas** la verdad, no te escucharé. *As long as you do not tell the truth, I will not listen to you.* Indicativo: Yo miraba la televisión mientras ella **trabajaba.** *I watched TV while she worked.*
hasta que	*until*	Subjuntivo: No me iré hasta que me **digas** tu secreto. *I will not leave until you tell me your secret.* Indicativo: No me fui hasta que me **dijo** su secreto. *I did not leave until he told me his secret.* Infinitivo: No me iré hasta **saber** la verdad. *I will not leave until I know the truth.*

Ejercicios 6.40–6.42, páginas 420–421

5. Secuencia de tiempos

a. Introducción

La relación entre la acción de la cláusula principal y la de la cláusula subordinada determinará qué tiempos usar. Se presentarán tres perspectivas; en general, la primera es más aplicable que las otras dos, que se relacionan más con formatos específicos.

- Relatividad cronológica
- Relatividad del aspecto
- Relatividad de tiempo de indicativo a subjuntivo

b. Relatividad cronológica

La primera perspectiva que presentaremos es la que usa un concepto básico para todas las combinaciones: la relatividad con que se producen las acciones de la oración.

La primera pregunta sería: ¿Cuál es el tiempo del verbo de la cláusula principal? Hay dos subdivisiones generales de los tiempos del verbo de la cláusula principal:

- El ***conjunto presente*** (presente, presente perfecto, futuro o imperativo)
- El ***conjunto pasado*** (imperfecto, pretérito, pluscuamperfecto, presente del condicional o condicional perfecto)

La siguiente pregunta es: ¿Cuándo se produjo la acción de la cláusula subordinada en relación con el verbo de la cláusula principal? ¿Después? ¿Al mismo tiempo? ¿Antes? ¿Antes de otra acción en el pasado? Nombraremos las cuatro relaciones de la siguiente manera:

- Posterior
- Simultánea
- Anterior
- Anterior a anterior

La última pregunta es: ¿Qué tiempo del modo subjuntivo se debe usar? Hay cuatro tiempos en el subjuntivo:

- Presente
- Presente perfecto
- Imperfecto
- Pluscuamperfecto

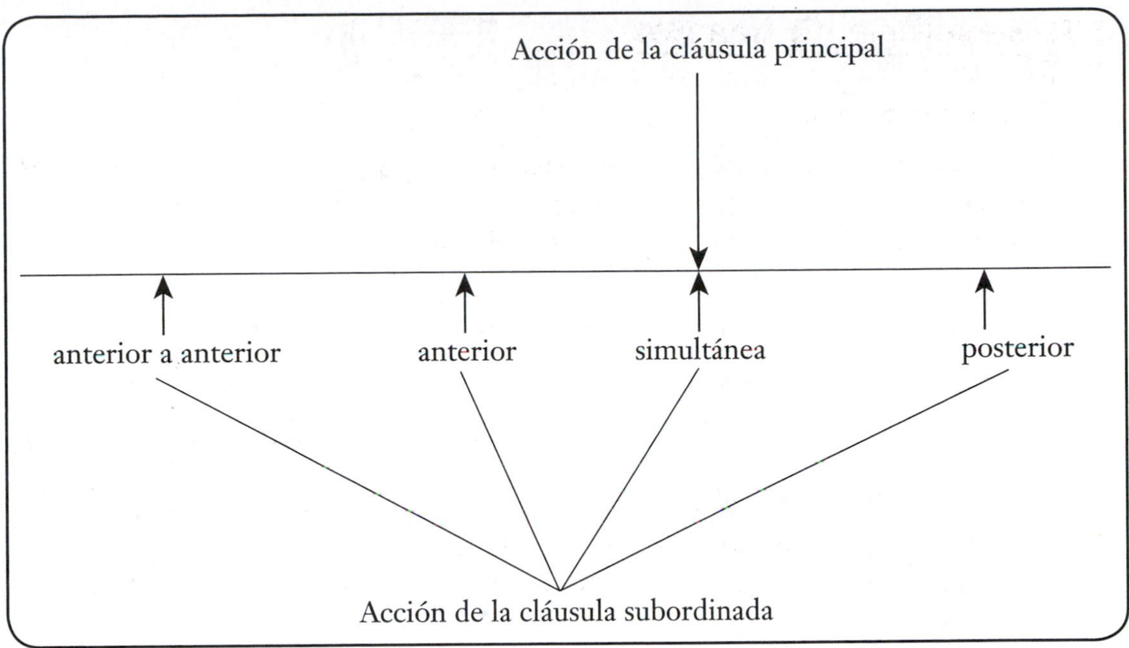

Para la gráfica anterior, donde la acción de la cláusula principal y la acción de la cláusula subordinada son simultáneas, las siguientes oraciones sirven de ejemplo.

Ambas acciones en el presente:

No **creo** que **esté** lloviendo en este momento.	*I do not think it is raining at this moment.*

Ambas acciones en el pasado:

Me **molestaba** que me **mirara** de esa manera.	*It bothered me that he should look at me that way.*

El cuadro de la página siguiente indica qué tiempo se podría usar en cada situación.

TIEMPO DEL VERBO PRINCIPAL	RELATIVIDAD CRONOLÓGICA DE LA SUBORDINADA A LA PRINCIPAL	CLÁUSULA SUBORDINADA: TIEMPOS DEL SUBJUNTIVO	EJEMPLOS	REF.
Conjunto presente	1. Posterior O 2. Simultánea	a. Presente	Dudo que llueva mañana. Dudo que esté enfermo.	1a 2a
	3. Anterior	b. Presente perfecto c. Imperfecto	Dudo que ya haya comido. Dudo que estuviera verde.	3b 3c
	4. Anterior a otra	d. Pluscuamperfecto	Me sorprende que no hubiera llamado antes de venir.	4d
Conjunto pasado	1. Posterior O 2. Simultánea	c. Imperfecto	Dudaba que se acabara pronto la conferencia. Dudaba que estuviera enfermo.	1c 2c
	3. Anterior	d. Pluscuamperfecto	Dudaba que hubiera dicho esa mentira.	3d

Obsérvese que el presente y el presente perfecto de subjuntivo no se pueden usar en oraciones donde la cláusula principal está en el conjunto pasado.

Explicación y mayor contextualización de los ejemplos del cuadro:

1a. Dudo que **llueva** mañana. — *I doubt (now) that it **will rain** tomorrow.*

El acto de llover es posterior al momento de duda; estoy dudando ahora, la lluvia aún no se ha producido.

2a. Dudo que **esté** enfermo. — *I doubt (now) that he **is** ill (now).*

La enfermedad y mi duda ocurren de manera simultánea.

3b. Dudo que ya **haya comido.** — *I doubt (now) that he **has eaten** (or ate) already.*

Dudo si ya ha comido. ¿Ya ha comido? ¿Ya comió? Lo dudo.

3c. Dudo que **estuviera** verde. — *I doubt (now) that it **was** green (yesterday).*

Acaban de decirme que la manzana que comí ayer estaba verde y eso es lo que causó mi dolor de estómago. Ahora dudo si la manzana estaba verde (o le faltaba madurar). Creo que mi dolor de estómago se debe a otra cosa.

4d. Me sorprende que no **hubiera llamado** antes de venir. — *I am surprised that **he had not called** before he came.*

Ayer, David vino a visitarme. No me llamó antes de venir. Ahora que lo pienso, me sorprende que no me haya llamado antes de venir.

1c. Dudaba que se **acabara** pronto la conferencia. — *I doubted that the lecture **would end** soon.*

Dudaba (durante la conferencia) que la conferencia fuera a terminar pronto.

2c. Dudaba que **estuviera** enfermo. — *I doubted that he **was** ill.*

Estaba en una fiesta, y un amigo mío llegó y me dijo que mi compañero de cuarto no había podido ir porque estaba enfermo. En ese momento, dudé que mi compañero estuviera enfermo en ese momento. Las dos acciones son simultáneas.

3d. Dudaba que **hubiera dicho** esa mentira. — *I doubted that he **had told** that lie.*

Ayer, me dijeron que mi hermano menor había mentido sobre su edad hacía unos días. Cuando me dijeron esto, lo dudé. Su presunta mentira precedió a mi duda.

Más ejemplos:

1a. Posterior a un verbo principal en el conjunto presente:

No quiero que **vayas** al cine. — *I do not want you to go to the movies.*

Dile a Natalia que me **llame.** — *Tell Natalia to call me.*

Nunca te lo he dicho para que no te **enojes.** — *I have never told you so you would not get angry.*

2a. Simultánea al verbo principal en el conjunto presente:

Me sorprende que la manzana ya **esté** madura. — *I am surprised the apple is already ripe.*

Encontraré una casa que **tenga** invernadero. — *I will find a house that has a greenhouse.*

3b. Anterior a un verbo principal en el conjunto presente:

¿Conoces a alguien que **haya viajado** a Chile?	*Do you know someone who has traveled to Chile?*
Me iré cuando **haya terminado.**	*I shall leave when I have finished.*
Llámala, a menos que ya lo **hayas hecho.**	*Call her, unless you have already done so.*

3c. Anterior a un verbo principal en el conjunto presente:

Es extraño que no **supiera.**	*It is strange that she did not know.*
Me sorprende que no **pudiera** hacerlo.	*It surprises me that he was not able to do it.*

4d. Anterior a otra acción previa a un verbo principal en el conjunto presente:

Carlota vino a cenar a casa anoche.	*Carlota came to dinner last night.*
Antes de venir, había llamado para averiguar si podía traer algo.	*Before coming, she had called to find out whether she could bring something.*
Me sorprende que **hubiera llamado** antes de venir ayer.	*It surprises me that she had called before coming yesterday.*
Los empleados se quejan de que los patrones nunca les **hubieran pedido** su opinión antes de cambiar esa regla.	*The employees complain that the bosses never asked their opinion before changing that rule.*
Lamentamos que no **hubieran recibido** nuestro mensaje antes de salir de viaje.	*We are sorry that they had not received our message before they left on their trip.*
La adivina sabe el pasado de Raúl sin que nadie se lo **hubiera contado** antes.	*The soothsayer knows Raúl's past without anyone having told her before.*

1c. Posterior a una cláusula principal en el conjunto pasado:

Dudaba que mi hermana **viniera** a visitarme para Navidad.	*I doubted that my sister would come to visit me for Christmas.*
Mi hermana me lo dio en caso de que lo **necesitara** más tarde.	*My sister gave it to me in case I needed it later.*

Querían una compañía de seguros que **cumpliera** en caso de accidente. — *They wanted an insurance company that would pay in case of an accident.*

Preferiría que te **fueras**. — *I would prefer that you leave.*

2c. Simultánea a una cláusula principal en el conjunto pasado:

Me encantó que **llegaran** a tiempo. — *I was delighted that they arrived on time.*

La artista lo pintó sin que nadie la **viera.** — *The artist painted it without anyone seeing her.*

No había nada allí que le **gustara.** — *There was nothing there that she liked.*

3d. Anterior a un verbo principal en el conjunto pasado:

Dudaba que Miguel **hubiera dicho** esa mentira. — *I doubted that Miguel had told that lie.*
(Dudé, cuando me lo dijeron ayer, que él hubiera mentido la semana anterior).

Salió corriendo en caso de que no le **hubieran quitado** la pistola al ladrón. — *He ran out in case they had not taken the gun away from the thief.*

Buscaban una casa a la que ya le **hubieran hecho** todas las reparaciones necesarias. — *They were looking for a house that would have already had all the necessary repairs.*

Se habían hablado sin que nadie los **hubiera presentado.** — *They had talked to each other without anyone having introduced them.*

Los bomberos habrían llegado antes de que la casa se **hubiera quemado** si ese accidente no hubiera ocurrido en la carretera. — *The firemen would have arrived before the house had burned down if that accident had not happened on the highway.*

c. Relatividad del aspecto

La segunda perspectiva que presentaremos se basa en la distinción entre el uso del imperfecto y el presente perfecto de subjuntivo cuando la cláusula principal está en el ***conjunto presente*** (3b y 3c del cuadro anterior).

Aspecto: Este término se refiere a la esencia temporal interna de un suceso o un estado (por ej., en progreso vs. finalizada; comienzo vs. medio vs. final) o la manera en que la acción de un verbo se distribuye en el tiempo (por ej., habitual, repetitivo), en contraposición con el TIEMPO, que es un término que se refiere sólo a un punto en el tiempo (por ej., pasado, presente, futuro).[1]
Cuando la acción del verbo de la cláusula subordinada se percibe como finalizada o comenzada en el pasado, se usa el ***presente perfecto de subjuntivo.***

Finalizada:

Es extraño que Luis no **haya venido** a clase.	*It is strange that Luis has not come to class.*
¿Has conocido a alguien que **haya viajado** a Chile?	*Have you met anyone who has traveled to Chile?*
Me iré cuando **haya terminado.**	*I shall leave when I have finished.*
Llámala, a menos que ya lo **hayas hecho.**	*Call her, unless you have already done so.*

Comenzada:

Dudo que el vuelo **haya salido** a tiempo.	*I doubt that the flight left on time.* (centro de atención en el comienzo del vuelo)
Me sorprende que todavía no **hayan empezado** a leer la novela.	*I am surprised that they still have not begun to read the novel.*

Cuando la acción del verbo de la cláusula subordinada se percibe como en progreso en el pasado o habitual, se usa el ***imperfecto de subjuntivo.***

---

1. Ésta es la misma diferencia que se aplica al pretérito y al imperfecto de indicativo. (Ver el Capítulo 6.B: "Aspectos del pasado de indicativo: pretérito vs. imperfecto y pluscuamperfecto," páginas 189–199).

En progreso:

Jorge dice que **era** gordo de niño. Dudo que **fuera** gordo. — *Jorge says he used to be fat as a child. I doubt that he was fat.*

Estaban jugando cuando entré. Me sorprende que **estuvieran** jugando. — *They were playing when I entered. It suprises me that they were playing.*

Habitual:

Nunca he conocido a nadie que **cantara** así de niño. — *I have never met anyone who sang that way as a child.*

Se avergüenza de que sus padres nunca **pagaran** impuestos. — *She is ashamed that her parents never used to pay taxes.*

d. Relatividad de tiempo de indicativo a subjuntivo

Esta explicación es paralela a las dos explicaciones previas, pero puede ser más fácil de entender.

(1) Cláusula principal en el conjunto presente

En el siguiente cuadro, obsérvese en la columna de la derecha la conversión de cada uno de los tiempos de indicativo de las oraciones de la columna de la izquierda a través del filtro de la cláusula principal **Dudo...**:

INDICATIVO	CLÁUSULA PRINCIPAL	SUBJUNTIVO
Irá al cine.	Dudo	que vaya al cine.
Va al cine.	Dudo	que vaya al cine.
Iba al cine.	Dudo	que fuera al cine.
Fue al cine.	Dudo	que haya ido/fuera al cine.
Ha ido al cine.	Dudo	que haya ido al cine.
Habrá ido al cine.	Dudo	que haya ido al cine.
Había ido al cine.	Dudo	que hubiera ido al cine.

Las oraciones anteriores se traducen de la siguiente manera:

I doubt that he *will go* *to the movies.*
goes/is going
used to go/was going
went
has gone
will have gone
had gone

Tabla de conversiones de tiempo con *dudo:*

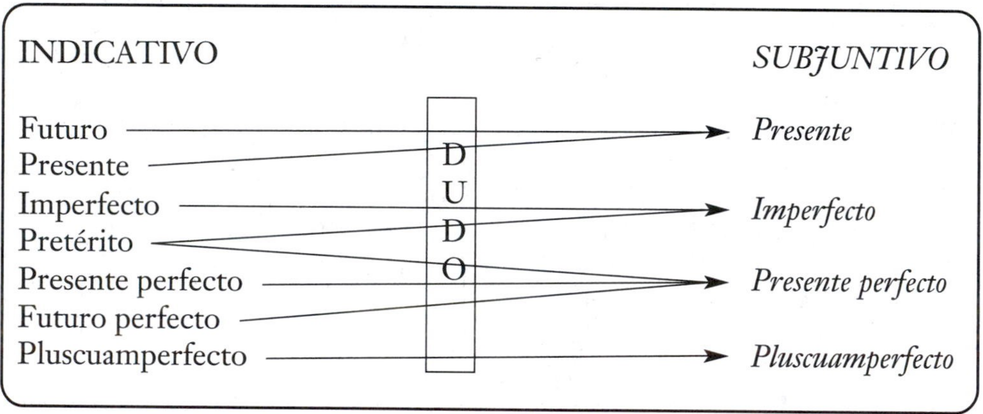

(2) Cláusula principal en el conjunto pasado

<table>
<tr><th>INDICATIVO</th><th>CLÁUSULA PRINCIPAL</th><th>SUBJUNTIVO</th></tr>
<tr><td>Irá al cine.</td><td rowspan="4">Dudaba</td><td rowspan="4">que fuera al cine.</td></tr>
<tr><td>Va al cine.</td></tr>
<tr><td>Iba al cine.</td></tr>
<tr><td>Fue al cine.</td></tr>
<tr><td>Fue al cine.</td><td rowspan="4">Dudaba</td><td rowspan="4">que hubiera ido al cine.</td></tr>
<tr><td>Ha ido al cine.</td></tr>
<tr><td>Habrá ido al cine.</td></tr>
<tr><td>Había ido al cine.</td></tr>
</table>

Las oraciones anteriores se traducen de la siguiente manera:

I doubted that he	*would go*	*to the movies.*
	went/was going	
	used to go	
	went	
I doubted that he	*went/had gone*	*to the movies.*
	had gone	
	would have gone	
	had gone	

Tabla de conversiones de tiempo con **dudaba:**

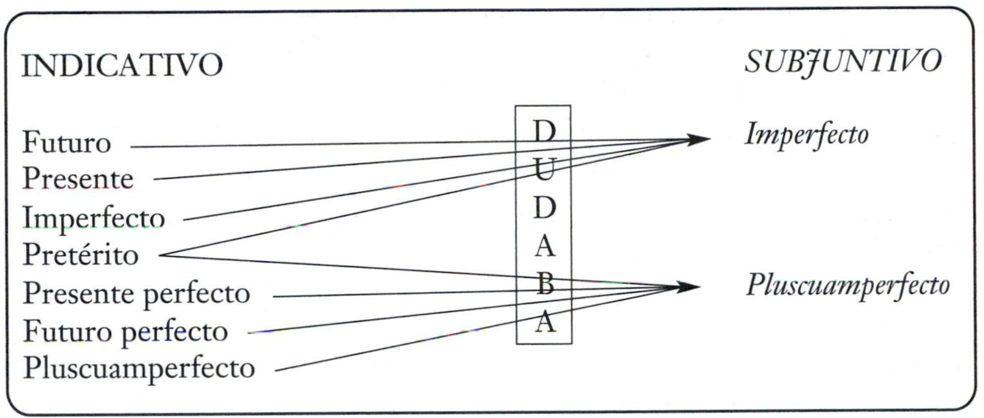

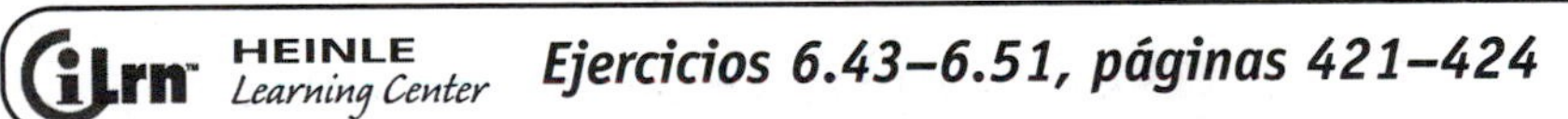

6. Cláusulas con *si* (if)

a. Secuencia de tiempos

En español, las oraciones que contienen una cláusula con **si** *(if)* o la implicación de una condición siguen un patrón rígido que se debe seguir siempre. Memorice los siguientes tres tipos de oraciones y recuerde que son esencialmente invariables mientras el marco temporal sea el mismo en ambas cláusulas (por ejemplo, si ambas se refieren al pasado).

El tipo de oración 1 se refiere a situaciones posibles. Por ejemplo, se podría decir:

CLÁUSULA CON *SI*		CLÁUSULA PRINCIPAL
1. Indicativo	↔	Indicativo o imperativo
2. Imperfecto de subjuntivo	↔	Presente del condicional
3. Pluscuamperfecto de subjuntivo	↔	Condicional perfecto o pluscuamperfecto de subjuntivo

1a. Si llueve, me llevo el paraguas. — *If it rains, I take my umbrella.*

1b. Si llueve, llévate el paraguas. — *If it rains, take your umbrella.*

1c. Si llovía, me llevaba el paraguas. — *If it rained, I used to take my umbrella.*

Obsérvese que, en cada caso, estamos hablando de la posibilidad de que llueva. Se puede usar casi cualquier tiempo de indicativo, y, usualmente, se usa el mismo tiempo para ambas cláusulas. En la cláusula principal (la que no comienza con **si**), también se puede encontrar el imperativo (tipo de oración 1b).

En cláusulas condicionales del tipo "*if*" no se usa el futuro, pero sí se usa cuando **si** significa "*whether*".

No sé si lloverá o no. — *I don't know if (whether) it will rain or not.*

Los tipos de oración 2 y 3 se refieren a situaciones que son contrarias a la realidad. El tipo 2 se refiere a una situación contraria a la realidad actual. Por ejemplo:

2a. Si estuviera lloviendo, no saldría. — *If it were raining (now), I would not go out.*

2b. Si fuera rico, me compraría un coche deportivo. — *If I were rich (now), I would buy myself a sports car.*

El tipo de oración 3 se refiere a una situación contraria a la realidad pasada:

3a. Si hubiera estudiado más, habría pasado el examen. — *If I had studied more (last week), I would have passed the exam.*

Existen excepciones a esta regla, como se puede ver cuando una situación pasada afecta el presente.

Si no hubiera llovido anoche, hoy todo estaría seco. — *If it had not rained last night, everything would be dry today.*

El orden de las cláusulas de todas estas oraciones se puede invertir, comenzando con la cláusula principal en lugar de comenzar con la cláusula con **si.** Por ejemplo: **No saldría si estuviera lloviendo.** Obsérvese que para este orden de las palabras se elimina la coma.

b. *Como si* (As if)

La expresión **como si** siempre toma el pasado de subjuntivo, ya sea el imperfecto para hablar de una acción simultánea al verbo principal o el pluscuamperfecto para hablar de una acción anterior al verbo principal.

Habla como si te **conociera.**	*He speaks as if he knew you.*
Te saluda como si te **hubiera visto** antes.	*He greets you as if he had seen you before.*

Ejercicios 6.52–6.54, página 425

7. *Ojalá*

Las oraciones con **ojalá** se pueden traducir al inglés como "*I hope*" o "*I wish*". Cuando se ***espera*** algo, es porque no se sabe cuál es la realidad de la situación. Considérense las siguientes oraciones:

1. *I hope that it will not rain tomorrow.* (esperanza relativa al futuro)
2. *I hope that it is not raining.* (esperanza relativa al presente)
3. *I hope that our team won.* (esperanza relativa al pasado)

En estas oraciones, la persona que habla no sabe: 1. si lloverá, 2. si está lloviendo o 3. si el equipo ganó o perdió.

Por otro lado, si se ***desea*** algo, ese algo es contrario a la realidad. Considérense las siguientes oraciones.

4. *I wish it were not raining.* (Está lloviendo; deseo relativo al presente)
5. *I wish our team had won.* (En realidad, perdieron; deseo relativo al pasado)

Para traducir esta diferencia al español, se usa **ojalá** con los distintos tiempos del subjuntivo.

Presente de subjuntivo: esperanza relativa al futuro y al presente:

Ojalá que no llueva mañana.	*I hope it will not rain tomorrow.*
Ojalá que no esté lloviendo.	*I hope it is not raining.*

Presente perfecto de subjuntivo: esperanza relativa al pasado:

Ojalá que nuestro equipo haya ganado.	*I hope our team won.*

Imperfecto de subjuntivo: deseo relativo al presente y al futuro:

Ojalá que no estuviera lloviendo.	*I wish it were not raining.*
Ojalá que pudiera venir mañana.	*I wish he could come tomorrow.*

Pluscuamperfecto de subjuntivo: deseo relativo al pasado:

Ojalá que nuestro equipo hubiera ganado.	*I wish our team had won.*

Ejercicios 6.55–6.56, página 426

8. Expresiones de despedida

En inglés, al despedirse de alguien, a menudo se usan expresiones de buenos deseos: "*Have a good day*", "*Have a good time*", "*Have fun*", "*Get well*", etcétera. En español, no se acostumbra expresar estos sentimientos a menos que se conozca bien a la persona, y aun así, un simple **adiós, chau, nos vemos** o **hasta luego** son más comunes en la mayoría de los casos. Sin embargo, si se desea expresar cualquiera de los siguientes deseos, no se puede usar el imperativo. Para alguien a quien se trata de:

Tú:

Que[2] te vaya bien.	*May it go well for you.*
Que pases buen día.	*Have a good day.*
Que pases un buen fin de semana.	*Have a good weekend.*
Que la/lo pases bien.	*Have a good one.*
Que te diviertas.	*Have fun.*
Que te alivies.	*Get well.*
Que te mejores.	*Get better (Get well).*
Que Dios te acompañe.	*May God accompany you.* (para alguien que se va de viaje)

---

2. Nótese que este **que** no tiene acento escrito, aunque se elija poner la expresión como exclamación, porque no es el **que** exclamativo, sino una conjunción.

Usted:	**Ustedes:**
Que le vaya bien.	Que les vaya bien.
Que pase buen día.	Que pasen buen día.
Que pase un buen fin de semana.	Que pasen un buen fin de semana.
Que la/lo pase bien.	Que la/lo pasen bien.
Que se divierta.	Que se diviertan.
Que se alivie.	Que se alivien.
Que se mejore.	Que se mejoren.
Que Dios lo/la acompañe.	Que Dios los/las acompañe.

Obsérvese que estos verbos son de diferentes construcciones.

En una construcción común con un sujeto y un objeto directo, el verbo concuerda con la persona a la que se habla.

Verbo	Objeto directo	Ejemplo
pasar	buen día	Que **pasen** buen día. *May **you** have a good day.*
	un buen fin de semana	Que **pases** un buen fin de semana. *May **you** have a good weekend.*
	lo/la bien	Que lo **paséis** bien. *May **you** have a good one.*

Con verbos reflexivos, cuando la misma palabra funciona como sujeto y objeto directo, el verbo concuerda con la persona a la que se le habla.

Verbo	Pronombre reflexivo	Ejemplo
divertir	te, se, os	Que **te diviertas.** *Have fun.*
aliviar	te, se, os	Que **os aliviéis.** *Get well.*
mejorar	te, se, os	Que **se mejoren.** *May **they** (you) get well.*

Con verbos como **gustar**, con un sujeto y un objeto indirecto, el verbo se mantiene invariable, porque el sujeto es impersonal: **irle bien a uno.**

Verbo	Objeto indirecto	Ejemplo
ir	te, le, les, os	Que **te vaya** bien. *May **it** go well for **you.***

Con **Dios** como sujeto y la persona a la que se le habla como objeto directo, el verbo concuerda con **Dios** como sujeto.

Verbo	Objeto indirecto	Ejemplo
acompañar	te, lo(s), la(s), os	Que Dios **los acompañe.** *May **He** (God) accompany you* **(los).**

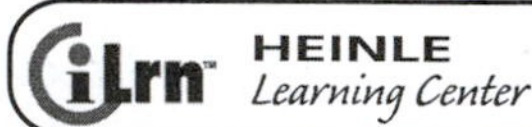
Ejercicios 6.57–6.60, páginas 426–427

H Infinitivos y participios presentes

1. Infinitivos

a. Infinitivo simple

En español, el ***infinitivo*** funciona como un ***sustantivo*** y, al igual que un sustantivo, puede ser el sujeto o el objeto directo de un verbo o el objeto de una preposición. En inglés, con frecuencia se usa el participio presente en estas funciones.

El infinitivo como sujeto (a veces precedido del artículo **el**):

Caminar es bueno para la salud.	*Walking is healthy.*
Me gusta **montar** a caballo.	*I like riding (to ride) horseback.*
Les encanta **perder** el tiempo.	*They love wasting time.*
El **haber ganado** el Pichichi se le subió a la cabeza.	*Winning the Pichichi went to his head.*

El infinitivo como objeto directo:

Quiero **aprender** español.	*I want to learn Spanish.*
No sé **hacer** eso.	*I do not know how to do that.*
Pienso **respaldar** la resolución.	*I am planning on backing the resolution.*

Debemos **estudiar** la lección.	*We must study the lesson.*
Decidimos **ir** al cine.	*We decided to go to the movies.*
¿Desea **comprar** algo?	*Do you wish to buy something?*
Logré **convencerla**.	*I succeeded in convincing her.*
Parece **estar** triste.	*He seems to be sad.*

Verbos usados con un pronombre de objeto directo y el infinitivo **(dejar, hacer):**

No *lo* dejan **jugar.**	*They do not let him play.*
Lo hizo **recitar** el poema.	*She made him recite the poem.*

Verbos usados con un pronombre de objeto indirecto y el infinitivo **(permitir, aconsejar, impedir, prohibir, recomendar, rogar):**

No *le* permiten **salir.**	*They do not let him go out.*
Les aconsejo **llegar** temprano.	*I advise you to arrive early.*
Le impidieron **hablar.**	*They prevented him from speaking.*
Les prohíbe **beber** cerveza.	*He forbids them to drink beer.*
Le recomiendo **ver** esa película.	*I recommend that you see that movie.*
Les ruego **escucharme.**	*I beg you to listen to me.*

Los verbos de percepción se usan con un objeto directo y un infinitivo **(ver, oír):**

La *vi* **llegar** hace una hora.	*I saw her arrive an hour ago.*
Los *oí* **cantar** anoche.	*I heard them sing (singing) last night.*

El infinitivo como objeto de una preposición:

Se fue *sin* **despedirse.**	*He left without saying good-bye.*
Lo hice *para* **ayudarte.**	*I did it to help you.*
Eso te pasa *por* **comer** tanto.	*That happens to you because you eat so much.*
Antes de **salir**, siempre desayuna.	*Before going out, he always eats breakfast.*
Estoy cansada *de* **estudiar.**	*I am tired of studying.*

El infinitivo después de **que (hay que, tener que, algo que, nada que, poco que):**

Hay que **tener** confianza.	*It is necessary to have confidence.*
Tuvieron que **disolverlo** por falta de patrocinadores.	*They had to dissolve it for lack of sponsors.*
Eso no tiene *nada que* **ver** con el asunto.	*That does not have anything to do with the matter.*
Tenemos *poco que* **hacer.**	*We have little to do.*

El infinitivo después de **de** con **fácil, difícil, posible** e **imposible:**

Ese sonido es difícil *de* **pronunciar.**	*That sound is difficult to pronounce.*

En la oración anterior, el sujeto del verbo **ser** es **sonido.** Sin embargo, si el infinitivo es sujeto de **ser,** la preposición **de** se debe omitir.

Es difícil **pronunciar** ese sonido.	*It is difficult to pronounce that sound.*

La misma construcción se usa con **fácil, posible** e **imposible.**

La construcción **al** + infinitivo se usa para una acción que ocurre al mismo tiempo que el verbo principal.

Al **entrar,** los saludaron a todos.	*When they entered (Upon entering), they greeted everyone.*
Al **verlos,** los saludé.	*When I saw them, I greeted them.*

El infinitivo en anuncios, carteles, mandatos y preguntas:

No **fumar.**	*No smoking.*
Prohibido **tirar** basura.	*No littering.*
¿Por qué **engordar?** Con nuestro sistema puede usted adelgazar sin ningún esfuerzo.	*Why get fat? With our system, you can lose weight effortlessly.*

El infinitivo con significado pasivo después de **oír, ver, mirar, escuchar, dejar, mandar, hacer:**

Lo he oído decir.	*I have heard it (being) said.*
Hice copiar las pruebas.	*I had the tests copied.*
Mandé enviar flores.	*I ordered flowers to be delivered.*

b. Infinitivo compuesto

El infinitivo compuesto (formado por el auxiliar **haber** en infinitivo más el participio pasado del verbo) se usa para expresar una acción que ocurrió antes de la acción del verbo principal, cuando el sujeto es el mismo para ambas.

Debes de **haberlos dejado** en el coche.	*You must have left them in the car.*
Creo **habérselo dicho.**	*I think I told him that.*
Se fue sin **haber comido** nada.	*He left without having eaten anything.*
Se cansó de la película después de **haberla visto** tres veces.	*He got tired of the movie after having seen it three times.*

2. Participios presentes

[Para repasar la formación del participio presente, ver el Capítulo 5.F.1, páginas 184–185. Ver también "Tiempos progresivos simples" páginas 203–204, y "Tiempos progresivos compuestos" páginas 205–206.]

En español, el ***participio presente,*** cuando no se usa con auxiliares como **estar,** funciona como ***adverbio*** y se refiere a una acción que se produce simultáneamente o con anterioridad a la acción principal, indicando manera, causa o condición. En este uso, también es "gerundio".

Manera:

Entró **gritando.**	*He entered yelling.*

Causa:

Siendo persona sencilla, nunca pensó que otros no fueran honrados.	*Being a simple person, he never thought that others would not be honest.*

Condición:

Estando los padres en casa, él no llamará.	*With the parents at home, he will not call.*

En español, el participio presente se puede usar para indicar que dos acciones se producen simultáneamente.

Preparó la cena **escuchando** la radio.	*He prepared dinner while he listened to the radio.*

Por lo general, el participio presente sigue al verbo principal. Sin embargo, en casos donde se describe una causa o una condición relacionada con el verbo principal, se puede colocar antes.

Explicándoselo claramente de antemano, no habrá ambigüedad.	*By explaining it clearly to them in advance, there will be no ambiguity.*

En inglés, el participio presente se puede usar como adjetivo. En estos casos, en español se usa:

un adjetivo (***no*** se forma con el participio presente):

una persona **interesante**	*an **interesting** person*
un interés **creciente**	*a **growing** interest*
los problemas **existentes**	*the **existing** problems*

de + sustantivo o infinitivo:

papel **de escribir**	***writing** paper*
dolores **de crecimiento**	***growing** pains*

una cláusula:

Vio un pájaro **que volaba.**	*She saw a bird **flying**.*
Es una niña **que está creciendo**.	*She's a **growing** girl.*

una preposición:

el libro **con** fotos de España	*the book **containing** pictures of Spain*
lo **de** ella	*those things **belonging** to her*

un participio pasado para posturas y otras condiciones:

parado *standing, still*	aburrido *boring*
sentado *sitting*	divertido *amusing*
acostado *lying down*	entretenido *entertaining*
Eduardo está **sentado** en mi silla.	*Eduardo is sitting in my seat.*
Estaba acostado cuando llamaste.	*I was lying down when you called.*

En expresiones idiomáticas, el participio presente de algunos verbos de movimiento indica ubicación.

Mi cuarto se encuentra **entrando** *a la izquierda.*	*My room is to the left of the entrance.*
Esa tienda está **pasando** *el museo.*	*That store is beyond the museum.*

En resumen, en español nunca se usa el participio presente como si fuera un ***sustantivo*** (es decir, sujeto, objeto u objeto de una preposición) o como ***adjetivo.*** En español, sólo funciona como ***adverbio.***

Ejercicios 6.61–6.69, páginas 427–429

Verbos como *Gustar*

1. Formación

El verbo **gustar** *(to like)* se comporta de manera diferente en español y en inglés. El sujeto en inglés es el objeto indirecto en español. El objeto directo en inglés es el sujeto en español.

Me gustan las películas mexicanas. *I like Mexican movies.*

En la oración en español, **me** es el ***objeto indirecto*** del verbo, y **las películas mexicanas** es el ***sujeto.*** (Obsérvese la concordancia del verbo con el plural de su sujeto). Para ilustrar con más claridad el hecho de que **me** es el objeto indirecto, obsérvese que si se quisiera dar énfasis a la persona, se agregaría el objeto indirecto **a mí** a la oración básica (y no **yo**).

A mí me gustan las películas mexicanas. ***I*** *like Mexican movies.*

Para poner más énfasis en esta estructura, observe el ***sujeto,*** **películas mexicanas.** Si se quisiera reemplazar el sujeto con un pronombre, sería imposible. La regla de esta estructura es que ***una cosa que es sujeto no se puede reemplazar con un pronombre,*** porque los pronombres sujetos siempre se refieren a personas. Si no se quiere repetir el sustantivo porque, por ejemplo, ya se ha mencionado en el contexto que precede a la oración, se puede omitir.

Me gustan. ***I*** *like them.*

Otra manera de enfatizar esta construcción es ver qué pasa cuando se hace la pregunta: "¿A quién le gustan las películas mexicanas?" En inglés, la respuesta es "***I*** *(do).*" Obsérvese qué ocurre en español.

—¿A quién le gustan las películas mexicanas? *"Who likes Mexican movies?"*

—A mí. "***I*** *do.*"

Nunca se usa **yo** para responder a esta pregunta, porque la persona es el objeto indirecto, no el sujeto del verbo.

2. Orden de palabras

Para los verbos como **gustar,** en la mayoría de los casos el sujeto, cuando es un sustantivo u otra forma sustantivada, se ubica después del verbo. En las siguientes oraciones, el sujeto está en negrilla (obsérvese en la traducción que el sujeto en inglés es diferente).

Te gustaban **las películas de misterio.**	*You used to like mystery movies.*
Me encantó **bailar** contigo.	*I loved dancing with you.*
A Beto le hacen falta **sus padres.**	*Beto misses his parents.*
Te caerá bien **Juanita.**	*You will like Juanita.*

Con **faltar, sobrar** y **quedar,** ***siempre*** se ubica el sujeto ***después*** del verbo.

Le falta **un trofeo** para tener la colección completa.	*She needs one trophy to have the whole collection.*
Nos sobró **comida.**	*We had food left over.*

3. Verbos similares a *gustar*

Hay un grupo de verbos que se comportan como **gustar.**

caer bien/mal	*to like/to dislike*
encantar	*to "love"* (as on bumper stickers)
faltar	*to lack*
hacer falta	*to miss; to need*
quedar	*to have remaining, left*
sobrar	*to have in excess, left over*

Algunos de estos verbos tienen otros usos y significados; por ejemplo, **caer** y **caerse** significan "*to fall, fall down*", y **faltar** puede significar "*to be absent*". Además, el verbo **quedarse,** usado de manera reflexiva, significa "*to stay, remain*". Por lo tanto, según la construcción gramatical que se le da a la oración, su significado puede cambiar dramáticamente.

Caer bien/mal *to like/to dislike (a person)*

Mis amigos **me caen bien.**	*I like my friends.*
Creo que **les caigo bien** a tus padres.[3]	*I think your parents like me.*
El novio de mi hermana **me cae mal.** O: El novio de mi hermana **no me cae bien.**	*I do not like my sister's boyfriend.*

Gustar se usa con cosas o con personas que se perciben como profesionales; por ejemplo, profesores, presidentes, etcétera. En este uso de **gustar,** se expresa respeto por su trabajo, no necesariamente una afinidad con ellos como personas.

Me gusta mi profesor de historia. Es excelente, y siempre viene preparado.	*I like my history professor. He is excellent and he always comes prepared.*
Me cae bien mi profesor de historia. Es muy simpático.	*I like my history professor. He is very nice.*

Si se usa el verbo **gustar** con un individuo cuya relación con la persona que habla no es profesional, es posible que la implicación sea que la persona que habla se siente atraída hacia esa persona.

Me gusta Silvia.	*I am attracted to Silvia.*

Caer bien/mal con comida:

Le cayó muy **mal** la cena.	*Dinner disagreed with her.*

Encantar *to love* (como en *"I love New York"*).

Me encanta Nueva York, me **encantan** los perros, los bebés, etcétera.	*I (just) love New York, dogs, babies, etc. (I ❤ NY)*

"Bumper-sticker" love is different from sentimental love. Once you understand its meaning, you can use it, as bumper stickers do, with almost anything **except** *sentimental love.*

---

3. La mayoría de estos verbos se usan exclusivamente con la tercera persona del singular o del plural, pero los que pueden tener una persona como sujeto se pueden usar en cualquier persona. Los dos verbos más comunes de esta categoría son **caer bien** y **hacer falta.**

   Me haces falta. *I miss you.*

   Le caigo bien. *She likes me.*

   Debido a los significados de **gustar** en ciertos dialectos, es mejor evitar usarlos con seres humanos como sujeto del verbo o asegurarse de que se estén usando con su verdadero significado.

El "*love*" sentimental se expresa con **querer.**

Te **quiero.** Te **quiero** mucho.	*I love you. I love you a lot.*

Te amo es más literario, más poético que **te quiero.**

"Te amo", le dijo Romeo a Julieta.	*"I love you," Romeo told Juliet.*
Quiero mucho a mis padres, a mi perro...	*I love my parents, my dog . . .*

Faltar *to lack*

A esta baraja le **faltan** dos cartas.	*This deck of cards lacks (is missing) two cards.*

Hacer falta *to miss (a person), to need (a thing)*

Me **haces falta.**	*I miss you.*
Te **hace falta** un abrigo.	*You need a coat.*

Quedar *to have left*

Nos **quedan** cinco minutos.	*We have five minutes left.*

Sobrar *to have left over; in excess*

Les **sobró** mucha comida.	*They had a lot of food left over.*

Hay otros verbos que se usan en el mismo tipo de construcción, pero éstos se comportan esencialmente de la misma manera en inglés. Estos otros verbos son:

bastarle a uno *to be enough*	parecerle a uno *to seem*
convenirle a uno *to be convenient*	pasarle a uno *to happen*
dolerle a **uno**[4] *to hurt*	sentarle bien a uno *to suit*
importarle a uno *to matter*	sucederle a uno *to happen*
interesarle a uno *to interest*	tocarle a uno *to be one's turn*

---

4. El sujeto de **doler** sólo puede ser una parte del cuerpo.

Me duele la pierna. *My leg hurts.*

Si se quiere decir "*That shoe hurts*", es necesario usar el verbo **lastimar.**

Ese zapato me lastima.

La traducción de "*hurt*" con objetos animados es **hacer daño.**

¿Te hizo daño? *Did he hurt you?*

Ejemplos:

Me **bastan** cinco minutos.	*Five minutes are enough for me.*
No nos **conviene** esa hora.	*That time is not convenient for us.*
¿Te **duele** la pierna?	*Does your leg hurt?*
No nos **importa** si llueve.	*It does not matter to us if it rains.*
Me **interesaría** participar.	*I would be interested in participating.*
Me **parece** increíble.	*It seems incredible to me.*
Siempre me **pasan** cosas así.	*Things like that always happen to me.*
Te **sienta** bien el azul.	*Blue suits you.*
¿Qué te **sucedió**?	*What happened to you?*
A mí me **toca** jugar.	*It is my turn to play.*

4. Artículos

Se debe recordar usar el artículo definido en español con **gustar, caer bien** y **encantar** cuando el sujeto es de naturaleza general. (Ver el Capítulo 2.B, página 39.)

Me gusta **el** chocolate semiamargo.	*I like semisweet chocolate.*
Me caen bien **los** hijos de Juana.	*I like Juana's sons.*
Me encantan **las** playas.	*I love beaches.*

5. Cambios de significado

Algunos verbos pueden tener otro significado cuando se usan en construcciones gramaticales diferentes.

convenir en *to agree to*	**Convinimos** en encontrarnos en la plaza a las dos. *We agreed to meet in the plaza at two o'clock.*
importar + obj.dir. *to import*	Los EE.UU. **importan** automóviles del Japón. *The U.S. imports cars from Japan.*
interesarse por/en *to be interested in*	Ella **se interesa** en la política. *She is interested in politics.*
parecerse a *to look like*	Tú **te pareces a** tu mamá. *You look like your mother.*
pasar + obj.dir. *to pass*	**Pasa** la sal, por favor. *Pass the salt, please.*

sentar/sentarse *to seat/to sit*	La mamá **sentó** al niño en la silla. *The mother sat the child on the chair.*
	Te sentaste en mi silla. *You sat on my chair.*
tocar *to touch*	Los turistas lo **tocaban** todo. *The tourists touched everything.*
O: *to play (a musical instrument)*	**Tocamos** la guitarra. *We play the guitar.*

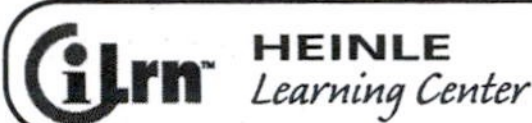

Ejercicios 6.70–6.75, páginas 430–431

J Verbos reflexivos

Gramaticalmente, la construcción reflexiva expresa que el sujeto del verbo también recibe la acción. En otras palabras, el sujeto y el objeto son el mismo. (Ver el Capítulo 3.B.2, páginas 78–80, sobre los pronombres reflexivos).

No reflexivos:

Miro el cielo.	*I look at the sky.*
sujeto = **yo;** objeto = **el cielo**	

Reflexivos:

Me **miro** en el espejo.	*I look at myself in the mirror.*
sujeto = objeto = **yo**	

En muchos casos, en español se usa un reflexivo cuando en la traducción al inglés no parece haber reflexividad. Esa es la razón por la que se percibe esta sección como léxica y no gramatical y se ofrece una lista que puede ser útil para recordar cuándo se usa el reflexivo.

Obsérvese que, en español, el reflexivo casi siempre indica un cambio de estado o el comienzo de una acción. Considérense las diferencias entre las siguientes oraciones.

Me **dormí** a las siete.	*I **fell asleep** at seven.*
Dormí siete horas.	*I **slept** seven hours.*
Estaba dormido.	***I was asleep.***
Me **estaba durmiendo** cuando llamaste.	*I **was falling asleep** when you called.*

Se **sentó** frente a nosotros.	*He **sat down** in front of us.*
Está sentado frente a nosotros.	*He **is sitting** in front of us.*
Me **enamoré** de él.	*I **fell in love** with him.*
Estoy enamorada de él.	*I **am in love** with him.*

Cambio de estado emocional o reacción emocional a algo:

aburrirse *to get bored*
alegrarse *to rejoice, be glad*
asustarse *to become or be frightened*
avergonzarse *to be ashamed, embarrassed*
calmarse *to calm down*
divertirse *to have fun*
enojarse *to become or be angry*
enorgullecerse *to feel or be proud*
entristecerse *to become or be sad*
preocuparse *to worry*

Cambio de estado físico:

acostarse *to lie down*
despertarse *to wake up*
dormirse *to fall asleep*
levantarse *to get up*
mojarse *to get wet*
moverse *to move (physically)*
mudarse *to move (residences)*
secarse *to dry off, dry out*
sentarse *to sit down*
volverse *to turn around*

Cambio de estado mental o del nivel de conciencia o memoria:

acordarse *to remember*
darse cuenta *to realize*
enterarse *to find out*
equivocarse *to be mistaken*
fijarse *to notice*
olvidarse *to forget*

Verbos con más de un uso: Algunos verbos se pueden usar o no en la construcción reflexiva. El significado básico del verbo cambia según la construcción que se usa.

Los soldados **marcharon** por una hora.	*The soldiers marched for an hour.*
Los invitados ***se* marcharon.**	*The guests left.*

Otros verbos de este tipo son:

bajar *to go down*	bajarse *to get down from, get off*
caer *to fall*	caerse *to fall down*

despedir *to fire (a person)*	despedirse *to say good-bye*
dormir *to sleep*	dormirse *to fall asleep*
ir *to go (somewhere)*	irse *to leave*

Los pronombres reflexivos también se usan en situaciones donde el sujeto se ve afectado de alguna manera por la acción del verbo. Con verbos de consumo, como comer y beber, la implicación del reflexivo es el disfrute o la meticulosidad del consumo.

Comí a las cuatro.	*I ate at four.*
¿*Te* **comiste** todo el desayuno?	*Did you eat all of your breakfast?*

Otros verbos de este tipo:

aprender *to learn*	aprenderse *to learn (thoroughly, by heart)*
beber *to drink*	beberse *to drink (up, completely)*
saber *to know*	saberse *to know (thoroughly, by heart)*
tomar *to drink, eat, take*	tomarse *to drink, eat (up, completely)*

Los verbos en forma no reflexiva tienen un significado más general, mientras que en su forma reflexiva tienen un significado más específico.

Aprender es fácil.	*It is easy to learn.*
Aprenderse el vocabulario es difícil.	*Learning vocabulary is difficult.*

Reflexivos obligatorios: Los siguientes verbos existen sólo en su forma reflexiva.

acordarse *to remember*	jactarse *to brag, boast*
arrepentirse *to regret, repent*	quejarse *to complain*
atreverse *to dare*	rebelarse *to rebel*
equivocarse *to make a mistake*	suicidarse *to commit suicide*

En las siguientes páginas hay listas de verbos que con frecuencia o siempre se usan en la construcción reflexiva.

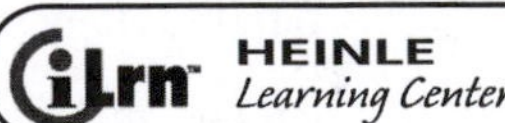

Ejercicios 6.76–6.78, páginas 431–432

VERBOS REFLEXIVOS (INGLÉS-ESPAÑOL)			
INGLÉS	ESPAÑOL	INGLÉS	ESPAÑOL
address someone	dirigirse **a** alguien	*commit suicide*	suicidarse
approach something, get near something or someone	acercarse **a** algo o alguien	*complain about something*	quejarse **de** algo
be angry with someone	enojarse **con** alguien	*dare to do something*	atreverse **a** hacer algo
be ashamed of something	avergonzarse **de** algo	*die*	morirse
be called, named	llamarse	*dry off, dry out*	secarse
be frightened of something	asustarse **de** algo	*face/confront something or someone*	encararse **con**/ enfrentarse **a** algo o alguien
be interested in something	interesarse **por** o en algo	*fall asleep*	dormirse
be mistaken, make a mistake	equivocarse	*fall behind, be late*	atrasarse
be proud	enorgullecerse	*fall down*	caerse
be quiet, shut up	callarse	*fall in love with someone*	enamorarse **de** alguien
become (by physical or metaphysical transformation)	convertirse **en** algo	*feel*	sentirse
become (describing mood)	ponerse (+ adj.)	*fight with someone*	pelearse **con** alguien
become (describing undesired state [blind, crazy...])	volverse (+ adj.)	*find out about something*	enterarse **de** algo
become (through one's efforts [a lawyer, doctor...])	hacerse (+ noun)	*forget something*	olvidarse **de** algo
become sad	entristecerse	*get ahead*	adelantarse
begin to do something	ponerse a hacer algo	*get along (not get along) with someone*	llevarse bien (mal) **con** alguien
brush (one's teeth, hair...)	cepillarse	*get bored*	aburrirse
calm down	calmarse, tranquilizarse	*get divorced*	divorciarse
comb (one's hair)	peinarse (el pelo)	*get down from something, get off* (bus, train, tree...)	bajarse **de** algo

(continúa)

VERBOS REFLEXIVOS (INGLÉS-ESPAÑOL)			
INGLÉS	ESPAÑOL	INGLÉS	ESPAÑOL
get lost	perderse	*make an appointment/ a date with someone*	citarse **con** alguien
get married to someone	casarse **con** alguien	*make an effort to do something*	esforzarse **por** hacer algo
get onto something, get on (bus, train...)	subirse **a** algo	*make fun of someone*	burlarse **de** alguien
get rid of something	deshacerse **de** algo	*make up one's mind to do something*	decidirse **a** hacer algo
get sick, become ill	enfermarse	*meet someone (not for the first time)*	encontrarse **con** alguien
get up	levantarse	*miss out on something*	perderse algo
get used to something	acostumbrarse **a** algo	*move away from something*	alejarse **de** algo
get well	aliviarse, curarse	*move (change residences)*	mudarse
get wet	mojarse	*move (one's body, objects)*	moverse
get worse	empeorarse	*notice something*	fijarse **en** algo
graduate	graduarse	*object to something*	oponerse **a** algo
have fun	divertirse	*prepare to do something*	disponerse **a** hacer algo
improve (one's condition)	mejorarse	*put on something (article of clothing)*	ponerse algo
insist on doing something	empeñarse **en** hacer algo	*realize something*	darse cuenta **de** algo
interfere with someone, tease	meterse **con** alguien	*rebel*	rebelarse
keep something	quedarse **con** algo	*refer to something*	referirse **a** algo
laugh at something or someone	reírse **de** algo o alguien	*refuse to do something*	negarse **a** hacer algo
leave	marcharse, irse	*rejoice/be glad about something*	alegrarse **de** algo
lie down, go to bed	acostarse	*remember something*	acordarse **de** algo
look like someone or something	parecerse **a** alguien o algo	*regret (doing) something*	arrepentirse **de** algo

(continúa)

VERBOS REFLEXIVOS (INGLÉS-ESPAÑOL)			
INGLÉS	**ESPAÑOL**	**INGLÉS**	**ESPAÑOL**
resign oneself to	resignarse **a** algo	*stay*	quedarse
rub	frotarse	*take off/remove something*	quitarse algo
say good-bye to someone	despedirse **de** alguien	*take something away/with oneself*	llevarse algo
scratch oneself	rascarse	*trust someone*	fiarse **de** alguien
sit down	sentarse	*wake up*	despertarse
specialize/major in something	especializarse **en** algo	*worry about something*	preocuparse **por** algo

VERBOS REFLEXIVOS (ESPAÑOL-INGLÉS)			
ESPAÑOL	**INGLÉS**	**ESPAÑOL**	**INGLÉS**
aburrirse	*get bored*	atreverse **a** hacer algo	*dare to do something*
acercarse a algo o alguien	*approach something, get near something or someone*	avergonzarse **de** algo	*be ashamed of something*
acordarse **de** algo	*remember something*	bajarse **de** algo	*get down from something, get off (bus, train, tree...)*
acostarse	*lie down, go to bed*	burlarse **de** alguien	*make fun of someone*
acostumbrarse **a** algo	*get used to something*	caerse	*fall down*
adelantarse	*get ahead*	callarse	*be quiet, shut up*
alegrarse **de** algo	*rejoice/be glad about something*	calmarse	*calm down*
alejarse **de** algo	*move away from something*	casarse **con** alguien	*get married to someone*
aliviarse	*get well*	cepillarse	*brush (one's teeth, hair...)*
arrepentirse **de** algo	*regret (doing) something*	citarse **con** alguien	*make an appointment/ a date with someone*
asustarse **de** algo	*be frightened of something*	convertirse **en** algo	*become (by physical or metaphysical transformation)*
atrasarse	*fall behind, be late*	curarse	*get well*

(continúa)

VERBOS REFLEXIVOS (ESPAÑOL-INGLÉS)			
ESPAÑOL	**INGLÉS**	**ESPAÑOL**	**INGLÉS**
darse cuenta **de** algo	*realize something*	enterarse **de** algo	*find out about something*
decidirse **a** hacer algo	*make up one's mind to do something*	entristecerse	*become sad*
deshacerse **de** algo	*get rid of something*	equivocarse	*be mistaken, make a mistake*
despedirse **de** alguien	*say good-bye to someone*	esforzarse **por** hacer algo	*make an effort to do something*
despertarse	*wake up*	especializarse **en** algo	*specialize/major in something*
dirigirse **a** alguien	*address someone*	fiarse **de** alguien	*trust someone*
disponerse **a** hacer algo	*prepare to do something*	fijarse **en** algo	*notice something*
divertirse	*have fun*	frotarse	*rub*
divorciarse	*get divorced*	graduarse	*graduate*
dormirse	*fall asleep*	hacerse (+ noun)	*become (through one's efforts [a lawyer, doctor...])*
empeñarse **en** hacer algo	*insist on doing something*	interesarse **por** o **en** algo	*be interested in something*
empeorarse	*get worse*	irse	*leave*
enamorarse **de** alguien	*fall in love with someone*	lavarse	*wash or bathe oneself (or a part of oneself)*
encararse **con** algo o alguien	*face/confront something or someone*	levantarse	*get up*
encontrarse **con** alguien	*meet someone (not for the first time)*	llamarse	*be called, named*
enfermarse	*get sick, become ill*	llevarse algo	*take something away/with oneself*
enfrentarse **a** algo o alguien	*face/confront something or someone*	llevarse bien (mal) **con** alguien	*get along well (not get along with some one)*
enojarse **con** alguien	*be angry with someone*	marcharse	*leave*
enorgullecerse	*be proud*	mejorarse	*improve (one's condition)*

(continúa)

VERBOS REFLEXIVOS (ESPAÑOL-INGLÉS)			
ESPAÑOL	**INGLÉS**	**ESPAÑOL**	**INGLÉS**
meterse **con** alguien	*interfere with someone*	quedarse	*stay*
mojarse	*get wet*	quedarse **con** algo	*keep something*
morirse	*die*	quejarse **de** algo	*complain about something*
moverse	*move* (one's body, objects)	quitarse algo	*take off/remove something*
mudarse	*move* (change residences)	rascarse	*scratch oneself*
negarse **a** hacer algo	*refuse to do something*	rebelarse	*rebel*
olvidarse **de** algo	*forget something*	referirse **a** algo	*refer to something*
oponerse **a** algo	*object to something*	reírse **de** algo o alguien	*laugh at something or someone*
parecerse **a** alguien o algo	*look like someone or something*	resignarse **a** algo	*resign oneself to*
peinarse	*comb* (one's hair)	secarse	*dry off, dry out*
pelearse **con** alguien	*fight with someone*	sentarse	*sit down*
perderse	*get lost*	sentirse	*feel*
perderse algo	*miss out on something*	subirse **a** algo	*get onto something, get on (bus, train...)*
ponerse (+ adj.)	*become* (describing mood)	suicidarse	*commit suicide*
ponerse **a** hacer algo	*begin to do something*	tranquilizarse	*calm down*
ponerse algo	*put on something* (article of clothing)	volverse (+ adj.)	*become* (describing undesired state [blind, crazy...])
preocuparse **por** algo	*worry about something*		

VERBOS REFLEXIVOS CON PREPOSICIONES CARACTERÍSTICAS				
A	**CON**	**DE**	**EN**	**POR**
acercarse a	casarse con	acordarse de	convertirse en	esforzarse por
acostumbrarse a	citarse con	alegrarse de	empeñarse en	interesarse por
atreverse a	encararse con	alejarse de	especializarse en	preocuparse por
decidirse a	encontrarse con	arrepentirse de	fijarse en	
dirigirse a	enojarse con	asustarse de	interesarse en	
disponerse a	llevarse bien con	avergonzarse de		
enfrentarse a	meterse con	bajarse de		
negarse a	pelearse con	burlarse de		
oponerse a	quedarse con	darse cuenta de		
parecerse a		deshacerse de		
ponerse a		despedirse de		
referirse a		enamorarse de		
		enterarse de		
		fiarse de		
		olvidarse de		
		quejarse de		
		reírse de		

K Discurso indirecto

1. Introducción

El discurso indirecto es el relato de enunciados orales sin citarlos directamente.

DISCURSO DIRECTO	DISCURSO INDIRECTO	
	PRESENTE	**PASADO**
–Te llamaré mañana. *"I will call you tomorrow."*	Dice que me llamará mañana. *He says that he will call me tomorrow.*	Dijo que me llamaría al día siguiente. *He said that he would call me the following day.*

Obsérvense los tres tipos posibles de cambios en el discurso indirecto:

- Verbo [hará ⟶ haría]
- Persona [yo ⟶ él; tú ⟶ mí]
- Referencia temporal [mañana ⟶ al día siguiente]

Como indica la lógica, estos cambios no se producen siempre, o pueden producirse sólo algunos de ellos. Por ejemplo, si estoy citando lo que dije hoy acerca de hoy, no habrá cambios ("Hoy hace frío". "Estoy diciendo que hoy hace frío"). Sin embargo, cuando hay un cambio de persona o de referencia temporal entre la cita directa y la cita indirecta, habrá cambios, al igual que en inglés. Si el verbo de comunicación está en pasado, se produce un cambio en la mayoría de los tiempos.

2. Cambios de tiempo verbal

Presente de indicativo ⟶ **Imperfecto de indicativo**

Lo **hago.**
I do it.

Dijo que lo **hacía.**
He said he used to do it.

Presente de subjuntivo ⟶ **Imperfecto de subjuntivo**

Quiere que **vaya.**
He wants me to go.

Dijo que quería que **fuera.**
He said he wanted me to go.

Presente perfecto de indicativo ⟶ **Pluscuamperfecto de indicativo**

Nos **han visto.**
They have seen us.

Dijeron que nos **habían visto.**
They said they had seen us.

Presente perfecto de subjuntivo ⟶ **Pluscuamperfecto de subjuntivo**

Dudo que lo **hayan visto.**
I doubt that they saw it.

Dijo que dudaba que lo **hubieran visto.**
He said that he doubted they had seen it.

Pretérito ⟶ **Pluscuamperfecto de indicativo**

Lo **vi.**
I saw it.

Dijo que lo **había visto.**
He said he had seen it.

Futuro	→	**Presente del condicional**
Iré mañana. *I will go tomorrow.*		Dijo que **iría** al día siguiente. *He said he would go the next day.*
Futuro perfecto	→	**Condicional perfecto**
Para el lunes **habré acabado.** *By Monday I will have finished.*		Dijo que para el lunes **habría acabado.** *He said that by Monday he would have finished.*
Imperativo	→	**Imperfecto de subjuntivo**
Cómete la fruta. *Eat your fruit.*		Me dijo que me **comiera** la fruta. *She told me to eat my fruit.*

3. Sin cambios de tiempo verbal

Los siguientes tiempos verbales nunca cambian en el discurso indirecto, aun si el verbo de comunicación está en el pasado (obsérvense, sin embargo, cambios en los ***pronombres***).

- Imperfecto de indicativo o de subjuntivo
- Pluscuamperfecto de indicativo o de subjuntivo
- Presente del condicional o condicional perfecto

Íbamos a comer. *We were going to eat.*	→	**Dijeron que iban a comer.** *They said they were going to eat.*
Ya habíamos comido. *We had already eaten.*	→	**Contesté que ya habíamos comido.** *I answered that we had already eaten.*
Dudo que me **estuvieras** mintiendo. *I doubt that you were lying to me.*	→	Me dijo que **dudaba** que le **estuviera** mintiendo. *He told me that he doubted that I was lying to him.*
Si **fuera** rico, me lo **compraría.** *If I were rich, I would buy it.*	→	Pensó que si **fuera** rico, se lo **compraría.** *He thought that if he were rich, he would buy it.*

Cambios de los verbos (cuando el verbo de comunicación está en pasado):

Presente*	→	Imperfecto
Pretérito	→	Pluscuamperfecto
Futuro**	→	Condicional
Imperativo	→	Imperfecto de subjuntivo

*El presente de indicativo se convierte en imperfecto de indicativo, el presente de subjuntivo se convierte en imperfecto de subjuntivo, el presente perfecto de indicativo se convierte en pluscuamperfecto de indicativo (es decir, el presente del auxiliar se convierte en el imperfecto del auxiliar).

**El futuro se convierte en presente del condicional, el futuro perfecto se convierte en condicional perfecto (es decir, el futuro del auxiliar se convierte en el condicional del auxiliar).

4. Cambios de persona

Aquí domina la lógica, al igual que en el inglés. Cualquier referencia a un individuo que se ve alterado por un cambio de punto de vista afectará todas las referencias al individuo. Lea con atención las siguientes transformaciones.

Discurso directo:

Vamos a visitar a **nuestros** padres. — ***We*** *are going to visit* ***our*** *parents.*

Discurso indirecto:

Dijeron que iban a visitar a **sus** padres. — *They said* ***they*** *were going to visit* ***their*** *parents.*

Discurso directo:

Te di **tu** libro. — ***I*** *gave* ***you your*** *book.*

Discurso indirecto:

Ella le dijo que **le** había dado **su** libro. — *She told him* ***she*** *had given* ***him his*** *book.*

Discurso directo:

No voy con**tigo.** — ***I*** *am not going with* ***you.***

Discurso indirecto:

Ella me dijo que no iba con**migo.** — *She told me* ***she*** *was not going with* ***me.***

5. Cambios de tiempo

En el discurso indirecto en el pasado, las expresiones de tiempo cambian a menos que el discurso indirecto se produzca el mismo día. (Si se dice algo hoy acerca de mañana y se repite antes del final del día, no hay cambio; se aplica la misma lógica que en inglés). Si el discurso indirecto se produce un día distinto al día del enunciado original, "ayer" se convierte en "el día anterior" y "mañana" se convierte en "al día siguiente". En español, algunos cambios comunes son:

ahora → **entonces**

Ahora sí puedo.
Now I can.

Dijo que **entonces** sí podía.
He said that he could then.

ayer → **el día anterior**

Lo hice **ayer.**
I did it yesterday.

Confesó que lo había hecho **el día anterior.**
He confessed that he had done it the day before.

anoche → **la noche anterior**

La vi **anoche.**
(La = la película)
I saw it last night.

Dijo que la había visto **la noche anterior.**
He said that he had seen it the night before.

mañana → **al día siguiente**

Iré **mañana.**
I will go tomorrow.

Anunció que iría **al día siguiente.**
He announced that he would go the following day.

la semana pasada → **la semana anterior**

La vi **la semana pasada.**
I saw her last week.

Admitió que la había visto **la semana anterior.**
He admitted that he had seen her the week before.

la semana entrante → **la próxima semana**

Te llamaré **la semana entrante.**
I will call you next week.

Me prometió que me llamaría **la próxima semana.**
He promised me he would call me the following week.

6. Otros cambios

a. Conectores

Cuando las citas son de ***preguntas*** que requieren una respuesta del tipo sí/no, se conectan con **si** *("whether, if")*. Cuando son citas de ***respuestas*** con **sí** y **no,** se usa **que** antes de **sí** o *no*.

Ejemplo:

DISCURSO DIRECTO	DISCURSO INDIRECTO
—¿Quieres ir al cine conmigo? —No. *"Do you want to go to the movies with me?"* *"No."*	Me preguntó si quería ir al cine con él. Yo le contesté que no. *He asked me if I wanted to go to the movies with him.* *I said "no."*

b. Esto, eso y lo otro

Cuando la persona que habla cambia de ubicación entre el momento del discurso directo y el momento del discurso indirecto, hay otras cosas que cambian en referencia a ella.

—¿Quieres **esto?** → Me preguntó si quería **eso.**

*"Do you want **this**?"* → *He asked me if I wanted **that.***

c. Verbos de comunicación

- Para preguntas: **preguntar**
- Para constataciones: **exclamar, agregar, contestar, responder, insistir, confesar, admitir,** etcétera
- Para pedidos o mandatos: **rogar, pedir, suplicar, decir, insistir,** etcétera

d. Una nota sobre el orden de palabras con los interrogativos indirectos

En inglés, se diría:

I do not know what Rafael saw.

En la combinación de *what* + *Rafael* + *saw*, obsérvese que la palabra *Rafael* está ubicada antes del verbo. El orden de las palabras de estos elementos en español es diferente. Con un interrogativo indirecto, el sujeto se ubica después del verbo.

No sé qué vio Rafael.

La misma regla se aplica a cualquier pregunta indirecta.

Me pregunto cuándo vienen los invitados.	*I wonder when the guests are coming.*
No puedo imaginar dónde están mis llaves.	*I cannot imagine where my keys are.*

Ejercicios 6.79–6.80, páginas 432–433;
Ejercicios de repaso 6.81–6.82, páginas 433–437

Capítulo 7

Ser, estar, haber, hacer y *tener*

A Perspectiva general

El verbo "*to be*" en inglés se puede traducir al español de diferentes formas, según el contexto. El estudio de las distintas traducciones de "*to be*" se subdivide en categorías de verbos y expresiones: **ser** vs. **estar;** expresiones idiomáticas con **estar** y **tener;** voz pasiva con **ser** vs. condición resultante con **estar; hacer** con expresiones de tiempo, etcétera.

Ejemplos de **ser, tener** y **haber** *(there is/are)* con sustantivos y pronombres:

Ángela **es** mi prima.	*Angela is my cousin.*
Éste **es** Javier.	*This is Javier.*
Jaime **es** piloto.	*Jaime is a pilot.*
Es católica.	*She is a Catholic.*
Es soltero.	*He is a bachelor.*
Ese libro **es** mío.	*That book is mine.*
Fue Gema la que lo hizo.	*It was Gema who did it.*
Tengo veinte años.	*I am twenty years old.*
La niña **tiene** sed, calor, hambre, etc.	*The little girl is thirsty, hot, hungry, etc.*
Hay una ardilla en la mesa.	*There is a squirrel on the table.*
Hay granizo en el césped.	*There is hail on the grass.*

Ejemplos de **hacer** + sustantivo y **estar** + adjetivo o participio presente en descripciones del clima:

Hace calor hoy.	*It is hot today.*
Hace frío hoy.	*It is cold today.*
Hace viento.	*It is windy.*
Hace buen tiempo.	*The weather is good. (We are having good weather.)*
Hace mal tiempo.	*The weather is bad. (We are having bad weather.)*
Está nublado.	*It is cloudy.*
Está lloviendo, nevando, lloviznando.	*It is raining, snowing, drizzling.*

Ejemplos de **ser** (característica) y **estar** (sujeto a cambios) con adjetivos:

Jorge **es** peruano.	*Jorge is Peruvian.*
Es alto, delgado.	*He is tall, slender.*
Rosa **está** emocionada.	*Rosa is excited.*
Berta **está** triste.	*Berta is sad.*

Ejemplos de **ser** y **estar** con preposiciones:

Soy de Guatemala.	*I am from Guatemala.*
Estoy de pie, de rodillas, de luto, etc.	*I am standing, kneeling, in mourning, etc.*
Estoy por salir.	*I am about to go out.*

Ejemplo de **estar** con participio presente:

Están leyendo, cantando.	*They are reading, singing.*

Ejemplos de **ser, estar** y **haber** con participios:

Pasivo—**ser:**

Esa novela **fue** escrita por Cervantes.	*That novel was written by Cervantes.*

Condición resultante—**estar** (participio pasado = adjetivo):

Sus camisas ya **están** planchadas.	*Your shirts are already ironed.*

Tiempos perfectos—**haber** (*to have* como verbo auxiliar):

He escrito, **había** escrito...	*I have written, I had written . . .*

B Ser vs. estar

Hemos subdividido los usos de estos dos verbos según el tipo de palabra que sigue o precede al verbo: en algunos casos, se puede usar sólo uno de los dos; en otros casos, hay opciones.

1. Con elementos iguales: *ser*

El verbo **ser** se usa cuando el verbo "*to be*" forma una ecuación entre dos elementos gramaticales similares, como dos sustantivos, pronombres, adverbios o cláusulas; o dos equivalentes a los sustantivos, como un sustantivo y una cláusula relativa, un pronombre y un sustantivo, un sustantivo o pronombre y un infinitivo, etcétera.

El hombre **es** un animal. (sustantivo = sustantivo)	*Man is an animal.*
Esto **es** mío. (pronombre = pronombre)	*This is mine.*
Aquí **es** donde nos reuniremos. (adverbio = cláusula adverbial)	*Here is where we will meet.*
Trabajar así **es** volverse loco. (infinitivo = infinitivo)	*To work like that is to go mad.*
Lo que yo digo **es** lo que vale. (cláusula = cláusula)	*What I say is what counts.*
Héctor **es** el alto. (sustantivo = pronombre)	*Hector is the tall one.*
Esa mujer **es** la que te presenté ayer. (sustantivo = cláusula)	*That woman is the one I introduced to you yesterday.*
Eso **es** vivir. (pronombre = infinitivo)	*That is living.*

El verbo **ser** también se usa para decir la hora.

—¿Qué hora **es**? —**Es** la una. **Son** las tres y media.	*"What time is it?"* *"It is one o'clock. It is three thirty."*

2. Con adjetivos

a. Adjetivos predicativos

El contraste entre la norma y el cambio de la norma es el que encontramos más útil para comprender los distintos usos de **ser** y **estar** con adjetivos.

Cuando el adjetivo describe un aspecto del sujeto que se considera la norma, se usa el verbo **ser.**

El hielo **es** frío.	*Ice is cold.*

Para un objeto que no es frío por definición, se usaría el verbo **estar.**

La superficie **está** fría.	*The surface is cold.*

El concepto de "norma" puede variar según la persona que habla. Por ejemplo, la siguiente oración la pronunció un hijo o una hija cariñosa.

Mi madre **es** maravillosa. **Es** bellísima, joven y muy simpática.	*My mother is marvelous. She is very beautiful, young, and very nice.*

Otra persona podría percibir a la misma mujer de otra forma. Para dar un ejemplo extremo, si la mujer fuera particularmente modesta o se menospreciara, podría verse de una manera muy diferente.

Soy vieja, fea y antipática.	*I am old, ugly, and not nice.*

Con cualquier cambio en la norma, o reacción subjetiva, se usa el verbo **estar.**

Está pálida hoy porque **ha estado** enferma.	*She is pale today, because she has been sick.*

A través del tiempo, la norma también puede cambiar. Supongamos que acabamos de conocer a alguien y percibimos que es gordo. Lo describimos de la siguiente manera:

Es gordo.	*He is fat.*

Sin embargo, alguien lo había conocido antes, cuando era delgado, y percibe su peso actual como un cambio en la norma.

Siempre **fue** delgado. Ahora **está** gordo.	*He was always thin. Now he is fat.*

Como podemos ver, hay una elección entre los dos verbos basada en la percepción de la norma o del cambio, una elección que podría ser muy importante según el contexto. Si se le quiere hablar en español a alguien sobre su belleza, se debe decidir si se quiere hablar de la belleza de la persona en general o de su belleza en ese momento.

¡Qué bella **eres!**

¡Qué bella **estás!**

En inglés, la primera oración sería: "*You are so beautiful!*" La mejor traducción de la segunda oración sería: "*You look so beautiful!*" Las implicaciones de esta diferencia son las mismas en los dos idiomas.

Si se le está describiendo un objeto a alguien que no sabe nada sobre él y se quiere describir lo que se considera normal para el objeto, se usa **ser.**

Los girasoles **son** grandes.	*Sunflowers are big.*

Si se cultivan girasoles y se observan sus cambios diarios o si se descubre que algo es diferente de lo que se espera, se usa **estar.**

Este girasol **está** grandísimo.	*This sunflower is very large.*
¡Qué grandes **están** los girasoles este año!	*The sunflowers are so big this year!*

Ciertos adjetivos tienden a indicar condiciones y no atributos normales y, por lo tanto, se usan con **estar.** Éste es el caso de los adjetivos que indican enfermedad, reacciones como la alegría o la tristeza y cambios en peso, tamaño u otros aspectos. **Enfermo, contento, harto** y **bien** se usan casi siempre con **estar.**

Mi padre **está enfermo**.	*My father is sick.*
Estoy contenta de verte.	*I am happy to see you.*
Están hartos de tanto ataque aéreo.	*They are tired of (fed up with) so many air raids.*
¿**Estás bien**?	*Are you okay?*

Otros adjetivos pueden variar de significado según el verbo. A continuación, véanse algunos de los adjetivos cuyo significado se afecta de manera más marcada.

(1) aburrido (*boring* vs. *bored*)

Esa película **fue** aburrida.	*That movie was boring.*
El público **estaba** aburrido.	*The audience was bored.*

(2) bueno (*good* vs. *in good health, tasty*)

La fruta **es** buena para la salud.	*Fruit is good for your health.*
¡Qué buena **está** esta manzana!	*This apple is so good (tasty)!*

NOTA: Para evitar el ridículo, es mejor evitar la combinación de **estar** y **bueno** para describir a un ser humano. En algunos países, como México, algunos **piropos** (elogios que los hombres les dicen a las mujeres en las calles) hacen alusión a cuán buena **está** una mujer; una expresión típica sería: **"¡Qué buena estás!".** Culturalmente, esto no se traduce; es un comentario sobre la atracción física. En otros países, **"Estoy bueno"** significa simplemente "*I am feeling okay now*".

Si se quiere comentar sobre la salud, se pueden usar expresiones como **sentirse bien, sentirse mejor, estar bien, estar mejor.**

(3) callado (*quiet by nature* vs. *silent now*)

Francisco **es** muy callado.	*Francisco is very quiet (by nature).*
Ustedes que siempre hablan tanto, ¿por qué **están** tan callados ahora?	*You who always talk so much, why are you so quiet now?*

(4) ciego (*blind* vs. *blinded* [*figuratively or momentarily*])

Ese limosnero **es** ciego.	*That beggar is blind.*
¡**Estoy** ciega!	*I am blind!* (Contexto: *Suddenly I can't see a thing, although my eyesight is normal.*)

NOTA: **Mudo** *(mute)* y **sordo** *(deaf)* se comportan de manera similar.

(5) cómodo (*comfortable object* vs. *comfortable person*)

Esta butaca **es** cómoda.	*This armchair is comfortable.*
Estoy cómodo.	*I am comfortable.*

(6) frío (*cold as norm or not, used with objects*)

El invierno **es** frío.	*Winter is cold.*
Tu mano **está** fría.	*Your hand is cold.*

NOTA: Recuerde los usos de **tener** y **hacer** con sustantivos para describir temperaturas. Obsérvese que **frío** puede ser un adjetivo o un sustantivo, mientras que **caliente** es el adjetivo del sustantivo **calor. Tener** se usa con personas, mientras que **hacer** se usa de manera impersonal para describir el clima.

Tengo frío (calor).	*I am cold (hot).*
Hace frío (calor) afuera.	*It is cold (hot) out.*

(7) listo (*clever* [*person or animal*] vs. *ready*)

Mi hermana **es** muy lista.	*My sister is very clever.*
¿Ya **están** listos?	*Are you ready?*

NOTA: Para describir una idea o un concepto, se puede usar el adjetivo **inteligente** o **genial** (más fuerte).

(8) maduro (*mature* vs. *ripe*)

Ese niño **es** muy maduro.	*That boy is very mature.*
El aguacate **está** maduro.	*The avocado is ripe.*

(9) rico (*wealthy* vs. *delicious*)

Mi tío **es** rico.	*My uncle is rich.*
La comida **estuvo** rica.	*The meal was delicious.*

(10) verde (*green* vs. *unripe*)

Los aguacates **son** verdes.	*Avocadoes are green.*
El aguacate **está** verde.	*The avocado is unripe.*

(11) vivo (*smart, bright person* vs. *alive*)

Son muy vivos tus hermanos.	*Your brothers are very bright.*
Mi abuela todavía **está** viva.	*My grandmother is still alive.*

NOTA: Paralelo a este uso de **estar** está su uso con **muerto.** Por ejemplo: **Mi abuelo está muerto.** Aunque la muerte sea permanente, se percibe más bien como un cambio del estado de vida.

b. Expresiones con *"to be"*

Algunos errores frecuentes se producen con las siguientes expresiones con "*to be*". Obsérvese la traducción correcta.

I am cold.	Tengo frío.
It is cold.	Hace frío. [clima] Es / Está frío. [algo es frío = normal; algo está frío = no normal]
I am dead.	Estoy muerto(a) (de cansancio). Estoy agotado.
I am done.	Terminé. He terminado. Ya acabé. (etcétera)
It is done.	Está terminado. Ya está. (etcétera)
I am excited.	Estoy emocionado.

I am finished.	Terminé. He terminado. Ya acabé. (etcétera)
It is finished.	Está terminado / hecho. Se terminó. Ya está. (etcétera)
I am glad/happy that . . .	Me alegro* que...
I am happy with the results. (satisfied)	Estoy contento con los resultados.
I am happy. (in my life)	Soy feliz. (*Obsérvese que, para expresar "*to be glad*", se prefiere el verbo **alegrarse** al adjetivo **alegre,** que se usa con **ser** o **estar. Alegre** tiene un significado más cercano a "*joyful, lighthearted*" que a "*glad*", "*satisfied*" o "*happy*". Por ej.: **Hoy traes cara alegre. La música caribeña es una música alegre.**)
I am hot.	Tengo calor.
It is hot.	Hace calor. [clima] Está caliente. [la sopa, por ejemplo] (N.B. En uso coloquial, "estar caliente" puede significar "estar ardiente sexualmente". En otras palabras, a menos que uno se quiera describir como sexualmente ardiente, no se debe decir "estoy caliente".)
I am hungry.	Tengo hambre.
I am interested.	Me interesa.
I am late.	Llegué tarde.
It is late.	Es tarde.
I am sad to hear that.	Me apena mucho oír eso. Me da mucha pena...
I am short. [not tall]	Soy bajo.
I am short (of money).	No tengo suficiente dinero.
It is short. [the line]	Es / Está corta.

I am sitting.	Estoy sentado.
I am sorry.	Lo siento.
It is working.	Está funcionando.
I was born.	Nací.
That is the problem.	He allí el problema, etc. (NOTA: Esta expresión se usa cuando se señala o se presenta algo. **He** es invariable y funciona como verbo. Otras traducciones del inglés: "*There's the rub*" **He allí la dificultad.** "*Here's the situation: . . .*" **He aquí la situación: ...**).

c. Expresiones impersonales

Generalmente, las expresiones impersonales se forman con **ser.**

Es bueno dormir mucho.	*It is good to sleep a lot.*
Es interesante viajar.	*It is interesting to travel.*
Fue maravilloso estar allí.	*It was marvelous to be there.*

Con **bien** y **claro,** se usa **estar.**

Está **bien** que vengan tus amigos.	*It is okay for your friends to come.*
Está **claro** que ya no me quieres.	*It is clear that you do not love me anymore.*

3. Con preposiciones y adverbios

a. *De*

Para indicar origen, posesión, o el material del que está hecho algo, se usa **ser.**

Soy de la Argentina.	*I am from Argentina.*
El edificio **era** de ladrillo.	*The building was made of bricks.*
Este paraguas **es** de Tito.	*This umbrella is Tito's.*

Con expresiones que indican opinión, condición o posición temporal o un cambio de ubicación como **estar de acuerdo, estar de buen humor, estar de luto, de**

pie, de rodillas, de viaje, de vuelta, se usa **estar** (ver los cuadros que están bajo "Expresiones con **estar** y **tener**", página 282).

Estoy de acuerdo contigo.	*I agree with you.*
Mis padres **están de buen humor** hoy.	*My parents are in a good mood today.*
Estoy de luto por la muerte de mi padre.	*I am in mourning for the death of my father.*
Los niños **estuvieron de pie** todo el día.	*The boys were standing all day long.*
La mujer **estaba de rodillas**, rezando.	*The woman was kneeling, praying.*
La familia **está de viaje.**	*The family is away (on a trip).*
¿Cuándo **estarán de vuelta?**	*When will they be back?*

b. Hora y lugar

Para indicar la ubicación o la hora de un suceso, se usa **ser.** Para indicar la ubicación de un objeto o una persona, se usa **estar.**

La conferencia **es** a las diez en el auditorio.	*The lecture is at ten in the auditorium.*
El profesor **está** en su despacho.	*The professor is in his office.*
La sal **está** en la mesa.	*The salt is on the table.*

Obsérvese que algunas palabras pueden expresar un evento o un objeto. Por ejemplo, un examen puede ser la hoja de papel en sí o el evento; una película puede ser un DVD o la proyección.

El examen **es** esta noche en Morrill Hall.	*The exam is tonight in Morrill Hall.*
El examen **está** debajo del libro en la gaveta del centro.	*The exam is under the book in the middle drawer.*
La película **es** arriba.	*The movie is (being shown) upstairs.*
La película **está** al lado del televisor.	*The movie is next to the TV set.*

Los adverbios de tiempo y de lugar y las cláusulas adverbiales funcionan de manera similar.

La conferencia **es** cuando te dije.	*The lecture is when I told you.*
El libro no **está** donde lo dejé.	*The book is not where I left it.*

iLrn HEINLE Learning Center — ***Ejercicios 7.1–7.8, páginas 438–441***

4. Con participios presentes y pasados

a. Con participios presentes

Con el participio presente, *estar* se usa para el progresivo.

Estoy estudiando. — *I am studying.*

b. Con participios pasados: voz pasiva y condición resultante

Con el participio pasado, **ser** se usa para indicar voz pasiva mientras que **estar** se usa para indicar una condición resultante de una acción que se ha completado.

Voz pasiva:

Las ventanas **fueron** abiertas a las ocho. — *The windows were opened at eight. (Somebody opened them.)*

Los edificios **son** construidos por ingenieros. — *Buildings are built by engineers.*

Condición resultante:

Las ventanas **están** abiertas. — *The windows are open. (It does not matter who did it.)*

Si el enfoque no está en la acción ni en quién la realizó, sino en el resultado de la acción, el verbo **estar** se usa con el participio pasado como adjetivo.

El edificio **está** terminado. — *The building is finished.*

(1) Formación de la voz pasiva

La voz pasiva en español se forma esencialmente de la misma manera que en inglés.

VOZ ACTIVA VS. VOZ PASIVA				
ACTIVA	**la tormenta**	**destruyó**		**la casa.**
	sujeto	verbo		objeto directo
	The storm	*destroyed*		*the house.*
PASIVA	**la casa**	**fue destruida**	**por**	**la tormenta.**
	sujeto	verbo		agente
	The house	*was destroyed*	*by*	*the storm.*

Para pasar de la voz activa a la voz pasiva:

- El sujeto de la voz activa se convierte en el agente (precedido de **por**) de la voz pasiva.
- El objeto directo de la oración activa se convierte en el sujeto de la oración pasiva.
- El verbo de la oración activa sufre la siguiente transformación: el verbo se convierte en participio pasado (variable en género y número con su nuevo sujeto) y está precedido del verbo **ser** en el mismo tiempo y modo del verbo que la oración activa original.

Ejemplos:

ACTIVA		PASIVA
Isabel Allende escribió esa novela. *Isabel Allende wrote that novel.*	⟶	Esa novela fue escrita por Isabel Allende. *That novel was written by Isabel Allende.*
Millones leerán el libro. *Millions will read the book.*	⟶	El libro será leído por millones. *The book will be read by millions.*
Ella había corregido las tareas. *She had corrected the homework.*	⟶	Las tareas habían sido corregidas por ella. *The homework had been corrected by her.*

(2) Nota sobre la voz pasiva

La voz pasiva, que es muy común en inglés, se usa muy poco en español. Se ve cada vez más en artículos periodísticos que se traducen directamente del inglés al español (a menudo en Internet). Sin embargo, no es típica. Si hay sujeto, o agente, o alguien que realiza la acción, esté presente en la oración o implícito, en español se prefiere la voz activa. Si no hay agente implícito, se usa el **se** impersonal en su lugar. Se puede encontrar más información sobre el **se** impersonal en las páginas 84–88.

Sujeto de la acción	Preferencia en español	Preferencia en inglés
explícito	ACTIVA	ACTIVA o PASIVA
ausente pero implícito	ACTIVA	ACTIVA o PASIVA
ausente pero irrelevante	se impersonal	PASIVA

Sujeto explícito:

Los meseros sirvieron la cena.	*The waiters served dinner.*
Los meseros sirvieron la cena.	*Dinner was served by the waiters.*

Aunque la segunda oración en inglés es pasiva y podría haber una oración pasiva equivalente en español, no sería la elección de los hispanoparlantes, que tienden a usar la voz activa cuando el que realiza la acción se expresa en la oración.

Sujeto ausente pero implícito:

Sirvieron la cena a las diez.	*Dinner was served at ten. (when I was at my neighbors' house last night)*

Aquí, los vecinos son los que sirvieron la cena a las diez, pero en la oración en inglés no se mencionan. Sin embargo, están implícitos y su papel es relevante. Por esta razón, en español se usa la estructura activa.

Sujeto ausente e irrelevante:

Se habla español.	*Spanish (is) spoken.*

Cuando el que realiza la acción no es parte de la oración, es decir que no está presente ni es importante para el enfoque de la oración, en español se usa el **se** impersonal.

NOTA: Para obtener más información sobre el **se** impersonal, consultar el Capítulo 3.B.4, páginas 84–88. Cuando el sujeto gramatical de la voz pasiva en inglés es un objeto indirecto del verbo, es imposible usar la voz pasiva en español. Estas estructuras se pueden traducir con el **se** impersonal u otras estructuras impersonales.

A Eva no se le dijo la verdad. O: No le dijeron la verdad a Eva.	*Eva was not told the truth.*

En la oración en inglés, "Eva" es el sujeto gramatical de la estructura pasiva, mientras que en los dos ejemplos en español, Eva es el objeto indirecto del verbo **decir**, y el sujeto del verbo **decir** (¿quién no le dijo?) no es pertinente en el contexto. Por eso no se puede usar la voz pasiva en español.

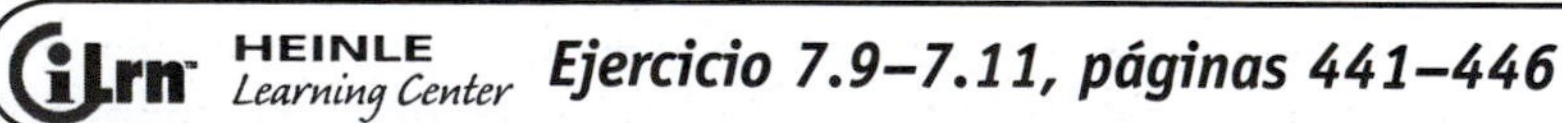

C Estar vs. haber

Cuando indican la existencia o la presencia de personas o cosas, **estar** y **haber** tienen diferentes usos.

Estar significa "*to be*" y tiene un sujeto específico.

Los libros **están** en la mesa.	*The books are on the table.*

Cualquiera que escucha la oración anterior sabe a qué libros se hace referencia: son libros específicos.

Haber (**hay, había,** etcétera) significa "*there is*", "*there are*", "*there were*", etcétera y no tiene sujeto: es impersonal.

Hay libros en la mesa.	*There are books on the table.*

El enfoque de la oración anterior no está en la ubicación de los libros, sino en la mera existencia sobre la mesa de libros no especificados.

Observe que **hay** es invariable en número: no cambia a plural. Se mantiene invariable en número en todos los tiempos y modos verbales.

Había más de mil musulmanes en la mezquita.	*There were more than a thousand Muslims in the mosque.*
Hubo varios accidentes en esa esquina.	*There were several accidents on that corner.*
No creo que **haya** suficientes movimientos ambientalistas.	*I don't think there are enough environmental movements.*

Ejercicio 7.12, página 446

D Expresiones con *estar* y *tener*

1. Expresiones con *estar*

EXPRESIONES CON *ESTAR*			
estar a favor de	*to be for, in favor of*	estar de regreso	*to be back*
estar ausente[1]	*to be absent*	estar de rodillas	*to be kneeling*
estar contento[2]	*to be glad, pleased, happy*	estar de vacaciones	*to be on vacation*
estar de acuerdo con	*to agree with*	estar de viaje	*to be traveling*
estar de buen (mal) humor	*to be in a good (bad) mood*	estar de visita	*to be visiting*
estar de huelga	*to be on strike*	estar de vuelta	*to be back*
estar de luto	*to be in mourning*	estar en contra de	*to be against*
estar de pie[3]	*to be standing*		

2. Expresiones con *tener*

Nótese que **tener frío** y **tener calor** se usan exclusivamente para personas o animales. Si se quiere expresar la temperatura de un objeto, se usa **ser** o **estar.**

EXPRESIONES CON *TENER*			
tener _____ años	*to be _____ years old*	tener la culpa	*to be guilty*
tener calor	*to be hot*	tener lugar	*to take place*
tener cuidado	*to be careful*	tener miedo	*to be afraid*
tener en cuenta que	*to bear in mind that*	tener prisa	*to be in a hurry*[4]
tener éxito	*to be successful, succeed*	tener razón	*to be right*[5]
tener frío	*to be cold*	tener sed	*to be thirsty*
tener ganas de	*to feel like, desire*	tener sueño	*to be sleepy*[6]
tener hambre	*to be hungry*	tener vergüenza	to be ashamed

---

1. Esta expresión sólo puede usarse con **estar;** "*to be late*" = **llegar tarde;** "*to be on time*" = **llegar a tiempo.**
2. Esta expresión sólo puede usarse con **estar.**
3. La expresión que se usa para decir "*to be sitting*" es **estar sentado,** mientras que **sentarse** significa "*to sit down*" (el proceso de pasar del estado de estar de pie al estado de estar sentado).
4. "*to hurry up*" = **apurarse**
5. "*to be wrong*" = **estar equivocado, equivocarse**
6. "*to have a dream*" = **tener un sueño, soñar**

iLrn HEINLE Learning Center *Ejercicios 7.13–7.14, páginas 446–447; Ejercicios de repaso 7.15–7.17, páginas 447–448*

E Expresiones de tiempo

1. Introducción

a. Contar hacia adelante

En español, como en inglés, el tiempo se puede percibir de varias maneras: se puede narrar un cuento desde el comienzo hasta el final, con una serie de verbos en pretérito y en imperfecto.

Me levanté, me bañé y desayuné. Mientras desayunaba, sonó el teléfono.	*I got up, I bathed, and I had breakfast. While I was eating breakfast, the phone rang.*

Se puede expresar la duración de una acción de diferentes maneras.

Estudié por cuatro horas.	*I studied for four hours.*
Viví en España por seis meses.	*I lived in Spain for six months.*

b. Contar hacia atrás

Si se quiere decir cuánto ha durado algo contándolo hacia atrás a partir del presente, como se hace en inglés con "*I have been studying for four hours*" o "*I had been studying for four hours when you called*" (donde se cuenta hacia atrás desde un momento en el pasado, "*when you called*"), en español las expresiones con **hacer que** y **llevar** se usan con más frecuencia.

2. Duración

a. Contar hacia atrás desde el presente

EXPRESIÓN (INVARIABLE)	CANTIDAD DE TIEMPO	EXPRESIÓN	FORMA DEL VERBO DE ACCIÓN (VARIABLE)
Hace (invariable)		que	Presente **(yo, tú,** etc. ...)

EXPRESIÓN (VARIABLE)	CANTIDAD DE TIEMPO	FORMA DEL VERBO DE ACCIÓN (INVARIABLE)
Llevo (Llevas, Lleva, etc.)		1. Afirmativo: participio presente
		2. **estar:** Ø (sin verbo)
		3. Negativo: **sin** + infinitivo

Afirmativo: La oración *"I have been studying for three hours"* (implicación: y sigo haciéndolo) se puede traducir como:

> **Hace** tres horas **que estudio.**
> O: **Llevo** tres horas **estudiando.**

Obsérvese dónde se expresa la persona en estas dos oraciones: con **hace... que** la persona que realiza la acción se percibe en el segundo verbo (**estudio** [**yo**]), mientras que con **llevar** la persona se ve en el verbo **llevar** *(***Llevo** [**yo**]) y no en el verbo de acción **estudiando.**

Con *estar*: Si el verbo de "acción" principal es **estar,** la frase con **llevar *no*** expresa el verbo estar.

> **Hace** tres horas **que estamos** aquí.
> O: **Llevamos** tres horas aquí.

En otras palabras, ***nunca*** se usa **estando** en oraciones como **Llevamos tres horas aquí.**

Negativa: La oración *"We have not slept for two nights"* (es decir, las últimas dos noches) se puede traducir como:

> **Hace** dos noches **que no dormimos.**
> O: **Llevamos** dos noches sin dormir.

En la forma negativa, la oración con **llevar** no se forma con el **participio presente** en el segundo verbo, sino con el **infinitivo** precedido por **sin.**

b. Contar hacia atrás desde un momento en el pasado

EXPRESIÓN (INVARIABLE)	CANTIDAD DE TIEMPO	EXPRESIÓN	FORMA DEL VERBO DE ACCIÓN (VARIABLE)
Hacía (invariable)		que	Imperfecto (**yo, tú,** etc. ...)

EXPRESIÓN (VARIABLE)	CANTIDAD DE TIEMPO	FORMA DEL VERBO DE ACCIÓN (INVARIABLE)
Llevaba (Llevabas, etc.)		1. Afirmativo: participio presente
		2. **estar:** Ø (sin verbo)
		3. Negativo: **sin** + infinitivo

Afirmativo: La oración *"I had been studying for three hours"* (implicación: cuando algo interrumpió mi trabajo), se puede traducir como:

> **Hacía** tres horas **que estudiaba.**
> O: **Llevaba** tres horas **estudiando.**

Aquí, **hacer** y **llevar** están en **imperfecto,** como en el verbo principal de la primera oración. En la segunda oración, el verbo principal sigue en **participio presente.**

Con *estar:* Se aplica la misma regla que para **estar** cuando se cuenta hacia atrás desde el presente. (Ver página 284.)

> **Hacía** tres horas **que estábamos** allá.
> O: **Llevábamos** tres horas allá.

Negativa: La oración *"We had not gone to the movies in a long time"* se traduce así:

> **Hacía** mucho tiempo **que no íbamos** al cine.
> O: **Llevábamos** mucho tiempo **sin ir** al cine.

Como se puede ver, las mismas reglas se aplican para las oraciones negativas en el pasado como en el presente. La única diferencia es que los verbos deben estar en el imperfecto (todos menos el infinitivo, por supuesto).

3. *Ago*

Otro tipo de oración que se usa para contar el tiempo hacia atrás está relacionada con las acciones finalizadas en el pasado en contraposición con las acciones que se han desarrollado en el pasado y aún continúan (duración). Para esto, en inglés se usa la expresión "*ago*", como en el ejemplo "*I did that two hours ago*" (en contraposición con "*I did it at three o'clock*"). Para traducir oraciones con "*ago*", no se puede usar **llevar,** sólo **hace** [presente]... **que** + pretérito.

Hace tres años **que** se fue. O: Se fue **hace** tres años.	*He left three years ago.*

Para esta misma situación en un contexto pasado, se usa la siguiente estructura:

Hacía tres años **que** se había ido.	*He had left three years before.*

Uno se puede referir también a cosas que "estaban ocurriendo" hace algún tiempo. Para estas acciones, en español se usa el imperfecto del verbo principal, a menudo con la forma progresiva para los verbos de acción y la no progresiva para los que no son de acción.

¿Qué estabas haciendo **hace** dos horas?	*What were you doing two hours* ***ago?***
Me estaba bañando **hace** dos horas. O: **Hace** dos horas, me estaba bañando.[7]	*I was bathing two hours* ***ago.***
¿Dónde estaba usted **hace** treinta minutos?	*Where were you thirty minutes* ***ago?***

Ejercicios 7.18–7.19, páginas 448–449;
Ejercicios de repaso 7.20–7.21, páginas 449–450.

7. Obsérvese la ausencia de **que** en la expresión.

Capítulo 8

Variaciones léxicas

A Introducción

B Términos y expresiones

C Cognados falsos

A Introducción

Técnicamente, el enfoque de este capítulo no es de naturaleza gramatical, sino léxico. Cabe admitir que en realidad, algunos de los puntos gramaticales que se cubren con más frecuencia se enfocan más en las diferencias léxicas. Por esta razón, no nos preocupa que este capítulo pueda parecer fuera de lugar en un manual de gramática. Por el contrario, incluimos aquí esta lista de términos porque representan algunas de las áreas que con más frecuencia les dan dificultades a los estudiantes. Consideramos que la práctica de estas áreas es útil para mejorar la precisión de la expresión.

En algunos casos, los términos ya se han cubierto en los capítulos sobre gramática y en este capítulo se consolidan y se repasan desde el punto de vista del vocabulario. **Acabar** se vio bajo la explicación del pretérito y del imperfecto y luego bajo la del **se** accidental; "*what*" se vio previamente bajo los interrogativos y los pronombres relativos. Aquí, consolidamos los dos términos para un repaso breve y específico de los mismos. Algunos de estos puntos se han mencionado al repasar los reflexivos, como "*become*" o "*get*"; aquí presentamos los términos más comunes de manera completa dando más detalles sobre algunas de sus sutiles distinciones léxicas. Otras expresiones de esta lista se muestran aquí por primera vez y pueden ser cognados falsos ("*apply*", "*attend*", "*exit*", "*realize*"), o diferencias de percepción ("*come and go*", "*take*").

B Términos y expresiones

Para una referencia fácil y rápida, hemos ordenado estos términos alfabéticamente (en lugar de ordenarlos según conceptos o de agruparlos de otras maneras).

1. Acabar

acabar = *to finish*

Acabé la tarea.	*I finished the homework.*

acabar de (+ inf.) = *to finish doing something*

El significado de esta expresión cambia según el contexto en que se usa.

Acabé de poner la mesa.	*I finished setting the table.*
Cuando **acabes de** lavar los platos, sécalos y guárdalos.	*When you finish washing the dishes, dry them and put them away.*

Cuando se usa en presente o en imperfecto del indicativo, puede significar *"to have just" (done something):*

Presente del indicativo:

Acabo de comer. *I just ate.*

Imperfecto del indicativo:

Acabábamos de terminar. *We had just finished.*

acabarse = *to end, finish, use up,* o *eat up* [reflexivo]; *to be no more, run out of* (**se** accidental)

Me acabé el pan. *I ate up all the bread.*

Se acabó el azúcar. *There is no more sugar.*

Se acabaron los limones. *There are no more lemons.*

Se nos acabó la leche. *We have no more (ran out of) milk.*

Se nos acabaron los cacahuates. *We have no more (ran out of) peanuts.*

Ejercicios 8.1–8.2, página 451

2. *Apply*

aplicar = *to apply* (por ej., un ungüento)

Instrucciones: **aplicar** la crema sobre la herida cuatro veces al día. *Instructions: apply the cream to the injury four times a day.*

aplicación (f.) = *application* (de una teoría, de esfuerzo, de una medicación, etcétera)

Estudia con **aplicación.** *He/She studies with application (diligence).*

solicitar = *to apply for or to* (un trabajo, un préstamo, una beca, el ingreso en una universidad, etcétera)

Solicité el puesto de subgerente. *I applied for the job of assistant manager.*

Le dieron la beca que **solicitó.** *They gave him the fellowship he applied for.*

Solicitaré entrada a cuatro universidades. *I shall apply to four universities.*

solicitud (f.) = *application* (formulario que se llena para solicitar un trabajo, el ingreso en una universidad, un préstamo, etcétera)

Envié la **solicitud** a tiempo.	*I sent the application on time.*

Ejercicios 8.3–8.4, páginas 451–452

3. *Ask*

pedir algo (sin preposición) = *to ask for something*

Me **pidieron** dinero.	*They asked me for money.*

pedir que = *to ask to*

Le **pedí que** me despertara.	*I asked him to wake me up.*

preguntar: "¿...?" = *to ask: ". . . ?"*

Me **preguntó:** "¿Qué hora es?"	*He asked me: "What time is it?"*

preguntar si..., qué..., cuándo..., (etcétera) = *to ask if . . . , what . . . , when . . . ,* (etc.)

Se **preguntaban** si tenía vínculos terroristas.	*They asked themselves (wondered) if he had terrorist ties.*
Nos **preguntaron** qué queríamos.	*They asked us what we wanted.*

hacer una pregunta = *to ask a question*

¿Me permite **hacerle una pregunta**?	*May I ask you a question?*

pedido (m.) = *request, order*

¿Cuál es el número de su **pedido**?	*What is your order number?*

cuestión (f.) = *matter, question*

Es una **cuestión** de estética.	*It's a matter (question) of aesthetics.*

iLrn HEINLE Learning Center ***Ejercicios 8.5–8.6, página 452***

4. *At*

En es el equivalente común de "*at*" para referirse a una posición ***estática*** en el espacio.

Estoy **en** casa.	*I am **at** home.*
Estoy **en** la casa de mi hermano.	*I am **at** my brother's house.*
Me quedé **en** su apartamento.	*I stayed **at** his apartment.*

Esto puede extenderse a acciones que se producen dentro de los límites de una ubicación determinada.

Comimos **en** ese restaurante.	*We ate **at** that restaurant.*

A se usa para describir ***movimiento*** "a" un destino.

Vamos **a** casa.	*We are going home.*
Viajamos **a** Puerto Rico. (para un viaje al interior de la isla, o a través de toda la isla, se usaría **por**)	*We traveled to Puerto Rico.*

A es el equivalente común de "*at*" para referirse a la hora del día.

La clase es **a** las diez.	*Class is **at** ten.*

Otras expresiones:

en este momento	***at** this moment*	tirar **a**, lanzar **a**	*to throw **at***
a veces	***at** times*	vender **a** un precio	*to sell **at** a price*
a la puerta	***at** (outside) the door*	estar **a** la mesa	*to be **at** the table*
PERO: **en la puerta**	***at** (inside) the door*	**a** mi lado	***at** my side*

Ejercicios 8.7–8.8, páginas 452–453

5. *Attend*

asistir a = *to attend* (una clase, reunión formal, conferencia, etcétera)

Asistimos a una reunión esta tarde.	*We attended a meeting this afternoon.*
Hoy no **asistí a** clase.	*Today I did not attend class.*

asistencia (f.) = *attendance, audience*

La **asistencia** a clase es un requisito.	*Attendance at class is a requirement.*
Había un desconocido en la **asistencia.**	*There was a stranger in the audience.*

(Obsérvese que "*audience*" se traduce más a menudo como **público** que como **asistencia. Audiencia** existe, y también significa "*court*" o "*hearing*").

asistencia social (f.) = *welfare*

Muchos reciben **asistencia social.**	*Many receive welfare.*

atender = *to assist, serve (a person), pay attention, tend to*

¿En qué puedo **atenderlo**?	*How may I assist you?*
Me **atendieron** de inmediato.	*They served me immediately.*
Atiéndanme, por favor.	*Pay attention, please.*
Atiende a tus amistades, Gregorio.	*Tend to your friends, Gregorio.*

atento(a) = *attentive, well-mannered, polite, kind*

Su marido es muy **atento** con ella.	*Her husband is very considerate toward her.*
Es un joven muy **atento.**	*He is a very polite young man.*

(Ver también el Capítulo 8.B.23, página 307).

Ejercicios 8.9–8.10, página 453

6. *Because*

Por y **a causa de** significan "*because of*" y se usan con ***sustantivos***. (**Por** también puede tener otros significados, como "*on account of*", "*instead of*", etcétera. El contexto debe indicar el significado).

Lo felicitaron **por** el hallazgo.	*They congratulated him because of (on account of) his discovery.*
No salimos **a causa de** la tormenta.	*We did not go out because of the storm.*

Por se usa con ***pronombres***.

Dejó su carrera **por** ella.	*He gave up his career because of her.*
Vendrán temprano **por** eso.	*They will come early because of that.*

Por también se puede usar con un ***infinitivo*** [con el mismo sujeto], mientras que **a causa de** no.

Me enfermé **por** comer tanto.	*I got sick because I ate so much.*

Porque se usa ***sólo*** con un ***verbo conjugado***.

Lo deportaron **porque** no tenía documentos.	*They deported him because he had no papers.*

Gracias a se usa cuando hay una fuerza positiva.

Salí pronto del hospital **gracias a** tu ayuda.	*I got out of the hospital quickly because of (thanks to) your help.*

Ejercicios 8.11–8.12, páginas 453–454

7. *Become o get*

alegrarse = *to become happy, be glad*

Me alegro de que puedas venir.	*I am glad you can come.*

callarse = *to become quiet, keep silent, shut up*

¡Cállate!	*Be quiet!*

calmarse = *to become calm, calm down*

Al darse cuenta de que no representaba un peligro para la seguridad nacional, **se calmaron**.	*When they realized it did not represent a danger to national security, they calmed down.*

cansarse = *to get tired*

Me cansé de trabajar.	*I got tired of working.*

empobrecerse = *to become poor*

Se fueron empobreciendo poco a poco.	*They became poor little by little.*

enfermarse = *to get sick*

Te vas a **enfermar** si sales así.	*You are going to get sick if you go out like that.*

enfurecerse = *to become furious*

Su padre **se enfureció** al oír las noticias. — *Her father became furious when he heard the news.*

enloquecerse = *to go mad, become crazy*

Al perderla, **se enloqueció.** — *When he lost her, he went crazy.*

enojarse = *to get angry*

No **te enojes** conmigo. — *Do not get angry with me.*

enriquecerse = *to become or get rich*

Pensaban **enriquecerse** con eso. — *They thought they could get rich with that.*

entristecerse = *to become sad*

Se entristecieron sus hijos más que él. — *His children became sadder than he did.*

envejecerse = *to become or get old*

Con este producto, nadie **se envejece.** — *With this product, nobody gets (or becomes) old.*

mejorarse = *to get better, improve*

¡Que **te mejores** pronto! — *I hope you get better soon!*

tranquilizarse = *to become calm, calm down*

Con esa música, **se tranquilizaron**. — *With that music, they calmed down.*

ponerse (+ **serio, pálido, triste** y otros adjetivos de estados físicos o psicológicos involuntarios o pasajeros) = *to become (serious, pale, sad . . .)*

Se puso triste al oír las noticias. — *He became sad upon hearing the news.*

hacerse (+ **abogado, médico** y otros sustantivos que expresan profesión) = *to become (a lawyer, doctor . . .)*

Mi hermana **se hizo** abogada. — *My sister became a lawyer.*

llegar a ser (+ sustantivos o adjetivos que expresan importancia o un estatus personal alto) = *to become (rich, famous . . .)*

Llegó a ser famoso. — *He became famous.*

convertirse en = *to become or turn into* (por transformación física)

El vino **se convirtió** en vinagre.	*The wine became (turned into) vinegar.*

Ejercicios 8.13–8.14, página 454; Ejercicio de repaso 8.15, página 454–455

8. *But*

pero = *but (nevertheless)*

Tengo suficiente dinero, **pero** no quiero ir.	*I have enough money, but I do not want to go.*
No tengo suficiente dinero, **pero** voy a ir.	*I do not have enough money, but I am going to go.*
El nuevo gerente es eficaz, **pero** antipático.	*The new manager is efficient, but disagreeable.*

menos, excepto = *but*

Tráelos todos **menos** los azules.	*Bring all but the blue ones.*
Todos **excepto** Jeannine creyeron la amenaza.	*All but Jeannine believed the threat.*

sino = *but* (*but rather*, *but instead* cuando se establece un contraste con un negativo en la primera parte)

No es antipático, **sino** serio.	*He is not disagreeable, but (rather) serious.*
No fue a la tienda, **sino** al banco.	*He did not go to the store, but (instead) to the bank.*

sino que = *sino* seguido de un verbo conjugado

No se lo vendí, **sino que** se lo regalé.	*I did not sell it to him, but gave it to him (instead).*

NOTA: Un error común es usar **pero** seguido de una coma al comienzo de una oración. Este énfasis en **pero** es incorrecto en español: para traducir este "*but*" enfático inicial, es mejor usar **sin embargo.**

Ejercicio 8.16, página 455

9. Come y go

venir = *to come (toward the speaker)*

Decidieron **venir** a vernos.	*They decided to come see us.*
¡**Ven** acá!	*Come here!*

ir = *to go (away from the speaker)*

NOTA: En inglés, esto se suele traducir como *"to come"*.

Voy a tu casa esta tarde.	*I will go to your house this afternoon.*
¡**Voy!**	*I am coming!* (literalmente, en español, "I am going.")

llegar = *to arrive, to get someplace*
llegar tarde, temprano = *to be late, early*

Los huéspedes **llegaron** esta mañana.	*The guests arrived (got here) this morning.*
Llegamos al hotel a las tres.	*We got to the hotel at three.*
Llegaste temprano.	*You are early. (You arrived early.)*
Llegué tarde al trabajo.	*I was late to work.*
Lamento **haber llegado tarde.**	*I am sorry I am late.*

Ejercicios 8.17–8.18, páginas 455–456

10. Despedir

despedir = *to fire, dismiss*

Esa empresa **despidió** a veinte empleados.	*That firm fired twenty employees.*

despedirse = *to say good-bye*

Nos despedimos en el aeropuerto.	*We said good-bye at the airport.*

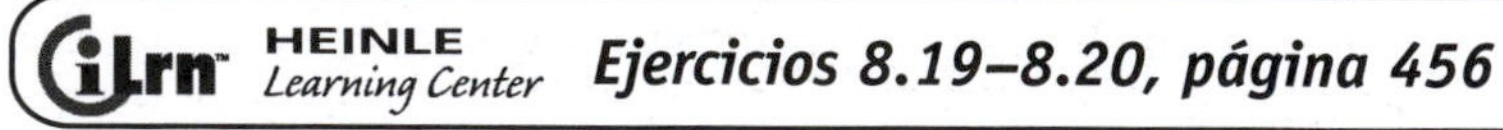

11. *Exit y success*

éxito = *success*

El **éxito** del hotel depende de la calidad del servicio. — *The success of the hotel depends upon the quality of service.*

tener éxito = *to be successful*

Si se esmeran, **tendrán éxito.** — *If you make an effort, you will be successful.*

salida = *exit*

¿Dónde se encuentra la **salida** de emergencia? — *Where is the emergency exit?*

suceso = *event*

Fue un **suceso** de tal importancia que vinieron los reporteros. — *It was such an important event that the reporters came.*

Ejercicios 8.21–8.22, página 456

12. *Go y leave*

ir = *to go* (***hacia*** un destino específico)

Ayer **fuimos** al museo. — *Yesterday we went to the museum.*

irse = **marcharse** = *to leave* (***alejándose*** de una ubicación conocida)

El señor Cárdenas ya **se fue.** — *Mr. Cárdenas already left.*

El gerente **se va** a las cinco. — *The manager leaves at five.*

No está; **se marchó.** — *He is not in; he left.*

salir = *to go out*

Los niños **salieron** a jugar. — *The children went out to play.*

Los huéspedes **salieron** a la playa. — *The guests went out to the beach.*

Saldremos esta noche a las siete. — *We will go out tonight at seven.*

salir vs. irse (intransitivo) = *to leave*

Salir se usa como sinónimo de **irse** cuando la persona que se va también se va de un lugar cerrado, como un edificio. **Irse** es más permanente que **salir;** por ejemplo, cuando una persona está en su casa o en la oficina y se va esperando volver, con más frecuencia se usa **salir.** Al final del día, cuando una persona se va de la oficina hasta el día siguiente, **irse** es más común. (Observe que en español, estos verbos son intransitivos y no están acompañados de objetos directos como ocurre en inglés).

En las siguientes oraciones, se prefiere **salir.**

Elena **salió** de casa hace una hora.	*Elena left home an hour ago.*
La secretaria **salió** a almorzar.	*The secretary went out to lunch.*

En oraciones como las siguientes, sólo se puede usar **irse.**

Estábamos en la playa platicando cuando de repente Luis se levantó y **se fue.**	*We were on the beach chatting when suddenly Luis got up and left.*
Lo siento, pero el gerente ya **se fue.**	*I am sorry, but the manager has already left.*

Salir se usa comúnmente con viajes y medios de transporte. La lógica que se aplica aquí es que el recinto del que parte el viajante es un espacio geográfico particular.

Saldremos para España la semana entrante.	*We will leave for Spain next week.*
El tren **sale** a las nueve.	*The train leaves at nine.*
Su vuelo **sale** de Madrid esta tarde.	*Your flight leaves Madrid this afternoon.*

NOTA: El término paralelo **salida** se usa para traducir *departure.* Se usa con personas, vuelos, etcétera.

La **salida** del vuelo es a las cinco.	*The flight leaves at five.*

Partir y **partida** se usan como salir y salida en contextos de viajes:

Siempre **partíamos** al amanecer.	*We always left at dawn.*
La próxima **partida** del AVE para Sevilla es al mediodía.	*The next departure of the AVE to Seville is at noon.* (El AVE—Alta Velocidad Española—es un tren de alta velocidad).

dejar (+ sustantivo o pronombre) (transitivo) = *to leave (something or someone)*

Dejé las maletas en el taxi.	*I left the suitcases in the taxicab.*
Su hermano la **dejó** en el aeropuerto.	*Her brother left her at the airport.*

dejar (+ inf.) = *to let*

No me **dejó** pagar nada. — *She did not let me pay for anything.*

dejar de (+ inf.) = *to stop*

De repente **dejaron de** hablar. — *Suddenly, they stopped talking.*

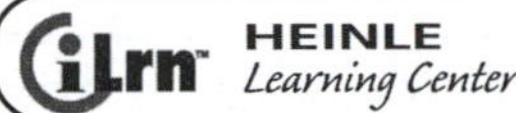

Ejercicios 8.23–8.24, páginas 456–457

13. *Guide*

el guía = *guide* (persona)

El guía habló de la estatua. — *The guide spoke about the statue.*

la guía = *guide* (folleto o guía femenina)

Está explicado en **la guía.** — *It is explained in the guidebook.*

La guía hablaba catalán. — *The guide* (fem.) *spoke Catalan.*

Ejercicios 8.25–8.26, página 457; Ejercicio de repaso 8.27, página 458

14. *Know*

conocer = *to know (someone); to meet (someone) for the first time (make someone's acquaintance)* [pretérito]

Conozco a Luis. — *I know Luis.*

Ayer **conocí** a Luis. — *Yesterday I met Luis.*

(Ver el Capítulo 8.B.16, páginas 300–301, sobre "*to meet*").

conocer = *to be familiar with (something)*

No **conozco** la ciudad. — *I do not know the city.*

saber = *to know (something)*

Saben nuestra dirección. — *They know our address.*

saber (+ inf.) = *to know how (to do something)*

Ella **sabe** hablar español. — *She knows how to speak Spanish.*

saber que..., qué..., si..., cuándo... = *to know that . . . , what . . . , if . . . , when . . .*

Sabíamos que hacía calor.	*We knew that it was hot.*
No **sé qué** hacer.	*I do not know what to do.*
¿**Sabes si** llamó?	*Do you know if he called?*
Nunca **sabemos cuándo** va a nevar.	*We never know when it is going to snow.*

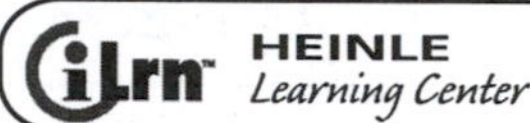
Ejercicios 8.28–8.29, páginas 458–459

15. *Learn*

aprender = *to acquire knowledge* (mediante el estudio o de manera intencional)

Aprendí el español.	*I learned Spanish.*

enterarse de = *to find out, discover (something) accidentally or intentionally*

Se enteró de que nos íbamos.	*He found out we were leaving.*
Se enteraron de la verdad.	*They discovered the truth.*

averiguar = *to find out* (obtener información mediante la investigación)

Tengo que **averiguar** dónde está.	*I have to find out where it is.*

saber [pretérito] = *to find out, learn about (something) by chance*

Nunca supe que estabas enfermo.	*I never knew (heard) you were sick.*

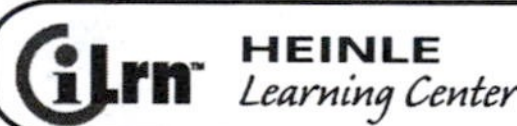
Ejercicios 8.30–8.31, página 459

16. *Meet*

conocer [pretérito] = *to meet, make (someone's) acquaintance*

Lo **conocí** en la fiesta.	*I met him at the party.*

NOTA: Cuando se conjuga el verbo conocer en otros tiempos, significa "*to know (someone)*" o "*to be familiar with (something)*".

encontrarse (con) = *to meet* (de manera premeditada, por casualidad)

Me encontré con ella para almorzar.	*I met her for lunch.*
Me encontré con él en el tren.	*I ran into him on the train.*
Nos encontraremos en el restaurante.	*We'll meet at the restaurant.*

encontrar = *to find*

Encontré cien pesos en la calle.	*I found a hundred pesos on the street.*
Encontraron a la niña perdida.	*They found the lost child.*

toparse con = *to meet (run into, meet by chance)*

Se topó con mi primo en la tienda.	*He met (ran into, met by chance) my cousin at the store.*

tropezar con = *to meet (run into, run across, stumble upon)*

Tropezó con ellos en el cine.	*He ran into them at the movies.*

NOTA: En otros contextos, **tropezar** o **tropezarse** significa "*to trip*" o "*to stumble*" literalmente, no en sentido figurado.

Me tropecé y me caí.	*I tripped and fell.*

(Ver también el Capítulo 8.B.19, páginas 303–305).

Ejercicios 8.32–8.33, página 459

17. *Order*

el orden = *order, organization, neatness*

Es esencial que preparen este postre en el **orden** indicado.	*It is essential that you prepare this dessert in the order indicated.*
Por favor archíveme estos folletos en **orden** alfabético.	*Please file these brochures in alphabetical order for me.*

la orden = *order, request*

Recibirá sus **órdenes** del supervisor.	*You will receive your orders from the supervisor.*
¿Puedo tomarles la **orden** (el **pedido**)?	*May I take your order?*
Juan Rodríguez, a sus **órdenes**.	*Juan Rodríguez, at your service.*

Ejercicios 8.34–8.35, páginas 459–460

18. Pensar

pensar en = *to think about (someone or something)*

Siempre **pienso en** mi hermano cuando veo ese cuadro.	*I always think of my brother when I see that painting.*
¿**En** qué **piensas**?	*What are you thinking about?*

pensar de = *to think (something [opinion]) about (someone or something)*—se usa sólo en interrogaciones directas o indirectas

¿Qué **piensas de**l aumento de control en la frontera?	*What do you think about the increased control at the border?*
No quiso decirme lo que **pensaba de** la idea de ser el máximo goleador.	*He did not want to tell me what he thought about being the top goal scorer.*

pensar (+ inf.) = *to think about, plan on (doing something)*

—¿Qué **piensas** hacer este verano?	*"What are you planning on doing this summer?"*
—**Pienso** trabajar en un restaurante.	*"I am planning on working in a restaurant."*

Ejercicios 8.36–8.37, página 460

19. Personas vs. máquinas

PERSONAS VS. MÁQUINAS		
	PERSONAS	**APARATOS MECÁNICOS**
to run	correr Jorge corre. *Jorge runs.*	andar/funcionar Mi coche anda. *My car runs.*
	PERSONAS	**MÁQUINAS Y SISTEMAS**
to work	trabajar Jorge trabaja. *Jorge works.*	andar/funcionar El reloj no funciona. *The clock is not working.* Este método funciona. *This method works.*
	PERSONAS Y EVENTOS	**MOTORES**
to start	comenzar/empezar Empiezo a trabajar a las 7. *I start work at 7 o'clock.* Comienza a las 8. *It starts at 8 o'clock.*	poner en marcha/arrancar Puse el auto en marcha. *I started the car.* Mi coche no arranca. *My car will not start.*
	PERSONAS	**COSAS**
to run out	salir corriendo Jorge salió corriendo. *Jorge ran out.*	acabársele a uno Se nos acabó el tiempo. *We ran out of time.*
	PERSONAS	**LUCES**
to go out	salir Jorge salió. *Jorge went out.*	apagarse/irse Se apagó (se fue) la luz. *The light went out.*

Como regla general, antes de traducir del inglés una expresión con verbo y preposición, conviene pensar con cuidado en su significado en inglés para evitar una traducción literal sin sentido. Los siguientes son otros usos preposicionales.

To work out:

- una persona que hace ejercicio: **hacer ejercicio**

  Hago ejercicio al levantarme por la mañana. — *I work out when I get up in the morning.*

- un problema: **resolver un problema**

  No pudieron **resolver el problema.** — *They were unable to work out the problem.*

To run across:

- algo: **dar con, tropezar con**

  La busqué por todos lados hasta que al fin **di con** ella en la biblioteca. — *I looked for her everywhere until at last I ran across her in the library.*

- literalmente, un cuarto o un lugar: **atravesar corriendo**

  Atravesó el cuarto **corriendo.** — *He ran across the room.*

To run down:

- líquido que corre por una superficie: **escurrir, gotear**

  El sudor le **goteaba** por la cara. — *The sweat ran down his face.*

- con baterías: **descargarse**

  La batería **se descargó** durante el invierno. — *The battery ran down during the winter.*

- con relojes: **acabarse la cuerda**

  Se le acabó la cuerda al reloj y paró. — *The watch ran down and stopped.*

- las escaleras: **bajar corriendo**

  Bajamos las escaleras **corriendo** para recibirla. — *We ran down the stairs to greet her.*

To run into:

- por ej., un árbol con un vehículo: **chocar con**

  Choqué con el árbol. — *I ran into the tree.*

- una persona, por casualidad: **tropezar con, toparse con, encontrarse con**

  Tropezamos con / Nos topamos con / Nos encontramos con ella en la biblioteca. — *We ran into her at the library.*

To turn out:

- una luz: **apagar**

  Apaga la luz. — *Turn out the light.*

- cosas que resultan bien, mal, etc.: **las cosas salen bien, mal,** etc.

  —¿Cómo **salió** todo? — *"How did everything turn out?"*

  —Bien. — *"Okay."*

(Ver también el Capítulo 8.B.16, páginas 300–301).

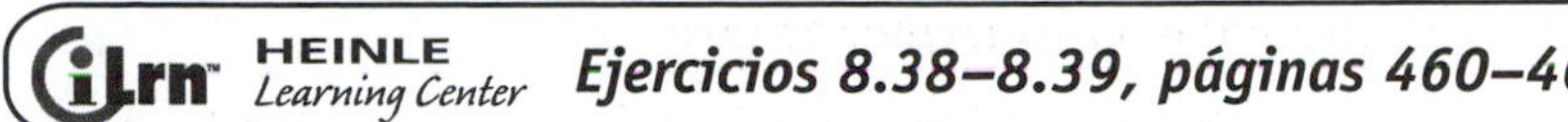

20. *Play*

jugar = *to play (a game)*

Me gusta **jugar** al ajedrez.	*I like to play chess.*

tocar = *to play (an instrument)*

Ella **toca** el piano.	*She plays the piano.*

a play = **una obra (de teatro)** *[theater play]*, **una jugada** *[a single game play in sports, cards, or board games]*

to play a game = jugar **un juego** [un juego cualquiera], jugar **un partido** [deportes], jugar **una partida** [juegos de mesa o de cartas]

Ejemplos:

El póquer es un **juego** de barajas.	*Poker is a card game.*
Vamos a un **partido** de fútbol este fin de semana.	*We are going to a soccer game this weekend.*
¿Quieres jugar un **juego** conmigo? No me importa de qué; tú escoge.	*Do you want to play a game with me? I don't care what kind of game—you choose.*
Mis padres vieron una **obra** de Cervantes cuando fueron al teatro en Salamanca.	*My parents saw a Cervantes play when they went to the theater in Salamanca.*
Juguemos una **partida** de damas.	*Let's play a game of checkers.*
Están pasando una repetición de las mejores **jugadas** del **partido** de anoche.	*They're running a replay of the highlights* (literalmente: *the best game moves) from last night's game.*

iLrn HEINLE Learning Center

Ejercicios 8.40–8.41, página 461; Ejercicio de repaso 8.42, páginas 461–462

21. *Put*

poner = *to put; to set (table)*

Pusimos la llave sobre la mesa. — *We put the key on the table.*

Pongan la mesa. — *Set the table.*

guardar, ahorrar = *to put away*

Guarden los platos. — *Put the plates away.*

Necesito **ahorrar** algo de dinero. — *I need to put some money away.*

NOTA: Hay muchas otras expresiones con "*to put* + preposición" en inglés: se debe verificar en el diccionario cuando se quiera usar una de ellas.

meter = *to put in*

¿**Metiste** el coche en el garaje? — *Did you put the car in the garage?*

El niño **se metió** el dedo en la boca. — *The boy put his finger in his mouth.*

ponerse = *to put on; to become* (cuando se usa con un adjetivo)

Me puse el abrigo. — *I put my coat on.*

Se puso triste. — *He became sad.*

aguantar, soportar = *to put up with, to stand*

Tengo que **aguantar** todas tus quejas. — *I have to put up with all of your complaints.*

¡Ya no **aguanto** el calor! — *I can't stand the heat any more!*

No sé cómo me **soporta.** — *I don't know how he/she puts up with me.*

NOTA: "*To support*" moralmente se traduce con **apoyar;** financieramente, se traduce con **mantener.**

Ejercicios 8.43–8.44, página 462

22. *Realize*

darse cuenta de = *to realize*

No **me di cuenta de** la hora que era. — *I did not realize what time it was.*

No **te das cuenta de** las implicaciones de tus actos. — *You do not realize the implications of your actions.*

realizar = *to come true, to carry out*

Ahora sí que se me **realizará** el sueño de viajar a Sudamérica. — *Now my dream to travel to South America will really* **(sí)** *come true.*

Ese empleado **realiza** sus funciones con mucha eficacia. — *That employee carries out his duties very efficiently.*

Ejercicios 8.45–8.46, página 462

23. *Serve*

servirle = *to serve (a person); to help*

¿Le **sirvo** más vino? — *Shall I serve you more wine?*

¿Le **serviste** agua a esa persona? — *Did you serve that person water?*

¿En qué puedo **servirle**? — *How may I help you?*

servirlo, servirla, servir algo = *to serve something*

—Ya es hora de **servir** la comida. — *"It is time to serve the meal."*

—¿Dónde está la ensalada? — *"Where is the salad?"*

—Ya la **serví**. — *"I already served it."*

(Ver también el Capítulo 8.B.5, páginas 291–292).

Ejercicios 8.47–8.48, páginas 462–463

24. *Spend*

gastar = *to spend* (dinero)

Gastamos mucho en ese viaje. — *We spent a lot on that trip.*

pasar = *to spend* (tiempo)

Pasó dos años tras rejas bajo sospecha de vínculos terroristas. — *He spent two years behind bars under suspicion of having terrorist links.*

desperdiciar = *to waste*

No **desperdicies** dinero.	*Do not waste money.*
No **desperdicien** mi tiempo.	*Do not waste my time.*

Ejercicios 8.49–8.50, páginas 463–464

25. *Take*

tomar = *to take*
llevar = *to take (away, in a specified direction)*
llevarse = *to take (away, no specified direction)*
tomar = *to take (something [a bus, etc.], to drink)*

Tomó la llave sin decir nada.	*He took the key without saying anything.*
Quiero **tomar** una cerveza bien fría.	*I want to drink a very cold beer.*
Tome el autobús.	*Take the bus.*
¿Cuánto tiempo **tomará**?	*How long will it take?*

Toma (Tome usted) se usa cuando se le entrega algo a alguien (*"Here"*).

—¿Tienes un lápiz?	*"Do you have a pencil?"*
—Sí. **Toma.** (entregando el lápiz)	*"Yes. Here."*
—Gracias.	*"Thanks."*

llevar = *to take (someone or something [somewhere])* (En inglés, también se usa *"bring"* en este caso. En español, se diferencia entre el movimiento ***alejándose*** del lugar en el que está la persona que habla **[llevar]** y el movimiento ***hacia*** el lugar en el que está la persona que habla **[traer]).**

Llevamos a mis padres al aeropuerto.	*We took my parents to the airport.*
Llevaremos toallas a la playa.	*We will take towels to the beach.*
Tráigame un café, por favor.	*Bring me a coffee, please.*

llevarse = *to take (something away, with oneself)*

El mesero **se llevó** mi tenedor.	*The waiter took my fork away.*

apuntar/bajar = *to take down*

La operadora **apuntó** el mensaje.	*The operator took down the message.*
El botones **bajará** su equipaje.	*The bellboy will take (bring) your luggage down.*

subir = *to take up*

El botones **subirá** el equipaje. — *The bellboy will take the luggage up.*

admitir/alojar = *to take in*

Esa casa de huéspedes sólo **admite (aloja)** adultos. — *That guesthouse only takes in adults.*

sacar = *to take out*

Sacaron a los niños a pasear. — *They took the children out for a stroll.*

quitarse = *to take off* (prendas de vestir)

Se quitó la ropa para bañarse. — *He took off his clothes to bathe.*

tener lugar = *to take place*

El concierto **tendrá lugar** esta noche. — *The concert will take place tonight.*

traer = *to bring* (sólo hacia la persona que habla)

El mesero no nos **trajo** la cuenta muy rápido. — *The waiter didn't bring us the check very quickly.*

Ejercicios 8.51–8.52, página 464

26. *Time*

tiempo = *time; weather*

No tengo **tiempo** para ayudarte hoy. — *I do not have time to help you today.*

Hace buen **tiempo** hoy. — *The weather is nice today.*

vez = *time (countable)*

Toma café cuatro **veces** al día. — *He drinks coffee four times a day.*

Esta **vez** yo pago. — *This time, I will pay.*

hora = *time (chronological)*

—¿Qué **hora** es? — *"What time is it?"*

—Es **hora** de irnos. — *"It is time to leave."*

rato = *time, while*
ratito = *a little while*

Hace **rato (ratito)** que estoy esperando. — *I have been waiting for some time (a [little] while).*

divertirse = *to have a good time*

Nos divertimos mucho en la fiesta ayer. — *We had a very good time at the party yesterday.*

PERO:

Ayer tuvimos buen **tiempo.** — *Yesterday we had good weather.*

Expresiones idiomáticas:

a tiempo = *on time*
a la vez = *at the same time*
al mismo tiempo = *at the same time*
en esa época = *at the time* (general)
en ese momento = *at the time* (momento específico)
a veces = *at times, sometimes*
de vez en cuando = *once in a while*
al rato = *after a while*
en vez de = *instead of*

iLrn HEINLE Learning Center **Ejercicios 8.53–8.54, páginas 464–465**

27. *What*

¿Qué es...? = *What is . . . ?* (pidiendo una definición)

¿Qué es un "cántaro"? — *What is a "cántaro"?*

¿Cuál es...? = *What is . . . ?* (pidiendo identificación o especificación)

¿Cuál es la diferencia entre los dos? — *What is the difference between the two?*

¿Cuál es el estacionamiento para minusválidos? — *Which is the handicapped parking space?*

¿Qué (+ sustantivo)**...?** = *What, Which* (+ sustantivo) . . . *?*

¿Qué libro leíste anoche? — *What (Which) book did you read last night?*

¿**Qué** ciudades visitaste en Sudamérica?	*What cities did you visit in South America?*
¿**Qué** (comida) vamos a comer?	*What are we going to eat?*
¿**Qué** (ropa) te vas a poner esta noche?	*What are you going to wear tonight?*

¿Cómo? = *Excuse me?*

NOTA: En español, cuando significa "what?", **¿cómo?** es más cortés que **¿qué?** para pedirle a alguien que repita lo que acaba de decir.

¿Cómo? o ¿**Cómo** dijo?

Lo que = *what* (pronombre relativo; no se usa en oraciones interrogativas)

Lo que me gusta de la película es el misterio.	*What I like about the movie is the mystery.*
No me dijo **lo que** quería.	*He did not tell me what he wanted.*

Ejercicios 8.55–8.56, página 465;
Ejercicio de repaso 8.57, página 465

C Cognados falsos

Un cognado es una palabra que es similar en dos idiomas, como **constitución.** Significa básicamente lo mismo en ambos idiomas.

Sin embargo, hay muchas palabras que parecen ser iguales en inglés y en español, pero que, en realidad, tienen significados diferentes. O bien es posible que tengan un significado similar, pero también otros significados diferentes. Estas palabras se llaman "cognados falsos". Hemos preparado una lista con traducciones muy breves. Esta lista sirve sólo como referencia rápida, como recordatorio para comprobar si una palabra es un cognado falso. Recomendamos buscar estas palabras en un diccionario monolingüe o en un diccionario bilingüe más elaborado para asegurarse de que se están usando correctamente. También se puede comprobar con hablantes nativos y profesores.

A continuación se enumeran algunos de los cognados falsos más comunes:

TÉRMINO EN ESPAÑOL	TRADUCCIÓN AL INGLÉS	COGNADO EN INGLÉS	TRADUCCIÓN AL ESPAÑOL
abusar	*to take advantage*	*to abuse [someone]*	maltratar
acomodar	*to place, to arrange*	*to accommodate*	complacer
actual	*present*	*actual*	verdadero
actualmente	*nowadays, at the moment*	actually	en realidad
aplicar*[2]	*to apply* (un ungüento)	*to apply for* (por ej., un trabajo)	solicitar
aplicación	*dedication*	application	solicitud
apreciar	*to augment in value*	*to appreciate*	agradecer
arena	*sand*	*arena*	estadio
asistir*[5]	*to attend*	*to assist*	ayudar
asumir	*to take on*	*to assume*	suponer
atender*[5]	*to take care of*	*to attend*	asistir
campo	*country*	*camp*	campamento
carácter	*personality*	*character* (literario)	personaje
carta	*letter*	*card*	tarjeta
colegio	*private high school*	*college*	universidad, facultad
collar	*necklace*	*collar*	cuello
conferencia	*lecture*	*conference*	consulta
constipado	*congested with a cold*	*constipated*	estreñido
coraje	*anger, rage*	*courage*	valor, valentía
cuestión	*matter*	*question*	pregunta
danza	*ritual or folkloric dance*	*dance*	baile
decepción	*disappointment*	*deception*	engaño
demandar	*to sue*	*to demand*	exigir
distinto	*different*	*distinct*	particular, marcado
efectivo	*actual*	*effective*	eficaz
embarazada	*pregnant*	*embarrassed*	avergonzado
escuela	*elementary school*	*school* (por ej., de derecho)	facultad

*Las palabras marcadas con un asterisco se analizan con más profundidad bajo el título "Términos y expresiones" en la sección anterior de este capítulo. El asterisco está seguido del número con el que la palabra aparece dentro de esa sección.

(continúa)

TÉRMINO EN ESPAÑOL	TRADUCCIÓN AL INGLÉS	COGNADO EN INGLÉS	TRADUCCIÓN AL ESPAÑOL
éxito*[11]	*success*	*exit*	salida
frase	*sentence*	*phrase*	expresión
gol	*soccer goal, scored point*	*goal*	meta, objetivo, fin
gracioso	*funny*	*gracious*	cortés, amable
grado	*degree, stage*	*grade*	nota
ignorar	*not to know*	*to ignore*	no hacer caso
ingenuidad	*innocence*	*ingenuity*	ingeniosidad
inhabitable	*uninhabitable*	*inhabitable*	habitable
largo	*long*	*large*	grande
lectura	*reading*	*lecture*	conferencia
librería	*bookstore*	*library*	biblioteca
material	*material (but not cloth)*	*material (cloth)*	tela
nombre	*name*	*number*	número
papel	*piece of paper, role*	*paper (term paper)*	trabajo escrito
parientes	*relatives*	*parents*	padres
pena	*sorrow, grief*	*pain*	dolor
policía	*police*	*policy*	política
política	*politics, policy*	*politician*	político
procurar	*to try*	*to procure*	obtener, conseguir
pueblo	*nation, common people*	*people*	gente
quieto	*calm, still*	*quiet*	silencioso
quitar	*to remove*	*to quit*	dejar de + inf, dimitir + sustantivo
raza	*ethnicity, race*	*race* (velocidad)	carrera
realizar*[22]	*to come true*	*to realize*	darse cuenta
recordar	*to remember*	*to record*	grabar
resorte	*spring*	*resort*	balneario
rudo	*rough, coarse*	*rude*	maleducado, grosero
sano	*healthy*	*sane*	cuerdo
sensible	*sensitive*	*sensible*	sensato
sentencia	*verdict*	*sentence*	frase, oración
sentir	*to feel*	*to sense*	tener la impresión

(continúa)

TÉRMINO EN ESPAÑOL	TRADUCCIÓN AL INGLÉS	COGNADO EN INGLÉS	TRADUCCIÓN AL ESPAÑOL
simpatía	*charm, friendliness*	*sympathy*	compasión, pésame, etc.
simpático	*nice, friendly*	*sympathetic*	compasivo, comprensivo
soportar*[21]	*to tolerate*	*to support*	mantener, apoyar
suceder*[11]	*to happen*	*to succeed*	tener éxito
suceso*[11]	*event*	*success*	éxito
sujeto (una persona)	*individual, guy, character*	*subject (of an article, class)*	tema (de artículo), materia (clase)
tenso	*tense* (adj.)	*tense* (del verbo)	tiempo (verbal)
tormenta	*storm*	*torment*	tormento
trampa	*trick, trap*	*tramp*	vagabundo
trasladar	*to move, to transfer*	*to translate*	traducir
últimamente	*lately*	*ultimately*	a fin de cuentas
último	*last*	*ultimate*	fundamental
violar	*to violate, to rape*	*to violate*	violar

Algunas palabras se pueden considerar cognados falsos en determinadas partes del mundo de habla hispana, pero no en otras. Aquí hay dos ejemplos:

Computadora

Mientras que el término **computadora** es de uso general en Hispanoamérica como traducción de "*computer*", en España se considera un americanismo. El término **computador(a)** existe en España y se usa para equipo que calcula datos a gran escala, pero el término que se usa para una computadora personal es **ordenador.**

Oficina

Para este término también hay una diferencia de uso entre España y otras partes del mundo de habla hispana. La palabra **oficina** se usa para referirse a oficinas administrativas. Sin embargo, en el mundo académico de España, **oficina** y **horas de oficina** se perciben como americanismos. En España, un profesor tiene un **despacho,** y las **horas de oficina** son **horas de consulta.** Por otro lado, la oficina de un doctor o un dentista se llama más a menudo **consultorio.**

Cuando hay variaciones de uso según el dialecto, hay que asegurarse de hacer los ajustes necesarios para que la comunicación sea clara.

Ejercicios

Capítulo 1 Perspectiva general

A Componentes de la oración

Capítulo 1.A, páginas 2–4

Ejercicio 1.1 Identifique las palabras en negrilla (**boldfaced**) en las frases siguientes.

MODELO: Me gusta **el** café **negro.**

__el:__ artículo definido; __negro:__ adjetivo calificativo

1. Después **de** trabajar varias horas **en** la computadora, **se** me cansan los ojos. **2. Cuando** estudio, me gusta poner música **clásica** en el tocadiscos. **3. Ayer** fuimos al parque **a** jugar a la pelota con unos **amigos.** **4. Mi** mamá me llamó **por** teléfono ayer a **las** ocho de la mañana. **5. Este** libro es más interesante que **ése.** **6.** Me gustan **tus** zapatos más que los **míos.** **7. Algunos** profesores son más estrictos que **otros.** **8.** El libro **que** compré ayer me costó **mucho** dinero. **9.** Mi hermana me dijo **que** tú eras **un** futbolista famoso. **10.** Tengo dos dólares **y** veinte centavos, **pero** no es suficiente para ir al cine.

Ejercicio 1.2 Haga un análisis gramatical de las siguientes oraciones.

MODELO: Juan estudia español.

__Juan:__ sustantivo propio, sujeto del verbo "estudia"; __estudia:__ verbo estudiar, 3.ª persona singular del presente del indicativo; __español:__ sustantivo común, masc. sing., objeto directo del verbo "estudia".

1. Los niños cantaron una canción. **2.** Marta me regaló este libro. **3.** Estos ejercicios son fáciles.

B Estructura verbal

Capítulo 1.B, página 5

Ejercicio 1.3 Identifique el modo (MAYÚSCULA) y el tiempo (minúscula) de los verbos en negrilla.

MODELO: El niño **llegó cantando** de la escuela; **estaba** contento porque le **habían dado** un premio por **portarse** bien.

llegó: INDICATIVO *pretérito;* ***cantando:*** PARTICIPIO *presente;* ***estaba:*** INDICATIVO *imperfecto;* ***habían dado:*** INDICATIVO *pluscuamperfecto;* ***portarse:*** INFINITIVO.

Estábamos todos en la cocina **preparando** la cena cuando mi hermana **anunció** que tenía buenas noticias—**se había ganado** la lotería. Mi mamá le dijo que **pensara** con mucho cuidado en lo que quería **hacer** con el dinero, porque si no, lo **gastaría** todo y luego se arrepentiría. Pero mi hermana ya lo había planeado todo.
—No te **preocupes,** Mami; a ti y a Papi les **daré** la mitad para que la **pongan** en el banco, y el resto lo usaré para comprarme ropa y otras cosas que **necesito.**

C Estructura de la oración

Capítulo 1.C, páginas 6–12

Ejercicio 1.4 Subraye los verbos conjugados en el texto siguiente.

MODELO: Ayer mis hermanos y yo nos levantamos temprano.

Ayer mis hermanos y yo nos levantamos temprano.

Para las vacaciones de Navidad, mi papá, mi hermana y yo íbamos a San Blas, y nos quedábamos en un hotel en la playa. La noche de Navidad, cuando todos los demás estaban celebrando en el hotel, nos íbamos a un lugar ya seleccionado en la playa oscura y hacíamos un fuego con leña que habíamos recogido el día anterior. Llevábamos comida para cocinar en el fuego, y pasábamos la noche allí, oyendo las olas del mar y mirando las estrellas.

Ejercicio 1.5 Divida el texto en cláusulas usando una barra (/) y cuente el total de cláusulas.

MODELO: Tengo una hermana que vive en España.

Tengo una hermana / que vive en España. (2)

Necesito que me ayudes a preparar la cena. Tendremos cinco invitados a cenar y quiero que todo esté perfecto. ¿Podrías poner la mesa, por favor? Y cuando acabes con eso, ven a la cocina para ayudarme con la comida. Las verduras para la ensalada están lavadas; sólo hay que cortarlas y ponerlas en la ensaladera. Quiero prepararles la receta de pollo que les gustó tanto la última vez que vinieron.

Ejercicio 1.6 Subraye todas las cláusulas independientes del texto siguiente.

MODELO: Me desperté a las tres y bajé a hacerme café sin que nadie me oyera.

Me desperté a las tres y bajé a hacerme café sin que nadie me oyera.

El invierno está casi terminado. Ya no hace frío, y la nieve se ha transformado en lluvia. Pronto tendremos que empezar a preparar el jardín para que podamos plantar las hortalizas. Estoy tan contento de que la primavera esté en camino porque me gusta el calor. El invierno aquí es tan triste y gris, y me canso de la ropa pesada que tengo que ponerme.

Ejercicio 1.7 Subraye todas las cláusulas principales del mismo texto.

MODELO: Me desperté a las tres y bajé a hacerme café sin que nadie me oyera.

Me desperté a las tres y bajé a hacerme café sin que nadie me oyera.

El invierno está casi terminado. Ya no hace frío, y la nieve se ha transformado en lluvia. Pronto tendremos que empezar a preparar el jardín para que podamos plantar las hortalizas. Estoy tan contento de que la primavera esté en camino porque me gusta el calor. El invierno aquí es tan triste y gris, y me canso de la ropa pesada que tengo que ponerme.

Ejercicio 1.8 Subraye todas las cláusulas subordinadas del mismo texto.

MODELO: Me desperté a las tres y bajé a hacerme café sin que nadie me oyera.

Me desperté a las tres y bajé a hacerme café sin que nadie me oyera.

El invierno está casi terminado. Ya no hace frío, y la nieve se ha transformado en lluvia. Pronto tendremos que empezar a preparar el jardín para que podamos plantar las hortalizas. Estoy tan contento de que la primavera esté en camino porque me gusta el calor. El invierno aquí es tan triste y gris, y me canso de la ropa pesada que tengo que ponerme.

Ejercicio 1.9 Haga el análisis lógico de las frases siguientes.

MODELO: Quiero que me ayudes a preparar la cena.

Quiero: *cláusula principal;* ***que me ayudes… cena:*** *cláusula subordinada nominal, objeto directo de "quiero".*

1. Necesito un libro que describa la revolución mexicana. **2.** Te prestaré dinero a condición de que me pagues mañana. **3.** Sé que no puedes hablar ahora.

Ejercicio 1.10 Haga el diagrama de las frases siguientes. (Use los diagramas del capítulo para inspirarse.)

1. Quiero que veas el libro que conseguí sobre la revolución mexicana. **2.** Es necesario que los norteamericanos comprendan que estas tierras les pertenecían a los mexicanos originalmente, y que antes eran de los indios que vivieron en ellas por siglos. **3.** Me pidió que le comprara pan y le contesté que no tenía dinero.

D Concordancia entre el sujeto y el verbo

Capítulo 1.D, páginas 12–17

Ejercicio 1.11 Conjugue el verbo en el indicativo presente para concordar con el sujeto indicado.

1. Tú no (poder) imaginarte los problemas que (causar) cuando tu mal humor te (dominar). **2.** Los gatos (maullar) todas las noches cuando (haber) estrellas en el cielo y luna llena. **3.** Yo (ser) americano. Otros (decir) que los americanos (ser) inocentes en cuestiones de política internacional. ¿Tú y tus amigos (estar) de acuerdo? **4.** (Ser) yo la que les (dar) a sus amigos los mejores regalos. **5.** La pareja de recién casados (irse) de luna de miel al Caribe. (Ir/ellos) con ellos sus hijos de matrimonios anteriores. Algunos de nosotros (dudar) que la luna de miel sea ideal. **6.** (Llover) todos los días en este lugar. **7.** Lo que tu amiga te (contar) (ser) chismes sin ninguna base en la realidad. **8.** Tú y yo (comprender) la situación mejor que nadie. **9.** Tú y ella (saber) la verdad. **10.** Me (encantar) jugar y reír.

Ejercicio 1.12 Para el ejercicio 1.11 arriba, conjugue en el pasado las frases 2, 4 y 5.

Ejercicio 1.13 Complete el diálogo de enamorados según las indicaciones.

EVITA: Buenos días, mi amor.

HÉCTOR: Hola, cariño.

EVITA: Vida mía, ¿(**1.** are you ready) para la boda?

HÉCTOR: Claro que sí, mi amor. ¿Y tú, cariño adorado, (**2.** are you ready)?

EVITA:: Hace años que (**3.** I am ready) para este día, mi vida.

HÉCTOR: Lo sé, corazón, pero (**4.** you don't look very excited [verse emocionado]).

E Acentos (División en sílabas: Consonantes)

Capítulo 1.E.1, páginas 17–19

Ejercicio 1.14 Consonantes sencillas intervocálicas. Divida cada palabra en sílabas.

raza	meta	visa	callo	serrano
fecha	cerro	caballo	metiche	

Ejercicio 1.15 Dos consonantes intervocálicas. Divida cada palabra en sílabas.

campo	pantera	ángulo	musgo	refresco
fantoche	mantilla	mercado	sincero	cencerro
vibra	hablo	autografiar	retrato	adrenalina
reflorecer	aglomerar	negro	aplastar	reprimir
declive				

Ejercicio 1.16 Tres o más consonantes intervocálicas. Divida cada palabra en sílabas.

anglosajón	empresario	constante	estrecho	espléndido
instituto	inspección	instrumento	embrollo	transmitir
resplandor	transcribir			

Acentos (División en sílabas: Vocales)

Capítulo 1.E.1, páginas 17–19

Ejercicio 1.17 Hiatos. Divida cada palabra en sílabas.

recaer	crear	creer	veo	sea
caos	boa	coactar	coexistir	gentío
frío	reí	vestía	etíope	ataúd
raíz	vía	mío	reúnan	continúa
rehúsa				

Ejercicio 1.18 Diptongos. Divida cada palabra en sílabas.

aviador	aire	bienestar	deleite	miope
oiga	resguardo	causa	fueron	endeudarse
fuimos	diurno	duodeno	Dios	hueso
cariátide	recién	comió	aguántate	acuérdense
cantáis	volvéis	óiganlos	enjáulalo	

Ejercicio 1.19 Triptongos y otras combinaciones. Divida cada palabra en sílabas.

veían	seáis	caíamos	esquiáis	vivíais
traían	caeríais	oíais	enviéis	creías
actuéis	adquirierais			

Ejercicio 1.20 La **h** intervocálica. Divida cada palabra en sílabas.

ahora	rehago	ahí	rehíce	prohíben
rehúsa	ahogar	desahogar	ahumado	cacahuete
alcahuete	cohete	rehúyen	sobrehumano	zaherir

Ejercicio 1.21 Repaso. Divida cada palabra en sílabas.

divida	las	siguientes	palabras	en
sílabas	luego	vea	cuando	necesitan
acentos	porque	rey	reina	voy
boina	bueno	bien		

Acentos (Acentuación)

Capítulo 1.E.2, páginas 20–27

Ejercicio 1.22 Indique para cada palabra si es **aguda, llana, esdrújula** o **sobresdrújula.**

1. camino **2.** caminó **3.** caminaba **4.** caminábamos **5.** caminad **6.** compra **7.** compró **8.** compraba **9.** comprábamos **10.** cómpralo **11.** cómpramelo **12.** español **13.** españoles **14.** francés **15.** trances **16.** encéstalo.

Ejercicio 1.23 Las siguientes palabras son agudas. Póngales acento a las que lo necesiten.

1. presto **2.** enterrar **3.** preparad **4.** desperte **5.** dividir **6.** farol **7.** piedad **8.** pedi **9.** peor **10.** caiman **11.** cocinar **12.** imparcial **13.** cajon **14.** finlandes **15.** trajin **16.** temblor **17.** cristal **18.** riñon

Ejercicio 1.24 Las siguientes palabras son llanas. Póngales acento a las que lo necesiten.

1. lapiz **2.** llamas **3.** llaman **4.** pluma **5.** hablaron **6.** españoles **7.** dioses **8.** dia **9.** deme **10.** españolita **11.** peruano **12.** consigo **13.** traje **14.** examen **15.** caracter **16.** lunes **17.** labio **18.** infertil

Ejercicio 1.25 Las siguientes palabras son esdrújulas y sobresdrújulas; la sílaba tónica (con énfasis) de las palabras de más de una sílaba está en negrilla. ¿Necesitan acento?

1. matalo **2.** re**ga**lamelo **3. ca**llense **4.** es**tu**pido **5. par**pado **6.** ca**pi**tulo **7. pro**jimo **8. ba**jame **9. a**nimo **10. cas**cara **11. de**cada **12. e**xito **13. pa**jaro **14. as**pero **15. hun**garo **16. vin**culo **17. ma**quina **18. pil**dora

Ejercicio 1.26 Póngales acento a los adverbios que lo necesiten. (La sílaba con énfasis en la parte del adjetivo original está en negrilla.)

1. rapidamente **2. fa**cilmente **3. len**tamente **4.** di**fi**cilmente **5.** pia**do**samente **6.** bri**llan**temente **7. fri**amente **8.** despia**da**damente **9. se**camente **10.** fe**liz**mente **11. fi**jamente **12. ca**lidamente **13.** cien**ti**ficamente **14.** misericor**dio**samente **15. so**lamente **16.** fi**nal**mente **17. gra**vemente **18. pro**ximamente

Ejercicio 1.27 Las palabras siguientes son monosílabas; no hay nada subrayado porque el énfasis es único. Póngales acento si lo necesitan. (Las frases están traducidas por si se necesita.)

1. A el le va bien. *(It's going well for him.)* **2.** Di que el rey te lo dio. *(Say that the king gave it to you.)* **3.** Vio a Dios. *(She saw God.)* **4.** El te no me da tos. *(Tea doesn't make me cough.)* **5.** No se si se fue. *(I don't know if he left.)* **6.** Tu no le des. *(Don't you feed her.)* **7.** Tu voz se te va. *(Your voice is going.)* **8.** Sin ti no se lo da. *(Without you she won't give it to her.)* **9.** No le de la fe. *(Don't give him your faith.)* **10.** Yo si se la di. *(I did give it to her.)* **11.** A ti te doy lo que hay. *(I give you what there is.)* **12.** No hay mas miel por mi. *(There is no more honey because of me.)*

Ejercicio 1.28 Ponga un acento donde se necesite; la sílaba tónica (con énfasis) de las palabras de más de una sílaba está en negrilla.

1. Aun los **ri**cos nece**si**tan a**mor**. **2.** Los **ni**ños a**un** no han co**mi**do. **3.** Es**toy** **so**lo. **4.** **So**lo me **sien**to **so**lo **cuan**do **an**do mal acompa**ña**do. **5.** **Pa**same **e**sa **lla**ve, por fa**vor**. **6.** No **quie**ro **es**ta **fru**ta, pre**fie**ro **e**sa. **7.** Por **e**so no **qui**so ir con no**so**tros. **8.** Me gusta**ri**a com**prar**me **e**se te**rre**no. **9.** ¡Que **bue**na **suer**te **tie**nes! **10.** ¡**Co**mo **can**ta!

Ejercicio 1.29 Ponga un acento sobre los **que** que lo necesiten.

1. Prefiero **que** no llueva. **2.** ¿**Que** dijiste? **3.** No sé **que** dije. **4.** Creo **que** dije **que** preferiría **que** no lloviera. **5.** ¡**Que** locura! **6.** Dime **que** crees. **7.** El día **que** no llueva aquí, no sabremos **que** hacer. **8.** Haremos lo **que** ustedes quieran. **9.** La última vez **que** vinieron, nos costó mucho decidir **que** cuarto darles. **10.** ¡**Que** duerman en el piso!

Ejercicio 1.30 Llene el espacio en blanco con **porque** o **por qué;** traduzca las frases 4 y 5.

1. Te llamé ____ tengo noticias. **2.** ¿_____ no me llamaste antes? **3.** No te puedo decir _____: ¡es un secreto! **4.** El asesino no pudo explicar _____ había matado al policía. **5.** El asesino no lo pudo explicar _____ había matado al policía. **6.** Yo creo que lo hizo _____ tenía miedo. **7.** ¿Tú matarías a alguien simplemente _____ tienes miedo? **8.** ¿_____ no? **9.** ¡______ no se debe matar a nadie! **10.** No sé _____ se fue. **11.** Se fue _____ no le hacías caso.

Ejercicio 1.31 Póngale acento a **como** si lo necesita; traduzca las frases 4–7.

1. **Como** no tengo hambre, no **como.** **2.** ¿**Como** puedes decir eso? **3.** Necesitas pensar **como** yo para comprenderme. **4.** Muéstrame **como** comes con palillos. **5.** ¡**Como** comes! **6.** ¿**Como como**? **7.** **Como como como.** **8.** Ella se viste **como** yo. **9.** Es un libro **como** los demás. **10.** Si baila **como** canta, ha de ser una maravilla.

Ejercicio 1.32 Póngale acento a **cuanto** si lo necesita.

1. ¿**Cuanto** cuesta este cuarto? **2.** No sé **cuanto** cuesta. **3.** ¿**Cuantos** hermanos tienes? **4.** Me pregunto **cuantos** años tiene esa mujer. **5.** Nadie sabe **cuantas** veces se repetirá. **6.** Le di **cuanto** dinero tenía al ladrón. **7.** No sabe **cuanto** me arrepentí de darle mi dinero. **8.** La profesora le dará **cuanta** información tenga.

Ejercicio 1.33 Póngale acento a **donde** si lo necesita.

1. ¿**Donde** vives? **2.** Vivo **donde** viven mis padres. **3.** No sé **donde** vive mi amiga. **4.** Me dijo **donde** vivía, pero se me olvidó. **5.** Apunté su dirección en la libreta **donde** tengo todas las direcciones. **6.** No sé **donde** puse la libreta. **7.** ¿...No estará **donde** siempre la pones?

Ejercicio 1.34 Póngale acento a **cuando** si lo necesita; traduzca las frases 7 y 8.

1. Llegarán **cuando** estemos en la finca. **2.** ¿**Cuando** llegas? **3.** No me dijo **cuando** iban a llegar. **4. Cuando** lleguen, les serviremos cerveza. **5.** ¿Nos escondemos **cuando** los veamos llegar? **6. Cuando** me gradúe, iré al Caribe. **7.** ¿… **cuando** te gradúes? **8.** ¿**Cuando** te gradúas?

Ejercicio 1.35 Póngale acento a **quien** si lo necesita.

1. ¿**Quien** se llevó mi paraguas? **2.** No sé **quien** se lo llevó. **3.** El amigo con **quien** vino Marieta tenía paraguas. **4.** ¿Te dijo **quien** era el chico con **quien** estaba? **5.** No me dijo con **quien** había venido. **6.** Dime con **quien** andas y te diré **quien** eres.

Acentos (Repaso)

Ejercicio 1.36 Ponga un acento sobre las vocales que lo necesiten; la sílaba con énfasis está en negrilla, a menos que sea monosílaba.

ARMANDO: ¿**Es**ta Juan?

MIGUEL: **Cre**o que fue al **ci**ne, y no se **cuan**do va a regre**sar.** ¿**Pa**ra que lo **quie**res?

ARMANDO: **Quie**ro pe**dir**le pres**ta**do un **li**bro **pa**ra mi **cla**se de espa**ñol**.

MIGUEL: ¿**Sa**bes que **li**bro es?

ARMANDO: Si. Es **u**no que **tie**ne la por**ta**da **ne**gra.

MIGUEL: Yo se **don**de lo **tie**ne, **pe**ro no es**toy** se**gu**ro si te lo po**dri**a pres**tar.**

ARMANDO: A mi me **di**jo que no lo necesi**ta**ba **es**te se**mes**tre.

MIGUEL: Si tu te lo **lle**vas, y el lo nece**si**ta, yo voy a sen**tir**me muy mal. ¿Por que no te **to**mas **u**na **ta**za de te, y es**pe**ras a que re**gre**se Juan?

ARMANDO: **Bue**no. **Mien**tras es**pe**ro, **pres**tame el **li**bro **pa**ra mi**rar**lo, por fa**vor**.

MIGUEL: Voy a bus**car**lo. […] ¿Es **es**te, ver**dad**?

ARMANDO: No, **e**se no. Es el **o**tro, el de gra**ma**tica. **Tie**ne **ca**si la **mis**ma por**ta**da, **pe**ro un **ti**tulo dife**ren**te.

MIGUEL: A ver si lo en**cuen**tro; es**pe**rame. […] A**qui** lo **tie**nes.

ARMANDO: **Gra**cias.

ATAJO

Phrases:	Describing the past; Sequencing events
Vocabulary:	Emotions
Grammar:	Accents; Verbs: Preterite; Verbs: Imperfect

Ejercicio 1.37 Temas de ensayo y de práctica oral.

a. Ensayo

Escriba un párrafo en el pasado sobre uno de los temas siguientes. Cada vez que escriba una palabra, piense en la pronunciación correcta de la palabra, y decida si necesita acento o no.

1. un momento inolvidable
2. una experiencia cómica
3. una lección cultural

b. Práctica oral

En parejas, estudien un párrafo escrito de los temas de ensayo de arriba. En español, analicen cada palabra juntos para determinar si la decisión de usar acento, o no, era correcta. ¿La palabra es llana, esdrújula, sobresdrújula? ¿Es monosílaba? ¿Necesita acento? ¿Por qué?

Capítulo 2 Los sustantivos y sus determinantes

A. Los sustantivos y sus equivalentes (Introducción)

Capítulo 2.A.1, páginas 30–33

Ejercicio 2.1 Preguntas conceptuales.

What is a noun? What type of grammatical functions can it have in a sentence? What other types of words can behave this way? What is a nominalized word? Can you think of an example?

Ejercicio 2.2 Traduzca las oraciones siguientes, usando equivalentes de nombres para lo que está en negrilla ("lo que está en negrilla" = *what is boldfaced*).

1. "Which of these books is mine?" "That one is **yours**." 2. I prefer **walking** in the morning. 3. **Tall people** and **blonde people** always stand out here (stand out = *sobresalir*). 4. In the Hispanic world, **older people** live with their families. 5. **Decent people** often lose. 6. **The good guy** and **the bad guy** in this movie look alike (*se parecen*). 7. **Good and evil** are enemies. 8. **What is strange** is the color. 9. **That foreigner** speaks Spanish. 10. Sometimes **what is foreign** is frightening (*asusta*) because it's different. 11. In this picture, **the one in the grey suit** (*traje*) is my father, **the one with the hat** is my brother, and **the ones above** are my cousins.

Los sustantivos y sus equivalentes (Sustantivos: género y número)

Capítulo 2.A.2 a–b, páginas 33–36

Ejercicio 2.3 Use un artículo definido con cada palabra para indicar si es masculina o femenina.

Esa mañana cuando vio ______ amanecer, renació en ella brevemente ______ amor por ______ vida. Recordó ______ cena de aquella última noche, ______ sal y ______ miel que había puesto en ______ arroz exótico que había preparado para celebrar su aniversario; recordó _____ poema que su marido le había leído; y también recordó _____ metal helado de _____ barandal en que se había recargado para no desmayarse, _____ auto, _____ barro, _____ ataúd. Y luego revivió _____ días que pasó en _____ cama, sin salir nunca de _____ casa en que habían vivido tantos años juntos; por _____ mañana recogía _____ periódico, hacía _____ crucigrama, leía sobre _____ problemas de _____ capital, _____ carril extra que iban a poner, _____ catedral y _____ cárcel que se tenían que reparar. Y miraba _____ césped que no paraba de crecer, y todas _____ ramas que se acumulaban porque había perdido _____ costumbre de cuidar _____ propiedad. Miraba _____ televisión, buscaba _____ dramas con _____ tramas más simples, _____ telenovelas, y _____ programas sensacionalistas, como el que hablaba sobre _____ hotel en que todos _____ huéspedes tenían pesadillas. Se le estaba olvidando _____ español, _____ idioma que hablaba con él. Tenía frente a ella _____ foto de su marido, y un recorte de periódico con _____ cara de _____ juez que le había dado _____ libertad a _____ asesino. Pasó _____ mano por _____ papel como para tocar de nuevo al ser que había perdido; acercó _____ imagen a _____ luz. Sintió _____ piel que le ardía por _____ rabia. _____ lunes iría a _____ corte, y llevaría _____ lápiz que había encontrado y que serviría posiblemente de prueba; les hablaría de _____ ruido que había oído que era como _____ señal de _____ radar de un coche. No podía aceptar que _____ corrupción en _____ sistema hubiera llegado a tal punto. No sabía si se atrevería a irse en _____ moto de su marido, o si tomaría en vez _____ tranvía. Miró _____ mapa de _____ ciudad para determinar _____ distancia. Era increíble _____ poder de _____ mal, y _____ imposibilidad de elevar _____ moral después de semejante lección. Después de luchar por _____ justicia, se daría _____ viaje que habían planeado darse juntos a _____ Pirineos.

Ejercicio 2.4 Escriba el equivalente femenino de las siguientes palabras.

el hombre, el estudiante, el joven, el actor, el modelo, el turista, el rey, el policía, el comunista, el toro

Ejercicio 2.5 Indique en español la diferencia de significado entre el masculino y el femenino de los siguientes nombres.

1. el policía / la policía **2.** el papa / la papa **3.** el guía / la guía
4. el cura / la cura

Los sustantivos y sus equivalentes (*A* personal)

Capítulo 2.A.3, páginas 36–38

Ejercicio 2.6 Llene el espacio en blanco con el **a** personal si se necesita.

1. Le gusta mirar _____ la televisión. **2.** Vimos _____ nuestros vecinos en el centro. **3.** No reconocieron _____ mi hermano. **4.** ¿_____ quién viste hoy? **5.** ¿_____ qué viste hoy? **6.** Estoy buscando _____ mis llaves. **7.** Esa compañía busca _____ empleados nuevos. **8.** El jefe buscaba _____ su secretaria. **9.** Tienen _____ tres gatos. **10.** Tiene _____ su hijo en una escuela privada. **11.** _____ ellas no las vieron hasta el final. **12.** No oímos _____ nadie. **13.** ¿Viste _____ alguien? **14.** ¿Quieres _____ algo?

Ejercicio 2.7 Sustituya el objeto directo en negrilla con las palabras entre paréntesis, y añada el **a** personal cada vez que se necesite. Fíjese que los verbos **mirar** (*to look at*), y **esperar** (*to wait for, to expect*) en español toman un objeto directo.

1. Miro **el libro** (el jardín, mi hermanito, tus ojos, la pizarra, la película, los vecinos, el periódico, el espejo). [*I look at the book, the garden, my little brother, your eyes, the blackboard, the movie, the neighbors, the newspaper, the mirror.*]
2. No oye **el teléfono** (Juan, mi gato, nadie, la tarea, el profesor, la explosión, tu voz, los niños en la calle, nada). [*He doesn't hear the telephone, Juan, my cat, anybody, the assignment, the professor, the explosion, your voice, the children in the street, anything.*]
3. Jorge tiene **un apartamento** (un hermano, una computadora, dos coches, su abuelo en un asilo de ancianos). [*Jorge has an apartment, a brother, a computer, two cars, his grandfather in a home.*]
4. Quiero **dinero** (amigos, felicidad, amor, comida, mis padres, mi familia, vivir bien). [*I want money, friends, happiness, love, food; I love my parents, my family; I want to live well.*]
5. Espera **mi llamada** (la alarma, Luis su respuesta, tus hermanos, tu padre, alguien, ¿Quién?, ¿Qué?). [*Wait for my call, the alarm, Luis, his answer, your brothers, your father, someone, Whom is (s)he waiting for? What is (s)he waiting for?*]
6. Vio **una casa** (una amiga, la pantalla, el reloj, mi perro, la carta, la gente que quería, gente). [*He saw a house, a friend, the screen, the watch, my dog, the letter, the people he wanted, people.*]

Ejercicio 2.8 Traduzca al español, usando el **a** personal cuando se necesite.

She looked at the mirror and then she looked at her fiancé *(novio)* out in the garden. Then, she checked *(verificó)* her makeup *(maquillaje)* and her hairdo *(peinado)* and admired her dress. She had two sisters who had gotten married before her. She had her mother, waiting outside while she spent one last moment alone. She loved Rodolfo. She had never met anyone like him. She wanted this wedding, but she was afraid. She didn't want to lose her childhood. She didn't want to lose her family. Suddenly, she heard her name. She heard her mother. And she remembered her mother and her father and their happiness. And she felt ready.

B Los determinantes de los sustantivos (Artículos: artículos definidos)

Capítulo 2.B.1.a, páginas 39–43

Ejercicio 2.9 Póngale a cada nombre el artículo definido correcto. Todos los nombres de la lista son femeninos, pero ¿usan **la** o **el**?

avioneta, atracción, avenida, agua, alarma, alma, ama, águila, aguja, autonomía, aula, avicultura, ave, habitación, habichuela, hacha, hamburguesa, hambre, hartura, aguas, alarmas, almas, hambres

Ejercicio 2.10 Llene el espacio en blanco con un artículo definido si se necesita.

1. _____ vida debe disfrutarse. **2.** _____ señor Ruiz dice que _____ chocolate es malo para _____ salud, pero _____ doña Luisa sabe que él come _____ chocolate todos los días. **3.** —_____ Señorita Guzmán, ¿le gusta _____ chocolate? **4.** Ayer compramos _____ verduras, pero no tenían _____ verduras que tú pediste. **5.** _____ inglés es más difícil que _____ español. **6.** Hablo _____ español, pero sueño en _____ inglés. **7.** Mi clase de _____ español es la más divertida de todas. **8.** Aprendí _____ español cuando tenía seis años. **9.** A mi padre le costó trabajo aprender _____ español. **10.** Salieron temprano de _____ escuela y, como su padre había salido de _____ cárcel ese día, fueron a _____ iglesia a dar gracias. **11.** Salimos de _____ clase y fuimos directamente a _____ casa porque teníamos que vestirnos para llegar a _____ misa a tiempo. **12.** _____ miércoles vamos a tener una prueba. **13.** ¡Hasta _____ jueves! **14.** Hoy es _____ viernes.

Ejercicio 2.11 Traduzca, usando artículos definidos donde se necesiten.

1. Happiness is found in love. **2.** Family and friends are the basis of a good life. **3.** I speak Spanish. I read French easily. **4.** Let's go home. **5.** See you Monday! *(Hasta…)* **6.** People who need people are lucky. **7.** People arrived constantly. **8.** News in the papers is mostly bad news. **9.** Professor López, news about your colleague Professor Gómez came today. **10.** I washed my hands. **11.** She raised her hand. **12.** They put him in jail. **13.** On Friday there's no class. **14.** The chicken is for Tuesday.

Los determinantes de los sustantivos (Artículos: artículos indefinidos)

Capítulo 2.B.1.b, páginas 43–45

Ejercicio 2.12 Llene el espacio en blanco con un artículo indefinido si se necesita.

1. Jorge es _____ arquitecto. **2.** Carlitos es _____ argentino. **3.** Rafael es _____ hombre interesante. **4.** Es _____ cantante mexicano. **5.** Georgina es _____ protestante muy severa. **6.** ¡Qué _____ dilema! **7.** ¡Qué _____ lindo día! **8.** Esa viejita acaba de cumplir _____ cien años. **9.** Vamos a discutir _____ otro tema ahora. **10.** —Tomaría _____ mil años corregir el daño que se ha hecho. —Lo dudo. Yo creo que tomaría _____ millón. **11.** Dentro de _____ media hora nos iremos. **12.** No tengo _____ bicicleta. **13.** Ese pobre chico no tiene ni _____ amigo. **14.** Se fue sin _____ chaqueta.

Ejercicio 2.13 Traduzca.

Margarita was Puerto Rican. She was a student at the University of Puerto Rico. She was a hardworking student, and she had a certain style in the way she expressed herself that her professors considered original. She once won a prize of a hundred dollars for an analytic essay. She wrote one hundred words on one topic, with three and a half pages of references. She wrote without a computer; she didn't even have a typewriter. What a writer! Nobody had ever seen such a thing. There hasn't been another writer of her quality since she graduated.

Los determinantes de los sustantivos (Adjetivos: adjetivos demostrativos)

Capítulo 2.B.2.a, páginas 45–46

Ejercicio 2.14 Llene cada espacio en blanco con todas las posibilidades.

este, esta, estos, estas, ese, esa, esos, esas, aquel, aquella, aquellos, aquellas

1. ¿De quién es _____ automóvil? **2.** ¿Para quién son _____ mensajes? **3.** ¿Por qué viajan por _____ carreteras? **4.** ¿Te acuerdas de _____ mañana? **5.** ¿Por qué no paramos en _____ gasolinera? **6.** _____ mapa no nos sirve para nada. **7.** ¿Ves _____ montañas? No paremos hasta llegar allá.

Ejercicio 2.15 Traduzca.

1. Are those books new? **2.** These apples are for you *(fam. sing.)*. **3.** That class does not cover these topics. **4.** These students are very good. **5.** That man is a friend. **6.** Those days are unforgettable.

Los determinantes de los sustantivos (Adjetivos: adjetivos posesivos)

Capítulo 2.B.2.b, páginas 46–47

Ejercicio 2.16 Llene cada espacio en blanco con todas las posibilidades.

mi, mis, mío, mía, míos, mías;
tu, tus, tuyo, tuya, tuyos, tuyas;
su, sus, suyo, suya, suyos, suyas;
nuestro, nuestra, nuestros, nuestras;
vuestro, vuestra, vuestros, vuestras

1. Ésa es _____ casa. **2.** _____ coche es más económico que el mío. **3.** _____ problemas no se pueden resolver en un día. **4.** _____ manos son más grandes que las mías. **5.** ¿Tienes las llaves _____ ahí? **6.** ¿Cuántos amigos _____ vienen? **7.** Espero que _____ familia haya pasado un fin de semana fantástico.

Ejercicio 2.17 Traduzca.

1. My cousins are coming today. **2.** Did your brother call *(fam. sing.)*? **3.** His arm is swollen. **4.** Their books are wet. **5.** She gave me her ring. **6.** She is a friend of mine. **7.** This pen is mine.

Los determinantes de los sustantivos (Adjetivos: formas de los adjetivos calificativos)

Capítulo 2.B.2.c, páginas 47–49

Ejercicio 2.18 Haga los cambios necesarios para que el adjetivo concuerde con el nombre.

1. la casa (verde) **2.** la casa (blanco) **3.** la casa (azul) **4.** el político (respetable) **5.** el político (izquierdista) **6.** el político (prometedor) **7.** la profesora (severo) **8.** la maestra (comunista) **9.** los niños (feliz) **10.** los vecinos (gritón)

Los determinantes de los sustantivos (Adjetivos: posición de los adjetivos calificativos)

Capítulo 2.B.2.d, páginas 49–53

Ejercicio 2.19 Vuelva a escribir las frases siguientes usando el adjetivo entre paréntesis para modificar el nombre en negrilla. Luego traduzca la frase al inglés.

1. La **vez** que fui a Madrid fue en 1992. (primera) **2.** ¡**Gracias!** (Muchas) **3.** Luisito no tiene **dinero.** (tanto) **4.** Somos **hermanos.** (medio) **5.** Tráeme un **cuchillo,** por favor. (otro)

Ejercicio 2.20 Vuelva a escribir las frases siguientes usando el adjetivo entre paréntesis para modificar el nombre en negrilla. Puede haber más de una posibilidad. Haga todos los cambios necesarios.

1. Ese hombre vende **muebles.** (antiguos) **2.** La **gente** no siempre es infeliz. (pobre) **3.** A esa **millonaria** la persiguen los periodistas. (pobre) **4.** Te presento a Guzmán, un **amigo;** hoy es su cumpleaños—cumple dieciocho años. (viejo) **5.** Desde que construyeron el **garaje,** ya no usan el viejo. (nuevo) **6.** Te presento a mi **vecino.** (nuevo) **7.** Mi **esposa** está de viaje. (linda) **8.** Cornell es una **universidad.** (grande) **9.** Charlie Chaplin fue un **actor.** (grande) **10.** En esta tina, el **agua** se abre aquí. (caliente) **11.** Subimos a la **torre** de la biblioteca. (alta) **12.** Está enamorado de tu **hermana.** (bella) **13.** Cruzaron el **río** Amazonas. (ancho) **14.** Visitaron la **catedral** de Gaudí. (impresionante) **15.** Ésta es la **oportunidad** que tendremos. (única) **16.** Me gustan las **casas.** (blancas) **17.** Las **nubes** flotaban como algodón por el valle. (blancas) **18.** Era un cielo extraño: abajo había **nubes (1),** y arriba **nubes (2).** [**(1)** blancas, **(2)** negras] **19.** Esa película es de un

director. (español) **20.** Se le veía un **aire** de inseguridad. (cierto) **21.** Sabían que eran **acusaciones.** (ciertas) **22.** Tenía la **capacidad** de hacer que todos se sintieran a gusto. (rara) **23.** Era un **sonido** que nadie podía identificar. (raro) **24.** Te voy a decir la **verdad.** (pura) **25.** Es un disco de **fidelidad.** (alta) **26.** Querían estar en Sevilla para la **Semana.** (Santa) **27.** La mejor solución es usar nuestro **sentido.** (común)

Ejercicio 2.21 Traduzca al inglés de una manera que explique claramente la diferencia entre los dos usos del adjetivo en cada caso.

1. Fuimos a diferentes lugares. Fuimos a lugares diferentes. **2.** Es un buen político. Es un político bueno. **3.** Ese auto me causó puros problemas. Busca la vida pura. **4.** Tenemos raros momentos de satisfacción. Es un platillo raro. **5.** Me tomó media hora. Eso se hacía en la Edad Media. **6.** Es el único problema. Es un problema único.

Los determinantes de los sustantivos (Adjetivos: comparaciones)

Capítulo 2.B.2.e, páginas 53–56

Ejercicio 2.22 Llene el espacio en blanco con lo necesario para establecer una comparación. Cada espacio puede necesitar más de una palabra.

1. Beto come más ruidosamente _____ nadie. **2.** Sabina es más lista _____ Raúl. **3.** Elsa gana menos dinero _____ tú. **4.** Hay más _____ veinte árboles aquí. **5.** Me diste menos _____ la mitad. **6.** Mi bicicleta es mejor _____ la tuya. **7.** Hace más frío _____ esperaba. **8.** Llovió menos _____ creíamos. **9.** Nunca ganaré tanto dinero _____ Héctor. **10.** Ese coche es _____ bello como éste. **11.** Esa niña grita más _____ las demás. **12.** Había menos _____ cinco jugadores en la cancha. **13.** Ese examen no fue tan fácil _____ los otros. **14.** Compré más servilletas _____ necesitábamos. **15.** Hay más servilletas _____ invitados. **16.** Tengo menos trabajo _____ esperaba. **17.** Elvira trabaja _____ como su hermano, pero no gana _____ dinero como él. Y a mí me parece que él no es _____ listo como ella.

Ejercicio 2.23 Escriba tres comparaciones para cada serie de dos elementos, una con **más,** otra con **menos** y otra de igualdad (con **tan** o **tanto**).

1. España y México. **2.** Los Estados Unidos e Hispanoamérica. **3.** Las culturas hispanas y las culturas anglosajonas. **4.** El amor y el odio. **5.** La televisión y el cine. **6.** La escuela y la universidad. **7.** Los niños y los adultos.

Capítulo 2 Repaso

Ejercicio 2.24 Llene los espacios en blanco con la traducción de lo que se encuentra entre paréntesis, con su selección de las opciones ofrecidas, o con lo que le parezca lógico para el contexto. Si no debe ponerse nada en el espacio en blanco, use el símbolo "Ø".

Hace como veinte años yo fui a estudiar a _____ Estados Unidos para obtener _____ licenciatura en _____ (un/una) universidad allá. _____ primer año lo pasé con muchísimos contratiempos causados por _____ inglés *(caused by English)*, idioma que en _____ entonces *(at that time, back then)* yo casi no hablaba y mucho menos comprendía. Tuve que tomar _____ (un/una) examen para demostrar cuánto inglés sabía, y qué clases necesitaba tomar para poder comprender _____ (los/las) conferencias y hacer todos _____ (los/las) trabajos escritos durante _____ *(my)* futuros estudios en _____ *(that)* universidad. Se me hizo muy difícil comprender _____ (estas/aquellas) conferencias de biología, dadas en _____ (un/una) enorme salón con otros cientos de estudiantes que, al igual que yo, estaban en _____ *(their)* primer año. Recuerdo que casi no podíamos ver _____ *(the)* profesor si no teníamos _____ *(the)* suerte de sentarnos hacia _____ *(the)* frente del salón, cosa que yo siempre trataba de hacer pues se me facilitaba así entender mejor lo que él decía.

_____ *(Some of my)* recuerdos más gratos de _____ *(that first year)* fueron de _____ *(my new friends)* allá, por medio de los cuales pude comprender y aprender un poco sobre _____ *(the culture of that country)* donde iba a vivir durante _____ *(so much time)*. No es por nada, pero de verdad que la mía fue _____ *(a unique experience)* comparada con _____ *(the one)* de muchos que _____ *(were better prepared than I was)*. Imagínate _____ *(that type)* de estudiante que se la pasa perdiendo el tiempo, yendo a fiestas cada semana, y dejando _____ *(their)* trabajo para último minuto, _____ (ese/este) mismo que se queja _____ *(more strongly than anyone)*. En realidad puedo decir que aproveché _____ *(my)* tiempo en Estados Unidos. El último año ya _____ *(English)* era parte de _____ *(my daily life)*; podía hacer todos los trabajos _____ *(without a problem)* y salí _____ *(as well as my friends)* en todas las clases que tomé.

¿Qué fue _____ *(the best [thing])* de haber estudiado allá? Creo que fue el haber conocido _____ *(another culture)* y el haber compartido _____ *(mine)* con _____ *(many other foreign students)* cuyos intereses y experiencias eran a veces diferentes y otras similares a los míos. _____ (El/Lo) bueno fue haber visto en persona _____ *(the great melting pot* [crisol]) de razas y culturas en un ámbito estudiantil y con todos nosotros llenos de esperanzas para _____ *(a better international future)*. Por eso, hija mía, yo estoy contentísima de _____ *(your)* interés en estudiar _____ *(abroad)* y apoyo tu decisión.

ATAJO

Phrases: Comparing and contrasting; Describing people
Vocabulary: Body; Family members; Nationality; Personality; People
Grammar: Adjective agreement; Article; Nouns: Irregular gender

Ejercicio 2.25 Temas de ensayo y de práctica oral.

a. Ensayo

Prestando atención al uso de artículos y adjetivos, y a la forma, género y número de los nombres, escriba un párrafo sobre uno de los temas siguientes:

1. describa a su mejor amigo
2. compare a dos de sus amigos
3. describa a su familia

b. Práctica oral

1. Hable con un amigo hispano, y pídale que le describa a los diferentes miembros de su familia. Preste atención para oír cómo los describe, qué adjetivos y artículos usa, y cómo usa la **a** personal, y si nominaliza algunos adjetivos. Luego, hágale preguntas más específicas para comparar a los miembros de su familia, practicando sus adjetivos, comparativos, y superlativos. Por ejemplo: De tus hermanos, ¿cuál es el más atlético (o la más atlética)? ¿qué deportes le gustan al (a la) menor? ¿y al (a la) mayor? ¿En tu familia, hay alguien que sea más valiente, más original, más listo, más orgulloso, etc. que los demás? ¿Qué miembro de tu familia baila / canta / cocina mejor? etc.
2. En clase, descríbales a sus compañeros la familia de su amigo hispano. Preste atención a los adjetivos, artículos, **a** personal, comparativos y superlativos.
3. Conversación informal. Comparen en grupos sus experiencias de viaje. Presten atención a los adjetivos, artículos, **a** personal, comparativos y superlativos.
4. Debate. La mejor mascota. Hagan un debate en clase sobre los gatos y los perros. Comparen las cualidades de estos animales, y lo que hace que unos sean mejores que otros como mascotas. Presten atención a los adjetivos, superlativos y comparativos.
5. Encuesta. Fuera de clase, haga una encuesta *(poll)* informal entre estudiantes y profesores hispanos sobre el racismo y el etnocentrismo que han presenciado en su vida. Tome apuntes para preparar un informe *(report)* para la clase. Preste atención a los adjetivos, artículos, **a** personal, comparativos y superlativos.

Capítulo 3 Los pronombres

A Pronombres personales (Definiciones)

Capítulo 3.A.1, páginas 60–62

Ejercicio 3.1 Preguntas conceptuales.

What is a pronoun? What is its relationship with a noun? What type of grammatical functions can it have in a sentence? What other types of words can behave this way? What different types of pronouns exist?

Pronombres personales (Pronombres sujeto)

Capítulo 3.A.2, páginas 63–66

Ejercicio 3.2 Decida si se necesita pronombre sujeto o no.

1. —¿Cuándo salieron? —[Nosotros / Ø] salimos a las siete. **2.** —¿Quién está ahí? —Soy [yo / Ø]. **3.** —¿Qué hacen? —[Ellos / Ø] están comiendo. **4.** Mis vecinos sacaron la basura, pero [yo / Ø] no me acordé. **5.** ¿Tendrías [tú / Ø] tiempo de ayudarme? **6.** —¿Por qué no está Luis? —[Él / Ø] está enfermo.

Ejercicio 3.3 Traduzca, prestando atención al sujeto: ¿necesita pronombre en español? (*you* = tú)

1. I bought a book. **2.** It is in José's room. **3.** We are going to study together this afternoon. **4.** You have to start your assignments *(tareas)* for tomorrow. **5.** They [your assignments] are long. **6.** I know you studied, but I have not finished yet. **7.** María is here; she wants to talk to you.

Ejercicio 3.4 En el próximo párrafo hay varios momentos de ambigüedad y de repetición innecesaria. Añada los pronombres que faltan y tache los innecesarios.

Mike y Luisa han sido novios desde hace ya cinco años. Ellos se quieren mucho y ellos se van a casar. Tiene seis años más que ella, pero parece más madura que él. Desde niña había soñado con una boda maravillosa, con toda su familia y sus amigos presentes. Pero no quiere lo mismo que ella: prefiere una boda muy privada, en que sólo estén ellos dos, y dos testigos.

Pronombres personales
(Pronombres de objeto directo)

Capítulo 3.A.3, páginas 67–69

Ejercicio 3.5 Reemplace **la comida** con un pronombre y vuelva a escribir la frase.

1. Traigan la comida. (mandato) **2.** Quiero guardar la comida. **3.** He guardado la comida. **4.** Están cocinando la comida. **5.** Compramos la comida. **6.** No toques la comida. (mandato)

Ejercicio 3.6 Vuelva a escribir la frase reemplazando el objeto directo con un pronombre.

1. Veo a mi vecina por esta ventana. **2.** Llevé a mis hijas al banco.
3. No conocen a la maestra. **4.** Josefina es un poco extraña; nadie entiende a Josefina. **5.** Los vecinos miraban a la muchacha mientras barría la calle.
6. El vendedor llamó a la clienta. **7.** Oían a la niña cantar. **8.** Oían a la niña cantar la canción. **9.** Buscaron a la asesina. **10.** Encontraron a la doctora.
11. Invitaron a Anita al baile. **12.** Extraño a mi madre.

Ejercicio 3.7 Vuelva a escribir la frase reemplazando el objeto directo con un pronombre.

1. Veo a mi vecino por esta ventana. **2.** Llevé a mis hijos al banco.
3. No conocen al maestro. **4.** Roberto es un poco extraño; nadie entiende a Roberto. **5.** Los vecinos miraban al muchacho mientras barría la calle.
6. El vendedor llamó al cliente. **7.** Oían al niño cantar. **8.** Oían al niño cantar la canción. **9.** Buscaron al asesino. **10.** Encontraron al doctor. **11.** Invitaron a Panchito al baile. **12.** Extraño a mi padre.

Ejercicio 3.8 En el próximo párrafo hay mucha repetición innecesaria. Encuentre los nombres que son objeto directo, tache (*cross out*) los que son innecesarios y reemplácelos con pronombres.

Tengo la costumbre de observar a mis vecinos. Ayer vi a mis vecinos llegar en su coche: habían comprado plantas nuevas; sacaron las plantas del coche y dejaron las plantas en la tierra cerca de la casa porque no podían ponerse de acuerdo sobre dónde poner las plantas. Ella quería meter las plantas en la casa. Él le dijo que prefería dejar las plantas fuera. Ella dijo que el frío de la noche iba a matar las plantas, y él le contestó que era necesario acostumbrar las plantas a los cambios de temperatura. La situación era típica, y terminó como siempre: ella miró mal a su

(continúa)

marido y se fue, y él se encogió de hombros y siguió con lo que hacía como si nada. Después de una hora ella llamó a su marido para que entrara a cenar. Yo podía oír sus risas mientras platicaban durante la cena.

Pronombres personales (Pronombres de objeto directo e indirecto)

Capítulo 3.A.3-4, páginas 67–71

Ejercicio 3.9 Junte las partes para formar frases completas. Reemplace los nombres en negrilla con el pronombre adecuado.

1. los turistas / miraban / **a los indígenas** **2.** el policía / dijo / **al vagabundo** / que se tenía que ir **3.** regaló / **sus libros viejos** / **al asilo** **4.** mandaron / **el paquete** / **a su familia** **5.** el abuelo / contó / **el cuento** / **a sus nietos** **6.** hicieron / **la cama** / **a los huéspedes** **7.** el padre / quitó / **la llave** / **a su hijo** **8.** mi amigo / pidió / **el dinero** / **a su tía**

Ejercicio 3.10 Traduzca.

1. I beat him. **2.** I won it (it = the money = *el dinero*). **3.** They robbed him. **4.** They stole it (it = the money = *el dinero*). **5.** We believe him. **6.** We believe it. **7.** They hit him. **8.** They glued it (it = the map = *el mapa*). **9.** I paid her. **10.** I paid it (it = the bill = *la cuenta*).

Ejercicio 3.11 Siga escribiendo sobre el tema con el contexto indicado en la primera frase, usando los elementos entre paréntesis y haciendo las transformaciones necesarias para evitar la repetición.

MODELO: El candidato dio su presentación ayer. (observamos / al candidato mientras hablaba, / reconocimos / al candidato / como el mejor / y / dijimos / al candidato / que recomendaríamos / al candidato / para el puesto)

El candidato dio su presentación ayer. ***Lo*** *observamos mientras hablaba,* ***lo*** *reconocimos como el mejor y* ***le*** *dijimos que* ***lo*** *recomendaríamos para el puesto.*

1. Luisa es una amiga mía que va a estudiar a España durante un año. (conozco / a Luisa / desde hace cuatro años. / vi / a Luisa / ayer / y / hablé / a Luisa / de su año en el extranjero; prometí / a Luisa / que / escribiría / a Luisa / durante su ausencia)
2. El hijo de la señora Ruiz no llegó a su casa en toda la noche. (La señora Ruiz / llamó / a su hijo / a su teléfono celular / y / preguntó / a su hijo / por qué no / había hablado / a ella / de sus planes; / regañó / a su hijo / por su irresponsabilidad; / él / pidió / a ella / que / perdonara / a él)

3. Su adorado perrito nuevo había desaparecido. (Habían estado buscando / al perrito / desde hacía varias horas / cuando por fin oyeron / al perrito / llorando / y / encontraron / al perrito / medio enterrado en el barro; / sacaron / al perrito / y / llevaron / al perrito / a casa donde / dieron / al perrito / un baño)

Ejercicio 3.12 Vuelva a escribir el próximo párrafo usando los pronombres correctos.

Conocí a Elena el primer día que llegué a la universidad, cuando vi (a ella) en el cuarto que íbamos a compartir como compañeras de cuarto. Saludé (a ella) y dije (a ella) que estaba contenta de conocer (a ella). Ella abrazó (a mí) y contó (a mí) con mucho entusiasmo sus planes para la universidad. Poco a poco llegué a conocer (a ella) y cada vez encontraba (a ella) más simpática. Hasta el día en que entró en nuestra vida Julio. Yo vi (a él) primero, un día de frío intenso, en la cafetería, y me enamoré a primera vista. Conté (a ella) de mi experiencia, y lo único que ella quería era conocer (a él), supuestamente por mi bien, para animarme más. Pues no fue así: cuando ella vio (a él) por primera vez, ella quiso (a él) también, y él parecía querer (a ella) de la misma manera. Yo me quedé congelada, mirando (a ella) primero, luego (a él), en unos segundos que parecieron durar una eternidad. Después, dije (a ella) que yo había visto (a él) primero, y que ella no tenía el derecho de quitarme (a él). Como yo nunca había dicho (a él) lo que sentía, sin embargo, y ellos dos evidentemente compartían el mismo sentimiento de amor, yo ya había perdido. Y lo sabía. Ahora, después de muchos años, quiero (a ellos) a los dos, y visito (a ellos) y a su familia cada vez que puedo: están casados y tienen cuatro hijos. Yo nunca me casé, y así me gusta.

Pronombres personales (Pronombres de objeto repetitivos necesarios)

Capítulo 3.A.5, página 72

Ejercicio 3.13 Llene el espacio en blanco con un pronombre repetitivo de objeto directo o indirecto si se necesita. Si no se necesita nada, use el símbolo "Ø."

1. Ayer _____ compré el pan. **2.** El pan _____ compré ayer. **3.** Esta tarde _____ vi a Juan en la tienda. **4.** A Juan _____ vi en la tienda esta tarde. **5.** El correo _____ llegó hace media hora. **6.** Hace media hora que _____ llegó el correo. **7.** Marta _____ bañó al niño. **8.** Al niño Marta _____ bañó. **9.** Toda la gente _____ vio el globo. **10.** Anoche _____ terminé todos. **11.** Mañana _____ enviaremos el regalo a Marieta. **12.** No _____ digas a Juan el secreto. **13.** Nunca _____ cuentes todo a tus amigos. **14.** Ese día _____ regañaron a todos nosotros. **15.** Con esa lluvia _____ crecerán todas las plantas.

Pronombres personales (Orden de los pronombres de objeto cuando se combinan)

Capítulo 3.A.6, página 73

Ejercicio 3.14 Conteste afirmativamente, reemplazando las palabras en negrilla con pronombres, y haciendo los demás cambios necesarios.

1. ¿Te dio **los regalos**? **2.** ¿Les enseñaste **la cosecha a los vecinos**? **3.** ¿Te contó **la noticia**? **4.** ¿Le dijiste **el secreto a Socorro**? **5.** ¿Se limpiaron ustedes **las botas**? **6.** ¿Os enviaron **la carta**?

Pronombres personales (Posición de los pronombres de objeto)

Capítulo 3.A.7, páginas 74–75

Ejercicio 3.15 Conteste las preguntas siguientes en el afirmativo, reemplazando las palabras en negrilla con el pronombre adecuado si se necesita pronombre. No use los nombres en negrilla en sus respuestas. No use pronombre si no se necesita.

1. ¿Están preparando **la cena**? **2.** ¿Le pudieron vender **la casa a ese cliente**? **3.** ¿Le va a hacer **los mandados a su mamá**? **4.** ¿Le has mandado **el libro a Nilda**? **5.**¿**La casa** está pintada? **6.** ¿Te gustó **el restaurante**? **7.** ¿**Joaquín** le dio **las flores a Marina**? **8.** ¿Se habla **español**?

Pronombres personales (Pronombres de objeto preposicional)

Capítulo 3.A.8, páginas 75–77

Ejercicio 3.16 Traduzca al español. (*you* = tú)

1. This is for you. **2.** According to her, it was wrong. **3.** They were looking at him. **4.** They were looking for him. **5.** This is between him and me. **6.** Her children are like her. **7.** I am talking about you. **8.** Sing with me. **9.** I will sing with him. **10.** She took it away with her.

Pronombres personales (Repaso 1)

Ejercicio 3.17 El párrafo siguiente contiene mucha repetición: tache (*cross out*) los pronombres repetitivos innecesarios, ya sean sujeto, objeto directo u objeto indirecto.

Para Navidad yo siempre he querido ir a la playa, porque desde niña mi padre me acostumbró a mí a celebrar este día lejos de la sociedad materialista, en un rito de comunión con la naturaleza y el universo. Mi hermana, mi padre y yo, nosotros íbamos a quedarnos una semana en la playa, y desde el día en que nosotros llegábamos, nosotros empezábamos a juntar leña en un lugar que mi padre escogía en la playa, donde hubiera un enorme tronco para descansar. Nosotros juntábamos leña por toda la playa cada día antes de la Nochebuena, y esa noche, cuando el resto de la gente en el hotel estaba celebrando con grandes banquetes y bailes, nosotros salíamos a escondidas por detrás, nosotros íbamos en la oscuridad a encontrar nuestro sitio escogido, y allí nosotros nos instalábamos para pasar la noche en la playa. Nosotros encendíamos la hoguera con la leña que nosotros habíamos juntado, y nosotros nos recargábamos contra el tronco a mirar el cielo y el mar. En el cielo brillaban las estrellas, y en el mar se veían las luces que echaban unos pececitos minúsculos. Era un espectáculo realmente impresionante. Las olas producían un ritmo que nos calmaba a nosotros. De vez en cuando mi padre rompía el silencio, y él nos contaba a nosotros de sus experiencias como vaquero, o él nos recitaba a nosotros uno de sus poemas, o él nos cantaba a nosotros una canción y él nos pedía a nosotros que nosotros cantáramos también. Son momentos que yo jamás olvidaré. Y por eso, ahora que ya yo soy mayor y que mi padre ha muerto, cada vez que llega la época de Navidad, yo me dirijo hacia una playa.

B *Se* (Pronombres reflexivos)

Capítulo 3.B.2, páginas 78–80

Ejercicio 3.18 Traduzca, usando verbos reflexivos. (*you* = tú)

1. We noticed his smile. **2.** He fell in love with her. **3.** We worry about you. **4.** They found out about the accident the next day. **5.** I took off my clothes. **6.** She stayed there. **7.** We complained about the time. **8.** He said good-bye to his family. **9.** They realized it was late. **10.** They never got used to the weather. **11.** He does not dare knock at the door. **12.** They look like their mother.

Ejercicio 3.19 Reemplace el nombre objeto directo de las siguientes frases con un pronombre, y luego añada una segunda parte de la frase que sea reflexiva. Use los pronombres que necesite para marcar el énfasis.

MODELO: Veo **a mi hermano.** (…y a mí también…)

Lo veo a él y me veo a mí mismo también.

1. Conocemos **a Isabel.** (…pero a nosotros mejor…) **2.** Oyes **a tus compañeros.** (…y a ti al mismo tiempo…) **3.** Roberto respeta **a sus padres.** (…y a Roberto también…)

Ejercicio 3.20 Vuelva a escribir el párrafo siguiente llenando los espacios en blanco con el pronombre que se necesite: puede ser reflexivo o no. Si no se necesita nada, escriba el símbolo "Ø". Si el pronombre va conectado al verbo, el número precede al verbo.

Esa mañana los pájaros **(1)** _____ despertaron a Marisol. Después de **(2)** estirar_____, **(3)** _____ levantó, **(4)** _____ cepilló los dientes y **(5)** _____ bañó. Después del baño, **(6)** _____ secó **(7)** _____, **(8)** _____ maquilló con mucho cuidado, y **(9)** _____ peinó **(10)** _____ de la manera más sencilla. **(11)** _____ miró **(12)** _____ en el espejo por buen rato, para asegurar **(13)** _____ de que todo estuviera perfecto: este día iba a tener la entrevista de trabajo más importante de su vida, y **(14)** _____ sentía muy nerviosa. **(15)** _____ conocía **(16)** _____ muy bien, y **(17)** _____ sabía que si no estaba perfectamente presentable, no estaría cómoda en la entrevista. La compañía que **(18)** _____ iba a entrevistar **(19)** _____ había llamado **(20)** _____ la semana anterior para hacer cita para ese día. La madre de Marisol y la dueña de la compañía **(21)** _____ conocían **(22)** _____ desde antes de que ella naciera, y fue así que Marisol consiguió la cita. Ahora tenía miedo de quedar mal con su madre, porque **(23)** _____ sentía que si no conseguía el trabajo, iba a **(24)** desilusionar_____. Ambas eran mujeres fuertes: Marisol y su madre **(25)** _____ conocían bien a sí mismas, pero no **(26)** _____ conocían **(27)** _____.

Se (Construcción *se me*: el *se* accidental)

Capítulo 3.B.3, páginas 80–83

Ejercicio 3.21 Vuelva a escribir estas frases usando el **se** accidental.

1. Olvidamos nuestra cita. **2.** Quemé los plátanos. **3.** Perdimos nuestras llaves. **4.** Mojaron su pelo. **5.** Rompiste tu taza.

Ejercicio 3.22 Traduzca las frases siguientes usando el **se** accidental y el verbo indicado. (*you* = tú)

1. He left his book. *(quedársele a uno)* **2.** Our clothes got wet. *(mojársele a uno)* **3.** I ran out of coffee. *(acabársele a uno)* **4.** Your papers fell. *(caérsele a uno)* **5.** She forgot her notes. *(olvidársele a uno)* **6.** Their plates broke. *(rompérsele a uno)*

Ejercicio 3.23 Llene el espacio en blanco con lo que falta para completar la frase, usando el modelo como base.

MODELO: A Marta se **le** olvidó el libro.

1. A Jorge se _____ perdió el paraguas. **2.** A nosotros se _____ rompió el jarro. **3.** A mí se _____ cayó el guante. **4.** Se _____ quemaron los frijoles a ti. **5.** A los niños se _____ cierran los ojos.

Ejercicio 3.24 Conjugue el verbo en la forma correcta del pretérito.

1. Se nos (olvidar) los regalos. **2.** A ti se te (olvidar) las llaves. **3.** A la niña se le (bajar) los calcetines. **4.** A mí se me (romper) la silla. **5.** A los vecinos se les (ir) la electricidad.

Ejercicio 3.25 ¿Qué pasó? Describa las situaciones siguientes usando el **se** accidental.

MODELO: Ayer compraste un reloj, pero ahora no lo encuentras.
Se te perdió el reloj.

1. Ayer teníamos una cita, pero no fuimos porque no la habíamos marcado en el calendario. **2.** El plato que compraste lo dejaste caer accidentalmente al piso y ahora está roto. **3.** La cena que estaba preparando Beto está ahora toda negra, carbonizada. **4.** Ayer no pude terminar mi trabajo para la clase: no había luz en mi casa. **5.** Estabas jugando al fútbol y ahora tus zapatos están todos sucios. **6.** No tenemos nuestros guantes: los dejamos por error en casa.

Pronombres personales (Repaso 2)

Ejercicio 3.26 *(Sujeto, objeto directo, objeto indirecto, objeto preposicional, reflexivo,* ***se*** *accidental)* El siguiente texto está lleno de repetición excesiva: decida cuáles de las palabras en negrilla necesitan guardarse o no, o sustituirse con un pronombre.

(continúa)

Yo fui estudiante de intercambio hace unos años en México, y cuando **yo** estuve allá, **yo** viví con los Rodríguez, una familia muy simpática y generosa que **yo** nunca olvidaré. Un día cuando **yo** estaba viviendo con **los Rodríguez, ellos se** ganaron la lotería, y la vida **se** puso de repente más compleja. Cada uno de **los Rodríguez** quería algo diferente.

Don Carlos, el padre, **él** quería jubilarse porque **él** quería poder pasar más tiempo con la familia; **a él se le** había ocurrido también comprar un yate para que todos pudieran diverti**rse** paseándo**se** por el mundo.

Doña Julia, la madre, **ella** nunca había trabajado más que para su familia, y en realidad **ella** no tenía ambiciones. **Ella** deseaba que no **le** faltara nada a ninguno de sus hijos, y **ella** esperaba que el dinero sirviera ese propósito. **Ella** prefería no gastar **el dinero** en nada, sino más bien depositar **el dinero** en el banco. En realidad, **a ella** no **le** gustaba el dinero, **el dinero** representaba para **Doña Julia** una maldición, y **ella** hasta **le** tenía un poco de miedo **al dinero.**

Los hijos, Carlitos, Matilde y Rosita, **ellos** tenían cada uno de ellos un plan distinto.

Carlitos, el mayor, **él** ya **se** había graduado de la universidad, y **él** estaba buscando trabajo en diferentes bufetes de abogados, pero **él** no había conseguido nada aún. **Él** seguía viviendo con la familia. **Él** se imaginaba que el dinero **le** podría servir **a él** para abrir su propio bufete, y así **él** podría empezar a trabajar solo y ganar suficiente dinero para poder casar**se**.

Matilde estaba todavía en la universidad: **ella** estudiaba medicina. **Ella** era modesta, y **ella** no tenía ningún plan personal para el dinero, sino que veía **el dinero** como un premio para sus padres. **Ella** esperaba que con **este dinero sus padres** pudieran vivir más a gusto. **Sus padres** habían sacrificado tanto para **Matilde** y sus hermanos, que ahora **ellos** se merecían un descanso. **Ella** siempre había sido muy generosa, y **ella** pensaba en los problemas de otros en vez de los suyos. Por ejemplo, una vez, cuando **ella** trabajaba de voluntaria en una escuela de niños pobres, un niño no tenía bastante dinero para comprar**se a sí mismo** los zapatos del uniforme de la escuela, y entonces **ella** usó su propio dinero para comprarle **los zapatos al niño.**

Rosita era la más ambiciosa de todos: para **Rosita** este dinero representaba la liberación posible de toda dependencia. **Ella** quería su parte del dinero para consegui**rse a sí misma** un apartamento y vivir lejos de la familia, independiente y libre. **Yo** conocía mejor **a Rosita** que a los demás, porque **ella** era compañera mía en el colegio y **nosotros** compartíamos la misma habitación en su casa. **Rosita me** contaba **a mí** sus planes de manera muy emocional. Cuando **yo la** escuchaba **a ella, yo** podía ver la pasión que **la** impulsaba **a ella.**

Se (*Se* impersonal)

Capítulo 3.A.4, páginas 84–88

Ejercicio 3.27 Traduzca usando el **se** impersonal.

1. The house was sold. When was it sold? **2.** One tans easily in the Caribbean. **3.** The employees were fired. Why were they fired? **4.** They were not told. **5.** You do not say that in public.

Ejercicio 3.28 Las frases que siguen usan la estructura impersonal; escoja la forma correcta del verbo.

1. En algunas partes del mundo hispano se (toma / toman) una siesta por la tarde. **2.** En esa tienda se (habla / hablan) español. **3.** A los niños se les (dijo / dijeron) que no salieran de noche. **4.** En esa época, se (mataba / mataban) a los criminales. **5.** Al presidente se le (recibió / recibieron) con gran aplauso. **6.** A los estudiantes se les (mandó / mandaron) la información en verano. **7.** Al gerente se le (anunció / anunciaron) los cambios hace mucho. **8.** Se (vende / venden) libros. **9.** Aquí no se (acepta / aceptan) cheques personales. **10.** A la jefa ya se le (dio / dieron) las noticias.

Ejercicio 3.29 Traduzca haciendo los cambios necesarios para usar la estructura más natural en español.

1. He was awakened by the noise. **2.** Naps are taken at noon. **3.** We were brought up *(criar)* by our mother. **4.** You were rescued *(rescatar)* by the lifeguard *(salvavidas)*. **5.** I was moved by the speech. **6.** She was sent to the hospital. **7.** Bread was made at home in those days *(en aquel entonces)*. **8.** The passive is hardly ever *(casi nunca)* used in Spanish. **9.** The pizza was just delivered. **10.** A message was left on the door.

Ejercicio 3.30 Complete el diálogo siguiente conjugando en el presente del indicativo los verbos entre paréntesis para el **se** impersonal según el contexto lo requiera.

JOSEFA: ¿Qué se (**1.** necesitar) para la cena de mañana? ¿Lo tienes todo? Pienso salir en unos minutos y puedo comprarte lo necesario.

MARTA: Creo que lo tengo todo pero no sé cómo se (**2.** preparar) una tortilla de patatas a la española.

JOSEFA: Bueno, pues se (**3.** necesitar) como 8 huevos, 1 kilogramo de patatas y poco menos de medio litro de aceite.

(continúa)

MARTA: ¿Cuánto es un kilogramo?

JOSEFA: Como 2.2 libras.

MARTA: Déjame apuntarlo todo en un papel.

JOSEFA: Según recuerdo, primero se (**4.** lavar) las patatas ya peladas, luego se (**5.** secar), y se (**6.** cortar) en láminas bien finitas. Se (**7.** poner) a calentar el aceite en tu sartén más grande y entonces se (**8.** freír) las patatas. Se les (**9.** poder) echar un poco de sal. Cuando ya estén fritas o casi doradas, se (**10.** separar) y se (**11.** poner) a escurrir en un colador. Se le (**12.** sacar) el aceite que sobre en el sartén.

MARTA: ¿Puedo usar otra sartén en vez?

JOSEFA: Seguro, si tienes más de uno. Continúo con la receta, en un tazón aparte se (**13.** batir) los huevos y se (**14.** poner) un poco de sal; en el mismo tazón de los huevos se (**15.** echar) las patatas y se (**16.** mover) con una cuchara o un tenedor. En la sartén que decidas usar se (**17.** poner) como siete cucharadas de aceite para que sólo se cubra el fondo. Cuando se caliente la sartén, se (**18.** vertir) la mezcla de huevos y patatas. Se (**19.** mover) la sartén, y así no se (**20.** pegar) la tortilla. Cuando esté bien dorada, se (**21.** poner) una tapa encima, se (**22.** volcar) la sartén y se (**23.** escurrir) la tortilla de nuevo en la sartén. Hazlo poco a poco y con cuidado de no quemarte.

MARTA: Eso me suena difícil y se me puede caer la tortilla al suelo.

JOSEFA: Esa es la parte más difícil pero ve con cuidado y ya verás. ¿Por dónde iba?

MARTA: Cuando ya se (**24.** haber) cocinado por un lado.

JOSEFA: Bien, entonces se (**25.** volver) a mover la sartén y cuando la tortilla esté lista se (**26.** servir) en un lindo recipiente y eso es todo.

MARTA: Se (**27.** poder) servir fría, ¿verdad? porque la quiero preparar de antemano y guardarla.

JOSEFA: Sí, sí. ¿Tienes los ingredientes? Si quieres, regreso a ayudarte con la tortilla cuando termine lo que tengo que hacer.

Ejercicio 3.31 Traduzca lo que falta, usando el **se** impersonal. (Note that the English verb forms are personal, whereas in Spanish they will be rendered by the impersonal. The translation will not be literal.)

Questions and Answers about obtaining passports and official documents

Preguntas y Respuestas sobre la obtención de pasaportes y documentos oficiales

Q. *Where* ***can I*** *get a passport application?*

A. ***You get them*** *at public offices like Post Offices, City Hall, or municipal offices where passport applications* ***are accepted.***

[Q] ¿Dónde (**1**) _____ conseguir una solicitud para un pasaporte?

[A] (**2**) _____ en las oficinas públicas, como el correo, el ayuntamiento u oficinas municipales donde (**3**) _____ solicitudes para pasaportes.

Q. *Where* ***are*** *the instructions for filling out the passport forms?*

A. *They* ***are*** *on the back of the forms.*

[Q] ¿Dónde (**4**) ____ las instrucciones para llenar los formularios?

[A] (**5**) ____ al dorso de los formularios.

Q. *What* ***should I*** *do in case of a life or death emergency?*

A. ***Call*** *the National Passport Information Center (NPIC).*

[Q] ¿Qué (**6**) ____ hacer en caso de emergencia de vida o muerte?

[A] (**7**) ____ al NPIC.

Q. *How* ***do I renew*** *my passport?*

A. ***You bring in*** *your expired one, and* ***we prepare*** *a new one* ***for you****.*

[Q] ¿Cómo (**8**) ____ un pasaporte?

[A] (**9**) ____ el caducado, y (**10**) ____ uno nuevo.

Q. *My passport was lost or stolen. How* ***do I get*** *another one?*

A. ***You apply*** *in person.* ***You MUST*** *turn in Form DS-11.* ***Do not sign*** *the form until so* ***informed. You have to*** *submit a copy of a document of proof of U.S. citizenship.*

[Q] En caso de pérdida o de robo del pasaporte, ¿cómo (**11**) ____ otro?

[A] (12) ____ en persona. (**13**) ____ entregar el formulario DS11. (**14**) ____ hasta que (**15**) ____. (**16**) ____ entregar una copia de un documento de prueba de ciudadanía estadounidense.

(continúa)

Q. How long does it take to get a new one?

A. ***You can*** *get a new one in a day or two.*

[Q] ¿Cuánto tiempo toma conseguir uno nuevo?

[A] **(17)** ____ obtener uno nuevo en uno o dos días.

Q. When ***I renew*** *my passport,* ***do I get*** *the old one* ***back****?*

A. Yes, ***we give you*** *the old, cancelled passport.* ***It is a good idea*** *to keep it in a safe place as it is considered proof of your U.S. citizenship.*

[Q] Cuando **(18)** ____ un pasaporte, ¿**(19)** ____ el viejo?

[A] Sí, **(20)** ____ el viejo pasaporte ya cancelado. **(21)**____ mantenerlo en un lugar seguro pues sirve de prueba de su ciudadanía.

Q. How ***do I find out about*** *the status of my passport application?*

A. ***Call*** *the National Passport Information Center (NPIC).*

[Q] ¿Cómo **(22)** ____ el estado de la solicitud?

[A] **(23)** ____ al NPIC.

Q. How ***do I get*** *a certified copy of my birth certificate?*

A. ***Contact*** *the Vital Statistics office in the state in which you were born.*

[Q] ¿Cómo **(24)** ____ una copia certificada del acta de nacimiento?

[A] **(25)** ____ en contacto con la oficina del Vital Statistics de su estado natal.

Q. What if there is an error in the passport ***I just*** *received?*

A.. Passport Services ***sends you*** *apologies for the error in your passport.* ***You must*** *return the new passport and evidence to document the correct information.*

[Q] ¿Qué pasa en caso de error en el pasaporte que **(26)** ____ de recibir?

[A] **(27)** ____ disculpas por los errores cometidos. **(28)** ____ devolver el pasaporte nuevo junto con toda evidencia necesaria como prueba para rectificar el error.

Ejercicio 3.32 Temas de ensayo y de práctica oral.

a. Ensayo

Escriba un párrafo sobre algunos aspectos de su cultura, y cómo se contrasta con otra. Indique lo que se hace y lo que no se hace en su cultura, prestando atención al uso correcto del **se** impersonal. No use la voz pasiva con **ser.**

b. Práctica oral

Hable con un compañero sobre sus observaciones de diferencias culturales. Indique lo que se hace y lo que no se hace en su cultura, prestando atención al uso correcto del **se** impersonal. No use la voz pasiva con **ser.**

EJERCICIOS

C Pronombres demostrativos y posesivos

Capítulo 3.C.1–2, páginas 88–91

Ejercicio 3.33 Traduzca.

1. That house was more expensive than this one. **2.** "Which house do you prefer?" "I liked that one better." **3.** "Give me that." "What? This?" **4.** My sister is as brave as yours. **5.** "My parents are coming for graduation. What about yours?" (What about = *¿Y… ?*) "Mine are not coming." **6.** That medicine is his. **7.** "Which towel is yours?" "This one is mine and that one is yours." **8.** "Whose keys are these?" "These are yours *(formal sing.)*, these are his, and these are hers."

D Interrogativos

Capítulo 3.D, páginas 91–95

Ejercicio 3.34 Traduzca usando los pronombres interrogativos. (*you* = tú)

1. How did they arrive? **2.** How much sugar do you use? **3.** Which color do you like? **4.** Which one do you want? **5.** How far is the store from here? **6.** Which one is your name? *(on a list)* **7.** What is your name? **8.** How many books did you buy? **9.** How often do you go?

Ejercicio 3.35 Haga una pregunta para obtener como respuesta la palabra en negrilla de la frase.

1. Es un **libro.** **2.** Lo hice **yo.** **3.** Tengo **veinte** años. **4.** Vivo en **España.** **5.** Soy de **México.** **6.** Cerré la ventana **porque tenía frío.** **7.** Llegamos **a las diez de la noche.** **8. Éste** es el mío. **9. La diferencia entre las dos películas** es que una es más vieja que la otra. **10. Bien, gracias,** ¿y tú?

Ejercicio 3.36 Transforme las preguntas directas en indirectas, empezando la frase con lo que hay entre paréntesis. No se olvide de mantener el orden correcto de verbo y sujeto.

1. ¿De dónde son los aztecas? (Quieren saber…) **2.** ¿Cuál es la religión? (Me pregunto…) **3.** ¿Dónde vivían los incas? (Les interesa saber…) **4.** ¿Cuánto dinero gana un arqueólogo? (Quieren averiguar…) **5.** ¿Cómo conoció Romeo a Julieta? (Se le olvidó…) **6.** ¿Quién era el actor? (No recordaba…)

E Exclamativos

Capítulo 3.E, páginas 96–98

Ejercicio 3.37 Traduzca, usando los exclamativos.

1. What a job! **2.** How pretty! **3.** What an amusing game! **4.** What good coffee! **5.** How fast you run! **6.** How the birds sing! **7.** We loved her so much! **8.** I am so hungry! **9.** We visited so many cousins! **10.** I wish I could fly the way they do!

Ejercicio 3.38 Llene los espacios en blanco con el exclamativo correcto.

1. ¡______ agua más fría! **2.** ¡______ se ríen! **3.** ¡______ delicioso! **4.** ¡______ ojos tan verdes tienes! **5.** ¡______ me alegro de que puedas venir a la fiesta! **6.** ¡______ hermanos tienes! **7.** ¡______ blanca se ve la nieve! **8.** ¡______ buena película! **9.** ¡______ comen esos niños! **10.** ¡______ suerte!

F Indefinidos y negativos

Capítulo 3.F, páginas 99–102

Ejercicio 3.39 Traduzca. (*you* = tú)

1. Something fell. **2.** Someone spoke. **3.** I do not see anyone. **4.** Do you need anything? **5.** I do not want anything. **6.** "Maybe one of the neighbors saw him." "No, none of them saw him." **7.** "I went to the movies yesterday." "I did too." **8.** "John could not see." "We could not either." **9.** "Have you ever been to Chile?" "No, I have never been there. Someday I will go. My sister went there once and liked it." **10.** I cannot find my keys anywhere. I know they are somewhere in this room.

G Pronombres relativos

Capítulo 3.G, páginas 103–109

Ejercicio 3.40 Llene el espacio en blanco con el pronombre relativo que mejor convenga.

1. Hay momentos en la vida _____ no se olvidarán nunca. **2.** La mujer _____ vive ahí es famosa. **3.** El libro _____ nosotros compramos era caro. **4.** _____ me atrae de la universidad es el ambiente intelectual. **5.** Natalia es _____ sabe bailar el merengue. **6.** Ésa es la casa en _____ filmaron la película. **7.** El actor _____ aparece en esa película es muy arrogante en la vida real. **8.** El político _____ fue elegido no era muy popular, _____ sorprendió a muchos extranjeros. **9.** Llegó y apagó la radio, _____ estaba a todo volumen. **10.** La razón por _____ hice eso fue que sabía que no me iban a dejar en paz. **11.** Ésta es la estatua frente a _____ nos besamos por primera vez, ¿te acuerdas? **12.** Ése es el pueblo _____ calles son las más limpias. **13.** _____ busca, encuentra. **14.** _____ me cae bien es Roberto. **15.** Esa música es _____ tocaban en la película.

Ejercicio 3.41 Traduzca.

1. The person who called asked for you. **2.** What he gave you was stolen. **3.** I do not like what they do. **4.** That is the bus I was waiting for. **5.** The one who sang that song was Rose.

Ejercicio 3.42 Elimine todos los paréntesis, y junte la información en frases completas, usando pronombres relativos cada vez que se necesite para evitar la repetición.

Un amigo mío (se llama Ernesto) me llamó de Florida. Me contó de su perrito (había comprado el perrito hacía tres semanas) (el perrito estaba dormido a su lado). Ernesto me contó que Chico (Ernesto le dio este nombre al perrito) estaba destruyendo el apartamento (¡Ernesto había conseguido el apartamento con tanta dificultad!) (Ernesto había gastado todo su dinero en el apartamento). Pero Ernesto no quería deshacerse de este perrito (el perrito ahora era su mejor amigo). Por eso Ernesto me pidió que le mandara el dinero (él me había prestado el dinero hacía más de un año).

Capítulo 3 Repaso

Ejercicio 3.43 Vuelva a escribir el texto que sigue, llenando los espacios en blanco con pronombres personales, relativos, demostrativos, posesivos, interrogativos, negativos o indefinidos; si no necesita nada para un espacio en blanco, use el símbolo "Ø"; algunos espacios en blanco pueden tener más de una palabra. Si la palabra del espacio en blanco va conectada a la palabra anterior, el número precede la primera palabra.

Los conquistadores llegaron a las Américas a partir del siglo xv. Al **(1)** ver_____ acercarse a sus costas, los indígenas salieron a **(2)** recibir_____ con los brazos abiertos. Nunca se imaginaron que las decoraciones que usaban para adornar sus cuerpos casi desnudos **(3)** _____ interesarían tanto a estos hombres blancos. Tampoco comprendieron por qué **(4)** _____ eran tan crueles ni qué causaba esas fiebres que **(5)** _____ daban a tantos de los suyos y que **(6)** _____ mataban eventualmente.

Bajo el manto de la virtud estos demonios blancos **(7)** _____ dijeron a los indígenas que tenían que creer en otro Dios, **(8)** _____ obligaron a escuchar toda la retórica sobre el bien y el mal que **(9)** _____ imponía la religión católica a cambio de donaciones de sus metales preciosos.

Poco a poco los conquistadores **(10)** _____ llevaron todos los tesoros **(11)** _____ encontraron en su camino, **(12)** _____ destruyeron la naturaleza y el espíritu de los indígenas; a **(13)** _____ quitaron el poder **(14)** _____ tenían, la tierra en **(15)** _____ vivían, las creencias **(16)** _____ practicaban, y muchas veces hasta la vida. **(17)** _____ dejaron sin **(18)** _____, o peor aún, **(19)** _____ impusieron otra existencia, en **(20)** _____ de reyes se transformaban en esclavos, en **(21)** _____ tenían que construir iglesias para practicar una religión diferente a **(22)** _____, murallas para proteger los nuevos gobiernos establecidos por los conquistadores para **(23)** dominar_____ a ellos, edificios en **(24)** _____ estos nuevos gobernadores controlarían el continente que antes fue **(25)** _____.

El idioma **(26)** _____ hablaban los nuevos **(27)** _____ convirtió en el idioma **(28)** _____ todos debían hablar, y poco a poco los indígenas fueron perdiendo hasta su identidad con su lengua y la pureza de su raza.

Esta historia de violencia tras violencia dejó marcado el espíritu de esta gente, **(29)** _____ se transformó de una gente saludable y fuerte con ideas claras sobre el universo en una gente **(30)** _____ único deseo era derrotar a los que **(31)** _____ habían derrotado a ellos. Los siglos fueron marcando la historia con guerras de independencia seguidas de gobiernos tiránicos **(32)** _____ imitaban al enemigo **(33)** _____ habían echado.

Hoy en día, cuando existe la posibilidad de que **(34)** _____ formen gobiernos pacíficos y tolerantes, la ambigüedad permanece muchas veces en el alma de estos pueblos **(35)** _____ nunca podrán olvidar por completo las crueldades a **(36)** _____ fueron sometidos.

En fin de cuentas, ¿**(37)** _____ somos? Algunos de nuestros antepasados fueron ya sea aztecas, o incas, o mayas, o tahínos, o de algún otro pueblo; y **(38)** _____ fueron europeos de sangre conquistadora o de otra manera criminal, presos bajo libertad condicional; y **(39)** _____ fueron africanos de sangre real convertida a la esclavitud. Ahora somos una mezcla, somos hispanos, latinos, americanos, hispanoamericanos, latinoamericanos, mestizos. Y con cada continente **(40)** _____ se añadía a la mezcla, venían sus cargas espirituales, sus tradiciones; y en la unión se formaba la multiplicidad de seres **(41)** _____ todos llevamos dentro.

Ejercicio 3.44 Temas de ensayo y de práctica oral.

a. Ensayo

1. Escriba un brevísimo resumen de una película que trata de relaciones entre individuos.

ATAJO

Phrases: Talking about films
Vocabulary: People
Grammar: Personal pronouns

2. Escríbale una cartita a un amigo (o amiga), contándole los chismes más recientes de un amigo (o amiga) de ambos.

Phrases: Writing a letter (informal)
Grammar: Personal pronouns

3. Describa su relación con su(s) compañero(s) de cuarto, o con su(s) hermano(s) o con sus amigos.

Phrases: Describing people
Grammar: Personal pronouns

4. Escriba la biografía de un personaje famoso, como por ejemplo de un conquistador, de un libertador, o de un gran revolucionario o político. Ejemplos: Cristóbal Colón, Hernán Cortés, Simón Bolívar, Che Guevara, Evita Perón.

Phrases: Describing people; Describing the past
Vocabulary: Cultural periods and movements; Countries; Nationality; Professions
Grammar: Personal pronouns; Verbs: Imperfect

(continúa)

5. Describa de manera paralela a dos individuos famosos, por ejemplo, Shakira y Christina Aguilera, Juanes y Alejandro Sanz, Antonio Banderas y Gael García Bernal.

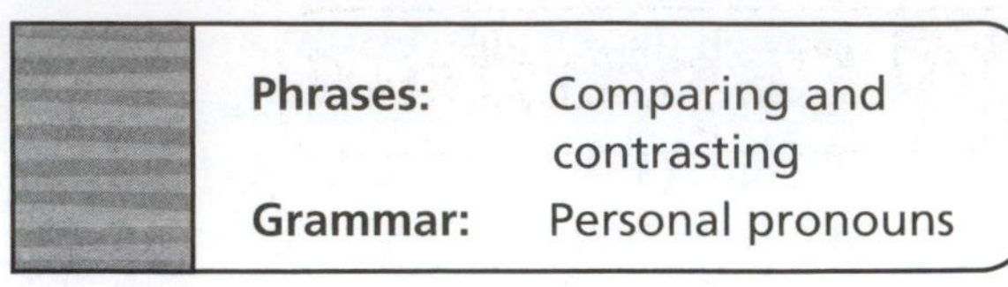

b. Práctica oral

1. Pídale a un amigo hispano que le describa su película favorita. Preste atención, y escuche cómo usa los pronombres personales para referirse a los diferentes personajes, si usa pronombre relativo (el actor que…, el edificio en que…, no sabía lo que…, etc.), demostrativo (ése, aquél, etc.) o posesivo (la suya, el suyo, etc.), indefinido (alguien, unos, etc.) o negativo (nadie, ninguno, etc.). Usando los interrogativos y exclamativos, mientras su amigo describe la película, comente (¡qué extraño!, ¡qué horror!, etc.), y hágale preguntas (¿qué edad tenía ese personaje? ¿de dónde era?, etc.).
2. En clase, cuénteles a sus compañeros la película favorita de su amigo hispano. Preste atención a sus pronombres personales, relativos, demostrativos, posesivos, indefinidos y negativos.
3. Conversación informal. Hablen en grupos sobre sus héroes favoritos. Que cada quien cuente lo que le interesa de la vida de su héroe, y justifique por qué lo considera un héroe. Presten atención a todos sus pronombres.
4. Debate. La fama y la pérdida de privacidad. Discuta con sus amigos los problemas que tienen hoy en día los actores y la gente famosa con la persecución de los reporteros, usando ejemplos específicos. Presten atención a todos sus pronombres.
5. Encuesta. Películas hispanas favoritas. Fuera de clase, haga una encuesta *(poll)* informal entre estudiantes y profesores hispanos sobre sus películas hispanas favoritas, y sus actores favoritos. Pregúnteles sobre lo que consideran de mayor importancia hoy en día como progreso de la presencia hispana en los diferentes medios (cine, televisión, etc.). Tome apuntes para preparar un informe *(report)* para la clase. Preste atención a todos sus pronombres.

Analicen los diversos informes de sus compañeros, haciendo comparaciones y contrastes entre sus datos.

Capítulo 4 Las preposiciones, los adverbios, las conjunciones y las transiciones

A Preposiciones (Función)

Capítulo 4.A.1, páginas 112–113

Ejercicio 4.1 Preguntas conceptuales.

What is a preposition? Can you explain its name? What is its relationship with a noun? What is a conjunction? Can you explain its name? What is the difference between a conjunction of coordination and a conjunction of subordination?

Preposiciones (Preposiciones individuales)

Capítulo 4.A.3, páginas 115–129

Ejercicio 4.2 Llene los espacios en blanco con **a, al, de, del, en, con** o **Ø** (nada), según parezca más lógico.

1. Asistiré _____ clase _____ cuanto me alivie. **2.** Comenzaron _____ cocinar ayer. **3.** Creo que _____ lo mejor se encuentre _____ Margarita _____ la ciudad. **4.** Decidieron caminar _____ vez de manejar; nunca llegarán _____ pie. **5.** Dudo que puedan influir _____ su decisión. **6.** El mercado está _____ dos kilómetros. **7.** El programa consiste _____ varios segmentos; en el primero, se trata _____ la revolución mexicana. **8.** Ella me gana _____ veces, y se burla _____ mí. **9.** Este bordado está hecho _____ mano; este otro, _____ cambio, está hecho _____ máquina. **10.** Fuimos _____ la tienda _____ el coche _____ mi padre _____ mis cuatro hermanitos.

Ejercicio 4.3 Llene los espacios en blanco con **a, al, de, del, en, con** o **Ø** (nada), según parezca más lógico.

1. Iremos al trabajo _____ pesar de la tormenta. **2.** La gente _____ barrio estaba _____ mal humor. **3.** La mujer _____ ojos verdes trabaja _____ la

(continúa)

tienda _____ la esquina. **4.** Llegarán _____ eso de las cinco _____ tal de que no nieve. **5.** Lo mediremos _____ ojo. **6.** Me acosté _____ las diez _____ coraje. **7.** Me detuve _____ echarle gasolina al carro. **8.** Me enojé _____ ellos porque los dos estaban hablando _____ la vez. **9.** Me gusta montar _____ caballo _____ vez en cuando. **10.** Me invitaron _____ cenar _____ un restaurante que se especializa _____ comida mexicana.

Ejercicio 4.4 Llene los espacios en blanco con **a, al, de, del, en, con** o **Ø** (nada), según parezca más lógico.

1. Nadie se había fijado _____ el cambio que ocurrió desde que se habían quejado _____ su horario. **2.** Necesitamos tratar esto más _____ fondo, pero _____ este momento no tengo tiempo. **3.** No veo _____ mis amigos _____ estos lentes. **4.** Nos pusimos _____ llorar cuando nos enteramos _____ terremoto que hubo _____ Los Ángeles. **5.** Nunca se resignará _____ ser menos famoso. **6.** Por favor, lleguen _____ tiempo *(puntualmente)*. **7.** Quisiera que se rieran _____ mis chistes, y no _____ mí. **8.** _____ cuanto empezó a ir a la escuela, Roberta aprendió _____ defenderse. **9.** Sabemos que tardan mucho _____ llegar a su destino. **10.** Se casó _____ ella _____ los tres años de ser su novio.

Ejercicio 4.5 Llene los espacios en blanco con **a, al, de, del, en, con** o **Ø** (nada), según parezca más lógico.

1. Se enamoró _____ ella cuando le enseñó _____ bailar el tango. **2.** Se negó _____ tomarse la píldora. **3.** Se quedaron _____ mis libros _____ poesía. **4.** Si esos niños no dejan _____ meterse _____ mi hijo, tendré que hablar _____ sus padres. **5.** Soñé _____ mi novia. **6.** Su hijo le pidió _____ dinero porque pensaba _____ comprarle un regalo a su madre. **7.** Subían _____ la montaña _____ frecuencia. **8.** Van _____ regalarle un libro _____ Cervantes. **9.** Ves a tus padres _____ menudo, y ellos siempre se alegran _____ verte. **10.** Volvieron _____ sentarse _____ frente de mí.

Ejercicio 4.6 Llene los espacios en blanco con **a, al, de, del, en, con** o **Ø** (nada), según parezca más lógico.

1. Ya empezaron _____ salir las flores. **2.** _____ fuerza de hacer tanto ejercicio, bajó de peso. **3.** _____ niña, se acostumbró _____ desayunar temprano. **4.** _____ repente tuvieron que entrar _____ causa de la tormenta. **5.** _____ respecto a ese asunto, parece que lo resolvieron ayer. **6.** ¿Me podrían ayudar _____ terminar este trabajo? **7.** —¿Qué haces? —Estoy buscando _____ mi libreta _____ direcciones. **8.** ¿Te atreverás _____ jugar? **9.** Le presté el libro _____ mi amigo _____ buena gana. **10.** Estudiamos _____ Miami.

Ejercicio 4.7 Llene los espacios en blanco con **a, al, de, del, en, con** o **Ø** (nada), según parezca más lógico.

1. Iremos _____ tal de que no llueva. **2.** —Anoche nevó. —¿_____ veras? **3.** Mis hijos aprenderán _____ tocar el piano desde muy jóvenes. **4.** Pienso _____ ti _____ menudo. **5.** ¿Qué piensan tus padres _____ mis amigos? **6.** No te olvides _____ traerte las llaves. **7.** Nunca dejarán _____ quererte. **8.** Pronto se acostumbrarán _____ la comida picante. **9.** Decidí ir de compras _____ vez de estudiar. **10.** _____ veces es saludable no hacer nada. **11.** La tormenta empezó _____ repente. **12.** ¿Tú te atreves _____ hablarle? **13.** No pudimos ir _____ causa de la lluvia. **14.** Mis padres nunca consentirán _____ dejarme ir contigo.

Ejercicio 4.8 Llene los espacios en blanco con **por, para** o **Ø** (nada), según parezca más lógico.

1. Fueron al centro ____ visitar el museo. **2.** Fueron al mercado ____ verduras. **3.** Toma: este regalo es ____ ti. **4.** Viajaron ____ toda la isla. **5.** Hay ____ lo menos quinientas personas aquí. **6.** Prometieron que terminarían toda la construcción en el edificio ____ el semestre entrante. **7.** Me gusta pasearme ____ la mañana. **8.** Pasaremos ____ casa de tu abuelita en camino al partido. **9.** Lo dijeron ____ que sus vecinos lo oyeran ____ lo que implicaba sobre sus hijos. **10.** ____ fin llegó el cartero.

Ejercicio 4.9 Llene los espacios en blanco con **por, para** o **Ø** (nada), según parezca más lógico.

1. Buscó _____ la carta en su bolso, pero no la encontró. **2.** ¡Cálmate! ¡No es _____ tanto! **3.** Necesito medicina _____ curarme. **4.** Lo tomaron _____ idiota. **5.** Iremos al mercado _____ fruta . **6.** Fueron a la tienda _____ comprar lo necesario. **7.** Te agradezco _____ la ayuda . **8.** No pudieron salir _____ la tormenta. **9.** La llamaremos _____ teléfono. **10.** Saldrán _____ Madrid en la madrugada.

Ejercicio 4.10 Llene los espacios en blanco con **por, para** o **Ø** (nada), según parezca más lógico.

1. —¿Quieres bailar? —¡______ supuesto! **2.** No estaba _____ bromas. **3.** _____ lo general no me gusta levantarme tarde. **4.** _____ más dinero que gane, no es feliz. **5.** Tendremos que comprar _____ lo menos cuatro docenas. **6.** Le queda un trabajo _____ escribir. **7.** Se enfermó _____ comer tanto. **8.** _____ llegar al museo, hay que pasar _____ el parque. **9.** Acabo de entrar; _____ eso tengo frío. **10.** Jorge se esfuerza _____ sacar las mejores notas de la clase.

Ejercicio 4.11 Traduzca las oraciones, prestando atención a las preposiciones. Puede ser cualquier preposición, o ninguna. (*you* = tú)

1. They worry about you. **2.** He fell in love with her. **3.** It consists of two sections. **4.** The decision depends on you. **5.** They laughed at him. **6.** I dream about you every night. **7.** They said good-bye to me. **8.** I do not want my ideas to influence your decision. **9.** She married my brother. **10.** He stopped drinking.

Ejercicio 4.12 Traduzca las oraciones, prestando atención a las preposiciones. Puede ser cualquier preposición, o ninguna. (*you* = tú)

1. We arrived in Madrid at two. **2.** She opposes everything I say. **3.** I try to help. **4.** I realized my mistake. **5.** She thanked me for the favor. **6.** We got onto the bus. **7.** Their house is five miles away. **8.** I met my friends at the restaurant. **9.** She studies at the university. **10.** They will be the first to leave.

Ejercicio 4.13 Traduzca las oraciones, prestando atención a las preposiciones. Puede ser cualquier preposición, o ninguna. (*you* = tú)

1. I think about my parents every day. **2.** Luisa's book is interesting. **3.** I noticed the change. **4.** I cannot help you at this moment. **5.** They became angry at me because of my mistake. **6.** We looked at the clock. **7.** He saw his sister. **8.** I asked you for money, not for advice. **9.** I just ate. **10.** They work for me.

Ejercicio 4.14 Traduzca las oraciones, prestando atención a las preposiciones. Puede ser cualquier preposición, o ninguna. (*you* = tú)

1. I sent it airmail. **2.** They went to the store for bread. **3.** I have two papers left to write. **4.** We will have finished by ten. **5.** For a child, he knows a lot. **6.** They left for Guatemala yesterday. **7.** They are looking for their keys. **8.** They talked for three hours. **9.** She worries about you. **10.** What is this for?

Ejercicio 4.15 Llene el espacio en blanco con la preposición adecuada, o con el **a** personal; si no se necesita nada, use el símbolo "Ø".

Cuando primero llegué **(1)** _____ Guadalajara, viví **(2)** _____ un apartamento con mi esposa María y mis dos hijas. Fuimos **(3)** _____ esa ciudad porque María es **(4)** _____ allí, y **(5)** _____ esta manera ella podía estar cerca **(6)** _____ su familia.

Al principio yo daba clases **(7)** _____ el instituto cultural, pero el salario no era suficiente **(8)** _____ pagar el alquiler de una casa. **(9)** _____ eso empecé **(10)** _____ buscar **(11)** _____ otros trabajos, y después de unos años alquilé una casa, y pudimos entonces vivir más cómodamente.

Ejercicio 4.16 Llene el espacio en blanco con la expresión preposicional más apropiada para traducir lo que se encuentra entre paréntesis.

a caballo, a eso de, a la vez, a pesar de, a pie, de pie, a veces, al menos, en cambio, en seguida, por lo general

Los vecinos de nuestro rancho tenían toda clase de vehículos, y **(1)** _____ *(generally)* venían en camioneta, aunque **(2)** _____ *(sometimes)* también venían **(3)** _____ *(on foot)*, **(4)** _____ *(in spite of)* la distancia; ese día, **(5)** _____ *(however)*, vinieron a visitarnos **(6)** _____ *(on horseback)*. **(7)** _____ *(Around)* las cuatro de la tarde los vimos de lejos, todos **(8)** _____ *(at once)*, y **(9)** _____ *(immediately)* entramos a preparar algo de comer, porque así es en el campo, cuando viene alguien, hay que ofrecerle de beber y de comer, y darle la hospitalidad que se merece. **(10)** _____ *(At least)* hay que tener algo para ofrecerles. Entraron, y se sentaron en la sala. Algunos se quedaron **(11)** _____ *(standing)*, pero todos estaban muy cómodos.

Ejercicio 4.17 Llene el espacio en blanco con la expresión preposicional más apropiada para traducir lo que se encuentra entre paréntesis.

con tal de que, de esta manera, de vez en cuando, de modo que, con respecto a, de nuevo, de veras, de mala gana

(1) _____ *(Regarding)* la cuestión de los salarios, el patrón está de acuerdo que se les aumente el salario a los empleados, **(2)** _____ *(so long as)* no se pase del tres por ciento, aunque en realidad tengo que decirle que el patrón aceptó esta idea **(3)**_____ *(unwillingly)*. En el futuro empleará gente nueva cada año, y **(4)** _____ *(this way)* se evitará tantos aumentos que **(5)** _____ *(really)* no se puede costear. **(6)** _____ *(Once in a while)* tendrá que aumentar **(7)** _____ *(again)* el sueldo de base **(8)** _____ *(so that)* no haya quejas demasiado extremas.

Ejercicio 4.18 Llene el espacio en blanco con la expresión preposicional más apropiada para traducir lo que se encuentra entre paréntesis.

a tiempo, en cuanto, en cuanto a, en frente de (enfrente de), en vez de, para siempre, por eso, por fin, por lo menos, por otra parte, por poco, por más que, por supuesto

¡**(1)** _____ *(Almost)* nos perdemos el concierto! **(2)** _____ *(Instead of)* tomar un taxi, decidimos viajar en autobús, y **(3)** _____ *(for that reason)* no teníamos ningún control sobre el tiempo. **(4)** _____ *(On the other hand, Besides)*, ninguno de nosotros había comprado boletos, **(5)** _____ *(however much)* hubiéramos discutido la

(continúa)

necesidad de hacerlo temprano. **(6)** _____ *(In regard to, As far as . . . is concerned)* Roberto, pues **(7)** _____ *(of course)* no nos va a dejar olvidar que **(8)** _____ *(as soon as)* decidimos ir al concierto él nos dijo que consiguiéramos los boletos antes de ir porque si no tendríamos que esperar horas haciendo cola. **(9)** _____ *(Finally)* entramos justo **(10)** _____ *(on time)*, y pudimos disfrutar con el concierto. Pero tuve la mala suerte de tener **(11)** _____ *(in front of)* mí a un tipo con tanto pelo que yo no podía ver nada. Pero **(12)** _____ *(at least)* pude oír la música. Éste será un recuerdo que guardaremos **(13)** _____ *(forever)*.

Ejercicio 4.19 Llene el espacio en blanco con la preposición correcta o **Ø** (nada).

Acabo **(1)** _____ acordarme **(2)** _____ mi cita con el nuevo dentista. No me acostumbro **(3)** _____ este nuevo dentista: le agradezco **(4)** _____ la ayuda que me da. Él siempre se alegra **(5)** _____ verme, y se apresura **(6)** _____ atenderme con cuidado. El problema es que no deja **(7)** _____ hablar, y yo, claro, no puedo contestar porque tengo la boca llena de instrumentos: hasta platica conmigo en español, se avergüenza **(8)** _____ sus errores, se burla **(9)** _____ sí mismo porque se da cuenta **(10)** _____ su falta de práctica. Aprendió **(11)** _____ hablar español en la universidad, y luego se casó **(12)** _____ una colombiana; convinieron **(13)** _____ hablar inglés la mayor parte del tiempo porque querían que sus hijos hablaran el idioma del país, y que no se convirtieran **(14)** _____ extranjeros en su propio país. Sin embargo, cada vez que puede, ella lo ayuda **(15)** _____ practicar su español para que no se le olvide.

Yo lo dejo **(16)** _____ hablar porque no me queda otra, pero francamente ya no puedo más. Quiero comenzar **(17)** _____ buscar **(18)** _____ otro dentista, pero no sé si me voy a atrever **(19)** _____ explicarle por qué me voy.

Ejercicio 4.20 Llene el espacio en blanco con la preposición correcta, con el **a** personal o con **Ø** si no se necesita nada.

Pensó que estaba enamorado **(1)** _____ Blanca hasta que se encontró **(2)** _____ Victoria y se enamoró **(3)** _____ ella a primera vista. Desde ese momento su vida dependía **(4)** _____ ella, y no se detuvo **(5)** _____ pensar en el efecto que tendría en Blanca el que él se despidiera **(6)** _____ ella así, sin motivo, sin siquiera enojarse **(7)** _____ ella.

Cuando Blanca supo lo que había pasado, se empeñó **(8)** _____ quedarse **(9)** _____ su novio, y empezó **(10)** _____ hacer planes de toda clase para enterarse **(11)** _____ todos los movimientos de ambos. La vida le había enseñado **(12)** _____ ser fuerte, y pensaba **(13)** _____ que si se esforzaba **(14)** _____ obtener algo, lo conseguiría. En la universidad, se había especializado **(15)** _____ sicología, y se había fijado **(16)** _____ las injusticias que podían surgir si uno no insistía **(17)** _____ conseguir lo mejor para uno mismo.

Decidió **(18)** _____ llamar **(19)** _____ Victoria y pedirle que no se metiera **(20)** _____ su novio. La invitó **(21)** _____ cenar con ella en un restaurante esa noche: llegó temprano y esperó **(22)** _____ el gran momento. Por fin, cuando hablaron, vio que Victoria se interesaba mucho **(23)** _____ su novio, y se negó **(24)** _____ dejarlo.

Pero ése no sería el final de sus esfuerzos. Pensaría **(25)** _____ otro plan.

Ejercicio 4.21 Llene el espacio en blanco con la preposición correcta o Ø (nada).

¿Conoces el cuento que se trata **(1)** _____ un trencito que no podía subir la cuesta? Ésta es una versión un poco modificada de la tradicional.

Había una vez un trencito que quería subir por una montaña y no podía: llegaba hasta la mitad de la cuesta y ya no podía más: tenía que volver **(2)** _____ bajar. Todos los otros trenes se burlaban **(3)** _____ él. Lo tomaban **(4)** _____ incompetente. Su mamá le decía que no se preocupara **(5)** _____ lo que los otros pensaban **(6)** _____ él, pero él no podía resignarse **(7)** _____ una vida de mediocridad. Soñaba **(8)** _____ poder subir esa cuesta y llegar hasta la cima. Un día decidió tratar **(9)** _____ llegar hasta la cima, pero sabía que necesitaría toda la suerte del mundo para lograr su sueño: por eso fue a la casa del brujo, y cuando le abrió su hija, preguntó **(10)** _____ el brujo, y ella fue a buscarlo. Cuando llegó el brujo, el trencito le pidió **(11)** _____ un favor: que le diera un talismán, o algo para ayudarlo a subir hasta la cima. El brujo se rió **(12)** _____ él y le dijo que se olvidara **(13)** _____ talismanes, que no podría subir nunca.

El trencito se enfureció y le gritó: "¡Sí que puedo, ya verás!" Rabiando, fue a la base de la cima, y se puso **(14)** _____ correr con todo el coraje que le había causado esta última vergüenza. Llegó hasta la mitad de la cuesta, pero esta vez no paró: olvidó **(15)** _____ su miedo y siguió subiendo; cuando le quedaba sólo un metro **(16)** _____ llegar a la cima, se sintió sin fuerzas, pero se dijo "¡Sí que puedo! ¡Yo sé que sí puedo!", y poco a poco, usando toda su energía para cada vuelta de sus ruedas, terminó **(17)** _____ subir la cuesta.

Y así fue que el trencito logró lo que quería: convirtió la energía de su rabia en fuerza positiva.

B Adverbios (Adverbios que terminan en *-mente*, Orden de palabras, Palabras con varias funciones)

Capítulo 4.B.1–4, páginas 134–136

Ejercicio 4.22 Traduzca usando la palabra más apropiada de la lista en español y el orden correcto de palabras.

bien, claro, derecho, distinto, duro, hondo, igual, limpio, rápido, raro

I used to get along *(llevarse)* with my neighbors well, but the other day our relationship changed. I saw that their son wasn't playing fairly: whenever my daughter won, he would hit her, and he hit her hard. After seeing that twice, I decided I had to do something fast. I went straight to my neighbors' house, and told the mother what I had seen. She took a deep breath, and looked at me in a strange way. She told me she knew this: her son was short, but highly competitive. He couldn't play the same way as the rest: he had to play differently. It was natural.

Adverbios (Adverbios de tiempo)

Capítulo 4.B.5, páginas 137–139

Ejercicio 4.23 Junte las oraciones usando adverbios de tiempo como transición.

(1) _____ *(Always)* he querido escribir una autobiografía, y **(2)** _____ *(the day before yesterday)* decidí que la iba a empezar. Sin embargo, **(3)** _____ *(when)* me senté a escribir, no podía decidir **(4)** _____ *(when)* debía comenzar la acción. Me preguntaba: ¿Empiezo **(5)** _____ *(now)*? ¿Empiezo en el pasado? Dieron las once de la noche y **(6)** _____ *(still not)* había escrito ni una palabra. **(7)** _____ *(So then)* decidí acostarme porque **(8)** _____ *(already)* era tarde.

(9) _____ *(Yesterday)* volví a sentarme para ver si podía inspirarme. Estuve tres horas tratando de escribir algo, pero no me gustaba nada. **(10)** _____ *(While)* escribía me sentía tonta, y sabía que **(11)** _____ *(never ever)* querría que nadie viera lo que estaba escribiendo. **(12)** _____ *(Soon)* decidí parar.

(13) _____ *(Last night)* soñé con mi autobiografía, y **(14)** _____ *(today)*, al despertarme, **(15)** _____ *(already)* estaba claro en mi mente lo que iba a escribir. **(16)**_____ *(Still not)* sabía las palabras exactas que usaría, pero sabía que escribiría sobre mis dudas. Y así fue que comencé a escribir mi autobiografía: éstas son mis primeras palabras. Me siento como un bebé **(17)** _____ *(newborn)* nacido, pero sé que **(18)** _____ *(tomorrow)*, cuando empiece a escribir de nuevo, me sentiré un poco más fuerte. Y **(19)** _____ *(then)*, poco a poco, será lo más natural del mundo y **(20)** _____ *(no longer)* tendré vergüenza ni dudas. **(21)** _____ *(Sooner or later)* saldrá una novela de todo esto.

Ejercicio 4.24 Llene el espacio en blanco usando **ya, ya no, todavía** o **todavía no.**

(1) _____ *(Still)* recuerdo la primera noche en que vinieron a cenar mis suegros. Me dijeron que **(2)** _____ *(already)* habían comido, y claro que **(3)** _____ *(no longer)* tenían hambre. Yo no podía creerlo; pero como **(4)** _____ *(still not)* había terminado de preparar la cena, decidí no cocinar más y sentarme a hablar con ellos sin comer nada. Esa noche mi marido no iba a poder llegar hasta la hora del postre, así que no importaba.

Adverbios (Adverbios de modo)

Capítulo 4.B.6, páginas 139–140

Ejercicio 4.25 Llene el espacio en blanco con el adverbio de modo correcto.

—¿Cómo se prepara una tortilla española?

—Mira, se prepara **(1)** _____ *(like this)*: bates **(2)** _____ *(well)* dos huevos, los pones a cocinar en un sartén con cebollas y papas cortadas en trozos y ya **(3)** _____ *(thoroughly)* cocinadas.

—Y ¿**(4)** _____ *(how)* la volteas?

—Esto es un arte. Tienes que hacerlo bien, porque si lo haces **(5)** _____ *(badly)*, la tortilla puede terminar en el piso. Necesitas algo del tamaño del sartén, **(6)** _____ *(like)* una tapa de olla.

—¿Y cuánto se cocina?

—**(7)** _____ *(It depends)*. A algunos les gusta más seca que a otros.

—Suena **(8)** _____ *(really)* fácil. ¿Hacemos una ahora?

—Está **(9)** _____ *(Okay.)*.

Adverbios (Adverbios de cantidad)

Capítulo 4.B.7, páginas 141–142

Ejercicio 4.26 Llene el espacio en blanco usando el adverbio de cantidad correcto.

Estoy **(1)** _____ *(rather)* cansada hoy. Dormí **(2)** _____ *(barely)* cuatro horas anoche, y no es **(3)** _____ *(enough)*. **(4)** _____ *(Almost)* no tengo fuerza. Además, hace **(5)** _____ *(too)* calor para trabajar, y me duele **(6)** _____ *(so much)* la cabeza que no puedo hacer nada. Quizás si camino **(7)** _____ *(a bit)*, me sienta mejor. Siempre como **(8)** _____ *(little)* para el desayuno, **(9)** _____ *(only)* pan o cereal, y por eso estoy **(10)** _____ *(half)* cansada todo el tiempo. El médico me dijo que debo ejercitarme **(11)** _____ *(more)* y tomar vitaminas. Me dijo que no debo tomar café, ni cenar **(12)** _____ *(too)* tarde. A veces creo que la salud exige **(13)** _____ *(too much)*, pero en realidad, si se pudieran ver los resultados de inmediato, no sería **(14)** _____ *(so much)*. ¿**(15)** _____ *(How much)* tengo que hacer para sentirme bien? Ahora mismo no estoy **(16)** _____ *(not at all)* satisfecha.

Adverbios (Adverbios de confirmación, duda o negación)

Capítulo 4.B.8, páginas 142–144

Ejercicio 4.27 Traduzca usando el adverbio de confirmación, duda o negación correcto. (*you* = tú)

"You are going to pay for our tickets, **aren't you**?"

"**Yes,** but I am missing one dollar. Beto, do you **by any chance** have one you can lend me?"

"**No,** I don't have a dollar, but **I do** have 75 cents. Do you want it?"

"**Okay. Maybe** Quique or Marisol have the other 25 cents. Quique, do you have 25 cents?"

"**No.**"

"Marisol?"

"No, I don't **either.**"

"**Well,** then, **maybe** we won't go to the movies. Do you want to go for a walk in the park?"

"Oh, **no! No way!**"

Adverbios (Locuciones adverbiales)

Capítulo 4.B.9, páginas 144–145

Ejercicio 4.28 Llene el espacio en blanco usando la locución adverbial correcta.

Ayer fui al cine por primera vez en años y vi una película que me encantó. Había mucha gente y **(1)** _____ *(often)* había partes de mucho miedo y todos gritaban. Yo descansaba muy **(2)** _____ *(comfortably)* en mi butaca, tanto que **(3)** _____ *(almost)* me duermo. Me parece que la segunda mitad de la película sólo la entendí **(4)** _____ *(halfway)*, y **(5)** _____ *(as a matter of fact)*, me perdí el final. Sin embargo, estoy seguro de que sé lo que pasó **(6)** _____ *(at the end)*, aunque no estaré satisfecho **(7)** _____ *(until)* verificarlo con alguien. **(8)** _____ *(Oh well)*, yo estoy contento porque **(9)** _____ *(finally)* fui al cine, y **(10)** _____ *(all in all)*, me gustó la experiencia. Sólo quisiera encontrar **(11)** _____ *(sometime)* **(12)** _____ *(somewhere)* un cine que no fuera tan caro.

Adverbios (Adverbios de lugar)

Capítulo 4.B.10, páginas 145–148

Ejercicio 4.29 Llene el espacio en blanco con el adverbio de lugar correcto.

—Nos acabamos de mudar a un edificio de apartamentos de dos pisos: hay cuatro apartamentos, dos **(1)** _____ *(below)* y dos **(2)** _____ *(above)*; dos de éstos están **(3)** _____ *(in front)* y dos **(4)** _____ *(in back)*. **(5)** _____ *(Outside)* hay un jardín precioso. ¿**(6)** _____ *(Where)* vives tú?

—Yo vivo **(7)** _____ *(here)*, en este edificio. Mi apartamento se encuentra **(8)** _____ *(inside)* a la derecha. ¿Quieren entrar?

—Sí, gracias.

—Pasen, pues. Déjenme enseñarles el apartamento. **(9)** _____ *(There)* está la sala, **(10)** _____ *(over here)* están las recámaras, **(11)** _____ *(over there)* está el baño.

—¡Qué lindo! Bueno, gracias por todo. Ya nos tenemos que ir.

—¿ **(12)** _____ *(Where)* van?

—Tengo una cita con el médico.

—¿Tienen que ir **(13)** _____ *(far)*? Si quieren, los llevo.

—No, muchas gracias. El consultorio del médico sólo queda a dos cuadras.

Adverbios (Preposiciones y adverbios relacionados)

Capítulo 4.B.11, páginas 148–149

Ejercicio 4.30 Subraye la selección correcta para el contexto.

Mis vecinos de (**1.** abajo / bajo / debajo de) son recién casados y llevan una vida muy romántica, pero extraña a la vez. Los dos son estudiantes universitarios, y ella toma una clase conmigo. Siempre se sienta (**2.** adelante / delante de) mí. Ella y su marido se pasan los fines de semana (**3.** afuera / fuera de), trabajando (**4.** atrás / detrás de / tras) su garaje en motores de diferentes tipos. Es muy común verlos trabajar juntos en un mismo coche: recuerdo una mañana cuando él estaba parado (**5.** enfrente / frente a) un coche, trabajando con la cabeza metida (**6.** adentro / dentro de) el capó [*the hood*], y ella estaba acostada (**7.** abajo / bajo / debajo de) el mismo coche, haciendo algo con el aceite, creo. Yo tenía miedo que algo fuera a pasarles, pero nunca les pasa nada. A veces se pelean porque los dos quieren la misma herramienta, y terminan con carreras, en que uno corre (**8.** atrás / detrás de / tras) el otro para quitarle algo. De vez en cuando se sientan (**9.** abajo / bajo / debajo de) un árbol para descansar. El sábado pasado él salió solo; yo supuse que ella se había quedado (**10.** adentro / dentro de) porque estaría enferma, o algo así.

C Conjunciones (Uso, Conjunciones coordinantes)

Capítulo 4.C.1–2, páginas 150–151

Ejercicio 4.31 Llene el espacio en blanco con la conjunción de coordinación correcta: **y, e, o, u, pero, sino, ni … ni, sino que, sino también.**

España **(1)** _____ Hispanoamérica tienen una relación ambigua: se respetan **(2)** _____ se desprecian a la vez. Su respeto mutuo se debe no sólo a que son representantes de una cultura común, **(3)** _____ al menos de culturas semejantes, **(4)** _____ a que usan el mismo idioma. Además, tienen una historia en común, **(5)** _____ eso no se puede olvidar, aunque sea una historia destructiva.

Cuando compiten entre ellos, su desprecio es equivalente a su respeto: en esas ocasiones, por una razón **(6)** _____ otra, cada uno encuentra motivo de desprecio. Un español puede despreciar a un hispanoamericano, por ejemplo, porque habla español, **(7)** _____ no lo habla como él. Un hispanoamericano puede despreciar a un español por ser descendiente de conquistadores **(8)** _____ colonizadores.

A la hora de enfrentarse al resto del mundo, lo que está muy claro es que lo más fuerte no es la división **(9)** _____ la unión de estos dos mundos. En última instancia, no son españoles **(10)** _____ hispanoamericanos, **(11)** _____ hispanos, y no les importan ya **(12)** _____ las diferencias de dialecto **(13)** _____ las diferencias culturales, **(14)** _____ los lazos que tienen en común con aquellos otros hermanos.

Ejercicio 4.32 Traduzca, usando **pero, sino** o **sino que** para traducir *but*.

1. I was afraid but I did it. **2.** It wasn't blue, but red. **3.** It wasn't blue, but I bought it anyway. **4.** I didn't buy a red car, but a blue one. **5.** I didn't want a red car, but I bought one anyway. **6.** I wanted a red car, but instead I bought a blue one. **7.** I didn't buy the car, but rather I sold it.

Ejercicio 4.33 Junte la información que sigue para formar un párrafo; use conjunciones de coordinación donde se necesiten.

Norberto me llamó. Norberto me contó de su viaje a México. Me contó de su viaje a Puerto Rico. Le gustó mucho México. Se enfermó con la comida. Le encantó Puerto Rico. Sufrió del calor. El lugar que más le gustó no fue México: fue Puerto Rico. Le gustó más no sólo porque tiene muchas playas; también porque es una isla. Pudo conocerla mejor en el poco tiempo que tenía.

Conjunciones (Conjunciones subordinantes)

Capítulo 4.C.3, páginas 151–152

Ejercicio 4.34 Llene el espacio en blanco con la conjunción de subordinación **que** cuando se necesite. Si no se necesita nada, use el símbolo "Ø".

Yo no sabía **(1)** _____ iban a venir todos juntos a **(2)** _____ cenar. Pensé **(3)** _____ sólo venías tú, Julio, y **(4)** _____ los demás se encontrarían con nosotros en el bar para **(5)** _____ celebrar. Pero ahora **(6)** _____ están aquí, pues bienvenidos. No quiero **(7)** _____ se vayan sin **(8)** _____ comer. Creo **(9)** _____ tengo suficiente, y si no, entre todos preparamos algo. También Laura me dijo **(10)** _____ venía. Bueno, pues, déjenme **(11)** _____ servirles un vinito o algo para **(12)** _____ pueda ya empezar la fiesta.

Ejercicio 4.35 Traduzca las oraciones siguientes usando las conjunciones de coordinación y de subordinación apropiadas.

You said you were going to the store to buy milk. I told you we didn't need just milk, but bread as well. I see you bought neither bread nor milk, but instead you rented a video.

D Transiciones

Capítulo 4.D, páginas 152–157

Ejercicio 4.36 Llene el espacio en blanco con la transición correcta.

(1) _____ *(In general)*, me gusta más el teatro que el cine. **(2)** _____ *(In the first place)*, el teatro es más emocionante **(3)** _____ *(because)* los actores están allí mismo frente a uno; **(4)** _____ *(secondly)*, el acto de ir al teatro es un evento en sí. **(5)** _____ *(However)*, me parece que además de lo divertido que es ver una obra desarrollarse, existe un suspenso especial en el teatro, que es el de la posibilidad de que alguno de los actores cometa un error. **(6)** _____ *(In fact)*, a veces me pregunto si **(7)** _____ *(actually)* no vamos al teatro no tanto con el propósito de ver una obra maravillosa, sino **(8)** _____ *(perhaps)* para sentir una comunión humana con los actores que la representan. ¿**(9)** _____ *(By chance)* no sienten otros lo que siento yo, que al escuchar cada palabra que enuncian los actores, en vez de perderme en la ilusión de la obra, me la paso esperando bajo tensión la próxima palabra, siempre con la duda de que se le vaya a olvidar, o que se vea que sólo es un acto? Cuando **(10)** _____ *(unfortunately)* un actor comete algún error, se confirma en mí la necesidad original de mi presencia allí: la de ser testigo de la humanidad que se esfuerza por alcanzar la perfección fuera de sí misma, pero que no siempre lo logra, y **(11)** _____ *(as a result)* nos recuerda nuestra propia humanidad. Si la obra tiene defectos, la aplaudo **(12)** _____ *(in spite of)* todo; aplaudo en ella el esfuerzo humano, y me siento un poco mejor, **(13)** _____ *(maybe)* por haber logrado ver estos defectos. **(14)** _____ *(On the other hand)*, cuando **(15)** _____ *(fortunately)* la obra sale perfecta, aplaudo más ruidosamente, aplaudo el logro de los actores; y **(16)** _____ *(yet)*, me queda una leve sensación de inferioridad, al menos hasta el momento en que pienso en la noche siguiente, cuando estos actores tendrán que volver a actuar con la misma perfección, y que existe todavía la posibilidad de que alguno de ellos se equivoque.

(17) _____ *(Regarding)* las películas, el placer es totalmente distinto: casi siempre logran eliminar los defectos antes de mostrar la película, y **(18)** _____ *(for the most part)* lo que queda está mecánicamente perfecto. Han perfeccionado **(19)** _____ *(more and more)* la tecnología visual y el arte de manipular al público. Como público de cine, ya no somos testigos de la humanidad de los actores, sino clientes que han comprado dos horas de distracción. Yo al menos me pierdo en la ilusión dramática de las películas, o **(20)** _____ *(in any case)* es lo que trato de hacer. No me concentro **(21)** _____ *(almost ever)* en las palabras que enuncian los actores ni en su arte. **(22)** _____ *(In the end)*, si una película no me deja disfrutarla sin distracciones, me da coraje, y no pienso para nada en la humanidad sino en el dinero que desperdicié.

Ejercicio 4.37 Añada la transición más lógica de la lista para cada espacio en blanco.

a pesar de, además, casi siempre, con respecto a, de hecho, en fin de cuentas, por consiguiente, por ejemplo, por eso, por lo tanto, por otro lado, porque, según, ya que

Mi sobrina acaba de cumplir los quince años: es muy bonita, y **(1)** _____ ha decidido tratar de hacerse modelo, **(2)** _____ los peligros que esa profesión conlleva. **(3)** _____ sus padres, es aceptable que se haga modelo, **(4)** _____ es una joven muy madura para su edad. **(5)** _____, puede reconocer la malicia de otros, y **(6)** _____ no cae en las trampas tradicionales como tantas jóvenes hoy en día.

(7) _____ el trabajo en sí, no es tan fácil como parece. **(8)** _____, es posible que sea uno de los más agotadores. Las sesiones de fotografía, **(9)** _____, pueden tomar hasta seis horas corridas, y las modelos deben mantenerse bellas y frescas, sin ningún rasgo de cansancio ni de mal humor. **(10)** _____, deben comer con muchísimo cuidado para mantener su cutis impecable. Y, **(11)** _____ los fotógrafos pueden pedirles en una misma sesión que se vean de playa o de románticas moribundas, deben evitar el sol y todo lo que pueda afectar su color.

(12) _____, el trabajo tiene aspectos divertidos. La modelo es el centro de atención, la visten y la maquillan para transformarla todo el día. Y **(13)** _____ tienen que viajar a diferentes partes del mundo.

(14) _____, la experiencia tiene que ser buena.

Capítulo 4 Repaso

Ejercicio 4.38 Llene los espacios en blanco con preposiciones, conjunciones, adverbios o expresiones; si no necesita nada para un espacio en blanco, use el símbolo "Ø"; algunos espacios en blanco pueden tener más de una palabra.

El debate sobre la igualdad de los hombres **(1)** _____ las mujeres nunca va **(2)** _____ terminar, y en el mundo hispanohablante es un debate que para algunos lucha contra la cultura misma **(3)** _____ manera brutal. Hay dos preguntas básicas que nunca se han contestado bien: **(4)** _____, ¿qué hay de malo con que haya diferencias? **(5)** _____, ¿cuáles son las diferencias que realmente deberían de cambiar?

(continúa)

(6) _____ la primera pregunta, vamos a ver qué puede haber de malo. **(7)** _____ yo, es malo que haya dominación de cualquier individuo, mujer **(8)** _____ hombre. Es malo también que haya maltrato físico **(9)** _____ mental, y que algunos tengan más derechos humanos que otros. **(10)** _____, no sé si es malo reconocer que **(11)** _____ hay ciertas diferencias puramente físicas que no se pueden cambiar: la mujer tolera el dolor mejor que el hombre, **(12)** _____ puede alzar menos peso que él; la mujer tiene más aguante que el hombre en todos los sentidos, pero el hombre es probablemente mejor **(13)** _____ la guerra **(14)** _____ su agresividad. Claro que, en un mundo de paz, eso no importaría **(15)** _____ nada; **(16)** _____, uno se pregunta si habría tanta guerra si las mujeres gobernaran el mundo.

(17) _____ la segunda pregunta, **(18)** _____ empezamos a contestarla arriba: debemos insistir **(19)** _____ eliminar las diferencias que le quitan a la mujer los derechos humanos. Es fácil decir esto, **(20)** _____ las implicaciones son inmensas. En la cultura hispana, donde la mujer y el hombre tienen papeles **(21)** _____ claramente marcados en la vida cotidiana, uno pensaría **(22)** _____ un cambio de este tipo podría representar un peligro, y que habría que resignarse **(23)** _____ las diferencias con tal de no perder la base cultural que nos identifica. Algunos dicen que si la mujer se empeña **(24)** _____ ser igual al hombre en la vida profesional, y deja **(25)** _____ dedicarse al doble oficio de madre y cuidadora del hogar, **(26)** _____ la familia nuclear, que **(27)** _____ es el centro de ese mundo, se desintegraría como lo ha hecho la familia estadounidense. Pero hemos visto que **(28)** _____ existe en el mundo hispano una liberación femenina que no sólo no ha destruido la cultura, **(29)** _____ la ha enriquecido: la mujer hispana moderna es profesional, instruida, y madre y esposa **(30)** _____. El hombre hispano moderno **(31)** _____ es profesional, instruido, y padre y marido. Ambos se esfuerzan **(32)** _____ apoyar al otro en estos cambios, y **(33)** _____ las dificultades, han logrado crear un nuevo mundo donde la cultura hispana, que **(34)** _____ de por sí era un modelo por el énfasis que le daba a la familia, se ha vuelto **(35)** _____ más poderosa internacionalmente.

(36) _____, este debate nunca se resolverá **(37)** _____ nunca se eliminarán las diferencias entre dos seres naturalmente diferentes. Lo que **(38)** _____ se puede resolver es lo que el ser humano creó como diferencias, y, **(39)** _____, eso es lo único que merece nuestra atención.

Ejercicio 4.39 Temas de ensayo y de práctica oral.

a. Ensayo

Prestando atención al uso de preposiciones, adverbios, conjunciones y transiciones, escriba un párrafo sobre uno de los temas siguientes:

1. las aventuras de un gato que atrapa a un pájaro y lo mete en la casa de su dueño para jugar.

ATAJO

Phrases: Making transitions
Vocabulary: Animals
Grammar: Prepositions Adverbs Conjunctions

2. las aventuras de un ratoncito que se encuentra un enorme queso suizo.

Phrases: Making transitions
Vocabulary: Animals
Grammar: Prepositions Adverbs Conjunctions

3. las aventuras de un niño que se pierde en el bosque.

Phrases: Making transitions
Grammar: Prepositions Adverbs Conjunctions

4. una experiencia ambigua, que fue buena por ciertas razones pero mala por otras. Elabore al máximo la ambigüedad de sus sentimientos.

Phrases: Making transitions Weighing the evidence
Grammar: Prepositions Adverbs Conjunctions Verbs: Imperfect

b. Práctica oral

1. Pídale a un amigo hispano que le cuente su cuento de niños favorito. Escuche con cuidado para ver cómo usa las preposiciones, los adverbios, las conjunciones y las transiciones. Usando preposiciones, adverbios, conjunciones y transiciones, haga algunas preguntas mientras su amigo cuenta, para aclarar más (por ejemplo: Y ¿el niño ya no estaba con ellos? ¿Todavía estaba de pie? Pero, ¿iban a pie o a caballo? ¿Cuánto se tardaron en llegar? Entonces, ¿se estaba burlando descaradamente de ella? Cuando llegó, ¿no se fijó en el cambio? Y después, ¿no preguntó por su padre? Según ellos, ¿la desconocida era mala o buena? ¿Es por eso que lo mató?, etc.).
2. Pídale instrucciones a un amigo hispano para llegar a algún lugar (escoja un lugar al que usted ya sepa llegar, para asegurarse de comprender bien el uso de preposiciones, adverbios y conjunciones). Usando preposiciones, adverbios, conjunciones y transiciones, haga algunas preguntas para asegurarse de comprender las direcciones.
3. Conversación informal. Comparen entre ustedes sus lugares de residencia y su dormitorio en la casa de sus padres. Presten atención a su uso de preposiciones, adverbios, conjunciones y transiciones.
4. Debate. La mejor jugada. Comparen maldades o travesuras *(tricks, practical jokes)* que ustedes les han hecho a otros, o que saben que otros han hecho, y decidan cuál se gana el premio. Presten atención al uso de preposiciones, adverbios, conjunciones y transiciones.
5. Encuesta. Tradiciones culturales. Fuera de clase, haga una encuesta *(poll)* informal entre estudiantes y profesores hispanos sobre sus tradiciones culturales favoritas. Preste atención a su uso de preposiciones, adverbios, conjunciones y transiciones, y haga preguntas para practicar. Tome apuntes para preparar un informe *(report)* para la clase.

Capítulo 5 Los verbos: formación

Modo indicativo (Presente)

Capítulo 5.A.1, páginas 160–165

Ejercicio 5.1 Conjugue el verbo en la primera persona singular del presente del indicativo **(yo).**

Cariño mío, te (**1.** amar). Todos los días (**2.** cantar) tu canción, y sólo (**3.** comer) lo que te gusta. Ahora (**4.** vivir) por ti; cuando (**5.** hablar) con otros, es contigo en mente; y si (**6.** caminar) por el pueblo, es contigo a mi lado. Ya no (**7.** coser) nada para mí ni para nadie. Ya no (**8.** beber) más que agua fresca, tu bebida favorita. Cuando (**9.** abrir) la puerta para salir, estás ahí. Aún cuando (**10.** imprimir) los capítulos de mi autobiografía, tu presencia me da fuerza.

Ejercicio 5.2 Conjugue el verbo en la primera persona singular del presente del indicativo **(yo).**

No sé por qué (**1.** mentir) tanto, y (**2.** seguir) mintiendo. Les (**3.** pedir) a mis amigos y a mi familia que me perdonen, pero luego (**4.** repetir) el mismo error. Siempre les (**5.** comentar) a ellos que (**6.** mezclar) la verdad con la fantasía, y así (**7.** impedir) que olviden mis mentiras. Si me critican, no (**8.** defenderse) nunca porque en realidad (**9.** querer) el castigo que me da su crítica. Cada vez que puedo, (**10.** elegir) criticarme yo mismo primero, y así (**11.** conseguir) mi propio castigo. Creo que es mejor si (**12.** revelar) mi crimen, y así me (**13.** servir) yo mismo de juez. Pero luego (**14.** cansarse) de tanto luchar conmigo mismo, y (**15.** cerrar) los ojos y (**16.** sentir) que (**17.** comenzar) a olvidarlo todo. A veces (**18.** pensar) que si (**19.** perderse) en el sueño, todo lo malo desaparecerá.

Ejercicio 5.3 Conjugue el verbo en la tercera persona singular del presente del indicativo **(él / ella).**

Como cada día al despertarse, este día especial del año, Roberto, que es un hombre de hábitos muy establecidos, (**1.** pensar) en lo que (**2.** querer) hacer. Antes de levantarse, se (**3.** hacer) la lista de sus actividades: (**4.** recordar) que este día siempre (**5.** cortar) el pasto y (**6.** podar) las ramas largas, luego, cuando ya le (**7.**doler) el cuello, va al pueblo y (**8.** votar), porque hoy (**9.** ser) el día de las

(continúa)

elecciones. Después (**10.** volver) a su casa, va al patio que (**11.** oler) a pasto fresco, y (**12.** acostarse) en la hamaca a tomar la siesta. Después de la siesta (**13.** ir) al club y (**14.** jugar) al tenis con sus amigos.

Pero cuando (**15.** levantarse) y (**16.** mirar) por la ventana, (**17.** ver) que hoy es diferente: (**18.** llover) sin parar. Roberto apenas (**19.** dominar) su frustración lo suficiente para llamar a su mamá. Le (**20.** contar) de sus frustraciones, hasta que ella lo (**21.** interrumpir) para decirle del accidente de la noche anterior en que la tormenta destruyó el techo de su casa: ella (**22.** llorar), porque no (**23.** poder) imaginarse cómo se va a resolver su problema. Roberto (**24.** salir) corriendo a casa de su mamá, bajo la lluvia que ni siquiera (**25.** sentir), y en camino, (**26.** jurar) ya no darle tanta importancia a sus pequeños hábitos y tratar de poner las cosas en perspectiva.

Ejercicio 5.4 Conjugue el verbo en la primera persona singular del presente del indicativo **(yo).**

1. Siempre (proteger) a mis hijos primero. **2.** Sé que si (seguir) trabajando sin parar, voy a terminar a tiempo. **3.** Creo que (obedecer) demasiado a mis superiores. **4.** Cuando (traducir) del inglés al español, a veces uso anglicismos sin darme cuenta. **5.** Cada vez que patino, me (torcer) un tobillo. **6.** Si (recoger) mi ropa todos los días, hay menos desorden. **7.** De vez en cuando (conseguir) lo que quiero, pero no siempre. **8.** No sabes cuánto te (agradecer) tu ayuda. **9.** Temprano en la mañana (producir) más. **10.** No me (convencer) de la necesidad de comprar un auto nuevo.

Ejercicio 5.5 Conjugue el verbo en la segunda persona singular del presente del indicativo **(tú).**

1. Si (enviar) la carta esta mañana, llegará más rápido. **2.** Veo que (continuar) con el mismo trabajo. **3.** Me parece que (confiar) demasiado en la gente. **4.** ¿Siempre (reunir) a todos tus amigos en tu casa para celebrar el Año Nuevo? **5.** Si no (criar) a tus hijos con amor, pueden tener problemas sicológicos más tarde en la vida. **6.** ¿Cuándo (graduarse)? **7.** Creo que (guiar) muy bien. **8.** ¿En esa obra de teatro (actuar) de médico? **9.** No siempre (concluir) lo mismo que yo. **10.** Siempre (huir) de la verdad.

Ejercicio 5.6 Conjugue el verbo en el presente del indicativo, primero en la primera **(yo),** luego en la tercera persona singular **(él / ella / usted / impersonal)** y finalmente en la primera persona plural **(nosotros).**

1. No nos gusta sacar la basura: por lo general, si no lo (hacer) yo, lo (hacer) él; pero a veces no lo (hacer) para nada porque se nos olvida. **2.** Mi hermana y yo tratamos de vestirnos de manera diferente. Yo la veo a ella vestirse y (ponerse) algo diferente de ella, o si yo me visto primero, ella (ponerse) algo distinto a lo que yo me puse. Pero a veces no nos vemos y (ponerse / nosotros) lo mismo: es un problema muy grave. **3.** Cuando (traer) mi paraguas nunca llueve. A veces mi esposa (traer) el paraguas, y a veces los dos lo (traer); siempre tratamos de tener al menos uno para que no llueva. **4.** Hoy (venir) con más hambre que nunca. Mi compañera también (venir) hambrienta hoy. Así que (venir) las dos a comer con gusto y gana. **5.** Nunca (decir / yo) más de lo que tengo que decir; si se (decir) más de lo necesario, a veces es peor. Si sólo (decir) nosotros lo esencial, podemos mantener nuestra distancia. **6.** No (tener / yo) suficiente dinero; si usted (tener) un par de pesos, creo que entre los dos (tener) bastante para pagar la cuenta. **7.** Si yo les (dar) diez pesos, y usted les (dar) quince, entre los dos les (dar) el total de veinticinco. **8.** Yo no (ir) porque (ir) Juan. Nunca (ir) los dos porque no es necesario. **9.** Creo que (ser) responsable en cuanto a la ecología. (Ser) obvio que si todos (ser) responsables, el mundo durará más. **10.** Yo (estar) triste porque se (estar) acabando el verano. Casi (estar / nosotros) a punto de volver a clases. **11.** (Haber / yo) de empacar las maletas para el viaje. No estoy segura pero creo que (haber) de hacer frío allá de noche. Nunca (haber / nosotros) viajado a esa parte del mundo. **12.** A veces no (oír / yo) bien lo que anuncian en los aviones. No se (oír) nada por el ruido de los motores, creo. Si no (oír / nosotros) los anuncios, ¿será grave? **13.** Yo (saber) hablar español, y si usted (saber) hablar francés, entre los dos (saber) quizás lo suficiente para que el viaje sea cómodo. **14.** Es curioso que cuando yo (ver) una película y mi novio (ver) la misma película, nunca (ver) exactamente lo mismo.

Ejercicio 5.7 Conjugue el verbo en el presente del indicativo de la persona indicada.

1. Siempre (caminar / yo) en la madrugada. **2.** A veces (actuar / tú) y a veces no. **3.** Nosotros (actuar) mejor con público. **4.** Si (adquirir / yo) esa propiedad, estaré contenta. **5.** Siempre (adquirir / nosotros) propiedades que necesitan mejorarse. **6.** ¿En qué (andar / vosotros)? **7.** En la vida (aprender / nosotros) lo esencial si prestamos atención. **8.** Cuando se asusta, mi hermanito me (tomar) de la mano. **9.** Nunca me (avergonzar) mis padres. **10.** Creo que a veces nosotros (avergonzar) a nuestros padres. **11.** Si (averiguar / yo) el secreto,

(continúa)

te lo cuento. **12.** ¿Te (decir / yo) lo que me contaron ayer? **13.** (Decir / él) Raúl que los nuevos vecinos son muy fiesteros. **14.** Parece que nunca les (decir / nosotros) a nuestros padres que los queremos. **15.** ¿Qué (buscar / ellos) esos hombres? **16.** Ya no (caber / yo) en esa sillita que usaba de niña. **17.** Esa ropa vieja ya no me (caber). **18.** Por suerte, no (caerse / yo) con tanta frecuencia como cuando era adolescente. **19.** Tu hermana me (caer) bien. **20.** ¿Siempre (cerrar / tú) la ventana de noche? **21.** ¿No (cerrar / vosotros) la casa con llave? **22.** Tengo un limonero en mi patio, y cada vez que quiero un limón, (escoger / yo) el más maduro. **23.** Mis padres no siempre (escoger) los mejores regalos. **24.** Nunca (comenzar / yo) a trabajar hasta las diez de la noche. **25.** Si (comenzar / nosotros) ahora, terminaremos antes de que lleguen. **26.** Creo que ella (contribuir) más de lo necesario. **27.** En verano siempre (construir / nosotros) algo nuevo, por pequeño que sea. **28.** (Conducir / yo) mejor cuando no estoy cansada. **29.** Es impresionante lo mucho que (producir / tú) cuando quieres. **30.** Esa mujer (contar) cuentos: es una cuentera profesional.

31. Cuando tengo un resfriado, (sonarse / yo) la nariz sin parar. **32.** Nunca (recordar / nosotros) todo lo que tenemos que comprar si no preparamos una lista. **33.** (Creer / yo) que va a hacer calor hoy. **34.** Las brujas (poseer) poderes especiales. **35.** Si les (leer / nosotros) libros a nuestros hijos, aprenderán más. **36.** Nunca (cruzar / yo) esa calle porque es muy peligrosa. **37.** ¿Siempre (almorzar / tú) solo? **38.** Te (dar / yo) mi teléfono para que me llames. **39.** Yo (decir) que no hace falta tanta atención. **40.** Bueno, sí, a veces (contradecirse / yo), ¿y qué? **41.** No siempre (elegir / yo) lo más fácil. **42.** Me parece que (exigir / tú) demasiado de tus padres. **43.** Creo que si (seguir / yo) caminando por aquí, voy a encontrar la catedral. **44.** Ese niño siempre (conseguir) lo que quiere. **45.** (Perseguir / nosotros) a los gatitos hasta que los agarramos. **46.** Nunca (dormir / yo) bien. **47.** ¿Y vosotros, (dormir / vosotros) bien? **48.** Siempre (enviar / ellos) sus mensajes por correo electrónico. **49.** A mi hermana le (enviar / nosotros) flores hoy. **50.** (Escribir / yo) todos los días en mi diario. **51.** (Estar / yo) muy orgullosa de ti. **52.** Eventualmente los ladridos de mis perros me (forzar) a salir a investigar la causa de su alboroto. **53.** (Hacer / yo) lo que puedo. **54.** Estos programas (satisfacer) a los clientes, según entiendo. **55.** (Ir / yo) al cine esta noche. **56.** Mis amigos (ir) conmigo. **57.** Mi hermanita (jugar / ella) muy bien al tenis. **58.** Mis primos (llegar) hoy. **59.** A veces un árbol (morir) por falta de agua. **60.** Si (mover / tú) esa silla, cabremos. **61.** Las víctimas (negar) haber dado permiso. **62.** (Oír / yo) todo lo que dicen mis vecinos. **63.** ¿(Oír / tú) la canción? **64.** No (oír / nosotros) nada. **65.** (Oler / yo) los melones antes de comprarlos. **66.** Si los melones (oler) bien, los compro. **67.** Dicen que (parecerse / yo) a mi madre. **68.** Sólo te (pedir / yo) este favorcito. **69.** ¿Cuánto (pedir) usted por esta jarra? **70.** Siempre (perder / tú) tus lentes. **71.** Los estudiantes (poder) entender más de lo que crees. **72.** Si (poner / yo) la mesa ahora, lo tendré todo listo. **73.** A veces (reírse / yo) incontrolablemente. **74.** Cuando (sonreírse) el profesor, sé que cometí un error interesante. **75.** Siempre (reunir / ellos) suficiente dinero para los pobres. **76.** Creo que si él le (rogar) un poco, ella aceptará. **77.** ¡Qué hambre (tener / yo)! **78.** ¿(Tener / tú) tiempo para ayudarme? **79.** Me (torcer / yo) el tobillo. **80.** Ese niñito (retorcerse) constantemente en su asiento. **81.** (Traer / yo) buenas noticias. **82.** Yo me (valer) de todos los recursos disponibles. **83.** Si (convencer / yo) a mis padres, podré ir. **84.** Hace tiempo que (venir / yo) planeando esto. **85.** A mi amigo le molesta cuando sus padres (intervenir) en sus asuntos. **86.** En esa clase, (ver / nosotros) una película por semana. **87.** Luis (vivir) en España. **88.** Mi compañera (volver) mañana.

Ejercicio 5.8 Temas de ensayo y de práctica oral.

a. Ensayo

Prestando atención a las formas verbales, escriba un párrafo sobre un día típico en su vida de hoy en día; use el presente del indicativo como base para su redacción, pero no es necesariamente el único tiempo verbal que puede necesitar: use su sentido común.

b. Práctica oral

1. Pídale a un amigo hispano que le cuente un día típico hoy en día para él. Preste atención a sus formas verbales.
2. Prestando atención a las formas verbales, cuéntele a un amigo un día típico en su vida hoy en día.

ATAJO

Phrases:	Talking about the present; Talking about daily routines
Vocabulary:	Leisure; House: Household chores
Grammar:	Verbs

Modo indicativo
(Aspectos del pasado de indicativo: Imperfecto)

Capítulo 5.A.2.a, páginas 165–166

Ejercicio 5.9 Conjugue el verbo en el imperfecto del indicativo de la persona indicada.

1. De niña (hablar / yo) cuatro idiomas. **2.** ¿En México (comer / tú) comida picante? **3.** Creo que Carlos Fuentes (vivir) en los Estados Unidos en esa época. **4.** Cuando estábamos en la playa, (caminar / nosotros) mucho. **5.** ¿(Correr / vosotros) todas las mañanas? **6.** Las dos hermanitas se (tomar) del brazo para caminar. **7.** En la escuela, yo (comenzar) a estudiar a las seis de la tarde. **8.** Siempre (decir / tú) lo mismo cuando me caía. **9.** Mi padre (ver) el mundo de una manera muy diferente. **10.** Siempre (concluir / nosotros) la ceremonia con un poema de Neruda.

Ejercicio 5.10 Conjugue el verbo en el imperfecto del indicativo de **yo** y **nosotros.**

1. Recuerdo que para la Navidad yo (ir) con mi familia a la playa; para la Nochebuena, (ir) todos a la playa a hacer una hoguera. **2.** Cuando yo (ser) niño, mis dos hermanos y yo pensábamos que (ser) los tres mosqueteros. **3.** En ese entonces no (ver / yo) que tú y yo no (ver) estas cosas de la misma manera. **4.** Cuando trabajaba allí, nunca (pedir) favores, porque creía que si (pedir / nosotros) favores, terminábamos debiéndole demasiado a la gente. **5.** Cuando vivía en la ciudad, siempre (cerrar) el carro con llave. De niña, en mi familia nunca (cerrar / nosotros) nada con llave. **6.** De adolescente, (caerse / yo) todo el tiempo. De hecho, mi hermana y yo (caerse) todos los días. **7.** Recuerdo que cuando (andar / yo) en Europa, mis amigos y yo (andar) sin parar. **8.** Teníamos que escondernos, pero no pudimos hacerlo en la misma caja: yo (caber) pero no (caber / nosotros) los dos. **9.** Cuando yo (tener) hambre, no podía comer de inmediato. En mi familia (tener / nosotros) que esperar la hora exacta de la siguiente comida. **10.** Nunca (hacer / yo) las tortillas sola: mi mamá y yo las (hacer) juntas. **11.** Recuerdo que si yo le (dar) la espalda a mi amiguito Luis, él se enojaba, y eventualmente los dos nos (dar) de golpes hasta agotarnos. **12.** Cuando estaba en la playa, yo siempre (dormir) a gusto. Todos (dormir / nosotros) en hamacas. **13.** Cada vez que (reírse / yo), me sentía mejor; a veces (reírse / nosotros) horas sin parar. **14.** Cuando vivía en ese apartamento, yo (oír) todas las discusiones de mis vecinos. A veces mi mejor amiga y yo (oír) peleas horribles, y no sabíamos si llamar a la policía o no.

Ejercicio 5.11 Conjugue el verbo en el imperfecto del indicativo de la persona indicada.

> **Vocabulario: a pesar de todo** *in spite of it all;* **alumno** *student;* **avergonzar** *to embarrass;* **avergonzarse** *to be embarrassed;* **castigar** *to punish;* **chillón** *shrill;* **competencia** *competition;* **darse por vencido** *to give up;* **enterarse** *to find out;* **enviar** *to send;* **fingir** *to pretend;* **ganarle** *to beat her;* **gritar** *to scream;* **lograr** *to manage to;* **mandar** *to send;* **más bien** *instead;* **odiar** *to hate;* **platicar** *to chat;* **portarse** *to behave;* **quedarse** *to stay;* **regañar** *to scold;* **soportar** *to tolerate;* **travesura** *mischief, prank*

En la escuela, yo (**1.** tener) maestros muy severos, que siempre (**2.** insistir) en que mis compañeros y yo nos portáramos° muy bien. Recuerdo que cada día cuando yo (**3.** caminar) a la escuela, me (**4.** preguntar) si ese día algún maestro me regañaría° o me castigaría°. Yo siempre (**5.** avergonzarse°) fácilmente, especialmente cuando mis maestros me (**6.** sorprender) hablando con un compañero y me (**7.** regañar°) frente a todos. Al final de cada año ellos (**8.** evaluar) nuestro trabajo y nuestra conducta, y cada año nosotros (**9.** adquirir) nuevas estrategias para esconder nuestras travesuras°.

Cuando (**10.** ponerse / nosotros) a platicar° y a jugar y pasarnos notitas, la maestra de castellano nos (**11.** interrogar) en su voz chillona°: "¿Qué (**12.** hacer / vosotros)? ¿De qué (**13.** hablar / vosotros)?" Y nosotros le (**14.** contestar) que no (**15.** hacer) nada, que sólo (**16.** hablar) de la tarea. Ella nos (**17.** creer), o (**18.** darse) por vencida° y nosotros (**19.** salir) ganando: eso (**20.** pensar / nosotros) entonces al menos.

A veces pienso que (**21.** aprender / nosotros) muy poco, justo lo suficiente para sobrevivir en la escuela. (**22.** Buscar / nosotros) siempre la manera de no concentrarnos en lo que el maestro (**23.** querer) que hiciéramos, y por lo general (**24.** lograr° / nosotros) divertirnos a pesar de todo.

Mi maestro de historia (**25.** ser) el peor de todos: cada vez que (**26.** poder / él), nos (**27.** avergonzar° / él). A veces nos (**28.** decir / él) que si no (**29.** portarse° / nosotros) bien, nos mandaría° a la oficina del director. Y casi cada semana, (**30.** enviar° / él) a uno a hablar con el director. Pero no (**31.** ser) grave: el alumno° que (**32.** deber) ir a la oficina del director no (**33.** ir): más bien, (**34.** salir) al corredor y (**35.** tomar) agua, luego (**36.** meterse) en el baño y (**37.** quedarse°) allí hasta el final de la hora. Y el maestro nunca (**38.** enterarse°) de nada.

Recuerdo la travesura° favorita de los chicos más traviesos de la clase: les (**39.** gustar) poner una silla defectuosa en el escritorio de las maestras nuevas: ellas (**40.** llegar) muy serias y nerviosas con sus libros muy apretados contra su pecho,

(continúa)

y a la hora de sentarse, (**41.** caerse). Casi siempre (**42.** gritar° / ellas), y siempre (**43.** sonrojarse). A veces hasta (**44.** llorar / ellas). Nosotros (**45.** reírse). ¡Qué vergüenza me da ahora!

(**46.** Tener / yo) una maestra de matemáticas que me (**47.** detestar) porque yo siempre (**48.** terminar) los ejercicios de práctica antes que ella. Cuando le (**49.** llevar / yo) mi respuesta, ella (**50.** ponerse) furiosa y me (**51.** preguntar / ella) por qué no (**52.** esperar / yo) a que ella terminara primero. No sé por qué (**53.** insistir) yo en ganarle: me imagino que (**54.** existir) un tipo de competencia° con los maestros.

Nosotros (**55.** creer) que (**56.** ser) invencibles. (**57.** Sentirse) superiores a los maestros, los (**58.** contradecir), y (**59.** rehusarse) a aprender las cosas como ellos (**60.** querer). Nosotros los (**61.** odiar°) a ellos, y ellos nos (**62.** odiar) a nosotros, o al menos, eso es lo que (**63.** fingir°). Porque en realidad, bajo la superficie de competencia, (**64.** saber / nosotros) muy bien que (**65.** ser) importante estudiar, y (**66.** reconocer / nosotros) el valor de los conocimientos. Lo que no (**67.** soportar° / nosotros) era la disciplina excesiva, los uniformes, la uniformidad reglamentaria de todo. Y por eso (**68.** rebelarse / nosotros).

Ejercicio 5.12 Temas de ensayo y de práctica oral.

a. Ensayo

Prestando atención a las formas verbales, escriba un párrafo sobre un día típico en su vida en la escuela primaria o secundaria; use el imperfecto del indicativo como base para su redacción, pero no es necesariamente el único tiempo verbal que puede necesitar: use su sentido común.

b. Práctica oral

1. Pídale a un amigo hispano que le cuente un día típico en su vida cuando era niño. Preste atención a sus formas verbales.
2. Prestando atención a las formas verbales, cuéntele a un amigo un día típico en su vida cuando era niño.

ATAJO

Phrases: Talking about daily routines
Vocabulary: Upbringing; School
Grammar: Verbs: Imperfect

Modo indicativo
(Aspectos del pasado de indicativo: Pretérito)

Capítulo 5.A.2.b, páginas 166–168

Ejercicio 5.13 Conjugue el verbo en el pretérito de la persona indicada.

1. ¿(Hablar / tú) con tus padres anoche? **2.** Ayer (comer / nosotros) pescado. **3.** Mis tíos (vivir) veinte años en Guadalajara. **4.** Esta mañana (caminar / yo) cinco kilómetros. **5.** ¿Por dónde (andar / tú)? **6.** El niño trató de meterse en la caja, pero no (caber). **7.** Este verano (estar / nosotros) en el campo. **8.** Ayer (arrestar / nosotros) al sospechoso. **9.** El año pasado (haber) menos crimen que el anterior. **10.** Yo no (saber / yo) la respuesta. **11.** ¿(Poder / tú) terminar tu trabajo? **12.** Mi mamá (poner) la mesa. **13.** ¿A qué hora (salir / vosotros)? **14.** Mis vecinos (tener) que mudarse. **15.** Este fin de semana no (hacer / yo) nada porque hacía muchísimo calor. **16.** ¿Qué (querer / tú) decir con eso? **17.** Ese gran autor (venir) a nuestra clase para hablar con nosotros.

Ejercicio 5.14 Conjugue el verbo en el pretérito de la persona indicada.

1. Le (dar / nosotros) flores a mi mamá para su cumpleaños. **2.** Blanca (hacer) las paces *(made up)* con su novio. **3.** Anoche (ir / yo) al cine. **4.** Nunca (ser / yo) tan atlético como mi hermano. **5.** ¿Qué (decir / vosotros)? **6.** Me sorprende lo mucho que (producir / tú) en tan poco tiempo. **7.** Mis primas (traer) las tortillas.

Ejercicio 5.15 Conjugue el verbo en el pretérito de **yo** y **él.**

1. (sentir) Después de comer, yo me _____ mal, pero él no _____ nada. **2.** (pedir) Para la cena, yo _____ mejillones, y él _____ camarones. **3.** (reír) Yo me _____ mucho durante esa película, pero el resto del público no se _____ casi para nada. **4.** (dormir) Yo _____ bien anoche, pero mi compañero de cuarto no _____ para nada. **5.** (caer) Creo que le _____ bien a tu novio, pero no estoy segura de si él le _____ bien a mi mamá. **6.** (creer) Yo no le _____ nada a la gitana *(gypsy)*, pero mi hermana sí le _____. **7.** (leer) _____ ese libro el año pasado; el profesor lo _____ cuando tenía nuestra edad. **8.** (oír) Yo no _____ nada, pero mi compañera de cuarto dice que _____ gritos *(screams)*. **9.** (concluir) Yo _____ algo muy diferente de lo que _____ él. **10.** (buscar) Yo _____ mi anillo *(ring)* en todos lados, y mi mejor amigo también _____, pero no lo encontramos. **11.** (llegar) Yo _____ ayer, pero mi hermano mayor _____ hace una semana. **12.** (alcanzar [*to reach*]) Yo no _____ la guayaba en esa rama *(branch)*, pero Juanito sí la _____. **13.** (explicar) Yo le _____ mis razones y él me _____ las suyas. **14.** (almorzar)

(continúa)

Yo _____ más de lo que _____ el resto de la gente. **15.** (apagar [*to turn off*]) A las diez, yo _____ todas las luces excepto la de la cocina; mi compañera de casa _____ ésa antes de acostarse, a eso de la una de la mañana. **16.** (sacar [*to take out*]) Yo _____ la basura *(garbage)* esta semana porque él la _____ la semana pasada. **17.** (comenzar) Yo _____ a trabajar a las seis, y ella _____ a las diez. **18.** (colgar [*to hang*]) Yo _____ ese cuadro *(painting)* en la sala, luego mi mamá lo _____ en el comedor. **19.** (tocar) Yo _____ el piano para Navidades; mi primo _____ la guitarra para el día de Reyes. **20.** (empezar) Yo _____ a hablar español a los cinco años, pero mi papá no _____ hasta los treinta. **21.** (entregar [*to deliver*]) Yo le _____ el paquete al señor Ruiz, y él se lo _____ a la señora Gómez. **22.** (pagar) Yo _____ las cuentas *(bills)* el mes pasado, y mi compañero de casa las _____ el mes anterior.

Ejercicio 5.16 Conjugue el verbo en el pretérito de la persona indicada. Si no hay persona indicada, use el contexto para determinar cuál es el sujeto: puede ser impersonal, o tener el sujeto ya mencionado.

> **Vocabulario: a la vez** *at the same time;* **acercarse** *to come near;* **agotado** *exhausted;* **alquilar** *to rent;* **apodo** *nickname;* **arena** *sand;* **averiguar** *to find out;* **de hecho** *as a matter of fact;* **a fin de cuentas** *all in all;* **encerrarse** *to lock oneself up;* **estadía** *stay;* **estrella** *star;* **fijarse** *to notice;* **grito** *scream;* **impresionadísimo** *very impressed;* **inerte** *lifeless;* **inolvidable** *unforgettable;* **médico** *doctor;* **pegar un grito** *to scream;* **pelando** *peeling;* **por detrás** *from behind;* **quedar impresionado** *to be impressed;* **quemarse** *to get burned;* **regresar** *to return;* **seguir** *to continue;* **sitio** *place;* **sombra** *shade;* **tipo** *character*

El año pasado (**1.** ir / yo) a Cancún por primera vez: (**2.** ser) una experiencia inolvidable°, y a la vez°, (**3.** haber) algunos incidentes que quisiera olvidar. Mi mejor amiga (**4.** ir) conmigo. El primer día (**5.** quedar° / yo) impresionadísima° cuando (**6.** ver / yo) la blancura de la arena° y la transparencia azul del agua; (**7.** acostarse / nosotros) al sol un ratito, y luego (**8.** entrar / nosotros) al hotel a bañarnos. (**9.** Cenar / nosotros), acompañadas de la música de los mariachis, y luego (**10.** salir / nosotros) a pasear en la noche llena de estrellas°.

De repente mi amiga (**11.** sentirse) muy mal, y (**12.** regresar° / nosotros) al hotel. (**13.** Tener / yo) que preguntar en la recepción si había un médico°. Por fin (**14.** venir) uno, la (**15.** ver / él), y le (**16.** decir / él) que tenía gastroenteritis, causada por el cambio de bacterias en el agua o la comida. Nos (**17.** contar / él) que esta enfermedad era tan común que tenía un apodo°: le decían "la venganza de Moctezuma", o "el turista". Le (**18.** traer / él) un té caliente que habían inventado en el hotel para curar este mal, y le (**19.** recomendar / él) un medicamento que luego yo le (**20.** poder) comprar en la farmacia del hotel. (**21.** Fijarse° / yo) que era el producto que más se vendía.

Mi amiga (**22.** sufrir) con esta enfermedad por dos días enteros: no (**23.** volver / ella) a ver el sol ni la playa, (**24.** encerrarse°) en el cuarto con las cortinas cerradas, y no (**25.** hacer) nada más que dormir. Yo (**26.** estar) sola todo este tiempo, y (**27.** pasarse) el rato leyendo con la luz de una lámpara, y también (**28.** escribir) unas veinte tarjetas postales: no quería dejar a mi amiga sola, por si necesitaba algo. Además, ese primer día de sol (**29.** quemarse°) por completo: la mañana siguiente, cuando (**30.** ir) a bañarme, y (**31.** mirarse) y (**32.** pegar) un grito° de horror al ver que toda la piel de la cara, y del cuerpo, se me estaba pelando°. Por dos días más, (**33.** pedir) que me trajeran la comida al cuarto.

El cuarto día de nuestra estadía° en Cancún, como no podíamos ir a la playa, (**34.** decidir / nosotros) hacer un poco de turismo. (**35.** Ir) a ver las ruinas de los antiguos mayas; para llegar allá, (**36.** alquilar° / nosotros) un coche. Yo (**37.** tener) que manejar porque mi amiga estaba un poco débil. (**38.** Estar / nosotros) manejando como una hora, en un cochecito sin aire acondicionado, bajo un sol implacable, y para cuando (**39.** llegar), estábamos ya agotadas° por el calor sofocante. Nunca se nos (**40.** ocurrir) que haría tanto calor. (**41.** Sentarse / nosotros) en la sombra° de un árbol y (**42.** beber) un refresco. De lejos, inertes, (**43.** mirar / nosotros) las ruinas. Un tipo° (**44.** acercarse°) a nosotros por detrás° y nos (**45.** ofrecer / él) ayuda. Yo (**46.** hablar) un poco con él y (**47.** averiguar° / yo) todo lo que (**48.** poder / yo) sobre las ruinas: en primer lugar, el hombre me (**49.** corregir) con un tono muy severo: me (**50.** decir / él) que no les dicen "ruinas", sino "edificios". Francamente, me (**51.** caer) bastante mal su actitud; el tipo (**52.** ofenderse) con mi ignorancia, lo cual me (**53.** parecer) un poco absurdo. Le (**54.** dar / yo) las gracias por su oferta de ayuda, pero no la (**55.** aceptar / nosotros). De hecho°, (**56.** irse / nosotros) rápidamente de allí, (**57.** ver / nosotros) superficialmente lo que (**58.** poder / nosotros) del sitio°, y (**59.** conducir / nosotros) de vuelta al hotel. En el coche, de repente, mi amiga (**60.** reírse), luego (**61.** reírse) yo, y (**62.** seguir° / nosotros) riendo todo el camino por lo ridículo de la situación.

A fin de cuentas°, nuestra visita a Cancún (**63.** ser) una experiencia que nunca olvidaremos.

Ejercicio 5.17 Temas de ensayo y de práctica oral.

a. Ensayo

Prestando atención a las formas verbales, escriba un párrafo sobre su primer día o su primera noche en algún lugar especial (una casa nueva, una ciudad nueva, la escuela secundaria, la universidad, etc.). Use el pretérito del indicativo como base para su redacción, pero no es necesariamente el único tiempo verbal que puede necesitar: use su sentido común.

b. Práctica oral

1. Pídale a un amigo hispano que le cuente su primer día en este país o en esta universidad. Preste atención a sus formas verbales.
2. Prestando atención a las formas verbales, cuéntele a un amigo su primer día en la universidad o en un país hispano.

ATAJO

Phrases: Describing places; Talking about past events
Grammar: Verbs: Preterite

Modo indicativo (Aspectos del pasado de indicativo: Presente perfecto)

Capítulo 5.A.2.c, página 169

Ejercicio 5.18 Conjugue el verbo en el presente perfecto del indicativo de la persona indicada.

1. Nunca _____ (caminar / yo) por ahí. **2.** ¿_____ (hacer / tú) algo hoy? **3.** Todavía no me _____ (devolver / él) todas las cosas que le presté. *(He has still not returned to me all of the things I lent him.)* **4.** _____ (andar / nosotros) casi tres kilómetros. **5.** ¿Qué _____ (aprender / vosotros) en vuestro viaje? **6.** Creo que no _____ (tomar / ellos) agua en horas. **7.** Nunca _____ (traer / yo) tanto. **8.** ¿_____ (averiguar / tú) algo sobre los horarios nuevos? *(Have you found out anything about the new schedules?)* **9.** Todavía no _____ (buscar / ella) alojamiento *(lodging)* en ese barrio. **10.** Nunca _____ (caber [*to fit*] / nosotros) todos en este coche. **11.** ¿_____ (cerrar / vosotros) la puerta con llave? *(Did you lock the door?)* **12.** Ya _____ (recoger / ellas) las hojas tres veces. *(They already picked up the leaves three times.)*

Modo indicativo (Aspectos del pasado de indicativo: Pluscuamperfecto)

Capítulo 5.A.2.d, página 169

Ejercicio 5.19 Conjugue el verbo en el pluscuamperfecto del indicativo de la persona indicada.

1. Estaba agotada *(exhausted)* porque _____ (correr / yo) por una hora para llegar. **2.** Me dijiste que nunca te _____ (graduar / tú) de la escuela secundaria. **3.** Cuando yo llegué, él ya (*already*) se _____ (ir). **4.** No les _____ (decir / nosotros) a nuestros padres que nos queríamos casar. **5.** ¿_____ (ver / vosotros) esa película antes? **6.** Ellos ya *(already)* _____ (volver) de su viaje a España. **7.** Yo te _____ (escribir / yo) seis cartas antes de que tú me contestaras. **8.** Yo creía que ya *(already)* le _____ (poner / tú) baterías nuevas al reloj. **9.** Cuando por fin llegó la policía, ella ya _____ (resolver) el crimen. **10.** Nunca _____ (abrir / nosotros) esa puerta antes. **11.** ¿_____ (cerrar / vosotros) las ventanas antes de que empezara a llover? **12.** No vieron nada porque _____ (taparse / ellas) los ojos *(they had covered their eyes)*.

Modo indicativo (Futuro: Futuro simple)

Capítulo 5.A.3.a, página 170

Ejercicio 5.20 Conjugue el verbo en el futuro para la persona indicada.

1. Te _____ (amar / yo) para siempre. **2.** ¿Dónde _____ (vivir / tú) cuando estés allá? **3.** Sé que _____ (entender / él) el problema cuando yo se lo explique. **4.** ¿A qué hora _____ (comer / nosotros) allá? **5.** ¿En qué año os _____ (graduar / vosotros)? **6.** _____ (tomar / ellos) el autobús para llegar a la ciudad. **7.** Me _____ (despedir / yo) pronto porque ya me voy. *(I'll say good-bye because I'm leaving now.)* **8.** ¿Cómo _____ (averiguar [*to find out*] / tú) lo que necesitas si no preguntas? **9.** Estoy seguro que ella nos _____ (buscar) en este lugar. **10.** Esta noche _____ (cantar / nosotros) juntos. **11.** Con este sol, os _____ (calentar / vosotros) pronto. **12.** Sé que ellas _____ (escoger [*to choose*]) lo mejor.

Ejercicio 5.21 Conjugue el verbo en el futuro para la persona indicada.

1. Si sigo comiendo tanto, no _____ (caber) dentro de mi ropa. *(If I continue to eat so much, I will not fit into my clothes.)* **2.** ¡Tú _____ (decir)! *(It's up to you!)* **3.** ¿Cuántos estudiantes _____ (haber) en esta universidad? **4.** Nosotros _____ (hacer) lo posible por ayudar. **5.** Vosotros _____ (poder) venir también. **6.** Sé

(continúa)

que ellos se _____ (poner) furiosos cuando oigan la noticia. **7.** Esa noche no _____ (querer / yo) nada para cenar. **8.** ¿Cuándo _____ (saber / tú) si te van a aceptar? **9.** Su vuelo _____ (salir) mañana por la noche. **10.** _____ (tener / nosotros) muchas horas libres. **11.** ¿Cuánto _____ (valer) esa camisa? *(I wonder how much that shirt costs.)* **12.** ¿_____ (venir / vosotros) con nosotros?

Ejercicio 5.22 Temas de ensayo y de práctica oral.

a. Ensayo

Prestando atención a las formas verbales, escriba un párrafo sobre sus planes para mañana. Use el futuro como base para su redacción, pero no es necesariamente el único tiempo verbal que puede necesitar: use su sentido común.

b. Práctica oral

1. Pídale a un amigo hispano que le cuente sus planes para mañana. Preste atención a sus formas verbales.
2. Prestando atención a las formas verbales, cuéntele a un amigo sus planes para mañana.

ATAJO

Grammar: Verbs: Future

Modo indicativo (Futuro: Futuro perfecto)

Capítulo 5.A.3.b, página 171

Ejercicio 5.23 Conjugue el verbo en el futuro perfecto para la persona indicada.

1. _____ (decir / yo) lo mismo veinte veces. **2.** ¿Cuántas veces _____ (ver / tú) la misma película? **3.** Supongo que él se _____ (cubrir) la cabeza. **4.** Nosotros _____ (volver) para entonces. **5.** Me imagino que vosotros _____ (hacer) este ejercicio antes. **6.** ¿_____ (tomar / ellos) agua sucia? **7.** No sé dónde _____ (poner / yo) mis lentes. **8.** _____ (experimentar / tú) con esto antes. **9.** _____ (buscar / ella) por todos lados antes de darse por vencida. **10.** Antes de que se acabe la noche, _____ (cantar / nosotros) todo nuestro repertorio. **11.** ¿_____ (envejecer / vosotros) tanto? **12.** Ellas _____ (escribir) primero. **13.** Yo me _____ (ir) antes de que tú llegues. **14.** ¿Cuánto dinero _____ (gastar / tú)? **15.** Mi prima se _____ (graduar) antes que yo.

EJERCICIOS

B Modo condicional (Condicional presente)

Capítulo 5.B.1, páginas 171–172

Ejercicio 5.24 Conjugue el verbo en el condicional presente para la persona indicada.

1. Si pudiera, _____ (secar [*to dry*] / yo) mi ropa al sol. **2.** Pensé que no te _____ (preocupar / tú) tanto esta vez. **3.** Él no _____ (vivir) aquí si no fuera por ella. **4.** Me pregunto si _____ (llover) anoche. **5.** ¿Cómo _____ (pronunciar / vosotros) esto? **6.** Estoy segura que ellas _____ (pagar) si pudieran. **7.** Si fuera yo, me _____ (organizar) primero. **8.** Si te lo pidieran, _____ (atestiguar [*to testify*] / tú), ¿verdad? **9.** ¿_____ (Leer / ella) el libro antes de ver la película? **10.** No nos _____ (quejar [*to complain*] / nosotros) si no hicieran tanto ruido. **11.** Vosotros _____ (sonreír) también con ese chiste *(joke)*. **12.** Sabíamos que allá todo el mundo nos _____ (tutear). *(We knew that over there everyone would address us with tú.)*

Ejercicio 5.25 Conjugue el verbo en el condicional presente para la persona indicada.

1. Yo no _____ (caber [*to fit*]) por esa ventana aunque quisiera. **2.** ¿Qué _____ (decir) tú en mi lugar? **3.** ¿Cuánta gente _____ (haber) en el público *(audience)*? **4.** Nosotros lo _____ (hacer) de manera diferente. **5.** ¿_____ (Poder / vosotros) venir a eso de las nueve? **6.** ¿Dónde _____ (poner / ellos) las llaves *(keys)*? **7.** ¿Qué _____ (querer) ese vagabundo? **8.** Si te ocurriera a ti, estoy seguro que _____ (saber / tú) cómo reaccionar. **9.** ¿Cuánto les _____ (costar) el viaje? **10.** ¿_____ (Tener) usted tiempo para ayudarme, por favor? **11.** ¿Cuánto _____ (valer) eso? **12.** Si las invitáramos, _____ (venir / ellas).

Modo condicional (Condicional perfecto)

Capítulo 5.B.2, página 172

Ejercicio 5.26 Conjugue el verbo en el condicional perfecto para la persona indicada.

1. Si no me hubieran llevado a México, yo no _____ (hablar / yo) el español desde los cinco años *(since I was five years old)*. **2.** Nunca _____ (comer / tú) eso si hubieras sabido lo que era. **3.** Él _____ (vivir / él) muchos años más si no se hubiera enfermado. **4.** Si hubiéramos sabido lo que había en ese cuarto, no _____ (abrir / nosotros) la puerta. **5.** Si no les hubiéramos preguntado, no _____

(continúa)

(decir / ellos) nada. **6.** Sé que no lo _____ (hacer / tú) solo. **7.** Nunca _____ (resolver / vosotros) el caso sin la ayuda de la policía. **8.** Usted _____ (volver) en taxi si no lo hubiéramos llevado.

Ejercicio 5.27 Temas de ensayo y de práctica oral.

a. Ensayo

Si no estuviera ahora en la universidad (o en la escuela secundaria), ¿en qué sería diferente su vida? ¿Le gustaría a usted este cambio? ¿Por qué? Prestando atención a las formas verbales, escriba un párrafo sobre este tema; use el condicional para indicar los cambios hipotéticos en su vida.

b. Práctica oral

1. Pídale a un amigo hispano que le cuente lo que estaría haciendo ahora si no hubiera venido a los Estados Unidos. Preste atención a sus formas verbales.
2. Prestando atención a las formas verbales, cuéntele a un amigo lo que usted estaría haciendo ahora si no fuera estudiante.

ATAJO

Phrases: Hypothesizing
Grammar: Verbs: Conditional

C Modo subjuntivo (Presente)

Capítulo 5.C.1, páginas 173–176

Ejercicio 5.28 Conjugue el verbo en el presente del subjuntivo para la persona indicada.

1. Es posible que yo _____ (caminar) hoy. **2.** Te prohíben que _____ (hablar / tú). **3.** Me sorprende que él _____ (estudiar) tanto. **4.** Se nos quitará el frío cuando _____ (bailar / nosotros). **5.** Dudo que vosotros _____ (remar [*to row*]) tan rápido como ellos. **6.** Tan pronto _____ (preparar / ellos) la cena, comeremos. **7.** Es imperativo que usted _____ (tolerar) las diferencias de los demás. **8.** Si no pueden cantar, les digo que _____ (tararear [*to hum*] / ustedes) la canción.

Ejercicio 5.29 Conjugue el verbo en el presente del subjuntivo para la persona indicada.

1. Es imposible que yo _____ (comer) tanto. **2.** Te traigo esto para que lo _____ (leer / tú). **3.** ¿Crees que él _____ (ver) la diferencia? **4.** Cuando ella _____ (vivir) allá, se acostumbrará *(she will get used to it)*. **5.** Espero que no _____ (toser [*to cough*] / nosotros) durante la obra. **6.** No se va a ver bien a menos que lo _____ (coser [*to sew*] / vosotros) con hilo del mismo color. **7.** Dales ánimo *(Encourage them)* para que _____ (correr / ellos) más rápido. **8.** Es esencial que _____ (compartir [*to share*] / ellos) su comida con sus compañeros. **9.** Le recomiendo que no _____ (beber / usted) ninguna bebida alcohólica con esta medicina. **10.** Es admirable que _____ (escribirse / ustedes) tan frecuentemente.

Ejercicio 5.30 Conjugue el verbo en el presente del subjuntivo para **yo** y **nosotros.**

1. (cerrar) Primero me dice a mí que _____ al salir, y luego nos dice a los dos que _____: ¿creerá que soy irresponsable? **2.** (perder) Para que yo me _____, es necesario que _____ el mapa primero. **3.** (contar) No importa que yo _____ el cuento sola o que lo _____ juntos. **4.** (volver) Es imposible que yo _____ y que no _____ los dos. **5.** (sentir) Cuando yo _____ frío, ya será de noche. Entonces es probable que los dos _____ frío. **6.** (dormir) Es una lástima que yo no _____ bien cuando hay visita. De hecho, dudo que _____ lo suficiente cuando hay gente en la casa. **7.** (enviar) Es esencial que _____ este paquete hoy. Espero que lo _____ con el resto del correo al mediodía. **8.** (evaluar) Me dicen que _____ a mis compañeros; es obligatorio que todos _____ a los demás.

Ejercicio 5.31 Conjugue el verbo en la tercera personal singular del presente del subjuntivo.

1. Me encanta que usted me _____ (pedir) favores. **2.** Dudo que Germán les _____ (decir) a sus padres. **3.** Espero que mi hermano no _____ (oír) esta música. **4.** Cuando Rosita _____ (tener) quince años, la dejarán salir con él. **5.** Ojalá que esto _____ (concluir) todos los debates sobre el asunto. **6.** ¿Se podrá arreglar sin que _____ (parecer) un remiendo? **7.** Le prohíben ir a menos que _____ (conducir) su hermano mayor. **8.** No creo que eso me _____ (caber). **9.** Ojalá que Carlos le _____ (caer) bien a esa gente. **10.** Es increíble que _____ (hacer) tanto calor. **11.** No dejes que _____ (ponerse) esos zapatos. **12.** Espero que todo _____ (salir) bien. **13.** ¿Quieres que Yolanda _____ (traer) algo? **14.** Ojalá que este trabajo _____ (valer) la pena. **15.** Me gusta que Paco _____ (venir) a visitar a su papá.

Ejercicio 5.32 Conjugue el verbo en el presente del subjuntivo.

1. Es necesario que yo _____ (dar) dinero para esta causa. **2.** No es que _____ (estar / tú) gordo: es que la ropa se encogió. **3.** Tengo miedo de que no _____ (haber) suficiente tiempo. **4.** Le molesta que _____ (irse / nosotros) tan pronto. **5.** No importa que no _____ (saber / vosotros) la respuesta. **6.** Conviene que _____ (ser / ellas) tolerantes. **7.** Más vale que yo _____ (escoger) el número ganador. **8.** No significa que tú no los _____ (dirigir) bien: son ellos los que no te hacen caso. **9.** Es una lástima que no _____ (distinguir / ellos) esos colores. **10.** No irán a menos que los _____ (convencer / nosotros) de que no hay peligro. **11.** Es necesario que lo _____ (buscar) vosotros mismos. **12.** No abran la puerta hasta que _____ (llegar / yo). **13.** Te presto mi auto para que _____ (alcanzar / tú) el tren en la próxima estación.

Ejercicio 5.33 Repaso del subjuntivo presente.

1. Ojalá que _____ (dominar / yo) el idioma para entonces. **2.** Es increíble que les _____ (temer / él) a los demás. **3.** Te ruego que te _____ (defender / tú). **4.** Es mejor que les _____ (dar / nosotros) nuestro número de teléfono ahora. **5.** Espero que _____ (estar / vosotros) cómodos. **6.** No creo que _____ (haber) más de cien personas en el público. **7.** Es importante que yo _____ (ir) a la biblioteca hoy. **8.** Aunque _____ (saber / tú) la verdad, no la digas. **9.** Para que la fiesta _____ (ser) perfecta, vamos a poner música de salsa. **10.** A menos que _____ (recoger / nosotros) a los niños, no van a llegar a tiempo. **11.** Es curioso que no _____ (corregir / tú) errores tan graves. **12.** Ojalá que _____ (seguir / vosotros) gozando de vuestro viaje. **13.** Espero que pronto _____ (vencer / ella) esa enfermedad. **14.** Me dice que no me _____ (rascar / yo). **15.** Lo hará sin que le _____ (rogar / tú). **16.** Más vale que _____ (rezar / él). **17.** No puedo creer que realmente _____ (entender / ella). **18.** Espero que usted _____ (encontrar) lo que busca. **19.** Se lo presto con tal de que me lo _____ (devolver / ellos) mañana. **20.** Espero que no lleguen antes de que _____ (envolver / nosotros) los regalos. **21.** Es imposible que yo _____ (confiar) en esa gente. **22.** Es deseable que _____ (criar / nosotros) a nuestros hijos de una manera responsable. **23.** Te dejo para que _____ (continuar / tú) con tu ensayo. **24.** No nos darán nada hasta que nos _____ (graduar / nosotros). **25.** Parece imposible que ellas _____ (creerse) semejantes mentiras. **26.** Ojalá que _____ (ver / yo) a mis amigos allá. **27.** Le daremos la mano para que _____ (subir / ella). **28.** Me sorprende que ellas lo _____ (hacer) todo tan bien. **29.** No les ganarán a menos que los _____ (dividir / ellos). **30.** Es importante que usted _____ (investigar) este asunto con cuidado. **31.** A veces me molesta que ustedes lo _____ (analizar) todo de esa manera. **32.** Prefiero que no _____ (discutir / tú) tanto. **33.** Insiste en que su hijo no _____ (pelear) con sus amigos. **34.** Ojalá que ella _____ (llegar) tarde hoy: no estoy listo aún. **35.** Vendrán con sus amigos aunque no lo _____ (querer / nosotros). **36.** Insisto en que vosotros _____ (entrar) primero. **37.** No se irán hasta que ellas _____ (salir). **38.** La profesora se empeña en que ellos lo _____ (repetir) todo. **39.** Lamentamos que usted no _____ (oír) la música. **40.** Esperaremos hasta que ustedes _____ (volver).

Modo subjuntivo (Imperfecto)

Capítulo 5.C.2, páginas 176–177

Ejercicio 5.34 Conjugue el verbo en el imperfecto del subjuntivo.

1. El doctor me recomendó que _____ (caminar / yo) todos los días un poco. **2.** Preferiría que _____ (hablar / tú) conmigo primero. **3.** Quería darle un libro que _____ (estudiar / él) con gusto. **4.** Ojalá que ella _____ (cantar) esta vez. **5.** Nos pusieron esa música para que _____ (bailar / nosotros). **6.** No significa que no _____ (escuchar / vosotros). **7.** Era imposible que ellas los _____ (amar). **8.** Pedí que me _____ (preparar / ellos) una paella. **9.** Le dieron esa droga para que _____ (tolerar / usted) mejor el dolor. **10.** Sólo les pedía que _____ (tararear / ustedes) la canción una vez. **11.** No podían encontrar nada que yo _____ (comer) sin enfermarme. **12.** Me sorprendió que _____ (leer / tú) su diario. **13.** Esperaba que él _____ (ver) lo que yo había visto. **14.** Tenía miedo que ella no _____ (vivir) en esa dirección. **15.** Se avergonzaban de que nosotros _____ (toser) durante toda la obra. **16.** Si vosotros _____ (coser) vuestra propia ropa, no tendríais este problema. **17.** Teníamos que apurarnos en caso de que ellas _____ (correr). **18.** Se lo dimos a condición de que lo _____ (compartir / ellos) entre ellos. **19.** Escondimos todas las bebidas alcohólicas para que no _____ (beber / él). **20.** Antes de que ustedes nos _____ (escribir), nosotros ya les habíamos escrito. **21.** No dejaría de mojarse hasta que yo _____ (cerrar) las ventanas. **22.** Era imposible que yo ganara sin que tú _____ (perder) como consecuencia. **23.** Le pedimos que nos _____ (contar / ella) de su viaje. **24.** Nos enteraríamos en cuanto _____ (volver / nosotros). **25.** No nos creerían hasta que ellos mismos _____ (sentir) el temblor. **26.** Les había conseguido este cuarto de atrás para que _____ (dormir / ustedes) mejor. **27.** Nunca llegaría a menos que él lo _____ (enviar) por correo aéreo. **28.** Me dijo que te daría un auto cuando te _____ (graduar / tú).

Ejercicio 5.35 Conjugue el verbo en el imperfecto del subjuntivo.

1. Se sorprendieron de que yo _____ (andar) por esos lares. **2.** Nadie pudo creer que tú _____ (caber) por esa ventana. **3.** No lo aceptaría a menos que les _____ (caer / él) bien a sus padres. **4.** Si ella no _____ (concluir) lo mismo que nosotros, tendríamos que cambiar el plan. **5.** No irían a menos que usted _____ (conducir). **6.** Nos pidieron que _____ (dar / nosotros) una presentación. **7.** Si vosotros les _____ (decir) eso, no lo creerían. **8.** Les dieron café para que no _____ (dormirse / ellos). **9.** Hablaban como si _____ (estar / ellas) de acuerdo. **10.** No podía creer que _____ (haber) tantos problemas en ese pueblito. **11.** Resolvieron el caso antes de que yo _____ (irse). **12.** Te lo di a fin de que _____ (leer / tú) algo interesante. **13.** Entré sin que nadie me _____ (oír). **14.** Ojalá que mi mamá no _____ (pedir / ella) tanto de mí. **15.** Si usted _____ (poder) ayudarme, se lo agradecería. **16.** Era esencial que _____ (poner / nosotros) el despertador. **17.** No podíamos creer que vosotros _____ (poseer) esos poderes. **18.** Queríamos encontrar una playa que ellos _____ (preferir). **19.** No trabajaría en la película a menos que ellas la _____ (dirigir). **20.** Traje el auto en caso de que ustedes _____ (querer) salir hoy. **21.** Por suerte se calló antes de que yo _____ (reírse). **22.** Si tú _____ (saber) lo que siento, no hablarías de esa manera. **23.** Cambió su número para que él no la _____ (seguir) llamando. **24.** Me encantó que ella _____ (sentir) lo mismo que yo. **25.** No podíamos encontrar una casa que _____ (ser) tan barata como queríamos. **26.** Dudo que nosotros _____ (ser) tan inocentes como ellos a su edad. **27.** Os comportáis como si no _____ (tener / vosotros) nada que hacer. **28.** Les pedimos que _____ (traer / ellos) pan. **29.** No empezaríamos hasta que ellas _____ (venir) a ayudarnos.

Modo subjuntivo (Presente perfecto)

Capítulo 5.C.3, página 177

Ejercicio 5.36 Conjugue el verbo en el presente perfecto del subjuntivo.

1. Ojalá que él _____ (ganar). **2.** Tan pronto como _____ (graduarse / tú) iremos a Europa. **3.** Haremos la sopa con tal de que él _____ (conseguir) los ingredientes. **4.** No pueden creer que _____ (andar / nosotros) tanto. **5.** Espero que _____ (aprender / vosotros) algo nuevo. **6.** Esperamos que ellos no _____ (tomar) el agua. **7.** Es posible que yo los _____ (avergonzar) sin darme cuenta. **8.** Parece imposible que tú _____ (averiguar) tanto en tan poco tiempo. **9.** Me alegro de que no _____ (buscar / ella) aquí. **10.** Ahora les sorprende que nosotros _____ (cantar) esa canción. **11.** Les dio coraje que vosotros _____ (cerrar) la puerta con llave. **12.** Ojalá que ellas _____ (recoger) el correo hoy. **13.** Todavía les sorprende que no me _____ (caber) esa camisa. **14.** Lamentamos que no _____ (poder / tú) venir a la fiesta. **15.** Puede ser que ella ya _____ (vender) el coche. **16.** No importa que no _____ (viajar / nosotros) a ese país antes. **17.** No creen que vosotros _____ (salir) anoche. **18.** Basta que ellos _____ (tener) razón una vez. **19.** No puedo creer que esos aretes _____ (costar) tanto. **20.** ¡Qué bueno que yo _____ (venir) a tiempo!

Modo subjuntivo (Pluscuamperfecto)

Capítulo 5.C.4, página 178

Ejercicio 5.37 Conjugue el verbo en el pluscuamperfecto del subjuntivo.

1. No podían creer que yo les _____ (escribir) tantas veces. **2.** Si no me _____ (decir / ellos) eso ellos, no lo habría creído. **3.** Lo decían como si lo _____ (ver / ellos) en persona. **4.** Me parecía raro que no _____ (llegar / nosotros) todavía. **5.** No nos gustó que nos _____ (tratar / ellos) de esa manera. **6.** Era probable que nadie lo _____ (oír) antes. **7.** Dudaban que yo _____ (hacer) el trabajo en sólo un mes. **8.** Nos bastaba que nuestros vecinos _____ (limpiar) su patio. **9.** Si me _____ (llamar / tú), no me habría preocupado tanto. **10.** Habría sido preferible que mis padres _____ (enterarse) desde un principio. **11.** Le molestó que tú no lo _____ (considerar). **12.** Ojalá que nunca _____ (lavar / vosotros) esa ropa en cloro. **13.** Si no _____ (volver / ellos) antes de la medianoche, habríamos llamado a la policía. **14.** Era imposible que _____ (resolver / él) el caso tan rápidamente. **15.** Estarías más cómoda si _____ (ponerse / tú) ropa de algodón. **16.** A veces me pregunto cómo sería mi vida si mi padre no _____ (morirse). **17.** Si _____ (abrir / nosotros) las ventanas, no haría tanto calor ahora. **18.** Ojalá que no _____ (comer / yo) tanto para la cena. **19.** Nos lo iban a decir tan pronto como _____ (confesar / nosotros) lo del robo. **20.** Les quitó el plato antes de que _____ (terminar / ellos) de comer.

Modo subjuntivo (Repaso)

Ejercicio 5.38 Temas de ensayo y de práctica oral.

a. Ensayo

Prestando atención a las formas verbales, describa su relación con sus padres; piense en lo que ellos le dicen que haga o no haga, le piden que haga o no haga; en lo que usted les pide que hagan o no hagan. Use el subjuntivo cuando el contexto lo requiera.

b. Práctica oral

1. Pídale a un amigo hispano que le describa su relación con sus padres, y en particular lo que ellos le dicen que haga o no haga, lo que le aconsejan, lo que le piden, lo que los asusta, lo que los enorgullece, etc. Preste atención a sus formas verbales.
2. Prestando atención a las formas verbales, cuéntele a un amigo su relación con sus padres, y en particular lo que ellos le dicen que haga o no haga, lo que le aconsejan, lo que le piden, lo que los asusta, lo que los enorgullece, etc.

ATAJO

Phrases: Expressing a wish or desire
Grammar: Verbs: Subjunctive

D Modo imperativo (Mandatos directos: *Tú*)

Capítulo 5.D.1.a, páginas 178–180

Ejercicio 5.39 Conjugue en el imperativo de **tú**.

1. (Hablar) más alto, por favor. **2.** (Comer) todo lo que tienes en el plato. **3.** (Vivir) como se debe. **4.** (Cerrar) las puertas con llave al salir. **5.** (Abrir) esa ventana, por favor. **6.** (Saltar) un poco. **7.** (Escuchar) lo que te dicen tus padres. **8.** (Volver) antes de las diez. **9.** (Pedir) lo que tú quieras. **10.** (Conseguir) este libro en la biblioteca. **11.** (Repetir) varias veces el mismo ejercicio, hasta memorizarlo. **12.** (Mentir) sólo si al mentir puedes hacer bien. **13.** (Comenzar) ahora. **14.** (Comentar) sobre el libro que leíste. **15.** (Defender) a tus amigos.

16. (Seguir) trabajando. 17. (Pensar) en mí. 18. (Servir) la sopa, por favor. 19. (Elegir) el color que tú prefieras. 20. (Votar) por el mejor candidato. 21. (Envolver) los regalos antes de que lleguen los niños. 22. (Contar) conmigo. 23. (Cortar) el césped mientras yo barro. 24. (Apostar) poco dinero cada vez. 25. (Podar) los rosales con cuidado. 26. (Llorar) y te desahogarás. 27. (Recordar) lo que te digo. 28. (Recortar) los anuncios que te interesen. 29. (Oler) esta rosa. 30. (Jugar) con nosotros. 31. (Jurar) decir la verdad. 32. (Proteger) a los animalitos indefensos. 33. (Seguir) caminando. 34. (Obedecer) a tus padres. 35. (Traducir) este documento. 36. (Producir) más si quieres ganar más. 37. (Enviar) el paquete por correo aéreo. 38. (Continuar) con el trabajo. 39. (Confiar) en mí. 40. (Reunir) a todos tus compañeros aquí esta tarde. 41. (Criar) a tus hijos como yo te crié a ti. 42. (Evaluar) este ensayo usando los mismos criterios. 43. (Concluir) tu trabajo. 44. ¡(Huir)! 45. (Callar) a esos niños ruidosos. 46. (Traer) una ensalada, si quieres. 47. (Dar) dos pasos para adelante. 48. (Oír), ¿vienes a la fiesta?

Ejercicio 5.40 Conjugue en el imperativo de **tú.**

1. (Decir) la verdad siempre. **2.** (Hacer) lo mejor que puedas. **3.** (Ir) a la tienda a comprar pan. **4.** (Poner) la mesa. **5.** (Salir) ahora a regar las matas. **6.** (Ser) bueno. **7.** (Tener) valor. **8.** (Venir) conmigo.

Ejercicio 5.41 Conjugue en el imperativo de **tú.**

1. (Cantar), pero (no bailar). **2.** (Estudiar), pero (no hablar) en voz alta. **3.** (Beber) mucho jugo, y (no comer) nada artificial. **4.** (Leer) el artículo, pero (no creer) todo lo que dice. **5.** (Volver) a casa, pero (no correr). **6.** (Descoser) el bolsillo, y (no coser) la bastilla. **7.** (Escribir) una carta, pero (no describir) lo que pasó. **8.** (Contar) lo que debes, y (no descontar) nada. **9.** (Dormir) al bebé, pero (no dormirse) tú. **10.** (Pedir) favores, y (no impedir) que te ayuden. **11.** (Regalar) tu amistad y (no prestar) nada. **12.** (Buscar) el ungüento y (no rascarse) la picada. **13.** (Escoger) la película que quieras ver, pero por favor (no escoger) una en inglés.

Ejercicio 5.42 Conjugue en el imperativo de **tú.**

1. (Decir) la verdad y (no decir) mentiras. **2.** (Hacer) la lectura para mañana, pero (no hacer) la tarea. **3.** (Ir) a la tienda, pero (no ir) al correo. **4.** (Poner) tu abrigo aquí y (no poner) tus zapatos en la mesa. **5.** (Salir) a recoger el periódico, pero (no salir) por esa puerta. **6.** (Ser) bueno, pero (no ser) tonto. **7.** (Tener) hijos, pero (no tener) tantos como ella. **8.** (Venir) a casa, pero (no venir) temprano.

Modo imperativo (Mandatos directos: *Usted/ Ustedes*)

Capítulo 5.D.1.b, páginas 180–181

Ejercicio 5.43 Conjugue en el imperativo de **usted.**

1. (Caminar) una cuadra más. **2.** (No hablar) tan alto. **3.** (Estudiar) solo. **4.** (No cantar) ahora, por favor. **5.** (Bailar) con nosotros. **6.** (Tararear) la canción, a ver si la reconocemos. **7.** (Comer) un poco para ver si le gusta. **8.** (No leer) ese periódico. **9.** (Vivir) feliz. **10.** (No toser) durante la obra, por favor. **11.** ¡(Correr)! ¡Se le va a ir el tren! **12.** (No beber) agua de la llave. **13.** (Escribir) tarjetas postales. **14.** (Cerrar) la ventana, por favor. **15.** (No perder) su mapa. **16.** (Contar) el vuelto que le dan. **17.** (No volver) a ese restaurante. **18.** (Dormir) con la ventana abierta. **19.** (No pedir) favores. **20.** ¿(Decir)? **21.** (Oír), ¿sabe qué hora es? **22.** (No tener) miedo. **23.** (Conducir) con cuidado. **24.** (No caer) en la trampa. **25.** (Hacer) la tarea. **26.** (Poner) la mesa, por favor. **27.** (No salir) después de la medianoche. **28.** (Traer) el dinero mañana. **29.** (Venir) pronto. **30.** (No dar) nada. **31.** (Ir) con ellos. **32.** (No ser) ridículo. **33.** (Dirigir) al grupo. **34.** (Buscar) el tesoro. **35.** (No llegar) tarde.

Modo imperativo (Mandatos directos: *Vosotros*)

Capítulo 5.D.1.c, páginas 181–182

Ejercicio 5.44 Conjugue en el imperativo de **vosotros.**

1. (Hablar) más claramente, por favor. **2.** (Comer) un poco de todo. **3.** (Exprimir) el jugo de los limones. **4.** (Cerrar) las puertas. **5.** (Abrir) los ojos. **6.** (Saltar) por encima de los charcos. **7.** (Escuchar) con cuidado. **8.** (Volver) a tiempo. **9.** (Pedir) lo que queráis. **10.** (Conseguir) el mapa antes del viaje. **11.** (Repetir) conmigo. **12.** (Mentir) si es necesario. **13.** (Comenzar) ahora. **14.** (Comentar) sobre el artículo. **15.** (Defender) a vuestra familia. **16.** (Seguir) tratando. **17.** (Pensar) en lo positivo. **18.** (Servir) primero a los invitados. **19.** (Elegir) el que prefiráis. **20.** (Votar) hoy. **21.** (Decir) sólo lo necesario. **22.** (Hacer) el trabajo. **23.** (Ir) a visitar a vuestros abuelos. **24.** (Poner) esas cosas aquí. **25.** (Salir) temprano. **26.** (Ser) discretos. **27.** (Tener) paciencia. **28.** (Venir) a verme.

Ejercicio 5.45 Conjugue en el imperativo de **vosotros.**

1. ¡(Despertarse)! ¡Ya es tarde! **2.** (Levantarse) más temprano. **3.** (Lavarse) las manos antes de comer. **4.** (Marcharse) con los demás. **5.** (Acostarse) temprano. **6.** ¡(Dormirse) ya! **7.** (Irse) con ellos. **8.** (Despedirse) de la visita. **9.** ¡(Callarse)!

Ejercicio 5.46 Conjugue en el imperativo de **vosotros.**

1. (Cantar), pero (no bailar). **2.** (Estudiar), pero (no hablar) en voz alta. **3.** (Beber) mucho jugo, y (no comer) nada artificial. **4.** (Leer) el artículo, pero (no creer) todo lo que dice. **5.** (Volver) a casa, pero (no correr). **6.** (Descoser) el bolsillo, y (no coser) la bastilla. **7.** (Escribir) una carta, pero (no describir) lo que pasó. **8.** (Contar) lo que debéis, y (no descontar) nada. **9.** (Dormir) al bebé, pero (no dormirse) vosotros. **10.** (Pedir) favores, y (no impedir) que os ayuden. **11.** (Regalar) vuestra amistad, y (no prestar) nada. **12.** (Buscar) el ungüento, y (no rascarse) la picada. **13.** (Escoger) la película que queréis ver, pero por favor (no escoger) una en inglés.

Ejercicio 5.47 Conjugue en el imperativo de **vosotros.**

1. (Decir) la verdad, y (no decir) mentiras. **2.** (Hacer) la lectura para mañana, pero (no hacer) la tarea. **3.** (Ir) a la tienda, pero (no ir) al correo. **4.** (Poner) vuestro abrigo aquí, y (no poner) vuestros zapatos en la mesa. **5.** (Salir) a recoger el periódico, pero (no salir) por esa puerta. **6.** (Ser) buenos, pero (no ser) tontos **7.** (Tener) hijos, pero (no tener) tantos como ellos. **8.** (Venir) a casa, pero (no venir) temprano.

Modo imperativo (Mandatos directos: *Nosotros*)

Capítulo 5.D.1.d, páginas 182–183

Ejercicio 5.48 Conjugue en el imperativo de **nosotros.**

1. (Caminar) por esta calle. **2.** (No hablar) para que no nos oiga nadie. **3.** (Estudiar) un poco antes de ir. **4.** (No cantar) por favor. **5.** (Bailar), ¿quieres? **6.** (Tararear) la canción a ver si la reconocen. **7.** (Comer) aquí. **8.** (No leer) más. **9.** (Vivir) en la Costa del Sol. **10.** (No toser) sin taparnos la boca. **11.** ¡(Correr)! **12.** (No beber) tequila esta noche. **13.** (Escribir) unas cartas antes de salir hoy. **14.** (Cerrar) las ventanas antes de prender el aire acondicionado. **15.** (No perder) de vista lo esencial. **16.** (Contar) nuestro dinero antes de salir. **17.** (No volver) a entrar aquí. **18.** (Dormir) afuera

(continúa)

hoy. **19.** (Hacer) la tarea. **20.** (Poner) las flores aquí. **21.** (No salir) esta noche. **22.** (No dar) nada. **23.** (Ir) con ellos. **24.** (No ser) tontos. **25.** (Dirigir) al grupo. **26.** (Buscar) su dirección. **27.** (No llegar) tarde esta vez.

Ejercicio 5.49 Conjugue en el imperativo de **nosotros.**

1. (Despertarlas) antes de que sea muy tarde. **2.** (No levantarse) tan temprano hoy. **3.** (Lavarlo) con cloro. **4.** (Marcharse) ya. **5.** (No acostarse) en la arena esta vez. **6.** ¡(Dormirse) ya! **7.** (Irse) de aquí. **8.** (No irse) hasta que nos traigan la cuenta.

Modo imperativo (Mandatos indirectos)

Capítulo 5.D.2, página 183

Ejercicio 5.50 Traduzca usando mandatos indirectos.

1. I do not want to cook; let them cook today. **2.** Have the manager call me. **3.** If you do not have the money, let Mirta pay. **4.** Have them send it to me.

Modo imperativo (Repaso)

Ejercicio 5.51 Conteste las preguntas, usando el imperativo familiar **(tú)** en el afirmativo y en el negativo. Transforme los nombres en pronombres cada vez que se pueda.

1. ¿Les digo el secreto? **2.** ¿Hago los mandados? **3.** ¿Le vendo los libros? **4.** ¿Voy al mercado? **5.** ¿Le pongo los zapatos al niño?

Ejercicio 5.52 Conteste las preguntas, usando el imperativo formal **(Ud.** o **Uds.)** en el afirmativo y en el negativo. Transforme los nombres en pronombres cada vez que se pueda.

1. ¿Cantamos la canción? **2.** ¿Le digo lo que pasó? **3.** ¿Les enviamos las cartas? **4.** ¿Vamos al cine? **5.** ¿Me quito los zapatos?

Ejercicio 5.53 Conteste las preguntas, usando el imperativo de **nosotros** en el afirmativo y en el negativo. Transforme los nombres en pronombres cada vez que se pueda.

1. ¿Cantamos las canciones juntos? **2.** ¿Vamos al cine? **3.** ¿Le damos el dinero? **4.** ¿Nos vamos ahora? **5.** ¿Nos ponemos el abrigo?

Ejercicio 5.54 Traduzca la parte en negrilla usando el mandato indirecto (**Que** + subjuntivo).

1. Have them prepare it. **2.** I don't want to do it. **Let Guillermo do it.** **3. Have her come see me.** **4. Have them call me.** **5.** If they're hungry, **let them eat.**

Ejercicio 5.55 Temas de ensayo y de práctica oral.

a. Ensayo

Prestando atención a las formas verbales, escriba un diálogo, usando el imperativo al máximo para la siguiente situación: es de noche, y de repente Luisito huele humo *(smoke)*: va corriendo a despertar a su padre y a su madre.

b. Práctica oral

1. Pídale a un amigo hispano que le enumere los mandatos más comunes que recuerde de su infancia, de órdenes que le daban sus hermanos cuando jugaban, o sus padres a la hora de comer, sus abuelos o parientes cuando había reuniones de familia, o sus maestros en la escuela. Preste atención a sus formas verbales.
2. Enumere los mandatos más comunes que recuerde de su infancia, de órdenes que le daban sus hermanos cuando jugaban, o sus padres a la hora de comer, sus abuelos o parientes cuando había reuniones de familia, o sus maestros en la escuela.

F Participio (Participio presente)

Capítulo 5.F.1, páginas 184–185

Ejercicio 5.56 Llene el espacio en blanco con el participio presente del verbo indicado.

1. Yo estaba _____ (hablar) por teléfono. **2.** Estábamos _____ (comer) cuando llamaste. **3.** En esa época estábais _____ (vivir) con vuestros abuelos. **4.** Mi papá se estaba _____ (sentir) mejor. **5.** No te estoy _____ (pedir) nada. **6.** ¿Estás _____ (dormirse)? **7.** Siempre estaban _____ (concluir) lo mismo. **8.** Los niños estaban _____ (caer). **9.** Estabas _____ (leer) el libro. **10.** ¿Usted me está _____ (oír)? **11.** Estaba _____ (decir) la verdad. **12.** Nos fuimos _____ (ir) poco a poco. **13.** _____ (Venir) por este camino se llega más rápido. **14.** Creo que estaba _____ (poder).

Ejercicio 5.57 Llene el espacio en blanco con el participio presente del verbo indicado.

1. Llegué _____ (caminar). **2.** Estaba _____ (actuar). **3.** Se fueron _____ (andar). **4.** Habíamos estado _____ (aprender) el idioma desde hacía tiempo. **5.** No sabía qué estaban _____ (decir). **6.** Andaban _____ (buscar) a su tío. **7.**_____ (Ser) extranjero, no sentía que tuviera los mismos derechos. **8.** La vi _____ (cerrar) el portón. **9.** Estaban _____ (construir) un puente. **10.** Iba _____ (conducir) a paso de tortuga. **11.** Ese año estaban _____ (producir) más que nunca. **12.** Iban _____ (recordar) poco a poco su pasado. **13.** _____ (Creer) en su fuerza, lograrán más. **14.** Estábamos _____ (almorzar). **15.** Les iban _____ (dar) las respuestas una tras otra. **16.** Se la pasaban _____ (elegir) a los candidatos más improbables. **17.** Ellos iban _____ (seguir) el tren.

Ejercicio 5.58 Llene el espacio en blanco con el participio presente del verbo indicado.

1. Venían _____ (llegar) poco a poco. **2.** Estaban _____ (morirse) todas las plantas. **3.** Lo iban _____ (mover) muy lentamente. **4.** Nadie les estaba _____ (negar) nada. **5.** ¿Por qué estabais _____ (sonreírse)? **6.** El perro seguía _____ (oler) la flor. **7.** Los andaban _____ (despedir) uno tras otro. **8.** ¿Quién estaba _____ (poner) esas cartas allí? **9.** Los iban _____ (reunir) poco a poco. **10.** _____ (Tener) el dinero, se podría hacer. **11.** Los están _____ (traer) ahora mismo. **12.** Siempre se la pasan _____ (intervenir) en los asuntos de otros. **13.** Los estamos _____ (ver). **14.** La estás _____ (volver) loca.

Participio (Participio pasado)

Capítulo 5.F.2, páginas 185–186

Ejercicio 5.59 Llene el espacio en blanco con el participio pasado del verbo indicado.

1. Había _____ (hablar) con tu papá. **2.** Nunca hemos _____ (comer) aquí. **3.** Su tía ha _____ (vivir) en Argentina. **4.** He _____ (caminar) cuatro cuadras. **5.** Juan: te has _____ (sentar) en mi silla. **6.** ¿Habéis _____ (aprender) a bailar el merengue? **7.** Ojalá que no haya _____ (conducir) el abuelo. **8.** Hemos _____ (almorzar) ya. **9.** No habían _____ (dar) las tres todavía. **10.** No te has _____ (mover) en horas. **11.** Nunca había _____ (oler) ese perfume antes. **12.** Los Gómez han _____ (venir) a nuestra casa varias veces.

Ejercicio 5.60 Llene el espacio en blanco con el participio pasado del verbo indicado.

1. Esa ventana nunca se ha _____ (abrir). **2.** El pasto estaba _____ (cubrir) de granizo. **3.** Nadie me había _____ (decir) eso antes. **4.** ¿Les has _____ (escribir) a tus padres? **5.** ¿Has _____ (hacer) tu cama? **6.** No han _____ (morirse) los peces. **7.** Ya habíamos _____ (ponerse) el traje de baño. **8.** Si hubieran _____ (resolver) el caso, todos estarían satisfechos. **9.** Ojalá que ya haya _____ (volver) Jorge. **10.** ¿Qué pasaría si nunca hubieran _____ (descubrir) América? **11.** Nunca había _____ (devolver) ese libro a la biblioteca. **12.** Era imposible que hubieran _____ (suponer) eso.

Ejercicio 5.61 Traduzca.

1. This is holy water. **2.** They have blessed the food. **3.** I want fried potatoes. **4.** He had fried the potatoes. **5.** Cursed luck! **6.** I have never cursed anyone. **7.** She wore her hair loose. **8.** They have released the bulls. **9.** The printed word is very important. **10.** Have you printed your paper?

Capítulo 6 Los verbos: uso

A Presente de indicativo

Capítulo 6.A, páginas 188–189

(Antes de hacer los ejercicios de esta sección, recomendamos que complete los ejercicios 5.1–5.8 para practicar las formas del presente de indicativo).

Ejercicio 6.1 Usando sus conocimientos de los usos del presente del indicativo, traduzca los verbos de las oraciones siguientes.

1. Los Gómez _____ *(live)* aquí. **2.** Profesora, ¿cuántos idiomas _____ *(do you speak)?* **3.** Mi auto está muy viejo. ¿Lo _____ *(should I sell it)* para poder comprarme uno nuevo? **4.** Si _____ *(it rains)*, no _____ *(we don't have to)* regar. **5.** ¿Me _____ *(Would you bring me)* un vaso de agua, por favor? **6.** —¿Tienes sueño? —Sí, _____ de despertarme *(I just. . .)*. **7.** Mañana _____ *(we are leaving* [salir]*)* temprano.

Ejercicio 6.2 Temas de ensayo y de práctica oral.

a. Ensayo

Prestando atención al uso del presente del indicativo y usando una variedad de verbos, escriba una cartita informal:

1. de un amigo(a) a otro(a) que ya no vive en el mismo lugar, describiendo su vida estos días, lo que hace como rutina solo(a) y con sus amigos, y lo que hace con su tiempo libre, solo(a) y con sus amigos. Compare y contraste lo que prefieren hacer sus amigos y las actividades que usted prefiere. Haga preguntas sobre el otro amigo (o amiga).
2. respuesta a la carta del 1.
3. de un(a) novio(a) a otro(a) que vive lejos, contándole de su amor y describiendo su vida en su ausencia. No tenga miedo de ser melodramático(a). Haga preguntas sobre la vida del otro o la otra.

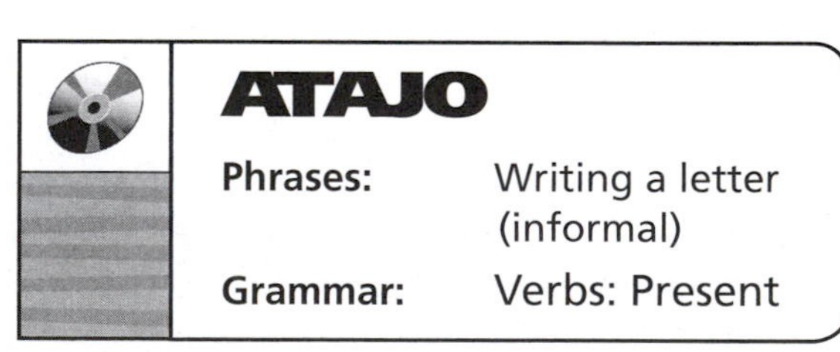

4. respuesta a la carta del 3.
5. de un(a) ex-novio(a) a otro(a) que le hace mucha falta y que quiere que vuelva. Use su imaginación para dramatizar la situación. Haga promesas sobre cómo va a cambiar su comportamiento si regresa ("Sólo pienso en ti. No como. No duermo. Mis amigos no saben cómo consolarme…").

Phrases:	Writing a letter (informal)
Vocabulary:	Emotions: Negative
Grammar:	Verbs: Present

6. respuesta a la carta del 5.
7. de un(a) amigo(a) "electrónico(a)" a otro(a) conocido a través de la red; prepare preguntas sobre la vida presente del individuo y de su familia, y haga lo posible por hacer preguntas detalladas, personales pero no indiscretas. Prepare un mínimo de diez preguntas.
8. respuesta a la carta del 7.

Phrases:	Writing a letter (informal); Persuading
Grammar:	Verbs: Present

Phrases:	Writing a letter (informal)
Vocabulary:	Family
Grammar:	Verbs: Present

b. Práctica oral

Prestando atención al uso del presente del indicativo y usando una variedad de verbos, hable con un compañero sobre uno de los temas siguientes:

1. un día típico, lo que hace como rutina solo(a) y con sus amigos.
2. sus actividades favoritas en su tiempo libre.
3. su añoranzas de familia y amistades de antes. ¿Quién le hace falta de su familia o de sus amistades, y por qué?

Ejercicio 6.3 Temas de ensayo y de práctica oral.

a. Ensayo

Diario. En su diario personal, escriba un párrafo sobre uno de los temas que siguen, prestando atención al uso del presente del indicativo. Use un máximo de verbos diferentes.

1. Describa una costumbre que tiene usted o alguien que conoce y que le causa frustración.

ATAJO

Phrases:	Saying how often you do things; Self-approaching
Vocabulary:	Emotions: Negative
Grammar:	Verbs: Present

2. Describa una virtud que usted admira en otra persona y que usted quisiera tener.

Phrases:	Describing people
Vocabulary:	Emotions: Positive
Grammar:	Verbs: Present

3. Describa en detalle un objeto nuevo que acaba de obtener y que le gusta mucho.

Phrases:	Describing objects
Grammar:	Verbs: Present

4. Describa en detalle un lugar donde usted se encuentra muy a gusto.

Phrases:	Describing places
Grammar:	Verbs: Present

b. Práctica oral

1. Pídale a un amigo hispano que le describa una relación amorosa típica entre jóvenes de su país. Que enumere las actividades que la sociedad requiere o permite y las que prohíbe, lo que se recomienda, lo que se ve bien y mal frente a los demás, lo que se considera aceptable o no con los padres. Preste atención a sus formas verbales.
2. Prestando atención a las formas verbales, descríbale a un amigo una relación amorosa típica entre jóvenes norteamericanos. Describa las actividades que la sociedad requiere o permite y las que prohíbe, lo que se recomienda, lo que se ve bien y mal frente a los demás, lo que se considera aceptable o no con los padres.
3. Hable con un amigo de los sucesos de hoy en día que más los frustran, los enojan, les da coraje.
4. Hable con un amigo de las cosas que les gustan que otros hagan o no hagan, digan o no digan.

B Aspectos del pasado de indicativo: pretérito vs. imperfecto

Capítulo 6.B, páginas 189–199

(Antes de hacer los ejercicios de esta sección, recomendamos que complete los ejercicios 5.9–5.12 y 5.13–5.17 para practicar las formas del imperfecto y del pretérito, respectivamente).

Ejercicio 6.4 Conjugue el verbo en el tiempo correcto (pretérito o imperfecto); para los verbos reflexivos, recuerde usar el pronombre apropiado.

1. Esta mañana Paco (levantarse) temprano, (bañarse) y (bajar) a la cocina a desayunar. **2.** Ese hombre (ser) un cantante muy famoso, (tener) unos cincuenta años y (estar) casado con una modelo. **3.** Todos los días mi padre (salir) para el trabajo a las cinco de la mañana y (volver) a la hora de la cena. **4.** Yo (ver) esa película cuatro veces y cada vez me (gustar) por razones diferentes. **5.** Mis amigos y yo (estar) en el parque cuando de repente (empezar) a caer granizo: todos juntos (correr) al árbol más cercano y (sentarse) a esperar a que pasara la tormenta; durante media hora (estar) ahí sin poder escaparnos. **6.** Esta mañana Juanita me (decir) que (venir) a verme a las seis. **7.** Cuando yo (ser) niño, (creer) en Santa Claus; luego cuando (tener) seis años, (descubrir) que (ser) un mito creado por la sociedad; me (molestar) mucho descubrir este engaño, y la vida no (ser) igual para mí de ese momento en adelante. **8.** Cuando yo (entrar) al salón, (ver) que algunos de los estudiantes (comer), otros (hablar) y algunos (tratar) de estudiar.

(continúa)

9. La vida (parecer) más fácil en mi niñez: mis padres lo (decidir) todo por mí, y yo sólo (hacer) lo que me (decir / ellos) o lo que (querer / yo). **10.** Nadie (poder) creerlo: un boxeador le (morder) la oreja al otro dos veces. El público (ponerse) furioso porque el árbitro (interrumpir) la pelea.

Ejercicio 6.5 Transforme el párrafo siguiente al pasado, empezando con "En esa época, ...".
Vivo bien. Tengo tres gatos y dos perros, y una casa que me encanta. A mi esposa y a mí nos gusta lo mismo, y nos hacemos compañía en todo. Ganamos suficiente dinero para sobrevivir, y un poco más que ahorramos para jubilarnos y para algunos lujos. Una vez al año vamos de vacaciones a algún lugar exótico.

Ejercicio 6.6 Conjugue los verbos entre paréntesis en el tiempo correcto: pretérito o imperfecto. Para los verbos reflexivos, use el pronombre apropiado. Antes de comenzar, lea todo el párrafo.

Nunca olvidaré el invierno de 1995, cuando mis padres (**1.** irse) de vacaciones, y mi hermana y yo (**2.** quedarse) solas en casa durante una semana entera. Entre las dos, (**3.** planear) con cuidado una fiesta con todos nuestros amigos. Claro que no (**4.** pensar / nosotros) decirles nada a nuestros padres, porque siempre nos (**5.** regañar / ellos) cuando (**6.** invitar / nosotros) a más de un par de amigos a casa: no les (**7.** gustar) a mis padres que hiciéramos ruido. Así que en secreto (**8.** invitar / nosotros) a unos treinta amigos, y (**9.** venir) como cincuenta. La fiesta (**10.** ser) muy divertida: todos (**11.** beber) y (**12.** bailar) sin parar, y se (**13.** oír) la risa constante de los amigos por toda la casa. (**14.** Haber) tanta gente bailando en la sala en un momento que (**15.** parecer) que el piso se (**16.** ir) a romper. Y (**17.** ser) tantos que no (**18.** saber / nosotros) dónde (**19.** estar / ellos) a todas horas: en un momento yo (**20.** entrar) al cuarto de mis padres y (**21.** ver) a una docena de chicos que (**22.** beber) y (**23.** saltar) en la cama, y a otros tantos que (**24.** bailar) en el baño. En fin de cuentas, la fiesta nos (**25.** encantar) a todos, pero para mi hermana y para mí (**26.** ser) un desastre cuando mis padres (**27.** enterarse).

Ejercicio 6.7 Temas de ensayo y de práctica oral.

a. Ensayo

Actos simultáneos o interrumpidos. Escriba un párrafo en el pasado para cada una de las situaciones que siguen. Elabore usando su imaginación.

1. Después de estudiar hasta las diez de la noche en la biblioteca, llegó usted a su cuarto esa noche, y al abrir la puerta vio que su compañero(a) de cuarto tenía varios amigos que estaban haciendo cosas diferentes: describa la escena.

2. Describa la escena que vio un viajero al entrar a un avión que lo iba a llevar a una isla del Caribe para las vacaciones de Navidad: cada uno de los pasajeros del avión estaba haciendo algo diferente.

3. Encuentre entre sus fotos de familia y de amigos algunas que tengan acciones en proceso. Fotocopie cada foto en una hoja aparte, y en la misma hoja, describa la escena, usando el pasado (¿cuándo se tomó esta foto? ¿quién tomó la foto? ¿qué estaba haciendo usted cuando se tomó esa foto? Y su hermano o amigo, ¿qué estaban haciendo?).

b. Práctica oral

Que cada compañero lleve a clase una foto de familia o de vacaciones. En parejas, hablen de sus fotos, describiendo lo que estaba pasando en cada contexto. Presten atención a sus formas verbales.

Ejercicio 6.8 Futuro. La semana pasada, yo estaba con mi amiga Luisa en una discoteca, y ella me dijo muchas cosas. Ayer, Gregorio me pidió que le dijera lo que Luisa me había dicho. Como Gregorio está enamorado de Luisa, decidí contestar su pregunta: ¿Qué dijo? Aquí siguen las frases de Luisa. Dígale a Gregorio lo que dijo Luisa, empezando cada frase con: "Luisa dijo que…".

1. Mañana comemos en el restaurante mexicano. **2.** Esta noche bailo tango. **3.** Después de esta canción, bailo. **4.** El mes entrante mi familia va a Argentina. **5.** Mis vecinos se mudan pronto. **6.** Mañana llueve. **7.** Esta noche termino de leer mi novela.

Ejercicio 6.9 ¿Actos consecutivos o simultáneos (en proceso)? Indique para los actos entre paréntesis cuáles son los actos consecutivos [AC] (uno después de otro) y cuáles son los simultáneos [AS] (al mismo tiempo, en proceso). Luego escriba oraciones en el pasado usando los elementos dados.

> **Vocabulario: becerrito** *little calf*; **brillar** *to shine*; **brisa** *breeze*; **cola** *tail*; **menearse** *to move*; **monte** *hill*; **oler** *to smell*; **pájaro** *bird*; **rama** *branch*; **sol** *sun*; **vaca** *cow*

1. Esta mañana yo (despertarse), (levantarse), (bañarse) y (vestirse). **2.** Esta mañana cuando me desperté, los pájaros° (cantar), el sol° (brillar°) y yo (oler°) el pan tostado que (preparar / ellos) en la cocina. **3.** El espectáculo era hermoso: las vacas° (comer) pacíficamente en el monte°, los becerritos° (correr) para todos lados con la cola° en el aire, las ramas° de los árboles (menearse°) suavemente con la brisa° y hasta los insectos (cantar) de manera melodiosa. **4.** El profesor (entrar) al salón y les (anunciar) a los estudiantes la tarea para la semana siguiente. Luego (empezar) a hablarles del tema del día.

Ejercicio 6.10 Conjugue los verbos entre paréntesis en el tiempo más lógico del pasado. Luego explique la diferencia entre los actos de las frases siguientes: 1 y 2; 3, 4 y 5; 6 y 7.

1. Cuando yo estaba en la escuela primaria, (sentarse) en una silla del frente. **2.** Ayer (sentarse / yo) por accidente en un chicle. **3.** Esta mañana (ir / yo) a mi primera clase cuando vi un accidente. **4.** Anoche (ir / yo) al cine. **5.** En esa época, (ir / yo) todos los días a visitar a mi abuelo que estaba en el hospital. **6.** Abrí la puerta de mi cuarto y vi el desastre: las ardillas *(squirrels)* se habían metido; una de ellas (comer) cacahuates *(peanuts)* en mi escritorio, otra (buscar) algo entre las colchas *(blankets)* de mi cama y una tercera (correr) como loca por las paredes. **7.** Esta mañana me levanté tarde porque mi despertador no funcionó. (Comer / yo) rápidamente, (buscar / yo) mis llaves a toda velocidad y (correr / yo) al trabajo.

Ejercicio 6.11 Traduzca las palabras en negrilla de las oraciones siguientes, prestando atención a los usos diferentes de *would*.

1. I avoided the presence of my sister, because she **would say** the most embarrassing things about me. **2.** If my mother were here, she **would say** she had told you so. **3.** I know you **would not say** a word against me even if you were paid. **4.** I insisted, but the boy **would not say** who had given him the money. **5.** My mother **would not say** anything to anyone about our family's difficulties: she was that way.

Ejercicio 6.12 Traduzca el verbo en negrilla, usando el verbo entre paréntesis. (*you* = tú)

1. Yesterday I **met** your brother. *(conocer)* **2.** We **met** at a party. *(conocer)* **3.** I **knew** everyone there. *(conocer)* **4.** When you were an adolescent, **could** you go to parties? *(poder)* **5.** The prisoner **wanted** to get out, but he **knew** it was impossible so he did not even try. *(querer / saber)* **6.** I **wanted** to tear the curtain *(and tried)*, but I **was unable to.** *(querer / poder)* **7.** My sister **did not want** to go with us *(refused to)*, in spite of our insistence. *(querer)* **8.** My sister **did not want** to go with us, but my father made her go. *(querer)* **9.** When **did** you **find out** about the accident? *(saber)*

Ejercicio 6.13 Pluscuamperfecto. Conjugue los verbos en el imperfecto, el pretérito o el pluscuamperfecto.

1. Los indígenas les (tener) terror a los conquistadores porque nunca (ver) caballos antes. **2.** No (comer / yo) nada en el cine porque (cenar) antes de ir. **3.** Esta mañana me (doler) las piernas porque (bailar / yo) toda la noche.

Ejercicio 6.14 ¿Pretérito, imperfecto o pluscuamperfecto? Complete con la forma apropiada del verbo indicado.

> **Vocabulario: alumbrar** *to light*; **balde** *bucket*; **caballo** *horse*; **ensillar** *to saddle*; **ganado** *cattle*; **guiándose por el sonido** *being led by sound*; **leña** *firewood*; **madrugada** *early morning hours*; **ojo de agua** *water hole*; **vela** *candle*

El rancho de mi padre

Nunca olvidaré las semanas que (**1.** pasar / nosotros) en el rancho de mi padre. En esa época yo (**2.** tener) unos doce o trece años, y mi hermana unos catorce. En el rancho no (**3.** haber) ni electricidad ni agua corriente: todo se (**4.** alumbrar°) con velas o linternas, y mi hermana y yo (**5.** ir) a buscar agua en baldes° al ojo de agua° cerca de la casa. (**6.** Cocinar / nosotros) las tortillas y los frijoles con leña°. La rutina (**7.** ser) la siguiente: (**8.** levantarse / nosotros) a las cuatro de la mañana, y mientras una de nosotras (**9.** salir) a la oscuridad de la madrugada° a buscar los caballos°, guiándose por el sonido° nada más, la otra (**10.** preparar) el desayuno. (**11.** Terminar / nosotros) de desayunar, (**12.** ensillar° / nosotros) los caballos y (**13.** irse / nosotros) antes de que saliera el sol. Para cuando (**14.** llegar / nosotros) adonde (**15.** estar) el ganado°, ya el sol (**16.** salir) con todo su poder.

Ejercicio 6.15 ¿Pretérito, imperfecto o pluscuamperfecto? Complete con la forma apropiada del verbo indicado.

> **Vocabulario: a la carrera** *in a hurry*; **agarrar** *to grab*; **alumbrado** *lit up*; **apagar** *to put out*; **azotar** *to beat, whip*; **de repente** *suddenly*; **durar** *to last*; **fuego** *fire*; **golpes** *loud knocking or blows*; **gritos** *yelling, screams*; **impedir** *to prevent*; **incendio** *fire*; **llama** *flame*; **lograr** *to succeed*; **monte** *hill*; **rama** *branch*

Fuego° en el monte°

Recuerdo la noche del incendio° en el rancho. (**1.** Estar / nosotros) todos dormidos cuando de repente° se (**2.** oír) golpes° y gritos° en la puerta. Eran los hombres que (**3.** venir) a decirle a mi padre que (**4.** haber) fuego en el monte. (**5.** Vestirse / nosotros) a la carrera° y (**6.** ir / nosotros) corriendo al monte que se (**7.** ver) alumbrado° desde la casa. Una vez que llegamos allí, (**8.** formar / nosotros) entre todos una línea y así (**9.** empezar) una batalla que (**10.** durar°) hasta el día siguiente. (**11.** Agarrar° / nosotros) constantemente ramas° verdes de los árboles más cercanos para azotar° las llamas° y así impedir° que avanzaran. (**12.** Lograr° / nosotros) apagar° el fuego, y salvar el ganado. Luego nos (**13.** contar / ellos) los hombres que ellos mismos (**14.** provocar) el incendio accidentalmente con un cigarrillo.

Ejercicio 6.16 ¿Pretérito o imperfecto? Complete con la forma apropiada del verbo indicado.

> **Vocabulario: acostumbrarse** *to get used to*; **chiquitito** *tiny*; **escalones** *steps*; **herido** *injured*; **leche** *milk*; **maullido** *meowing*; **platito** *little plate*; **por todos lados** *everywhere*; **tener terror** *to be terrified*

Gato

En mi casa, (**1.** ser / nosotros) gente de perros y no de gatos; de hecho, los gatos nos (**2.** caer) mal, quizá porque les (**3.** tener / nosotros) algo de miedo y no nos (**4.** respetar / ellos) como los perros. Pero un día del verano pasado todo eso (**5.** cambiar). (**6.** Estar / nosotros) sentados en la terraza tomando café cuando de repente (**7.** empezar / nosotros) a oír los maullidos° insistentes de un gatito perdido. Los maullidos eran tan fuertes que nos (**8.** imaginar / nosotros) que el gatito estaría atrapado en algún lugar, herido°. Lo (**9.** buscar / nosotros) por todos lados°, y por fin lo (**10.** encontrar / nosotros), debajo de los escalones° del frente de la casa. (**11.** Ser) un gato tan chiquitito° que no (**12.** parecer) posible que esos maullidos salieran de él. (**13.** Ser) una cría, y nos (**14.** tener / él) terror°. (**15.** Estar / él) debajo de los escalones, pero (**16.** poder / él) salir. (**17.** Parecer) que su mamá lo (**18.** abandonar) y que no (**19.** saber) adónde ir. Nos (**20.** tomar) toda la mañana lograr que saliera de debajo de los escalones para tomar el platito° de leche° que le (**21.** ofrecer / nosotros). Muy lentamente (**22.** acostumbrarse / él) a nosotros y nos (**23.** adoptar / él). Desde entonces, somos gente de perros y de gatos.

Ejercicio 6.17 Temas de ensayo y de práctica oral.

a. Ensayo

Escriba un párrafo sobre una costumbre cultural o una fiesta típica de su infancia.

b. Práctica oral

Cuéntele a un amigo de una costumbre cultural o una fiesta típica de su infancia. Preste atención a sus formas verbales.

ATAJO

Phrases:	Describing the past; Talking about habitual events
Vocabulary:	Holiday greetings; Religious holidays
Grammar:	Verbs: Preterite and imperfect

Ejercicio 6.18 Temas de ensayo y de práctica oral.

a. Ensayo

Imagínese que usted tiene un hermanito y que éste le pide que le cuente un cuento. Cuéntele en el pasado uno de los cuentos siguientes, prestando atención al uso correcto del pretérito y del imperfecto: La Cenicienta *(Cinderella);* Caperucita Roja *(Little Red Riding Hood);* Los Tres Cerditos *(The Three Little Pigs);* Romeo y Julieta.

> **Vocabulario:** *ashes* **ceniza;** *balcony* **balcón;** *ball* **baile;** *basket* **canasta;** *brick* **ladrillo;** *carriage* **carroza;** *enemy* **enemigo;** *fairy godmother* **hada madrina;** *friar* **fraile;** *glass, crystal* **cristal;** *granny, grandmother* **abuelita;** *horse* **caballo;** *little pig* **cerdito;** *lumberjack* **leñador;** *masked ball* **baile de disfraces;** *mouse* **ratón;** *palace* **palacio;** *pig* **cerdo;** *poison* **veneno;** *prince* **príncipe;** *pumpkin* **calabaza;** *rival* **rival;** *stepmother* **madrastra;** *stepsister* **hermanastra;** *straw* **paja;** *the big bad wolf* **el lobo malo;** *to blow* **soplar;** *to exile* **exiliar;** *to make something fall down* **tumbar;** *to see you better* **para verte mejor;** *to seem dead* **parecer muerto;** *What big eyes you have!* **¡Qué ojos más grandes tienes!;** *wolf* **lobo;** *wood* **madera;** *woods* **bosque**

b. Práctica oral

Usando la clase como público, cuente oralmente, en el pasado, uno de los cuentos sugeridos en el tema de ensayo.

ATAJO

Vocabulary: Fairy tales and legends
Grammar: Verbs: Preterite and imperfect

Ejercicio 6.19 Temas de ensayo y de práctica oral.

a. Ensayo

Cuente en el pasado uno de sus recuerdos de infancia favoritos.

b. Práctica oral

Hable con un compañero sobre sus recuerdos de infancia favoritos.

ATAJO

Pharses: Describing the past
Grammar: Verbs: Preterite and imperfect

C Tiempos compuestos

Capítulo 6.C, páginas 200–207

(Antes de hacer los ejercicios de esta sección, recomendamos que complete los ejercicios 5.18–5.19; 5.23; 5.26; 5.36–5.37; 5.56–5.61 para practicar las formas de los tiempos compuestos y las del participio presente y pasado).

Ejercicio 6.20 Traduzca. (*you* = tú)

1. I am writing a letter. **2.** They have been working there since last week. **3.** I was eating when you arrived. **4.** He had been in the sun for three hours. **5.** She had been calling for two days. **6.** We have eaten. **7.** We will have eaten by then *(para entonces)*. **8.** I was working on the computer all day yesterday. **9.** He said he would have finished. **10.** I thought it would be raining by now *(ya)*.

Ejercicio 6.21 Temas de ensayo y de práctica oral.

a. Ensayo

Cuente el cuento de "Rizos de Oro" *(Goldilocks)* en el pasado, usando el progresivo y el pluscuamperfecto cada vez que lo necesite.

> **Vocabulario:** *bear* **oso;** *bed* **cama;** *chair* **silla;** *mama bear* **la mamá osa;** *papa bear* **el papá oso;** *porridge* **avena;** *somebody* **alguien;** *soup* **sopa;** *the little bear* **el osito;** *to be lying down* [position] **estar acostado;** *to be sitting* [position] **estar sentado;** *to fall asleep* **dormirse;** *to lie down* [change position from standing or sitting to lying down] **acostarse;** *to sit down* [change position from standing to sitting] **sentarse;** *to sleep* **dormir;** *woods* **bosque**

b. Práctica oral

Hable con un compañero y cuéntele su versión de "Rizos de Oro" *(Goldilocks)*. Use el progresivo y el pluscuamperfecto cada vez que los necesite.

ATAJO

Vocabulary: Fairy tales and legends
Grammar: Verbs: Present; Verbs: Compound tenses

D Formas de expresar el futuro

Capítulo 6.D, página 208

(Antes de hacer los ejercicios de esta sección, recomendamos que complete los ejercicios del capítulo 5 relacionados con las formas del futuro).

Ejercicio 6.22 Traduzca de tres formas distintas. (*you* = tú)

1. Tomorrow we will eat at a restaurant. **2.** This evening we are going to the movies. **3.** I will call you this afternoon. **4.** What are you doing tonight?

Ejercicio 6.23 Temas de ensayo y de práctica oral.

a. Ensayo

Usando el futuro cada vez que pueda, prepare una lista de diez promesas para mejorarse o para mejorar su vida; use verbos diferentes para cada promesa. (Por ejemplo: Me levantaré temprano. Haré mi cama cada mañana. No le gritaré a mi hermano aunque él me provoque.)

b. Práctica oral

En parejas de candidatos para la presidencia digan qué promesas harán para ganar el voto popular, alternando entre ustedes. Usen verbos diferentes para cada promesa y presten atención a las formas del futuro.

ATAJO

Grammar: Verbs: Future

E Condicional

Capítulo 6.E, páginas 209–210

(Antes de hacer los ejercicios de esta sección, recomendamos que complete los ejercicios 5.24–5.27 para practicar las formas del condicional).

Ejercicio 6.24 Cambie las oraciones siguientes para que sean más corteses.

1. ¿Puedes ayudarme con esto? **2.** ¿Tienes tiempo para ayudarme? **3.** No debes hacer eso. **4.** Quiero que vengas.

Ejercicio 6.25 Cambie las oraciones al pasado.

1. Pienso que llegarán a tiempo. **2.** Creo que lo terminarán pronto. **3.** Dice que lo hará. **4.** Sé que cumplirá con su promesa.

Ejercicio 6.26 Temas de ensayo y de práctica oral.

a. Ensayo

Escriba un diálogo entre un mesero en un restaurante y un par de clientes difíciles, uno porque no quiere aumentar de peso, y el otro porque no tiene mucho dinero.

b. Práctica oral

Mini drama. El salón de clase es un restaurante, con clientes difíciles (el que está de dieta, el que no quiere gastar mucho, el que tiene alergias, el vegetariano, el que no come nada de color verde, etc.), y meseros que tratan de complacerlos, o que no tienen la libertad de cambiar los platos del menú. Antes de empezar, que cada cliente prepare algunas frases con el condicional para pedir sus platos especiales, y luego, dramaticen su escena, usando sus frases y prestando atención a sus formas verbales y expresiones de cortesía.

ATAJO

Grammar: Verbs: Conditional

F Probabilidad

Capítulo 6.F, páginas 210–212

(Antes de hacer los ejercicios de esta sección, recomendamos que complete los ejercicios 5.20–5.27 para practicar las formas del futuro y del condicional).

Ejercicio 6.27 Conteste las preguntas expresando conjetura y usando la información entre paréntesis.

1. ¿Por qué salgo mal en todas las pruebas? (no estudiar lo suficiente) **2.** ¿Por qué se veía verde ese hombre? (ser marciano) (estar enfermo) (algo asustarlo) **3.** ¿Dónde está tu hermano? (estar en el sótano) (ir a la tienda)

Ejercicio 6.28 Temas de ensayo y de práctica oral.

a. Ensayo

Usted es detective y debe escribir un informe de lo que cree que pasó basándose en los hechos *(facts)* que observa en un crimen: se encuentra el cadáver *(corpse)* de un hombre flotando boca abajo en la piscina *(swimming pool)* de la casa de su vecino; no hay ninguna evidencia de violencia física. El cadáver está casi completamente desnudo *(naked)*: sólo tiene puesto un reloj *(watch)* que se paró a las tres y media. La autopsia revela que el hombre no murió ahogado *(drowned)*, sino envenenado *(poisoned)*. Escriba dos probables maneras en que pudo haber terminado así, usando un máximo de detalle descriptivo. Esto lo hace sin saber de seguro nada de nada *(without knowing anything at all for certain)*. (Por ejemplo: El hombre sería rico, y su esposa por alguna razón lo odiaría y querría deshacerse de él; lo habrá envenenado y luego, una vez que había muerto, ella habrá empujado su cadáver dentro de la piscina, con la ayuda de alguien).

ATAJO

Phrases: Weighing the evidence; Hypothesizing

Grammar: Verbs: Preterite and perfect; Verbs: Conditional; Verbs: Future

b. Práctica oral

En parejas y alternando su turno, háganse preguntas sobre lo que observan en la clase hoy. Contesten con formas de probabilidad, usando su imaginación. Por ejemplo: Estudiante 1: ¿Por qué se vistió de azul la profesora? Estudiante 2: Será su color favorito.

c. Tema de práctica oral

Piense en un evento misterioso reciente en las noticias, y dígale a un compañero lo que habrá pasado según usted, usando formas de probabilidad.

G Subjuntivo (Cláusulas nominales)

Capítulo 6.G.2, páginas 212–222

(Antes de hacer los ejercicios de esta sección, recomendamos que complete los ejercicios 5.28–5.38 para practicar las formas del subjuntivo).

Ejercicio 6.29 Conjugue el verbo entre paréntesis en el presente del subjuntivo o del indicativo según lo requiera el contexto.

1. Sus padres lo obligan a que (trabajar / él). **2.** Creo que (tener / tú) razón. **3.** Basta que (pagar / tú) la mitad. **4.** Conviene que (salir / nosotros) temprano. **5.** ¿Desea usted que le (servir / nosotros) en su habitación? **6.** Mi padre se empeña en que yo no (ir) sola. **7.** Es bueno que ellos (aprender) a nadar. **8.** Es cierto que nosotros lo (ver). **9.** Es evidente que tú (comer) demasiado temprano. **10.** Es importante que yo la (llevar). **11.** Es triste que ellos no (poder) salir de allí. **12.** Es una lástima que tus vecinos no te (caer bien). **13.** Eso no significa que tu novia no te (querer). **14.** Veo que el pájaro no (poder) volar. **15.** Insisto en que me (dejar / ustedes) pagar a mí. **16.** Lamento que (ser) así. **17.** Mi madre siempre me aconseja que (llevar / yo) más dinero del que necesito. **18.** Nos encanta que nuestros amigos nos (sorprender) con sus visitas. **19.** Te ruego que me (escuchar). **20.** Ella siempre lo convence de que (quedarse) tarde.

Ejercicio 6.30 Conjugue el verbo entre paréntesis en el presente del subjuntivo o del indicativo según lo requiera el contexto.

1. Piensan que les (deber / nosotros) dinero. **2.** Más vale que ustedes (levantarse) temprano. **3.** Le enoja que su hermano siempre (ganar). **4.** ¿Necesitas que te (llevar / yo)? **5.** El testigo niega que su hijo (ser) culpable. **6.** No es que (llover) demasiado—al contrario. **7.** No importa que no (querer / ellos); tienen que hacerlo. **8.** Sé que me (querer / ella). **9.** Los vecinos se quejan de que los niños (gritar) mucho. **10.** Puede ser que ella (llegar) temprano. **11.** Los adolescentes se avergüenzan de que sus padres los (controlar) en público. **12.** Me opongo a que él lo (ver). **13.** Estamos seguras de que mañana (ir) a llover. **14.** Su hermana la persuade a que (hacer / ella) lo que ella quiere. **15.** Mi mamá me manda que le (llevar) sus cartas al correo. **16.** Les advierto que (callarse / ustedes). **17.** Me prohíben que (salir) tarde. **18.** Tienen miedo que yo los (denunciar) a la policía. **19.** Dice que no (saber / él) nada. **20.** Tenemos que impedir que él (pagar) esta vez.

Ejercicio 6.31 Conjugue el verbo entre paréntesis en el presente del subjuntivo o un tiempo *(tense)* del indicativo según lo requiera el contexto.

1. Ella cree que él no la (querer). **2.** Ella no cree que él la (querer). **3.** Su padre le dice que él (levantarse) temprano de niño. [*He used to get up early.*] **4.** Su padre le dice que (levantarse) temprano. [*He tells her to get up early.*] **5.** Te recomiendo que (dormir / tú) más. **6.** ¿Te pide que (ir / tú) con él? **7.** Espero que (poder / ellos) venir a la fiesta. **8.** Me molesta que no me (hacer / tú) caso. **9.** Me alegro que (ser / tú) feliz. **10.** No me gusta que me (gritar / ellos). **11.** Parece que (estar / él) triste. **12.** No parece que (estar / él) triste. **13.** Parece increíble que ellos no lo (saber). **14.** Me sorprende que no me (llamar / él). **15.** Te sugiero que (tomar / tú) vitaminas.

Ejercicio 6.32 Traduzca. (*you* = tú)

1. She lets me drive. **2.** I hope I can do it. **3.** I hope you can do it. **4.** I feel it is going to rain. **5.** I am sorry it is going to rain. **6.** I am sorry I cannot do it.

ATAJO

Pharses: Persuading; Weighing the evidence; Hypothesizing
Grammar: Verbs: Subjunctive

Ejercicio 6.33 Temas de ensayo y de práctica oral.

a. Ensayo

Usando varias de las expresiones en la lista del capítulo 6.G.2.b (Subjuntivo con expresiones de emoción), describa en diez frases sus esperanzas, sus temores, lo que lamenta, lo que le emociona.

b. Práctica oral

Cuéntele a un compañero de sus esperanzas, temores, lo que lamenta y lo que le emociona, y luego pídale que haga lo mismo. Presten atención a sus formas verbales.

Ejercicio 6.34 Temas de ensayo y de práctica oral.

a. Ensayo

Usando varias de las expresiones en la lista del capítulo 6.G.2.c (Subjuntivo con expresiones de voluntad e influencia), describa en diez frases lo que sus padres le aconsejan, le prohíben, le recomiendan, etc.

(continúa)

b. Práctica oral

Hable con un compañero sobre lo que sus padres les aconsejan, les prohíben, les recomiendan, etc. Comparen sus experiencias prestando atención a sus formas verbales.

ATAJO

Grammar: Verbs: Subjunctive

Ejercicio 6.35 Temas de ensayo y de práctica oral.

a. Ensayo

Usando varias de las expresiones en la lista del capítulo 6.G.2.d (Subjuntivo con expresiones de duda y negación de la realidad), describa en detalle una de sus dudas más importantes, como por ejemplo sobre el origen del mundo, la existencia de Dios, la vida en Marte *(Mars)*, el racismo, etc.

b. Práctica oral

Hable con un compañero sobre el momento en que usted empezó a dudar de un mito tradicional, como Santa Claus, los Reyes Magos, etc. Describa en detalle la transición entre estar seguro, dudar y luego perder por completo la creencia. Comparen sus experiencias.

ATAJO

Grammar: Verbs: Subjunctive

Ejercicio 6.36 Temas de ensayo y de práctica oral.

a. Ensayo

Usando varias de las expresiones en la lista del capítulo 6.G.2.e (Subjuntivo con expresiones impersonales con *ser*), escriba diez consejos e ideas que usted le da a un amigo sobre un viaje a un país hispano.

b. Práctica oral

Usando varias de las expresiones en la lista del capítulo 6.G.2.e (Subjuntivo con expresiones impersonales con *ser*), dele consejos e ideas a un amigo sobre un viaje a un país hispano.

ATAJO

Grammar: Verbs: Subjunctive

Ejercicio 6.37 Temas de ensayo y de práctica oral.

a. Ensayo

Usando el mayor número posible de verbos de la lista de abajo para introducir cláusulas nominales, escriba un párrafo sobre el tema del amor en el mundo de hoy: piense en términos de establecer una pareja, la opción entre la soltería (no casarse) y el matrimonio (casarse), tener hijos o no y el divorcio. Si lo desea, puede hacer referencia a su vida personal para expresar su opinión. Preste atención al uso del subjuntivo, del infinitivo o del indicativo, dependiendo del contexto. Mire las páginas sobre las cláusulas nominales para ver ejemplos de usos de estos verbos.

querer, parecer, dudar, gustar, esperar, tener miedo de, alegrarse, enojar, molestar, sorprender, necesitar, preferir, oponerse a, dejar, obligar a, convencer, impedir, mandar, pedir, permitir, recomendar, sugerir, bastar, convenir, no creer, no ser, no significar, ser bueno (malo, raro, triste, importante, necesario, difícil, imposible, una lástima) que

b. Práctica oral

1. Usando los verbos de arriba, y prestando atención a sus formas verbales, hable con un compañero sobre sus perspectivas del amor hoy en día: piensen en términos de establecer una pareja, la opción entre la soltería (no casarse) y el matrimonio (casarse), tener hijos o no y el divorcio.
2. Debate. El matrimonio de parejas interraciales, de religiones distintas, de edades muy diferentes o del mismo sexo. Prestando atención a sus formas verbales, opinen sobre estos temas controvertibles, sin perder de vista el requisito de tolerancia.

Subjuntivo (Cláusulas adjetivales)

Capítulo 6.G.3, páginas 222–223

Ejercicio 6.38 Complete con el presente del subjuntivo o algún tiempo del indicativo del verbo entre paréntesis, según lo requiera el contexto.

(continúa)

1. Estamos esperando a la mujer que (calcular) nuestros impuestos. **2.** Quiero encontrar a una mujer que (saber) hacerlo. **3.** ¿Conoces a un hombre que (poder) hacerlo? **4.** Yo conozco a un hombre que (poder) hacerlo. **5.** No hay nadie que (poder) hacerlo como tú. **6.** Hay alguien que (poder) hacerlo. **7.** Haz lo que te (decir / yo) ayer. **8.** Siempre hace lo que le (decir / ellos), sea lo que sea. **9.** Digan lo que (decir / ellos), nunca te abandonaré.

Ejercicio 6.39 Temas de ensayo y de práctica oral.

a. Ensayo

Haga una lista de diez deseos en su vida, usando cláusulas adjetivales. (Por ejemplo: Quiero conseguir un trabajo que me pague bien.)

b. Práctica oral

En parejas, comparen sus deseos y sueños en la vida, prestando atención a sus formas verbales.

Subjuntivo (Cláusulas adverbiales)

Capítulo 6.G.4, páginas 224–227

Ejercicio 6.40 Conjugue el verbo entre paréntesis en el presente del subjuntivo o un tiempo del indicativo según lo requiera el contexto.

1. Ellos llegaron después de que nosotros (salir). **2.** Lo hago para que tú no (tener) que hacerlo. **3.** Ven a visitarnos tan pronto como (poder / tú). **4.** Mañana iremos al parque aunque (llover). **5.** Quiero hablar con ella por teléfono antes de que (irse / ella). **6.** Me lo dará, a no ser que (arrepentirse / él) primero. **7.** Comerá después de que los niños (acostarse). **8.** Caminó hasta que no (poder) más. **9.** Caminará hasta que no (poder) más. **10.** Tendrá el dinero, a menos que no le (pagar / ellos) hoy. **11.** Lo haremos cuando (querer / tú). **12.** Comí aunque no (tener) hambre. **13.** Me gusta mirar por la ventana cuando (llover). **14.** Los vemos a ellos sin que ellos nos (ver) a nosotros. **15.** Lo haré con tal que no se lo (decir / tú) a los vecinos.

Ejercicio 6.41 Traduzca. (*you* = tú)

1. She will not go unless we go. **2.** I will do it as long as (or provided) you do not tell anyone. **3.** We will leave as soon as you get dressed. **4.** He will insist until she accepts. **5.** I do not know anyone who can do that without your explaining how.

Ejercicio 6.42 Temas de ensayo y de práctica oral.

a. Ensayo

Usando el mayor número posible de conjunciones de la lista de abajo para introducir cláusulas adverbiales, escriba un diálogo entre dos compañeros de casa que están preparándose para una fiesta en su casa.

para que, a menos que, antes de que, con tal de que, sin que, en caso de que, cuando, en cuanto, aunque, a pesar de que, después de que, mientras, hasta que

b. Práctica oral

Usando el mayor número posible de conjunciones de la lista de arriba para introducir cláusulas adverbiales, planee con otros compañeros una fiesta en la clase.

Subjuntivo (Secuencia de tiempos)

Capítulo 6.G.5, páginas 228–237

Ejercicio 6.43 Combine las dos oraciones, usando la que está entre paréntesis como cláusula principal. Haga las transformaciones necesarias.

1. Mañana llegarán nuestros amigos. (No creo que…) **2.** Raúl vive en Suiza. (Parece increíble que…) **3.** Los vecinos ya han visto esa película. (Me sorprende que…) **4.** Ayer hacía calor. (Dudo que…) **5.** Se levantó a las cinco. (Me sorprende que…) **6.** Ya habrán terminado a esa hora. (Parece dudoso que…) **7.** Mi abuelo ya había muerto cuando llegué. (Lamento que…) **8.** Pronto estará lista la cena. (Mi padre dudaba que…) **9.** Siempre hace frío en el monte. (Mi tía se quejaba de que…) **10.** Tú bailabas el tango a los cinco años. (Era imposible que…) **11.** Los perros se escaparon. (Temían que…) **12.** Luisa nunca les ha dicho el secreto a sus hijos. (A Roberto le molestaba que…) **13.** Habrán regresado para la medianoche. (Me sorprendería mucho que…) **14.** Miguel ya había leído esa novela. (Yo tenía miedo que…)

Ejercicio 6.44 Transforme el verbo de la cláusula subordinada (en negrilla) para concordar en el nuevo contexto con el verbo principal en el pasado (entre paréntesis).

1. No creo que **puedan** venir. (No creía que…) **2.** Parece posible que **haga** calor hoy. (Parecía posible que… ese día.) **3.** Lamento que no les **guste.** (Lamentaba que…) **4.** ¿Conoces a alguien que **sea** de allí? (¿Conocías a alguien que…?)

(continúa)

5. Queremos encontrar una casa que **tenga** piscina. (Queríamos…) **6.** Haremos lo que tú **quieras.** (Te dije que haríamos lo que…) **7.** Te doy las llaves a fin de que tú **abras.** (Te di las llaves…) **8.** Llama antes de que **sea** muy tarde. (Quería llamar antes de que…)

Ejercicio 6.45 Forme una frase usando la primera como subordinada.

1. Cantaban bien. (Me parecía increíble que…) **2.** Ellos caminaron. (Dudo que…) **3.** Yo había caminado. (Ellos no creyeron que…) **4.** Perdí las llaves. (Ella se quejó de que yo…) **5.** Por fin pudimos ver la película. (Me alegro de que…) **6.** Los perros no habían ladrado en toda la noche. (A Pedro le sorprendió que…)

Ejercicio 6.46 Conjugue el verbo entre paréntesis en la forma correcta.

1. Nosotros queríamos que ellos nos (llamar) primero. **2.** A ella le gustaría que ustedes (ser) más directos. **3.** El profesor dijo que no sabía si existía un texto que (explicar) más claramente ese punto. **4.** ¿Había alguien que (poder) hacerlo? **5.** Nos encantaría que las vacaciones (ser) más largas. **6.** Me prometiste que me llamarías tan pronto (poder). **7.** Les pedía que (callarse) a fin de que no (despertar) a los niños. **8.** Me costaba trabajo creer que Marta (cortarse) el pelo la semana anterior.

Ejercicio 6.47 Temas de ensayo y de práctica oral.

a. Ensayo

Deseos cambiados. Piense en su vida, y en los sueños y deseos que ha tenido desde la infancia. Algunos de sus deseos y sueños habrán cambiado a través de los años. Escriba un párrafo, describiendo cuatro o cinco de sus sueños y deseos en su infancia, cómo se lograron o no, y cómo cambiaron. Use al máximo las expresiones en la lista del capítulo 6.G.2.b (Subjuntivo con expresiones de emoción).

b. Práctica oral

Hable con sus compañeros sobre sus deseos de infancia que han cambiado.

ATAJO

Phrases: Expressing a wish or desire; Expressing hopes and aspirations.

Vocabulary: Dreams and aspirations

Grammar: Verbs: Subjunctive

Ejercicio 6.48 Temas de ensayo y de práctica oral.

a. Ensayo

Entreviste a alguien de una generación anterior a la suya, sobre la disciplina en la vida cuando era joven. Usando varias de las expresiones en la lista del capítulo 6.G.2.c (Subjuntivo con expresiones de voluntad e influencia), escriba diez frases sobre lo que sus padres le aconsejaban, le prohibían, le recomendaban, etc., a este individuo.

b. Práctica oral

Usando el tema de ensayo de arriba, dé un informe oral sobre su entrevista.

ATAJO

Grammar: Verbs: Subjunctive; Verbs: Imperfect

Ejercicio 6.49 Temas de ensayo y de práctica oral.

a. Ensayo

Entreviste a uno de sus padres, o a alguien de una generación anterior a la suya, sobre lo que pensaban de la guerra y de la política cuando tenían la edad que usted tiene ahora. Usando varias de las expresiones de la lista del capítulo 6.G.2.d (Subjuntivo después expresiones de duda y negación de la realidad), escriba unas diez frases.

b. Práctica oral

Usando el tema de ensayo de arriba, dé un informe oral sobre su entrevista.

ATAJO

Grammar: Verbs: Subjunctive

Ejercicio 6.50 Temas de ensayo y de práctica oral.

a. Ensayo

Usando varias de las expresiones de la lista del capítulo 6.G.2.e (Subjuntivo después expresiones impersonales con *ser*), escriba diez consejos e ideas que usted le dio a un amigo antes de que éste viajara a un país hispano. Por ejemplo: Le dije que era mejor que llevara ropa ligera; que era malo que no tratara de hablar español; etc.

(continúa)

b. Práctica oral

Hable con un compañero sobre una experiencia de su niñez en que sus padres o amigos le habían dado consejos que usted no siguió, y que luego descubrió que debió haberlos seguido. Prestando atención a las formas verbales, comparen sus experiencias.

ATAJO

Grammar: Verbs: Subjunctive

Ejercicio 6.51 Temas de ensayo y de práctica oral.

a. Ensayo

Entreviste a alguien que pertenezca a una generación anterior a la suya sobre el tema del amor cuando era adolescente, y sus sueños o sus ideales para el amor en su vida; averigüe si los padres de esta persona afectaron de alguna manera su punto de vista o su comportamiento. Usando el mayor número posible de verbos de la lista de abajo para introducir cláusulas nominales, escriba un párrafo sobre lo que pensaba esta persona. Preste atención al uso del subjuntivo, del infinitivo o del indicativo, dependiendo del contexto. Consulte las páginas sobre las cláusulas nominales para ver ejemplos de usos de estos verbos.

querer, parecer, dudar, gustar, esperar, tener miedo de, alegrarse, enojarse, molestar, sorprender, necesitar, preferir, oponerse a, dejar, obligar a, convencer, impedir, mandar, pedir, permitir, recomendar, sugerir, bastar, convenir, no creer, no ser, no significar, ser bueno (malo, raro, triste, importante, necesario, difícil, imposible, una lástima) que

b. Práctica oral

Use el tema de ensayo de arriba, y dé un informe oral sobre su entrevista.

ATAJO

Grammar: Verbs: Subjunctive

Subjuntivo (Cláusulas con *si*)

Capítulo 6.G.6, páginas 237–239

Ejercicio 6.52 Conjugue el verbo entre paréntesis en la forma correcta.

1. Ella habría llegado a tiempo si no (haber) una tormenta. **2.** Si él tuviera dinero, (comprarse) todos los coches antiguos del mundo. **3.** Iría al supermercado si (ser) absolutamente necesario. **4.** Si hubiéramos estudiado más, no (tener) tantas dificultades en el examen de ayer. **5.** Si tuviera tiempo, te (ayudar / yo). **6.** Se abrazaron como si no (verse) en años. **7.** Lo trata como si (ser) adulto.

Ejercicio 6.53 Temas de ensayo y de práctica oral.

a. Ensayo

Describa en un párrafo lo que pasaría si pudiera cambiar algún aspecto de su vida futura.

b. Práctica oral

Hable con un compañero sobre algo que quisiera cambiar en su vida o en el mundo, imaginando lo que pasaría en el futuro si esto cambiara. Comparen sus sueños de cambio, prestando atención a las formas verbales.

ATAJO

Grammar: Verbs: Subjunctive

Ejercicio 6.54 Temas de ensayo y de práctica oral.

a. Ensayo

Describa en un párrafo cómo habría sido diferente su vida si algún elemento hubiera sido diferente desde el principio.

b. Práctica oral

Hable con un compañero sobre alguna característica de su familia o evento de su pasado que lo ha marcado hoy en día. Imagine cómo sería diferente su vida ahora si esa característica hubiera sido diferente, o si ese evento no hubiera ocurrido.

ATAJO

Grammar: Verbs: Subjunctive

Subjuntivo (*Ojalá*)

Capítulo 6.G.7, páginas 239–240

Ejercicio 6.55 Traduzca usando **Ojalá.** (*you* = tú)

1. I wish we had not gone. **2.** I wish you had listened to me. **3.** I hope you eat today. **4.** I wish he could see me now. **5.** I hope they did not do it. **6.** I hope we get there on time. **7.** I hope they finished. **8.** I hope she likes it. **9.** I hope they bought it. **10.** I wish she could hear me.

Ejercicio 6.56 Haga una lista de deseos para usted usando **Ojalá.**

1. un deseo posible para el futuro **2.** un deseo posible para el presente **3.** un deseo posible para el pasado **4.** un deseo contrario a la realidad presente **5.** un deseo contrario a la realidad pasada

ATAJO

Grammar: Verbs: Subjunctive with *Ojalá*

Subjuntivo (Expresiones de despedida)

Capítulo 6.G.8, páginas 240–242

Ejercicio 6.57 Traduzca estas expresiones usando la persona indicada.

1. Get well. (tú) **2.** Have a good weekend. (tú) **3.** Have a good day. (ustedes) **4.** Have fun. (usted)

Ejercicio 6.58 Despídase de las siguientes personas usando **irle bien a uno.**

1. de un amigo **2.** de un profesor **3.** de unos amigos (en Latinoamérica) **4.** de unos amigos (en España)

Ejercicio 6.59 Despídase de las mismas personas usando **pasarlo bien.**

1. de un amigo **2.** de un profesor **3.** de unos amigos (en Latinoamérica) **4.** de unos amigos (en España)

Ejercicio 6.60 Temas de escritura y de práctica oral

a. Escriba dialoguitos de despedida para cada situación.

1. despedida de un amigo en cualquier momento **2.** despedida de un profesor un viernes antes de un fin de semana normal **3.** despedida de una pareja de amigos antes de un viaje que va a hacer la pareja **4.** despedida de varios amigos antes de una fiesta **5.** despedida de un amigo enfermo **6.** despedida de unos amigos antes de una experiencia placentera

b. Usando los diálogos que preparó arriba, busque todas las oportunidades posibles cada día para practicarlos en contextos auténticos.

H Infinitivos y participios presentes

Capítulo 6.H, páginas 242–247

(Antes de hacer los ejercicios de esta sección, recomendamos que complete los ejercicios 5.56–5.58 para practicar las formas del participio presente).

Ejercicio 6.61 Escoja la forma correcta entre paréntesis.

1. (Beber / Bebiendo) agua es muy saludable. **2.** No les gusta (cantar / cantando). **3.** Pensaban (viajar / viajando) al Caribe este invierno. **4.** Se fueron sin (decir / diciendo) nada. **5.** Eso es lo que te pasa por (hablar / hablando) tanto. **6.** Estoy cansado de (correr / corriendo). **7.** Al (salir / saliendo), no se les olvide llevarse el paraguas. **8.** El anuncio decía: "No (fumar / fumando)".

Ejercicio 6.62 Traduzca las oraciones siguientes.

1. That language is difficult to learn. **2.** It is difficult to learn that language. **3.** That recipe is easy to prepare. **4.** It is easy to tell the truth. **5.** It is possible to live longer than ninety years. **6.** Some things are impossible to change.

Ejercicio 6.63 Las frases siguientes tienen participios presentes en inglés. ¿En cuáles se usarían un participio presente en español también?

1. That is one of the world's **increasing** problems. **2.** What an **interesting** person! **3.** She is one of the **leading** experts in that subject. **4.** I need to buy some **writing** paper. **5.** That psychologist says that all of the problems of adolescence are caused by **growing** pains. **6.** They have **running** water. **7.** Take a photo of the pitcher **containing** the blue liquid. **8.** The court wanted a number of items **belonging** to her. **9.** There he was, **standing** in the middle of the room. **10.** The movie was **boring.** **11.** That is an **amusing** game. **12.** I found the cat **lying** on the bed. **13.** She was **sitting** in front of me at the movies. **14.** This exercise is **entertaining.** **15.** Do you have any **drinking** water?

Ejercicio 6.64 Traduzca al español las frases del ejercicio anterior.

Ejercicio 6.65 Traduzca las oraciones siguientes.

1. Look: they are **increasing** the weight. **2.** They were **directing** the traffic to the side. **3.** They left **running.** **4.** The speaker was **boring** us all. **5.** They were just **sitting** down *(in the process of taking their seats)* when the movie ended. **6.** We were **entertaining** the guests.

Ejercicio 6.66 Identifique la diferencia gramatical entre las palabras idénticas en cada par de frases; luego traduzca al español.

1a. I am concerned about my **increasing** weight. **1b.** They are **increasing** our taxes. **2a.** That class is **boring.** **2b.** Am I **boring** you? **3a.** I was just **sitting** down (in the process) when the phone rang. **3b.** I have serious news: are you **sitting** down?

Ejercicio 6.67 Traduzca usando el infinitivo o el participio presente. (*you* = tú)

1. They must have eaten. **2.** She has to eat more. **3.** They were planning on going to the beach. **4.** I do not have anything to wear. **5.** Put on your coat before leaving. **6.** To see those effects, it is necessary to wear special glasses. **7.** He was glad to see her. **8.** Upon entering, they took off their shoes. **9.** My brother had the veterinarian come. **10.** Those seeds are hard to plant. **11.** That book is easy to read. **12.** It is easy to read that book. **13.** Seeing is believing. **14.** He forbids me to drive. **15.** The children love playing in the water. **16.** He left without saying a thing. **17.** They were sorry after hanging up the phone. **18.** They separated without really having gotten to know each other. **19.** Do not stop me from moving. **20.** My back hurts from having worked so much in the garden.

Ejercicio 6.68 Temas de ensayo y de práctica oral.

a. Ensayo

Imagine que es un médico muy concienzudo y debe indicarle a un paciente las actividades que son buenas o malas para la salud. Use una variedad de formatos: infinitivo como sujeto, como objeto directo, como objeto de preposición, con **hay que** o **tiene que,** con **nada que** y **poco que,** con **fácil de** y **difícil de,** con **al.**

b. Práctica oral

En parejas en que un estudiante hace de médico y otro de paciente, hablen de las actividades que son buenas o malas para la salud. El paciente le pregunta al doctor, y el doctor le da consejos al paciente.

ATAJO

Vocabulary: Body; Health: Disease and illnesses
Grammar: Verbs: Infinitive

Ejercicio 6.69 Temas de ensayo y de práctica oral.

a. Ensayo

Escriba un párrafo sobre las acciones simultáneas de un individuo que está buscando como loco sus llaves perdidas *(lost keys)*. Haga lo posible por incorporar el equivalente correcto en español de las siguientes expresiones: *interesting, growing, existing, writing paper, containing, belonging, standing, sitting, lying down, boring, amusing, entertaining.*

b. Práctica oral

Compare con un compañero cómo acostumbra estudiar, o escribir trabajos para sus clases, o hablar por teléfono, etc. Lo hace sentado, parado, acostado, caminando, comiendo, bebiendo, cantando, repitiendo en voz alta, etc.

Verbos como *gustar*

Capítulo 6.I, páginas 247–252

Ejercicio 6.70 Traduzca usando la expresión **caer bien.** (*you* = tú)

1. He likes you. **2.** I like them. **3.** She likes us. **4.** They like her. **5.** We like him. **6.** You like them.

Ejercicio 6.71 Traduzca las oraciones siguientes, usando los pronombres necesarios para enfatizar lo que está en negrilla. (Siga usando la expresión **caer bien.**)

1. Nobody likes you. **He** likes me. **2.** Yes, but **she** does not like you. **3. You** like **her,** but **she** does not like **you.**

Ejercicio 6.72 Conteste las siguientes preguntas con **a mí** o **yo;** luego traduzca la pregunta y la respuesta al inglés.

1. ¿A quién le interesa la magia? **2.** ¿A quién le toca pagar la cuenta? **3.** ¿A quién le gustó la cena? **4.** ¿Quién comió más?

Ejercicio 6.73 Traduzca usando **caer bien, gustar, encantar** o **querer.**

1. I love him. **2.** I love my classes. **3.** I like your house. **4.** I like my neighbors.

Ejercicio 6.74 Traduzca usando **faltar, hacer falta, quedar** o **sobrar.**

1. They need food. **2.** They have two days left. **3.** We had time to spare (left over). **4.** I miss you. **5.** She needs twenty cents. (She is lacking twenty cents.)

Ejercicio 6.75 Temas de ensayo y de práctica oral.

a. Ensayo

Escriba un párrafo sobre sus gustos en general; indique lo que le gusta y lo que no le gusta, el tipo de gente que le cae bien, y quiénes le caen mal, a quién quiere, lo que le encanta, qué o quién le hace falta, lo que le importa, le interesa, le parece bien o mal o increíble.

b. Práctica oral

Usando el verbo gustar, y otros como gustar (caer bien, caer mal, encantar, faltar, importar, interesar, etc.) hable con un compañero sobre lo que constituye para ustedes el amigo ideal.

ATAJO

Grammar: Verbs: Use of *gustar*

J Verbos reflexivos

Capítulo 6.J, páginas 252–260

(Antes de hacer los ejercicios de esta sección, recomendamos que complete los ejercicios 3.18-3.20 para practicar los pronombres reflexivos).

Ejercicio 6.76 Traduzca usando verbos reflexivos. (*you* = tú)

1. We got bored at the party. **2.** Did you remember the keys? **3.** She got used to him very soon. **4.** I am glad to see you. **5.** He was ashamed of his lie. **6.** I got off the bus at the third stop. **7.** The other children always made fun of me. **8.** You are going to have to confront that problem some day. **9.** She realized that she had to say good-bye to me. **10.** We must all make an effort to keep the environment clean. **11.** How did he find out about that? **12.** Do not trust anyone. **13.** Notice their eyes when they dance. **14.** Where are we going to meet him for lunch? **15.** Why did your parents move? **16.** What is his name? **17.** Please do not leave now. **18.** You must not interfere with those children. **19.** They stayed with us for the summer. **20.** He fought with his father. **21.** You look like me. **22.** Now he is going to start barking. **23.** I feel sad today. **24.** I sit here. **25.** I felt sad yesterday. **26.** I sat here yesterday. **27.** I used to feel sad when I heard that song. **28.** I used to sit here. **29.** He kept my book. **30.** Dry yourself well.

Ejercicio 6.77 Llene el espacio en blanco con la preposición correcta, o con Ø si no se necesita preposición.

1. Me enamoré _____ ella hace mucho tiempo. **2.** Se casó _____ él en junio. **3.** Ella se reía _____ mí. **4.** Se quejan _____ todo. **5.** No te preocupes _____ mí. **6.** Nos parecemos _____ nuestro padre. **7.** Se interesa _____ las carreras de caballo. **8.** No te fijes _____ los demás. **9.** Él se fiaba _____ todos. **10.** Nos esforzábamos _____ hablar bajo. **11.** Mi madre se empeñaba _____ que

(continúa)

limpiara el cuarto todos los días. **12.** Por fin se decidieron _____ salir. **13.** Se atrevió _____ dirigirse _____ él después de unos minutos. **14.** El vino se convirtió _____ vinagre. **15.** Él no puede deshacerse _____ nada. **16.** ¿Te das cuenta _____ la hora que es? **17.** Se curaron _____ los enfermos. **18.** Me citaré _____ el dentista mañana. **19.** Se arrepintieron _____ haber dicho eso. **20.** ¡Aléjate _____ la calle!

Ejercicio 6.78 Temas de ensayo y de práctica oral.

a. Ensayo

Usando al máximo los verbos reflexivos de las listas del capítulo 6.J, escriba el resumen de una telenovela *(soap opera)* imaginaria y melodramática.

b. Práctica oral

Competencia. En equipos de cuatro, comparen sus telenovelas, y preparen una todos juntos, usando un máximo de verbos reflexivos.

Que cada equipo le cuente a la clase su telenovela. El instructor escribe un punto en la pizarra cada vez que un verbo reflexivo está bien usado, con la preposición correcta. El equipo que tenga más verbos reflexivos usados correctamente gana la competencia.

ATAJO

Phrases: Writing about characters; Writing about theme, plot or scene

Grammar: Verbs: Reflexives

K Discurso indirecto

Capítulo 6.K, páginas 260–266

Ejercicio 6.79 Vuelva a escribir la frase original usando las segundas como nuevo principio. Haga todos los cambios necesarios.

MODELO: Compró la casa. **a.** Dice que… **b.** Dijo que…

a. *Dice que compró la casa.* **b.** *Dijo que había comprado la casa.*

1. Iremos al cine esta noche. **a.** Dice que… **b.** Ayer dijo que… **c.** Esta mañana dijo que… **2.** Yo sé hacerlo. **a.** Ella supone que… **b.** Ella suponía que… **c.** Ella supuso que… **3.** Yo hice tu trabajo. **a.** Te digo que… **b.** Le dije que… **c.** Me dijo que… **4.** Levántate. **a.** Te pido que… **b.** Me pidió que… **c.** Le pedí que… **5.** Si pudiera ir ahora, lo haría. **a.** Dice que… **b.** Dijo que… **6.** ¿Quieres que vayamos la semana entrante? **a.** Me preguntó esta mañana… **b.** Me preguntó el mes pasado… **c.** Sé que me preguntará… **7.** Si quieres comer, come. **a.** Me respondió que… **b.** Te estoy diciendo… **8.** Vete. **a.** Te ruego… **b.** Me suplicó… **c.** Insistieron en que… **9.** —¿Sabes qué hora es? —No. **a.** Siempre me pregunta… y yo siempre le contesto… **b.** Me preguntó… y yo le contesté…

Ejercicio 6.80 Temas de ensayo y de práctica oral.

a. Ensayo

Escriba uno de los diálogos siguientes usando lo más posible el discurso indirecto.

1. entre un testigo *(witness)* y un abogado *(lawyer)*, en que el abogado trata de demostrar que el testigo está mintiendo. (Por ejemplo: —Pero ayer usted dijo que…; —No, yo dije que…) Pueden ser personajes verdaderos o ficticios.
2. entre un padre y su hijo, en que el padre le recrimina al hijo algo que ha hecho en contra de las reglas que el padre le había dado y que el hijo dice que malentendió, o que contradicen otras cosas que dijo el padre.
3. entre dos compañeros de casa que tuvieron un malentendido *(misunderstood each other)* sobre quién iba a encargarse de qué *(who was going to take care of what)* en cuanto a las responsabilidades de la casa. Se acusan entre ellos de haber dicho que iban a hacer algo que luego no hicieron.
4. entre dos niños traviesos *(naughty)* que habían planeado alguna travesura *(naughty act, trick, practical joke)* y que fueron descubiertos por culpa de un error que cada uno de los niños cree que fue la culpa del otro.

b. Práctica oral

Prestando atención a las reglas del discurso indirecto, hable con un compañero sobre uno de los temas de ensayo de arriba.

Capítulo 6 Repaso

Ejercicio 6.81 Conjugue cada verbo en el tiempo y modo más lógicos para el contexto. Lea todo el contexto antes de comenzar.

> **a caballo** *on horseback;* **aficionado** *fan;* **arena** *sand;* **asunto** *matter;* **banderilla** *bullfighting term, "banderilla";* **bravo** *fierce;* **caballo** *horse;* **como si nada** *as if nothing were going on;* **corrida** *bullfight;* **criar** *to breed;*
> *(continúa)*

daño (hacer) *to injure;* **desequilibrio** *imbalance;* **desfilar** *to parade;* **estado de ánimo** *state of mind;* **estocada** *thrust of the sword;* **estoque** *sword of the bullfighter;* **grabado** *engraved;* **herir** *to injure;* **lanzar** *to toss;* **lidia** *bullfighting;* **lidia (toro de)** *bull bred for bullfighting;* **lidiar** *to fight (bulls);* **luchar** *to struggle;* **maltrato** *abuse;* **matador** *bullfighter of the highest rank, so named because he is to kill the bull;* **mezclar** *to mix;* **molestar** *to bother;* **oreja** *ear;* **pasodoble** *type of music;* **pena (dar)** *to be sorry;* **picador** *bullfighting term, "picador";* **plaza de toros** *bullring;* **por mi cuenta** *on my own;* **presenciar** *to witness;* **público** *audience;* **recuerdos** *memories;* **reverencia** *bow (bending at the waist);* **rito** *ritual;* **sangre** *blood;* **sangrienta** *bloody;* **temporada** *season;* **torero** *bullfighter;* **toro** *bull;* **traje de luces** *suit of lights, bullfighter's suit;* **valiente** *courageous;* **vencer** *to vanquish, beat;* **verónica** *cape pass*

Mi padre era un aficionado° de las corridas° de toros°: para él (**1.** ser) una necesidad cultural asistir a todas las corridas de toros durante la temporada°, no sólo para él sino para toda la familia. Por eso cada domingo por la tarde (**2.** ir) todos juntos a la plaza de toros°, y (**3.** presenciar°) este espectáculo de música y de vida hispana. En esa época yo (**4.** ser) niña: hoy en día (**5.** recordar) muy poco de esas tardes; todas las corridas que (**6.** ver) se han (**7.** mezclar°) en una masa sin forma. Sólo (**8.** quedar) grabados° en mi memoria los recuerdos° de los momentos que marcan el transcurso de la corrida: la música de pasodoble° que (**9.** tocar / ellos) al principio, la entrada de los toreros° y todos los ayudantes que (**10.** desfilar°) muy valientes° y elegantes en sus trajes de luces° y capas de colores vivos, el torero que (**11.** presentarse) con una reverencia° frente al presidente y que a veces le (**12.** lanzar°) su sombrero a alguien del público°, generalmente a una mujer; la entrada de cada toro que (**13.** salir) corriendo y (**14.** parecer) muy bravo, el público° que (**15.** gritar) "Olé" con cada pase de capa, el picador° a caballo°, las banderillas°, la llegada del matador° con su capa roja que (**16.** indicar) el final que se (**17.** acercar), y la estocada° final, que (**18.** dejar) al toro muerto o casi muerto. A veces le (**19.** cortar / ellos) una o ambas orejas° al toro para dárselas al torero, y éste se (**20.** dar) la vuelta a la plaza con su premio, como héroe victorioso. Luego (**21.** limpiar / ellos) la arena° sangrienta° para que el próximo toro (**22.** entrar).

Sólo hay una corrida que me (**23.** dejar) recuerdos más claros, y (**24.** ser) la vez que (**25.** venir) El Cordobés, que (**26.** ser) un torero español, de Córdoba, que (**27.** hacerse) famoso por su pelo largo y su personalidad; además, las mujeres (**28.** pensar) que (**29.** ser) muy guapo. Recuerdo que cuando él (**30.** ir) a empezar a lidiar°, (**31.** ir) al lugar de siempre frente al presidente, y cuando (**32.** quitarse) el sombrero, todo el público (**33.** gritar) y (**34.** reírse) por su pelo. En realidad no (**35.** tener) el pelo tan largo: hoy en día no (**36.** ser) nada sorprendente ver a alguien con el pelo así; pero en esa época (**37.** acabar) de hacerse famosos los

Beatles por su pelo largo, y a cualquier hombre que (**38.** tener) pelo que le (**39.** tapar) las orejas se le (**40.** considerar) un rebelde o una anomalía.

La única otra imagen que tengo de ese día (**41.** ser) cuando El Cordobés, después de una verónica° que (**42.** dejar) al toro parado como hipnotizado, (**43.** pararse) de espaldas al toro y (**44.** sacar) de no sé dónde un enorme peine°, y (**45.** peinarse) tranquilamente, como si nada°. El público (**46.** morirse) de la risa.

En ningún momento pensé en la moralidad de lo que (**47.** pasar) en las corridas, y no (**48.** ser) sino hasta que (**49.** llegar) a ser adulta y que (**50.** mudarse) a los Estados Unidos que se me (**51.** ocurrir) que estos ritos° culturales (**52.** contener) elementos de injusticia. Debo confesar que en realidad no (**53.** ser) yo la que (**54.** pensar) en esto por mi cuenta°. (**55.** Ser) las preguntas de otros que me (**56.** hacer) ver el maltrato° hacia los toros. Yo no (**57.** saber) nada de lo que (**58.** pasar) antes de que el toro (**59.** entrar) a la plaza. Y nunca (**60.** pensar) en el toro. Para mí (**61.** tratarse) de un evento en que el torero (**62.** tener) que luchar° para que el toro no lo (**63.** matar) o (**64.** herir°). En realidad no me (**65.** gustar) que le (**66.** hacer / ellos) daño° al toro, y francamente me (**67.** molestar°) ver tanta sangre°, pero nunca (**68.** dejar) que eso (**69.** afectar) mi estado de ánimo°, o al menos la superficie. En mi familia, si yo (**70.** reaccionar) de alguna manera negativa en contra de las corridas, (**71.** haber) un escándalo. Para mi padre, una crítica (**72.** ser) una afrenta a la cultura.

Me da mucha pena° ahora que mi padre ya (**73.** morirse), porque si no, yo (**74.** poder) tener una conversación con él sobre el asunto°. Me (**75.** interesar) saber qué importancia le (**76.** dar) él al desequilibrio° de la batalla entre el hombre y el toro. Después de todo, es fácil (**77.** matar) a un toro si se considera todo el arsenal que se usa contra él. Yo (**78.** dudar) que un torero solo, con una capa y un estoque°, sin la ayuda de nadie, ni de banderillas ni de picadores, (**79.** poder) vencer° a un toro de lidia, sin que el toro lo (**80.** lastimar) mucho.

A pesar de todo, (**81.** tener / yo) que admitir que no (**82.** avergonzarse) de (**83.** asistir) a tantas corridas sin nunca (**84.** pensar) en el toro. Al contrario: si (**85.** tener / yo) la opción ahora de formar mi pasado, (**86.** preferir) haber tenido la experiencia, y no habérmela perdido. Las corridas de toros (**87.** representar) un aspecto importante de la cultura hispana, y (**88.** pensar / yo) que (**89.** ser) esencial que (**90.** reconocer / nosotros) este hecho y que (**91.** ser / nosotros) tolerantes de otros puntos de vista y sistemas de valores. Uno de los argumentos a favor de esta ceremonia (**92.** ser) que los toros de lidia se (**93.** criar°) con el único propósito de (**94.** participar) en las corridas. Pero (**95.** estar / yo) segura de que el debate (**96.** seguir) hasta que los críticos (**97.** lograr) que se (**98.** prohibir) las corridas y, cuando eso (**99.** ocurrir), (**100.** ser) el final de una gran tradición hispana.

Ejercicio 6.82 Temas de ensayo y de práctica oral.

a. Ensayo

Prestando atención a la selección de tiempos y modos verbales, escriba un ensayo sobre uno de los temas siguientes. Narre su propia experiencia en el pasado con el tema, o sus observaciones de las experiencias de otros, y exprese su opinión, elaborando con cuidado los argumentos que se pueden hacer para cada lado del debate.

ATAJO

1. el uso de animales para experimentos en laboratorios

Phrases:	Writing an essay; Weighing the evidence; Expressing indecision
Vocabulary:	Animals; Body; Health
Grammar:	Verbs: Preterite and imperfect

2. la legalización de la mariguana para propósitos medicinales

Phrases:	Weighing the evidence
Vocabulary:	Health: Diseases and illnesses

3. las ventajas y las desventajas de la estadidad *(statehood)* o independencia de Puerto Rico

Phrases:	Weighing the evidence
Grammar:	Verbs: Conditional

4. la libertad de palabra *(freedom of speech)* para los grupos que odian *(hate)* a otros

Phrases:	Linking ideas; Expressing an opinion

5. los perros o los gatos: ¿cuáles son mejores como animales domésticos?

Phrases:	Expressing an opinion

6. la eficiencia del sistema legal (escoja uno o dos casos específicos)

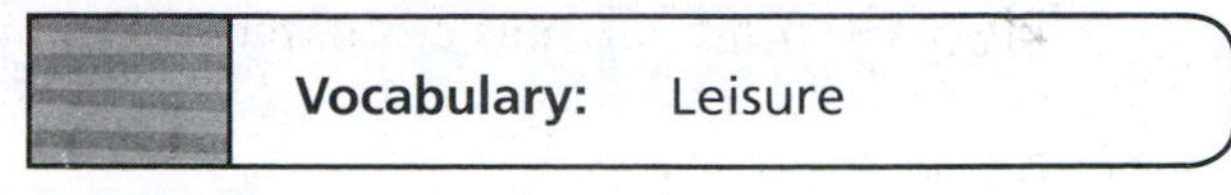

7. los deportes como espectáculo o diversión por un lado y como profesión por otro

b. Práctica oral

1. Pídale a un amigo hispano que le diga lo que piensa de uno de los temas del ejercicio 6.82a, o algún otro tema controvertible que le interese a usted. Escuche con cuidado para ver cómo usa las formas verbales para expresar su opinión. Mientras habla su amigo, si expresa una opinión que es diferente de lo que usted piensa, dígaselo, expresando su propia opinión (prestando atención a las formas verbales).
2. Conversación informal. En clase, hable con un compañero sobre uno de los temas presentados en el ejercicio 6.82a, o algún otro tema controvertible que le interese a usted.
3. Debate. Hagan un debate en clase sobre uno de los temas presentados en el ejercicio 6.82a, o algún otro tema controvertible que le interese a usted.
4. Encuesta. Fuera de clase, haga una encuesta *(poll)* informal entre estudiantes y profesores hispanos sobre uno de los temas presentados en el ejercicio 6.82a, o algún otro tema controvertible que le interese a usted. Preste atención a su uso de formas verbales. Tome apuntes para preparar un informe *(report)* para la clase.

Capítulo 7 Ser, estar, haber, hacer y tener

B Ser vs. estar

Capítulo 7.B.1-3, páginas 270–277

Ejercicio 7.1 ¿**Es** o **está**? Si los dos son posibles, explique por qué.

Esa película _____…

1. mi favorita **2.** la que quiero ver **3.** la mejor **4.** mía **5.** de horror **6.** aburrida **7.** buena **8.** dañada **9.** interesante **10.** de Argentina **11.** lista para mostrarse **12.** de Almodóvar **13.** a las ocho esta noche **14.** en la mesa **15.** mostrándose ahora mismo

Ejercicio 7.2 ¿**Soy** o **Estoy**? Si los dos son posibles, explique por qué.

1. _____ tu amiga. **2.** No _____ lo que crees. **3.** _____ de pie. **4.** _____ donde quiero. **5.** _____ alto y moreno. **6.** _____ aburrido. **7.** _____ bueno. **8.** ____ bien. **9.** _____ enfermo. **10.** _____ de Argentina. **11.** _____ lista para salir. **12.** _____ tuyo. **13.** _____ harto de tanto trabajo. **14.** _____ contento con la vida. **15.** _____ llamando para pedir un favor. **16.** _____ emocionado.

Ejercicio 7.3 Traduzca de la manera más natural en español. Si hay más de una traducción posible, explique la diferencia, si la hay.

1. I am back. **2.** I am blind. **3.** I am bored. **4.** I am boring. **5.** I am clever. **6.** I am hot. **7.** I am comfortable. **8.** I am done. **9.** I am excited. **10.** I am fat. **11.** I am fed up. **12.** I am finished. **13.** I am from Ithaca. **14.** I am glad. **15.** I am good (virtuous). **16.** I am happy. **17.** I am here. **18.** I am dead (figuratively). **19.** I am hungry. **20.** I am at the university. **21.** I am interested. **22.** I am late. **23.** I am mature. **24.** I am okay. **25.** I am quiet. **26.** I am ready. **27.** I am rich. **28.** I am sad to hear that. **29.** I am sick (ill). **30.** I am sitting. **31.** I am sorry. **32.** I am standing. **33.** I am short. **34.** I am the one who gave you the flowers. **35.** I am working. **36.** I was born.

Ejercicio 7.4 Traduzca de la manera más natural en español. Si hay más de una traducción posible, explique la diferencia, si la hay. Convendría repasar el uso del infinitivo y del subjuntivo.

1. It is okay for you to be early. **2.** It was good to be there. **3.** "To be or not to be," that is the question. **4.** It is time to leave. **5.** We were comfortable because we were sitting. **6.** It was interesting to see that they were always late. **7.** It was clear that it wasn't working properly *(bien)*. **8.** He was happy that I was done. **9.** I am sorry but I am not hungry. **10.** I am glad you agree with me.

Ejercicio 7.5 ¿**Ser** o **estar**? Llene el espacio en blanco con el verbo correcto.

1. Ese hombre _____ profesor. **2.** _____ importante llegar temprano. **3.** Martina _____ de vacaciones. **4.** _____ bien que estudien esta noche. **5.** Luisa _____ de Guadalajara. **6.** ¿Qué hora _____? **7.** _____ la una de la tarde. **8.** _____ las siete de la mañana. **9.** ¿_____ claro lo que tienen que hacer? **10.** Los pisos en esa casa _____ de madera. **11.** Mis padres _____ de acuerdo con nosotros. **12.** Esa mujer _____ de gerente esta semana, hasta que regrese la gerente oficial. **13.** ¿Para cuándo _____ la próxima composición? **14.** Este libro _____ de Mario. **15.** La ceremonia de la graduación siempre _____ en el gimnasio. **16.** Mis libros _____ en mi casillero. **17.** Su hermano _____ en Madrid. **18.** Nosotros _____ en Sevilla. **19.** Tu mochila _____ en el escritorio. **20.** La conferencia _____ a las nueve de la mañana. **21.** Esta carta _____ para mi papá. **22.** El vuelo _____ por salir. **23.** Ese puente _____ construido por un ingeniero famoso. **24.** Las ventanas _____ cerradas. ¿Quieres que las abra? **25.** Bertita _____ aprendiendo a caminar.

Ejercicio 7.6 ¿**Ser** o **estar**? Llene el espacio en blanco con la forma correcta para el contexto.

1. Ese actor _____ muerto. **2.** Los cuellos de las jirafas _____ largos. **3.** El café de Colombia _____ bueno. **4.** Madonna _____ atlética. **5.** ¡Qué rico _____ el café esta mañana! **6.** Oprah _____ más delgada que hace un año. **7.** Mi coche _____ averiado. **8.** Su cuarto _____ desordenado hoy. ¿Qué pasaría? **9.** Su esposa _____ harta de tener que aguantar sus engaños. **10.** El presidente _____ contento con los resultados. **11.** —Hola, Quique. ¿_____ bien? —No, _____ (yo) enfermo, pero ya _____ mejor que hace una semana. **12.** Esa película _____ aburrida. **13.** Mi compañero de cuarto, que por lo general _____ muy platicador, ahora _____ callado. **14.** Mi hija _____ más lista que sus amiguitos. **15.** Ya _____ hora de irnos. ¿_____ listos? ¡Vámonos!

Ejercicio 7.7 ¿**Ser** o **Estar**? En el diálogo que sigue, llene cada espacio en blanco con la forma correcta para el contexto.

SERGIO: Hola, Jacinto, tanto tiempo sin verte. ¿Cómo (**1**) ____?

JACINTO: Bien, pero agobiado de tanto trabajo. No sé ni qué día (**2**) ____ hoy. (**3**) ____ harto de no tener ni un minuto libre.

SERGIO: No (**4**) ____ tan negativo. Ven, sentémonos en ese banco a platicar un rato.

JACINTO: ¿Qué hora (**5**) ____? Tengo una clase de español a las 2:30.

SERGIO: (**6**) ____ temprano. Tenemos una hora para hablar. ¿Dónde (**7**) ____ la clase?

JACINTO: En Morrill Hall. El edificio (**8**) ____ cerca de aquí.

SERGIO: ¡Qué muchos libros llevas! ¿(**9**) ____ para la clase de español?

JACINTO: No, para la de biología.

SERGIO: Cuéntame de tus planes para los días de fiesta de la semana que viene. ¿Qué te gusta hacer cuando (**10**) ____ de vacaciones?

JACINTO: No quiero (**11**) ____ aquí. (**12**) ____ listo para irme al Caribe, a una isla que (**13**) ____ lejos de todo esto, donde la vida (**14**) ____ fácil, y no tenga que pensar que voy a (**15**) ____ estudiando en la biblioteca más tarde, donde pueda (**16**) ____ tirado al sol la mayor parte del tiempo, donde (**17**) ____ seguro…

SERGIO: Divagas, Jacinto… (**18**) ____ preocupado por ti. (**19**) ____ pálido y delgado, (**20**) ____ aquí sentado, (**21**) ____ hablando, pero no (**22**) ____ conmigo. ¿Qué te pasa?

JACINTO: Perdona, Sergio, (**23**) ____ que (**24**) ____ cansado. Llevo dos noches sin dormir. Tenía un trabajo escrito que (**25**) ____ para entregarse hoy, y no lo pude terminar. Sé que (**26**) ____ importante entregar todo a tiempo y sin embargo…

SERGIO: Tranquilo, hombre, (**27**) ____ en tu cuarto año de estudios y tienes que (**28**) ____ contento con tu futuro.

JACINTO: (**29**) ____ de acuerdo pero no (**30**) ____ que no (**31**) ____ contento. El problema (**32**) ____ que las clases este año (**33**) ____ muy difíciles y me he dado cuenta de que no (**34**) ____ muy listo.

SERGIO: ¿Cómo puedes decir eso? Uno no deja de (**35**) ____ listo así porque sí. Siempre has salido bien en todo. Eso no puede (**36**) ____. (**37**) ____ equivocado. Mira, creo que necesitas un cambio de rutina. ¿Qué te parece si vamos al concierto del sábado?

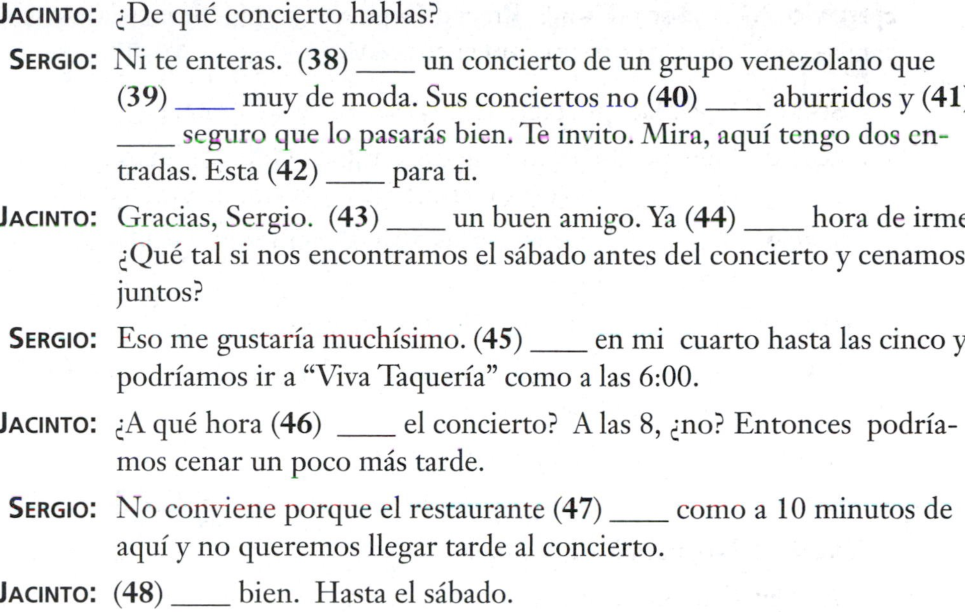

JACINTO: ¿De qué concierto hablas?

SERGIO: Ni te enteras. (**38**) ____ un concierto de un grupo venezolano que (**39**) ____ muy de moda. Sus conciertos no (**40**) ____ aburridos y (**41**) ____ seguro que lo pasarás bien. Te invito. Mira, aquí tengo dos entradas. Esta (**42**) ____ para ti.

JACINTO: Gracias, Sergio. (**43**) ____ un buen amigo. Ya (**44**) ____ hora de irme. ¿Qué tal si nos encontramos el sábado antes del concierto y cenamos juntos?

SERGIO: Eso me gustaría muchísimo. (**45**) ____ en mi cuarto hasta las cinco y podríamos ir a “Viva Taquería” como a las 6:00.

JACINTO: ¿A qué hora (**46**) ____ el concierto? A las 8, ¿no? Entonces podríamos cenar un poco más tarde.

SERGIO: No conviene porque el restaurante (**47**) ____ como a 10 minutos de aquí y no queremos llegar tarde al concierto.

JACINTO: (**48**) ____ bien. Hasta el sábado.

Ejercicio 7.8 Conteste las preguntas siguientes prestando atención a la elección de verbos. Elabore cada respuesta y dé como mínimo cinco elementos en su respuesta.

1. ¿Quién es usted? **2.** ¿Cómo es usted? *(What are you like?)* **3.** ¿Cómo está usted? *(How are you?)* **4.** ¿Quién es su mejor amigo o amiga? **5.** ¿Cómo es su mejor amigo o amiga? **6.** ¿Por qué es esa persona su mejor amigo o amiga? **7.** ¿Quién es Antonio Banderas? **8.** ¿Cómo es Antonio Banderas? **9.** ¿Quién era Evita Perón? **10.** ¿Cómo era Evita Perón?

Ser vs. *estar* (Con participios pasados: voz pasiva y condición resultante)

Capítulo 7.B.4.b, páginas 278–280

Ejercicio 7.9 ¿Activo, pasivo o **se** impersonal? Repase los usos del **se** impersonal (Capítulo 3.B.4, páginas 70–71), y luego traduzca las oraciones siguientes usando la estructura que sería **más natural** en español. Puede haber más de una posibilidad, dependiendo del contexto adicional que se visualice. Explique su razonamiento para cada traducción si da más de una.

1. She was given the car. **2.** The house was built by the owner. **3.** Books are sold there. **4.** Why wasn't I told? **5.** She was not invited. **6.** I was awakened

(continúa)

by the light. **7.** He was taken to the airport. **8.** The hunter was attacked by the lion, and was killed. **9.** It is forbidden to smoke here. **10.** The man was not read his rights.

Ejercicio 7.10 Condición resultante. En el diálogo que sigue, llene cada espacio en blanco con lo necesario para indicar condición resultante. Entre paréntesis se encuentra el equivalente en inglés para la expresión deseada.

La familia Escribano está casi lista para irse de vacaciones. Hay cuatro miembros en la familia: el padre, la madre y dos hijos, Rosa y Camilo. A cada uno le tocaba hacer varias tareas y ahora necesitan repasar para asegurarse que todo lo que se tenía que hacer se hizo.

MAMÁ: ¿Lo hicieron todo?
CAMILO Y ROSA: Sí, mamá, ya todo (**1**) _____. *(is done)*
MAMÁ: ¿Empacaron los trajes de baño?
CAMILO: Ya (**2**) _____. *(are packed)*
MAMÁ: ¿Y la ropa interior?
ROSA: Ya (**3**) _____. *(is packed)*
MAMÁ: ¿Pusieron la aspiradora en su lugar?
CAMILO: Ya (**4**) _____. *(is put away)*
ROSA: ¿Y tenemos que recoger el cuarto?
MAMÁ: No, ya (**5**) _____. *(is tidied up)*
PAPÁ: ¿Dónde están los pasajes?
MAMÁ: (**6**) _____ en mi cartera. *(stored)*
CAMILO: ¿Dónde está Fido?
ROSA: (**7**) _____ debajo de la cama. *(hiding)*
CAMILO: ¿Y la gatita?
PAPÁ: (**8**) _____ sobre la tele. *(sitting)*
MAMÁ: ¿Cerraste la puerta de atrás?
PAPÁ: Ya (**9**) _____. *(is closed)*
MAMÁ: ¿Abriste el baúl del coche?
PAPÁ: Ya (**10**) _____. *(is open)*
MAMÁ: ¿Estamos listos?
CAMILO Y ROSA: Sí, mamá, ya lo estamos. Vámonos ya.

Y se fueron.

(Nota: A los animalitos los venía a cuidar una tía que vivía cerca.)

Ejercicio 7.11 TITULARES. Usando la voz pasiva, el se impersonal o la voz activa, escriba titulares para los artículos que siguen. Dé un máximo de información con un mínimo de palabras. Nota: hemos seleccionado estos artículos de diversas fuentes de diferentes fechas, y usted puede hacer lo mismo: busque otros artículos de momentos claves en la historia, o de actualidades locales, para crear titulares diferentes a los que aparecen.

MODELO: El poder ejecutivo de Agencias Radioemisoras de TeVé elabora un proyecto que aumentaría cuatro veces el tiempo actual de emisión en Jaén, que en la actualidad no supera la hora de emisión en los días de diario. Javier Pereda, gerente y portavoz del Consejo Asesor de Radio y Televisión en Jaén, indica que se transmitirían programas de diez de la mañana a dos de la tarde, y de seis a ocho y media de la tarde.

TITULARES POSIBLES:
SE VERÁ MÁS TELE QUE ANTES,
SE AUMENTARÁN EMISIONES DE TEVÉ,
etc.

Artículos:

1. A altas horas de la noche el Parque de Bombas de la barriada El Coto de Arecibo recibió una llamada para rescatar a un gatito de una rama de un árbol de flamboyán. Los bomberos de esta pequeña barriada lograron bajar al pobre animalito desamparado y se lo entregaron a su dueña, cuya emoción la mantuvo en silencio unos instantes.
2. El pasado 22 de diciembre se celebró la Lotería de Navidad, más conocida como EL PREMIO GORDO. El premio, que este año ascendió a 51.000 millones de pesetas, más de 307 millones de euros, ya fue entregado. La ganadora fue Josefina Rubio, ciudadana de este municipio.
3. Dos personas resultaron heridas a las 13:00 horas de ayer, sábado, en un accidente de tráfico que se produjo en la carretera de Sevilla a Huelva. Como consecuencia de la salida de la carretera de un autobús de turismo, resultaron heridos un joven de 15 años y un niño de 5. Fueron atendidos por la Unidad Medicalizada UME 91 en Cádiz. El primero de los heridos fue trasladado al Hospital San Ignacio y el segundo a la Clínica de Urgencias de Santa Lucía.
4. Como todos los años, y ya van 14, la malagueña Sara Montiel volvió a ofrecer un homenaje a los estudiantes norteamericanos residentes en Málaga con una fiesta para conmemorar el Día de Acción de Gracias, que se celebra en noviembre. Degustaron platos que son típicamente americanos como el pavo al horno con relleno y puré de manzana, junto con otros típicos de la región como

(continúa)

el jamón serrano o la tortilla de patatas. Fue con mucha emoción, y más este año que en otros, que los estudiantes escucharon el himno de Estados Unidos. Como parte de tan amena y cordial celebración, varios invitados leyeron un discurso en el que le daban las gracias a la anfitriona, recordaban a las víctimas del pasado 11 de septiembre, y aplaudían a los estudiantes por mantenerse tranquilos durante estos momentos tan difíciles y lejos de su hogar. Luego, el arte culinario de nuestra Sara fue el centro de tan celebrada ocasión, y el gran pavo fue recibido por todos con un caluroso aplauso.

5. La Junta de Donantes de Sangre de la Virgen del Perpetuo Socorro va a llevar a cabo su tercera jornada dedicada a la donación en el pueblo de Manatí; la primera y segunda jornada fueron en Utuado hace unos tres años. Se une en colaboración el Ayuntamiento local, cuya alcaldesa, Doña Fela Toledo, anima a todos sus compueblanos a participar en la jornada.

Doña Fela agradece la bondad y disposición de la Junta para celebrar en este municipio «con la seguridad de que estando al tanto de lo profesional del personal de la Junta, todos en Manatí sabremos un poco más sobre la sangre, sobre la causa y sobre todas las posibilidades que ofrece la Junta, además de aprender sobre los últimos adelantos científicos».

6. A pesar del pasado incendio del 10 de octubre, el Museo Vidal «ha de continuar con sus actividades», afirma el consejero de Cultura Avelino Robles, que ayer visitó una vez más el Museo Vidal. El consejero afirma que antes de lo ocurrido estaba previsto que a fines de este mes se celebrara, con una inmensa exposición, el aniversario de los 40 años del museo. Robles asegura que se cumplirá con lo programado.

7. La Audiencia Municipal ha condenado a tres miembros de una misma familia, que viven en Córdoba, por dedicarse a vender heroína. Los condenados son una pareja de casados, de 50 y 46 años, y un primo del marido, de 37 años. La sentencia indica que deben cumplir una pena de cinco años de prisión, y deben pagar una multa de 200.000 pesetas.

8. Fidel Castro, una vez más, llama la atención de la Cumbre Iberoamericana. Esta vez, y por primera vez desde 1991, la causa será su ausencia. Como excusa oficial indicó las posibles consecuencias del huracán Michelle, además de sus problemas de salud. Ahora se riega el rumor de que le produciría un gran malestar tener que asistir, sin hablar, a la máxima condecoración que se le otorgará en Perú a Mario Vargas Llosa.

Castro le envió una carta al presidente peruano en la que lamenta el hecho que no puede ausentarse de su país por razones fuera de su control. El ministro de Asuntos Exteriores peruano anunció que se aceptaban las razones de Castro y no se cambiarían los planes del foro.

9. En un acuerdo firmado el martes, el Tribunal de Crímenes de Guerra de la Haya procesará al expresidente yugoslavo Slobodan Milosevic por genocidio y por cometer otras atrocidades durante la guerra en Bosnia entre 1992 y 1995.

   Milosevic gobernó Yugoslavia en la década de los años noventa. Ya se le había acusado por crímenes de guerra en Kosovo y Croacia, pero esta acusación en Bosnia es la primera que menciona el genocidio.

10. El jueves pasado las agencias internacionales de ayuda tenían pensado hacer llegar sus envíos de comestibles, mantas y medicina a los afganos necesitados de distintas zonas del país.

    Un funcionario de la Organización de las Naciones Unidas, ONU, informó que ellos confían en que la semana próxima podrán restablecer sus operaciones en la ciudad de Mazar-i-Sarif, inmediatamente al sur de la frontera con Uzbekistán.

11. Un comandante de la Alianza Norteña en Afganistán informó al foro de prensa del país que sus fuerzas se han encaminado hacia el sur, en una ofensiva para hacer toma de las provincias de Helmand y Kandahar—dos de los últimos territorios bajo control Talibán.

    Los combatientes de la Alianza cerca de Kunduz—bajo control Talibán en el norte—continúan sus ataques a pesar de los informes que indicaban que el Talibán había aceptado entregar el control de la ciudad.

12. El *China Sun* informa que China tiene planes de enviar un hombre a la luna antes del año 2005. Esta será la primera vez que este país trata de enviar una nave tripulada al espacio. Esta misión, que forma parte del proyecto Beijing de crear una nueva industria espacial, le podría dar al país un nuevo prestigio al unirse a las únicas naciones que han enviado a seres humanos al espacio—los Estados Unidos y Rusia.

    El *China Sun* informó también que como parte del programa espacial del proyecto Beijing se están haciendo los preparativos para lanzar tres nuevos satélites para hacer observación meteorológica, estudios oceánicos y exploración de los recursos de la tierra.

13. Muchos soldados estadounidenses y británicos han ocupado un edificio en Kabul. Desde el comienzo de esta campaña antiterrorista, ésta es la primera vez que se siente la presencia en Kabul de estas tropas extranjeras.

    Oficiales del Pentágono afirman que las fuerzas especiales estadounidenses estaban a unos kilómetros de la ciudad cuando las fuerzas antitalibanes de la Alianza del Norte entraron en Kabul, el 12 de noviembre.

14. Fueron asesinados hace unos días en Afganistán dos dirigentes egipcios de Al Qaida, la organización dirigida por Osama bin Laden. Los dos hombres

(continúa)

aparecían en una primera lista norteamericana de objetivos de la guerra antiterrorista publicada recientemente por el presidente de Estados Unidos, George W. Bush.

15. Veinticuatro horas de búsqueda terminaron felizmente. Los felices son los tres residentes de la zona Mairena del Aljarafe cuyo relato es, diríamos, inverosímil. Todo comenzó después del desayuno cuando estaban listos para salir de su casa e ir al trabajo. Según nos informa el Sr. Cadilla, padre de la familia, "como hacemos todas las mañanas, cerramos el piso, salimos a la calle y nos dirigimos al coche. En fin, que esta vez, ninguno de los tres tenía las llaves del coche. Buscamos pero no las encontramos en ningún lugar. Al día siguiente, las encontró el barrendero en el naranjo. Parece que nuestro gato las había subido al árbol, al menos no le puedo encontrar otra explicación, y hablar con el gato, bueno, ya sabe usted, sólo maúllan".

C *Estar* vs. *haber*

Capítulo 7.C, página 281

Ejercicio 7.12 ¿**Están** o **hay**? Llene el espacio en blanco.

1. _____ veinte estudiantes en esta clase. **2.** Los estudiantes _____ sentados cerca de la ventana. **3.** _____ muchas cosas que hacer. **4.** Los libros _____ en la biblioteca. **5.** _____ libros en la biblioteca. **6.** No _____ suficientes fondos para cubrir su cheque. **7.** ¿Dónde _____ taxis? **8.** Los taxis _____ a dos cuadras de aquí. **9.** Ya no _____ tantos árboles como antes. **10.** Las leyes que _____ no bastan para controlar el crimen.

D Expresiones con *estar* y *tener*

Capítulo 7.D, páginas 282–283

Ejercicio 7.13 Llene el espacio en blanco con la forma correcta de **estar** o **tener.**

1. Cuando entré, vi que el hombre _____ de pie frente al altar, y la mujer _____ de rodillas. Se veía que los dos _____ calor y parecía que _____ contentos de poder pasar un rato en la iglesia. **2.** Yo _____ hambre y decidí ir a la panadería porque _____ ganas de comer un pan dulce. **3.** Mi madre _____ a favor de la pena de muerte, pero mi padre dice que hay que _____ en cuenta que a veces se cometen errores y se condena a uno que no _____ la culpa por el crimen. **4.** Ayer _____ ausente porque _____ tanto sueño que no me levanté cuando sonó el despertador. Ahora _____ vergüenza. **5.** Nosotros _____ de visita ahora. _____ de vacaciones hasta septiembre, pero _____ de vuelta la semana entrante. **6.** Tú _____ razón: me quejo mucho. Pero _____ (yo) de mal humor porque (yo) _____ frío, _____ sueño, _____ sed y _____ miedo de no pasar este examen. **7.** Los obreros _____ de huelga porque sus salarios son muy bajos. Espero que (ellos) _____ éxito en conseguir lo que quieren. **8.** Los vecinos _____ de viaje y no _____ de regreso hasta la semana entrante.

Ejercicio 7.14 Traduzca las oraciones siguientes usando la mejor estructura en español.

1. It seems they are in a hurry. **2.** Jimmy, hurry up! **3.** I am sorry for being late. **4.** I am glad. **5.** I was standing and you were sitting. **6.** Luisita, sit down! **7.** You are right and I am wrong. **8.** I was sleepy, I fell asleep and I had a very strange dream.

Ser, estar, tener, haber y *hacer* (Repaso)

Capítulo 7.A-D, páginas 268–283

Ejercicio 7.15 Traduzca estas frases usando **ser, estar, tener, haber** o **hacer.**

1. I have been on my knees too long. **2.** Is it cold in winter here? **3.** The children were thirsty. **4.** I do not know why I am sad. **5.** It is not that the party is boring, it is that the people are bored. **6.** Was it raining? **7.** How many rooms are there in that building? **8.** Where are you from? **9.** Is the conference in this building?

Ejercicio 7.16 Complete con el presente de **ser, estar, haber** o **tener.**

1. El pan _____ cortado. ¿Tú comiste? **2.** Las cuentas _____ pagadas por el banco. **3.** Yo ya _____ visto esa película cuatro veces. **4.** Lo _____ todo preparado para los invitados.

Ejercicio 7.17 Temas de ensayo y de práctica oral.

a. Ensayo

Usando al máximo las expresiones con **estar** y **tener,** escriba un párrafo sobre un amigo.

(continúa)

Phrases: Describing people
Grammar: Verbs: Uses of *estar*; Verbs: Uses of *tener*

b. Práctica oral

1. Juego de 20 preguntas. Un estudiante piensa en un objeto o una persona. Para adivinar de qué objeto o persona se trata, sus compañeros deben hacerle un máximo de veinte preguntas, usando correctamente los verbos ser, estar, tener y haber. El estudiante sólo puede dar como respuesta "sí" o "no". Cuando alguien pueda adivinar cuál es el objeto o quién es la persona, debe alzar la mano. Sólo se permiten tres adivinanzas sobre la identidad del objeto o la persona.
2. Hable con un compañero sobre su familia, prestando atención al uso correcto de los verbos ser, estar, tener y haber. Describan para cada miembro de la familia cómo es, dónde está ahora, cuántos años tiene, etc.
3. El mundo ideal. Entre todos, construyan la imagen del mundo ideal, describiendo cómo es, lo que hay y lo que no hay en ese mundo, lo que tienen o no tienen sus habitantes como derechos y posesiones, etc.

E Expresiones de tiempo

Capítulo 7.E, páginas 283–286

Ejercicio 7.18 Traduzca estas frases de dos formas si se puede, usando **hacer** y **llevar.**

1. I have been here for an hour. **2.** They had been working for twenty minutes when she came in. **3.** We called him a week ago. **4.** She had not cut her hair for many years. **5.** My niece has been learning ballet for three years. **6.** She came to visit us two months ago. **7.** How long have we been waiting?

Ejercicio 7.19 Temas de ensayo y de práctica oral.

a. Ensayo

Usando las expresiones **hace que** y **llevar,** haga una lista de los momentos más importantes de su vida pasada. (Hace diecinueve años que nací;...)

b. Práctica oral

Use el tema de ensayo de arriba y platique con un compañero, comparando los momentos más importantes de su vida pasada.

Capítulo 7 Repaso

Ejercicio 7.20 Llene el espacio en blanco con el verbo más lógico y en la forma correcta para el contexto.

Querida Luisa,

Te escribo desde Madrid donde Jorge y yo **(1)** _____ de visita por unos días. **(2)** _____ extraño porque **(3)** _____ más turistas que madrileños en la ciudad: todos **(4)** _____ de vacaciones en agosto. Pero **(5)** _____ bien, me mezclo con los demás turistas. En realidad, lo que yo **(6)** _____ ganas de hacer era de conocer Madrid porque dicen que **(7)** _____ una ciudad fascinante. Y los que dicen esto **(8)** _____ razón: esta ciudad **(9)** _____ un centro cultural impresionante. Siempre **(10)** _____ algo nuevo que hacer cada día.

(11) _____ (nosotros) muy contentos con el hotel, aunque **(12)** _____ mucho calor y parece que no **(13)** _____ aire acondicionado que pueda ser suficiente para dominar este calor. Casi siempre **(14)** _____ cansados por el calor, y no podemos hacer tanto como quisiéramos cada día. Tenemos que **(15)** _____ cuidado y tomar la siesta cada día, como lo hacen los demás. Pero en fin, ya sabes cómo **(16)** _____ nosotros: nos quejamos de todo pero en fin de cuentas terminamos contentos.

¿Cómo **(17)** _____ ustedes? Espero que no **(18)** _____ lloviendo mucho allá. Creo que ayer **(19)** _____ el cumpleaños de Martita, ¿verdad? ¿Cuántos años **(20)** _____ ya? Salúdala de nuestra parte, y dile que pronto **(21)** _____ de regreso con un regalito para ella.

Bueno, me despido por ahora: **(22)** _____ sueño y mañana **(23)** _____ un día de muchos planes.

Un fuerte abrazo para ti y para David,
Victoria

Ejercicio 7.21 Temas de ensayo y de práctica oral.

a. Ensayo

Prestando atención a la selección del verbo correcto para indicar *to be*, escriba un párrafo sobre uno de los temas siguientes:

1. Describa a alguien a quien usted admira.
2. Escriba su autorretrato. Describa sus rasgos físicos y de personalidad, y los cambios por los que ha pasado.

ATAJO

Phrases:	Describing people
Vocabulary:	Personality
Grammar:	Verbs: Uses of *ser* and *estar*

b. Práctica oral

1. Adivina de qué personaje famoso hablo.

Descríbales a sus compañeros un personaje famoso, hasta que adivinen de quién se trata. Preste atención al uso correcto de los verbos **ser, estar, tener** y **haber,** y de expresiones de tiempo.

2. Advina de qué compañero hablo.

Descríbales a sus compañeros un compañero de la clase, hasta que adivinen de quién se trata. Preste atención al uso correcto de los verbos **ser, estar, tener** y **haber,** y de expresiones de tiempo.

Capítulo 8 Variaciones léxicas

B Términos y expresiones

1. Acabar

Capítulo 8.B.1, páginas 288–289

Ejercicio 8.1 Llene el espacio en blanco con **acabé, acabé de, acababa, acababa de, acabo, acabo de** o **se me acabó.**

1. No tengo hambre ahora porque _____ comer. **2.** Cuando yo era niña tenía una manía: siempre _____ ponerme los dos calcetines antes de ponerme los zapatos. **3.** Estoy celebrando porque por fin _____ pintar el cuarto. **4.** Tengo que ir a la tienda porque _____ la leche. **5.** Anoche por fin _____ mi trabajo escrito para la clase de historia. **6.** Cuando era joven, a la hora de comer siempre _____ primero y salía corriendo a jugar; ahora encuentro que como más despacio que los demás, y _____ último.

Ejercicio 8.2 Traduzca.

1. I finished my work. **2.** They finished repairing the bridge in October. **3.** He will be finished with the construction by three in the afternoon. **4.** I just got up. **5.** When I got there, they had just eaten. **6.** The exam ended at ten. **7.** We finished the bread. **8.** We ran out of bread.

2. *Apply*

Capítulo 8.B.2, páginas 289–290

Ejercicio 8.3 Llene el espacio en blanco con la expresión correcta: **aplicar, aplicación, solicitar, solicitud.**

1. Como no tenía suficiente dinero, tuve que _____ una beca. **2.** Cuando el doctor me recetó este ungüento, me dijo que se debía _____ con cuidado. **3.** Voy a _____ admisión a cuatro universidades. **4.** El trabajo que iba a _____ para el verano ya no existe. **5.** La _____ con la que estudia ese alumno es admirable. **6.** Recibieron mi _____ para el préstamo, pero no han decidido todavía si me lo van a otorgar.

Ejercicio 8.4 Traduzca.

1. She applied for a scholarship. **2.** The doctor applied pressure to the wound to stop the bleeding. **3.** Apply this ointment three times a day. **4.** We will apply for a loan at the bank. **5.** The job you applied for no longer exists. **6.** I sent my application for the job yesterday.

3. *Ask*

Capítulo 8.B.3, página 290

Ejercicio 8.5 Llene el espacio en blanco con la expresión correcta: **pedir, preguntar, hacer, pregunta, pedido, cuestión.** Si se trata de un verbo, conjúguelo en el pretérito.

1. Luis me _____ si tenía tiempo. **2.** Yo le _____ a María que me ayudara. **3.** Les _____ un favor a mis amigos. **4.** Roberto _____: —¿Cuándo nos vamos? **5.** Los niños _____ mil preguntas antes de acostarse anoche. **6.** No se trata de dinero: es una _____ de principios. **7.** Tengo una _____ para ti: ¿dónde conseguiste ese libro? **8.** Necesito hacer otro _____ de papel de color: se nos está acabando.

Ejercicio 8.6 Traduzca.

1. I want to ask you a favor. **2.** I asked him a question. **3.** She asked me to take her to town. **4.** He asked me, "Are you really sixteen?" **5.** We asked him if he had eaten. **6.** They asked us why we had called. **7.** Do not ask me so many questions. **8.** I thought it was a question of ethics.

4. *At*

Capítulo 8.B.4, página 291

Ejercicio 8.7 Llene el espacio en blanco con **a** o **en.**

1. Los niños se quedaron _____ casa. **2.** Ellos están _____ Nueva York. **3.** La clase es _____ las diez, _____ el edificio de Morrill. **4.** Me siento mejor _____ este momento. **5.** No sé qué decir _____ veces. **6.** Me parece que oí pasos. Creo que hay alguien _____ la puerta. **7.** Hay alguien _____ la puerta preguntando por ti. **8.** Le gusta tener a su amiga _____ su lado.

Ejercicio 8.8 Traduzca.

1. At this moment, I can't go. **2.** My first class is at eight. **3.** We are at the university. **4.** They were not at home. **5.** We are going to sit at the table. **6.** In Mexico I used to stay at my uncle's house at times.

5. *Attend*

Capítulo 8.B.5, páginas 291–292

Ejercicio 8.9 Llene el espacio en blanco con la expresión correcta: **asistir, atender, asistencia, atento.**

1. La maestra, impaciente con la distracción de los alumnos, les dijo: —¡______me! **2.** El dependiente de la tienda se me acercó y me preguntó: —¿En qué puedo _____la hoy, señora? **3.** Ayer yo no _____ a clase porque estaba enfermo. **4.** La mesera nos _____ tan pronto entramos y nos trajo el menú. **5.** Toda la familia _____ al funeral ayer. **6.** La _____ a clase cuenta más que los exámenes. **7.** Tu hermano siempre me abre la puerta: ¿por qué no puedes ser tan _____ como él? **8.** Los servicios de _____ social son esenciales para mucha gente.

Ejercicio 8.10 Traduzca.

1. We attended the lecture in the afternoon. **2.** She did not attend class because she was ill. **3.** May I assist you? **4.** Tend to the guests, please. **5.** Did you have a good audience? **6.** Some politicians want to eliminate welfare. **7.** Young people today are more polite with their elders than in the previous generation.

6. *Because*

Capítulo 8.B.6, páginas 292–293

Ejercicio 8.11 Llene el espacio en blanco con la expresión correcta: **por, a causa de, porque, gracias a.** A veces se puede usar más de una: incluya todas las posibles.

1. Es _____ tus dudas que no ganamos la lotería. **2.** Me voy a poner un suéter _____ tengo frío. **3.** Cerré las ventanas _____ el frío. **4.** No pude cerrar la puerta _____ la humedad: la madera está hinchada. **5.** Sé que me curaré pronto _____ todo el apoyo y la ayuda de mis amigos. **6.** Me dio dolor de cabeza _____ leer tanto. **7.** _____ la tormenta no voy a poder ir al cine.

Ejercicio 8.12 Traduzca.

1. I went home because of my brother's illness. **2.** They had to cancel the trial because of the news. **3.** They had to let him leave because of that. **4.** She lost her voice from screaming so much. **5.** They did not go out because it was snowing. **6.** It's because of your friendship that I managed to get where I am.

7. *Become o get*

Capítulo 8.B.7, páginas 293–295

Ejercicio 8.13 Llene el espacio en blanco con la expresión correcta para significar *became*.

1. De joven _____ médico, y finalmente _____ millonario. **2.** Mi padre _____ muy contento cuando le dije que me había ganado la lotería. **3.** Esa noche, el conde _____ vampiro. **4.** Al ver el fantasma, la mujer _____ pálida. **5.** Tenía muchas ambiciones y finalmente _____ para todos un símbolo del éxito.

Ejercicio 8.14 Traduzca.

1. I am glad it's Friday. **2.** The children became quiet. **3.** He calmed down after that. **4.** They got tired of walking. **5.** I got sick during the vacation. **6.** They got mad because I did not write. **7.** You get old fast in this job. **8.** The horse calmed down after the shot *(inyección)*. **9.** I noticed she had become pale. **10.** He became a doctor. **11.** She wanted to become a respected citizen. **12.** The flower had become a fruit.

Repaso: acabar, *apply, ask, at, attend, because, become*

Capítulo 8.1–8.7, páginas 288–295

Ejercicio 8.15 Temas de ensayo y de práctica oral.

a. Ensayo

Prestando atención al uso correcto en español del léxico indicado, escriba un párrafo sobre uno de los temas que siguen. Refiérase a las páginas apropiadas del capítulo 8 para usar al máximo las expresiones que se deben practicar.

1. (Si está en la universidad.) Describa sus planes para venir a la universidad, y el proceso por el que pasó para llegar aquí.
2. (Si tiene planes de ir a la universidad.) Describa sus planes para ir a la universidad, y el proceso por el que está pasando para llegar allá.
3. Describa un trabajo que tenga o que haya tenido, y el proceso por el que pasó para conseguirlo.

EJERCICIOS

b. Práctica oral

Hable con un compañero sobre uno de los temas anteriores.

8. *But*

Capítulo 8.B.8, página 295

Ejercicio 8.16 Llene el espacio en blanco con la expresión correcta para significar *but.*

1. Estudié el idioma, _____ no me atrevo a hablar. **2.** Ese hombre no es mi tío, _____ mi cuñado. **3.** No fueron a Puerto Rico, _____ a México. **4.** Esta clase es interesante, _____ difícil. **5.** No lo compró, _____ se lo regaló su hermana. **6.** No hablo el idioma, _____ voy a viajar al país.

9. *Come y go*

Capítulo 8.B.9, página 296

Ejercicio 8.17 Llene el espacio en blanco con la expresión correcta: **ven, voy, llegar, ir, vine.**

(La mamá de Beto acaba de llegar del supermercado y, al entrar a la cocina, lo llama.)

—Beto, **(1)** _____ acá, necesito tu ayuda.
—Ya **(2)** _____, mami.

(Pasa un rato. La mamá sigue metiendo bolsas, pero Beto no aparece.)

—Apúrate, m'ijo, o **(3)** _____ a buscarte yo.

(Beto llega por fin.)

—¿Dónde estabas? ¿Por qué tardaste tanto en **(4)** _____?
—Pero mami, **(5)** _____ tan pronto como me llamaste.
—No, en lo que te esperaba, tuve tiempo de **(6)** _____ al coche dos veces.
—Lo siento, mami. No me di cuenta.

Ejercicio 8.18 Traduzca.

1. When are your parents coming to see us? **2.** He went to the movies. **3.** I am going to the movies. **4.** Can I come with you? **5.** "Come here, Juanita!" "I'm coming!" **6.** They are always late. **7.** Do not be late. **8.** I am sorry I am late. **9.** When did you get here?

10. Despedir

Capítulo 8.B.10, página 296

Ejercicio 8.19 Llene el espacio en blanco con la expresión correcta: **despidieron, nos despedimos, nos despidieron, los despedimos.**

1. Como no teníamos en ese trabajo la antigüedad que tenían los demás, _____. **2.** Se formó una protesta cuando _____ a todos los empleados de esa empresa. **3.** Cuando fue hora de separarnos, mi novia y yo _____ con un abrazo. **4.** A los empleados que son menos productivos _____ cuando el mercado lo requiere.

Ejercicio 8.20 Traduzca.

1. They fired me yesterday. **2.** I said good-bye to my friends. **3.** I fired him. **4.** I said good-bye to her. **5.** We said good-bye at the door.

11. *Exit* y *success*

Capítulo 8.B.11, página 297

Ejercicio 8.21 Llene el espacio en blanco con la expresión correcta: **éxitos, salidas, sucesos.**

1. Para el periódico local, sólo hay espacio para reportar los _____ de mayor importancia. **2.** ¿Dónde están las _____ de emergencia? **3.** Mis fracasos son mucho más frecuentes que mis _____.

Ejercicio 8.22 Traduzca.

1. If we work hard, we shall be successful. **2.** Our success depends upon our effort. **3.** The exit is to the right. **4.** My grandmother liked to talk about the terrible events of World War I.

12. *Go* y *leave*

Capítulo 8.B.12, páginas 297–299

Ejercicio 8.23 Llene el espacio en blanco con la expresión correcta: **ir, irse, salir, dejar, dejar de.**

Los turistas **(1)** _____ de su hotel temprano para **(2)** _____ al aeropuerto porque su vuelo iba a **(3)** _____ esa mañana: habían estado en Madrid dos semanas, y ya era hora de **(4)** _____. El viaje les había encantado: **(5)** _____ a muchos lugares turísticos, y todas las noches **(6)** _____ a restaurantes y bares. Tenían muchos recuerdos: uno de ellos se enfermó el tercer día, pero aun así no **(7)** _____ acompañar a los demás en todas sus aventuras. Otro **(8)** _____ sus tarjetas de crédito en casa en los Estados Unidos y tuvo que tomar dinero prestado de los demás. Y todos peleaban con Doña Lupe, que quería comprarse objetos muy frágiles: por fin no la **(9)** _____ comprar más que uno o dos platos. El taxista los **(10)** _____ en el aeropuerto, y todos estaban tristes de que se terminara el viaje.

Ejercicio 8.24 Traduzca.

1. We are going to school. **2.** She left an hour ago. **3.** The cat went outside. **4.** They are going out tonight. **5.** The nurse went out to lunch. **6.** We were playing out in the park, and Luisito got mad and left. **7.** At what time does your flight leave? **8.** Could you leave me at the corner, please? **9.** You will not let me do anything. **10.** They stopped screaming.

13. *Guide*

Capítulo 8.B.13, página 299

Ejercicio 8.25 Llene el espacio en blanco con **el** o **la.**

Estábamos en el museo del Prado, y **(1)** _____ guía nos estaba llevando de un cuarto al otro, hablándonos de la historia de cada obra, cuando de repente se cayó: uno de sus tacones se había atorado en un escalón. La pobre se hizo daño y no pudo seguir. De ahí en adelante, tuvimos que consultar **(2)** _____ guía que nos habían dado al entrar para averiguar lo que no sabíamos: era un librito bastante gordo. Después de un rato, nos unimos a otro grupo: **(3)** _____ guía que tenían ellos era un joven que parecía saber mucho de Goya.

Ejercicio 8.26 Traduzca.

1. Our guide at the museum was an old man. **2.** The tour guide was from Venezuela. **3.** You will find the rules in the guide book.

Repaso: *but, come* y *go*, despedir, *exit* y *success, go* y *leave, guide*

Capítulo 8.8–8.13, páginas 295–299

Ejercicio 8.27 Temas de ensayo y de práctica oral.

a. Ensayo

Prestando atención al uso correcto en español del léxico indicado, escriba un párrafo sobre uno de los temas que siguen. Refiérase a las páginas apropiadas del capítulo 8 para usar al máximo las expresiones que se deben practicar.

1. Describa las aventuras de unos turistas en un país hispano.

2. Describa una experiencia que usted haya tenido en un viaje.

3. Describa sus planes para su vida profesional.

b. Práctica oral

Hable con un compañero sobre uno de los temas anteriores.

14. *Know*

Capítulo 8.B.14, páginas 299–300

Ejercicio 8.28 Llene el espacio en blanco con la expresión correcta para significar *know*.

Yo **(1)** _____ que ellos **(2)** _____ la ciudad mejor que yo y que **(3)** _____ (ellos) exactamente dónde está la casa de su amigo. Hace muchos años que **(4)** _____ (ellos) a este amigo. Es un individuo que **(5)** _____ que lo andamos buscando, y **(6)** _____ esconderse bien. Me han dicho que **(7)** _____ disfrazarse. No **(8)** _____ (yo) qué vamos a hacer para **(9)** _____ dónde está.

Ejercicio 8.29 Traduzca.

1. I know you. **2.** He met his new wife in Mexico. **3.** He does not know the area. **4.** He knows my phone number. **5.** They know how to skate. **6.** We knew it was cold. **7.** They did not know what to say . **8.** Do you know what time it is? **9.** Do you know that hotel? **10.** He did not know how to swim.

15. *Learn*

Capítulo 8.B.15, página 300

Ejercicio 8.30 Llene el espacio en blanco con la expresión correcta: **aprender, enterarse de, averiguar, saber.** Si existe más de una opción, explique la diferencia.

1. Me gustaría _____ a bailar la salsa. **2.** Los jóvenes pensaban que nadie iba a _____ nada de lo que estaban haciendo. **3.** Usando sus poderes de análisis, el detective _____ quiénes eran los ladrones. **4.** Nunca _____ (yo) por qué no me habían invitado a su boda, pero verdaderamente no me importa.

Ejercicio 8.31 Traduzca.

1. She learned to dance. **2.** They found out about our secret. **3.** When I found out that you were here, I came immediately.

16. *Meet*

Capítulo 8.B.16, páginas 300–301

Ejercicio 8.32 Llene el espacio en blanco con la expresión correcta: **conocer, encontrar, encontrarse, encontrarse con, toparse con, tropezar con.**

1. Ayer _____ al nuevo director del programa: me lo presentó el profesor López.
2. Voy a salir a almorzar con mi mejor amiga: vamos a _____ en el centro.
3. Me gustaría _____ a tus padres: si son como tú, han de ser muy interesantes.
4. No tengo ganas de _____ ningún conocido hoy. **5.** Esta tarde voy a _____ mis amigos para repasar para el examen. **6.** Ando buscando mis llaves y no las _____.

Ejercicio 8.33 Traduzca.

1. She met her in the office. (a first acquaintance) **2.** Then they decided to meet in the afternoon to discuss the job. **3.** Guess whom I met on my way to the library.

17. *Order*

Capítulo 8.B.17, páginas 301–302

Ejercicio 8.34 Llene el espacio en blanco con **el** o **la.**

1. Mi tía es una mujer obsesiva: para ella no hay nada más importante que _____ orden. **2.** Los soldados dispararon cuando el general les dio _____ orden.
3. ¿Cuál es _____ orden que siguieron para organizar estas fichas? **4.** —Estoy a _____ orden del cliente —dijo el mesero.

Ejercicio 8.35 Traduzca.

1. Everything had to be placed in a specific order. **2.** I did it because I received the order from above. **3.** "Hello, my name is Julia Ruiz." "Hello, Victoria Vargas, at your service."

18. Pensar

Capítulo 8.B.18, página 302

Ejercicio 8.36 Llene el espacio en blanco con **en, de** o **Ø** (nada).

1. Cuando pienso _____ mi niñez, no recuerdo nada que sea triste. **2.** Este verano pienso _____ viajar a Europa. **3.** Cada vez que veo a ese actor, pienso _____ mi padre. **4.** ¿Qué pensarán _____ mí?

Ejercicio 8.37 Traduzca.

1. I cannot stop thinking of you. **2.** What were you thinking of? **3.** What do you think of me? **4.** She refused to tell me what she thought of the workshop. **5.** We are planning on visiting our friends next week.

19. Personas vs. máquinas

Capítulo 8.B.19, páginas 303–305

Ejercicio 8.38 Subraye la expresión correcta para el contexto.

1. Mi reloj no (trabaja / funciona). **2.** Jorge (apagó / salió) la luz. **3.** El auto no (empieza / arranca). **4.** Cuando primero compré este coche, (corría / andaba) muy bien. **5.** Tuvimos que entregar el examen incompleto porque (corrimos fuera de / se nos acabó el) tiempo.

Ejercicio 8.39 Traduzca.

1. The children were running. **2.** That motor stopped running. **3.** They work from nine to five. **4.** It does not work like that. **5.** When did the movie start? **6.** I am going to start the car so it will get warm. **7.** The lights went out after ten. **8.** He works out every day. **9.** We can work it out. **10.** I ran out. **11.** He ran across his cousin at the museum. **12.** The batteries ran down. **13.** My watch ran down. **14.** He ran down the stairs. **15.** They ran into their friends at the bar. **16.** He ran into the wall. **17.** Turn out the lights. **18.** Everything turned out okay.

EJERCICIOS

20. *Play*

Capítulo 8.B.20, página 305

Ejercicio 8.40 Llene el espacio en blanco con la expresión correcta: **jugar, tocar, obra, juego, jugada, partido, partida.**

1. Fue una _____ de ajedrez especialmente interesante *(game)*. **2.** Con esa _____ *(game move)* ganaron el _____ *(game)* de baloncesto. **3.** Me encanta _____ *(play)* el piano y _____ *(play)* al tenis. **4.** Cuando fuimos a Madrid asistimos a una _____ de teatro *(play)* y a un _____ *(game)* de fútbol. **5.** La canasta es un _____ *(game)* de cartas. **6.** Yo _____ *(play)* varios instrumentos musicales.

Ejercicio 8.41 Traduzca.

1. They played tennis all afternoon. **2.** What are you playing? **3.** Do you play the guitar? **4.** Don't play with your sister's violin. **5.** She will be playing the violin tonight.

Repaso: *know*, *learn*, *meet*, *order*, pensar, personas vs. máquinas, *play*

Capítulo 8.B.14-20, páginas 299–305

Ejercicio 8.42 Temas de ensayo y de práctica oral.

a. Ensayo

Prestando atención al uso correcto en español del léxico indicado, escriba un párrafo sobre uno de los temas que siguen. Refiérase a las páginas apropiadas del capítulo 8 para usar al máximo las expresiones que se deben practicar.

1. Describa una experiencia que haya tenido con problemas de automóvil.
2. Describa un día en que alguien nuevo entró en su vida.
3. Describa una aventura de un deportista o músico famoso con problemas mecánicos, eléctricos o electrónicos.

ATAJO

Phrases: Describing the past
Vocabulary: Automobile

b. Práctica oral

En grupos, cuenten oralmente una de las experiencias enumeradas arriba, bajo "Temas de ensayo".

21. *Put*

Capítulo 8.B.21, página 306

Ejercicio 8.43 Llene el espacio en blanco con la expresión correcta: **aguantar, apoyar, mantener, poner, ponerse, soportar.**

Don José se levantó esa mañana y **(1)** _____ la ropa del día anterior porque no tenía nada limpio. Ya no lo **(2)** _____ más: su esposa no tenía tiempo de lavarle la ropa ahora que ella también trabajaba, y él no podía exigirle lo mismo que antes. El mundo moderno no era para él: no **(3)** _____ que los hombres y las mujeres se consideraran iguales. Él quería ser el único en **(4)** _____ a su familia y, por eso no **(5)** _____ a su esposa cuando ésta le pidió permiso para conseguir empleo.

Ejercicio 8.44 Traduzca.

1. She put her hand on my shoulder. **2.** I put on my boots. **3.** He put his hand in his jacket. **4.** Help me set the table, please. **5.** His face became green. **6.** Do not put your finger in your brother's eye. **7.** I can't stand your attitude. **8.** My mother supports the family with two jobs. **9.** My brother supports me, no matter what I want to do. **10.** Why do you put up with such stupidity?

22. *Realize*

Capítulo 8.B.22, páginas 306–307

Ejercicio 8.45 Llene el espacio en blanco con la expresión correcta: **darse cuenta de, realizar.**

1. Éste es un ideal que nunca podré _____. **2.** A veces es difícil _____ los sentimientos de los demás. **3.** Si puedo _____ este proyecto de manera eficiente, estoy seguro que me darán el trabajo.

Ejercicio 8.46 Traduzca.

1. I realize that I cannot fulfill your dreams in an instant. **2.** If you carry out all your duties responsibly, you can stay. **3.** She realized that he was unhappy. **4.** He realized his dreams were impossible.

23. *Serve*

Capítulo 8.B.23, página 307

Ejercicio 8.47 Llene el espacio en blanco con **lo(s), la(s), le(s)** o **Ø** (nada).

(Dos meseras hablan en un restaurante.)

—Llegaron unos clientes nuevos a la mesa número 4. Te toca servir **(1)** _____.
—No, yo **(2)** _____ serví a los de la mesa 3 y 2.
—Sí, pero tienes tres mesas.
—Bueno, pues, si insistes.

(En la mesa)

—Buenas tardes, señores, ¿en qué puedo **(3)** servir_____?
—¿Podemos cenar a esta hora?
—Claro. La cena **(4)** _____ servimos a partir de las seis.
—¿Nos trae una botella de Marqués de Riscal, por favor?
—Bueno.

(Trae el vino.)

—Si le parece bien, abro ahora el vino y **(5)** _____ sirvo luego.

—No, no, **(6)** sírva_____ de inmediato.

Ejercicio 8.48 Traduzca.

1. Do not serve me so much rice, please. **2.** How can I help you? **3.** Dinner is usually served at eight. Tonight we will serve it at seven thirty.

24. *Spend*

Capítulo 8.B.24, páginas 307–308

Ejercicio 8.49 Llene el espacio en blanco con la expresión correcta: **desperdiciar, gastar, pasar.**

1. Me encanta _____ *(spend)* tiempo con mi abuela en el campo. **2.** No quiero _____ *(spend)* mucho dinero esta vez. **3.** ¿Quieres _____ *(spend)* un rato conmigo? **4.** Me molesta _____ *(waste)* el agua. **5.** Sólo _____ *(I only spent)* unos minutos en la cocina. **6.** No hay que _____ *(waste)* dinero: sólo se debe _____ *(spend)* para lo que se necesita.

Ejercicio 8.50 Traduzca.

1. You spend more money on your children than you do on yourself. **2.** I spent three hours on this paper yesterday. **3.** She spent some time in jail. **4.** It is terrible to waste time and money.

25. *Take*

Capítulo 8.B.25, páginas 308–309

Ejercicio 8.51 Llene el espacio en blanco con la expresión más natural para el contexto. Use cada uno sólo una vez: **apuntar, bajar, llevar, llevarse, quitarse, sacar, subir, tener, tomar, traer.**

1. Tenemos que _____ la basura hoy. **2.** Voy a _____ tu número de teléfono en este papelito. **3.** No quiero _____ esta caja al sótano porque tengo miedo que se moje. **4.** Quisiera _____ un vaso de agua, por favor. **5.** Los hombres deben _____ el sombrero al entrar a la iglesia. **6.** ¿Podrían _____ a mi hermanita cuando se vayan? **7.** Durante el desayuno, el niño le dijo a su mamá: —La maestra nos dijo que teníamos que _____ el libro a clase todos los días. **8.** En clase, la maestra le dijo a un niño al que se le había olvidado el libro: —¿No les dije que debían _____ su libro a clase todos los días? **9.** El mensajero tenía que _____ el paquete hasta el quinto piso. **10.** No sabemos cuándo va a _____ lugar ese evento.

Ejercicio 8.52 Traduzca.

1. What would you like to drink? **2.** He took his beer to the table. **3.** She took the pencil and left. **4.** "Can we take you?" "No, thanks, I will take the bus." **5.** This is taking too long. **6.** Here. This is yours. **7.** We took the camera to the store. **8.** They took away our towels. **9.** Let me take this down. (write) **10.** Do you want me to take your books down? **11.** They took the food up to the room. **12.** We have to take the garbage out. **13.** Do not take off your socks. **14.** The exam will take place here. **15.** Can I bring a friend to your party? **16.** BYOB.

26. *Time*

Capítulo 8.B.26, páginas 309–310

Ejercicio 8.53 Llene el espacio en blanco con la expresión correcta: **tiempo, vez, hora, rato.**

1. ¿Qué _____ hace allá en invierno? **2.** ¿Cuánto _____ nos queda? **3.** Esta _____ no les voy a contar el final de la película. **4.** Es _____ de cerrar la tienda. **5.** Nos iremos dentro de un _____. **6.** Es la primera _____ que oigo esa canción.

Ejercicio 8.54 Traduzca.

1. Do you have time to talk to me? **2.** What was the weather like? **3.** How many times do I have to tell you? **4.** That time it was different. **5.** He would not tell me what time it was. **6.** I knew it was time to get up. **7.** She will be here in a little while. **8.** We had a good time. **9.** We had good weather.

27. *What*

Capítulo 8.B.27, páginas 310–311

Ejercicio 8.55 Llene el espacio en blanco con la expresión correcta: **qué, lo que, cuál, cómo.**

1. No le importaba _____ yo pensaba de la situación. **2.** —¿_____ es? —Es el de piedra. **3.** —¿_____ es? —Es un animal. **4.** El niño, que no había oído lo que su papá le había dicho, preguntó: —¿_____? Su padre rápidamente lo corrigió: —La gente bien educada no dice ¿_____? sino ¿_____?

Ejercicio 8.56 Traduzca. (*you* = tú)

1. What is cucurucho? **2.** Which one is yours? **3.** What countries did you visit? **4.** Excuse me? (polite "What?") **5.** What you do not know will not hurt you.

Repaso: *put*, *realize*, *serve*, *spend*, *take*, *time*, *what*

Capítulo 8.B.21–8.27, páginas 306–311

Ejercicio 8.57 Temas de ensayo y de práctica oral.

a. Ensayo

Prestando atención al uso correcto en español del léxico indicado, escriba un párrafo sobre uno de los temas que siguen. Refiérase a las páginas apropiadas del capítulo 8 para usar al máximo las expresiones que se deben practicar.

1. Describa las aventuras de verano de un joven que trabaja de mesero en un restaurante.
2. Describa un día en su vida, usando las expresiones indicadas.
3. Describa una lección cultural que usted haya aprendido en su vida.

b. Práctica oral

En grupos, cuenten oralmente una de las experiencias enumeradas arriba, bajo "Temas de ensayo".

Modelos de conjugación

Lista de verbos conjugados

1. actuar
2. adquirir
3. andar
4. aprender
5. avergonzar
6. averiguar
7. buscar
8. caber
9. caer
10. caminar
11. cerrar
12. cocer
13. coger
14. comenzar
15. concluir
16. conducir
17. contar
18. creer
19. cruzar
20. dar
21. decir
22. dirigir
23. discernir
24. distinguir
25. dormir
26. enviar
27. errar
28. esparcir
29. estar
30. forzar
31. haber
32. hacer
33. ir
34. jugar
35. llegar
36. lucir
37. morir
38. mover
39. negar
40. oír
41. oler
42. parecer
43. pedir
44. perder
45. poder
46. podrir
47. poner
48. prohibir
49. querer
50. regir
51. reír
52. reunir
53. rogar
54. saber
55. salir
56. seguir
57. sentir
58. ser
59. soler
60. tener
61. teñir
62. traer
63. valer
64. vencer
65. venir
66. ver
67. vivir
68. volcar
69. volver
70. yacer
71. zambullir

Mini-índice de verbos

(El número de la derecha de cada verbo es el que corresponde al verbo modelo de conjugación. Vea la "Lista de verbos conjugados" para la referencia. NOTA: Los verbos con **-se** *al final son reflexivos. Es necesario usarlos con los pronombres reflexivos: "yo* **me** *abstengo", por ejemplo).*

abandonar 10
abanicar 7
abaratar 10
abarcar 7
abarrotar 10
abastecer 42
abatir 67
abdicar 7
aberrar 27
abjurar 10
ablandar 10
ablandecer 42
abnegar 39
abobar 10
abocar 7
abochornar 10
abofetear 10
abogar 35
abombar 10
abominar 10
abonar 10
abordar 10
aborrecer 42
abortar 10
abotonar 10
abrasar 10
abrazar 19
abreviar 10
abrigar 35
abrillantar 10
abrir 67
abrochar 10
abrogar 35
abrumar 10
absolver 69
absorber 4
abstenerse 60
abstraer 62
abultar 10
abundar 10
aburguesarse 10
aburrir 67
abusar 10
acabar 10
acaecer 42
acalambrarse 10
acallar 10
acalorar 10
acampar 10
acaparar 10
acaramelar 10
acariciar 10
acarrear 10
acceder 4
accidentar 10
acechar 10
aceitar 10
acelerar 10
acentuar 1
acepillar 10
aceptar 10
acequiar 10
acercar 7
acertar 11
achacar 10
achaparrarse 10
achatar 10
achicar 7
achicharrar 10
achocar 7
acinturar 10
aclamar 10
aclarar 10
aclimatar 10
acobardar 10
acobijar 10
acodar 10
acoger 13
acojinar 10
acolchonar 10
acomedirse 43
acometer 4
acomodar 10
acompañar 10
acompasar 10
acomplejar 10
aconchabarse 10
acondicionar 10
acongojar 10
aconsejar 10
acontecer 42
acordar 17
acorralar 10
acorrer 4
acortar 10
acosar 10
acostar 17
acostumbrar 10
acrecentar 11
acreditar 10
acribillar 10
activar 10
actualizar 19
actuar 1
acuchillar 10
acuclillarse 10
acudir 67
acurrucarse 7
acusar 10
adaptar 10
adelantar 10
adelgazar 19
adentrar 10
aderezar 19
adeudar 10

adherir 57
adicionar 10
adiestrar 10
adivinar 10
adjetivar 10
adjudicar 7
adjuntar 10
administrar 10
admirar 10
admitir 67
adobar 10
adoctrinar 10
adoptar 10
adorar 10
adormecer 42
adornar 10
adosar 10
adquirir 2
adscribir 67
adular 10
adulterar 10
adverbializar 19
advertir 57
afanar 10
afectar 10
afeitar 10
afeminar 10
aferrar 11
afianzar 19
aficionar 10
afilar 10
afiliar 10
afinar 10
afincar 7
afirmar 10
afligir 22
aflojar 10
aflorar 10
afluir 15
afrancesar 10
afrentar 10
africanizar 19
afrontar 10
agachar 10
agarrar 10
agasajar 10
agazapar 10
agermanarse 10
agilizar 19
agitanar 10
agitar 10
aglomerar 10
agobiar 10
agolpar 10
agonizar 19
agraciar 10
agradar 10
agradecer 42
agrandar 10
agravar 10
agregar 35
agriar 10
agrietar 10
agringarse 35
agrumar 10
agrupar 10
aguantar 10
aguar 6
aguardar 10
agudizar 19
aguijonear 10
agujerear 10
aguzar 19
aherrumbrar 10
ahogar 35
ahorcar 7
ahorrar 10
ahuecar 7
ahuyentar 10
airear 10
ajetrear 10
ajorar 17
ajustar 10
alabar 10
alagar 35
alargar 35
albergar 35
alborotar 10
alcahuetear 10
alcanzar 19
alegar 35
alegorizar 19
alegrar 10
alejar 10
alentar 11
alertar 10
alfabetizar 19
alfombrar 10
alforzar 19
aligerar 10
alijar 10
alimentar 10
alinear 10
alisar 10
alistar 10
alivianar 10
aliviar 10
allanar 10
allegar 35
almacenar 10
almidonar 10
almorzar 30
alojar 10
aloquecerse 42
alquilar 10
alterar 10
altercar 7
alternar 10
alucinar 10
aludir 67
alumbrar 10
alzar 19
amadrinar 10
amaestrar 10
amalgamar 10
amamantar 10
amanecer 42
amanerarse 10
amansar 10
amar 10
amargar 35
amarillear 10
amarillecer 42
amarrar 10
amasar 10
ambicionar 10
ambientar 10
ambular 10
amedrentar 10
amelcochar 10
amenazar 19
amenizar 19
amenorar 10
americanizar 19
ametrallar 10
aminorar 10
amodorrarse 10
amolar 17
amoldar 10
amonestar 10
amontonar 10
amortiguar 6
amortizar 19
amparar 10
ampliar 26
amplificar 7
ampollar 10
amputar 10
analizar 19
anclar 10
andar 3
anegar 35
anestesiar 10
anexar 10
anexionar 10
angostar 10
angustiar 10
anhelar 10
anidar 10
anihilar 10
animalizar 19
animar 10
aniñarse 10
aniquilar 10
anivelar 10
anochecer 42
anonadar 10
anotar 10
anquilosar 10
ansiar 26
anteceder 4
antedatar 10
anteponer 47
anticipar 10
antojarse 10
antorchar 10
anular 10
anunciar 10
añadir 67
añejar 10
añorar 10
apabilar 10
apacentar 11
apachurrar 10
apaciguar 6
apadrinar 10
apagar 35
apalear 10
aparcar 7
aparear 10
aparecer 42
aparentar 10
apartar 10
apasionar 10
apear 10
apedrear 10
apegar 35
apellidar 10
apestar 10
apetecer 42
apiadar 10
apilar 10
apiñar 10
aplacar 7
aplanar 10
aplastar 10
aplaudir 67
aplazar 19
aplicar 7
apocar 7
apocopar 10
apodar 10
apoderar 10
apolillar 10
aporrear 10
aportar 10
apostar 17
apostrofar 10
apoyar 10
apreciar 10
aprehender 4
apremiar 10
aprender 4
aprestar 10
apresurar 10
apretar 11
apretujar 10
aprisionar 10
aprobar 17
aprontar 10
apropiar 10
aprovechar 10
aprovisionar 10
aproximar 10
apuntar 10
apuntillar 10
apuñalar 10
apurar 10
arar 10
arbitrar 10
arbolecer 42
archivar 10
arder 4
argentinizar 19
argüir 15
argumentar 10
aridecer 42
aristocratizar 19
armar 10
armonizar 19
aromatizar 19
arquear 10
arraigar 35
arrancar 7
arrasar 10

arrastrar 10
arrear 10
arrebatar 10
arreglar 10
arrellanarse 10
arremangar 35
arremedar 10
arremeter 4
arremolinar 10
arrempujar 10
arrendar 11
arrepentirse 57
arrestar 10
arriar 26
arribar 10
arriesgar 35
arrimar 10
arrinconar 10
arrojar 10
arropar 10
arrugar 35
arruinar 10
arrullar 10
articular 10
asaltar 10
asar 10
ascender 44
asear 10
asechar 10
asediar 10
asegurar 10
asemejar 10
asentar 11
asentir 57
aserrar 11
asesinar 10
asesorar 10
asestar 10
asfaltar 10
asfixiar 10
asignar 10
asimilar 10
asistir 67
asociar 10
asolear 10
asomar 10
asombrar 10
aspirar 10
asquear 10
astillar 10
asumir 67
asustar 10
atacar 7
atajar 10
atapuzar 19
atar 10
atarantar 10
atardecer 42
atarear 10
atascar 7
atemorizar 19
atender 44
atenerse 60
atentar 10
atenuar 1
aterrar 11
aterrizar 19
aterrorizar 19
atesorar 10
atestar 10
atestiguar 6
atinar 10
atolondrar 10
atomizar 19
atontar 10
atorar 10
atormentar 10
atornillar 10
atraer 62
atragantarse 10
atrancar 7
atrapar 10
atrasar 10
atravesar 11
atribuir 15
atrofiar 10
atronar 17
atropellar 10
aturdir 67
augurar 10
aumentar 10
auscultar 10
ausentar 10
auspiciar 10
autenticar 7
autentificar 7
autografiar 26
automatizar 19
autorizar 19
avanzar 19
aventajar 10
aventar 11
aventurar 10
avergonzar 5
averiguar 6
avisar 10
avivar 10
ayudar 10
ayunar 10
azorar 10
azotar 10
azucarar 10
azuzar 19

babear 10
babosear 10
bailar 10
bajar 10
balancear 10
balbucear 10
barnizar 19
barrenar 10
barrer 4
basar 10
bastar 10
batallar 10
batir 67
bautizar 19
beatificar 7
beber 4
beneficiar 10
berrear 10
besar 10
bienquerer 49
bifurcarse 7
blanquear 10
blanquecer 42
blindar 10
bloquear 10
bofetear 10
boicotear 10
bombardear 10
bordear 10
borrar 10
borronear 10
bosquejar 10
bostezar 19
botar 10
boxear 10
bramar 10
bregar 35
brillar 10
brincar 7
brindar 10
bromear 10
broncear 10
brotar 10
brutalizar 19
bucear 10
burocratizar 19
buscar 7

cabalgar 35
cabecear 10
caber 8
cablegrafiar 26
cabrear 10
cacarear 10
cachetear 10
caducar 7
caer 9
cagar 35
calar 10
calcar 7
calcificar 7
calcinar 10
calcografiar 26
calcular 10
calentar 11
calibrar 10
calificar 7
caligrafiar 26
callar 10
calmar 10
calumniar 10
calzar 19
cambiar 10
caminar 10
camuflar 10
canalizar 19
cancelar 10
canjear 10
canonizar 19
cansar 10
cantar 10
capacitar 10
capar 10
capitalizar 19
capitular 10
captar 10
capturar 10
caracolear 10
caracterizar 19
caramelizar 19
carbonizar 19
carcomer 4
cardar 10
carecer 42
cargar 35
caricaturizar 19
casar 10
castigar 35
castrar 10
catalogar 35
catapultar 10
catar 10
causar 10
cauterizar 19
cautivar 10
cavar 10
cazar 19
cazcalear 10
cebar 10
cecear 10
ceder 4
cegar 39
cejar 10
celar 10
celebrar 10
cementar 10
cenar 10
censurar 10
centralizar 19
centrar 10
ceñir 61
cepillar 10
cercar 7
cerciorar 10
cernir 23
cerrar 11
certificar 7
cesar 10
chantajear 10
chapotear 10
charlar 10
chequear 10
checar 7
chicanear 10
chiflar 10
chillar 10
chinear 10
chingar 35
chirriar 26
chismear 10
chismorrear 10
chismotear 10
chispear 10
chistar 10
chocar 7
chocarrear 10
chorrear 10
chotear 10
chupar 10
chutar 10
cicatrizar 19

cimentar 11
circular 10
circundar 10
circunferir 57
circunscribir 67
circunvenir 65
circunvolar 17
citar 10
civilizar 19
clamar 10
clamorear 10
clarear 10
clarecer 42
clarificar 7
clasificar 7
claudicar 7
clausurar 10
clavar 10
clavetear 10
climatizar 19
coadquirir 2
coagular 10
coarrendar 11
cobijar 10
cobrar 10
cocer 12
cocinar 10
codear 10
codiciar 10
codificar 7
coercer 64
coexistir 67
coger 13
cohabitar 10
cohibir 48
coincidir 67
cojear 10
colaborar 10
colar 10
coleccionar 10
colegir 50
colgar 53
colindar 10
colmar 10
colocar 7
colonizar 19
colorear 10
columpiar 10
comadrear 10
combatir 67
combinar 10
comedirse 43
comentar 10
comenzar 14
comer 4
comercializar 19
cometer 4
comisionar 10
compactar 10
compadecer 42
compadrear 10
compaginar 10
comparar 10
comparecer 42
compartir 67
compasar 10
compeler 4
compendiar 10
compendizar 19
compenetrarse 10
compensar 10
competir 43
compilar 10
complementar 10
completar 10
complicar 7
complotar 10
componer 47
comportarse 10
comprar 10
comprender 4
comprimir 67
comprobar 17
comprometer 4
computadorizar 19
computar 10
computarizar 19
comulgar 35
comunicar 7
concatenar 10
concebir 43
conceder 4
concentrar 10
conceptuar 1
concernir 23
concertar 11
concienciar 10
concientizar 19
conciliar 10
concluir 15
concomitar 10
concordar 17
concretar 10
concurrir 67
concursar 10
condecorar 10
condenar 10
condensar 10
condescender 44
condicionar 10
condimentar 10
condolecerse 42
condonar 10
conducir 16
conectar 10
conferir 57
confesar 11
confiar 26
configurar 10
confinar 10
confirmar 10
confiscar 7
conformar 10
confortar 10
confrontar 10
confundir 67
congelar 10
congestionar 10
conglomerar 10
congregar 35
conjeturar 10
conjugar 35
conllevar 10
conmemorar 10
conmocionar 10
conmover 38
conmutar 10
connotar 10
conocer 42
conquistar 10
consagrar 10
conseguir 56
consentir 57
conservar 10
considerar 10
consignar 10
consistir 67
consolar 17
consolidar 10
consonantizar 19
conspirar 10
constar 10
constatar 10
consternar 10
constipar 10
constitucionalizar 19
constituir 15
construir 15
consultar 10
consumar 10
consumir 67
contactar 10
contagiar 10
contaminar 10
contar 17
contemplar 10
contender 44
contener 60
contentar 10
contestar 10
continuar 1
contonearse 10
contorsionarse 10
contraer 62
contraponer 47
contraproponer 47
contrariar 26
contrarrestar 10
contrastar 10
contratar 10
contribuir 15
controlar 10
controvertir 57
convalecer 42
convencer 64
convenir 65
conversar 10
convertir 57
convidar 10
convivir 67
convocar 7
cooperar 10
coordinar 10
copiar 10
coquetear 10
corregir 50
correr 4
corresponder 4
corretear 10
corroborar 10
cortar 10
cortejar 10
coscorronear 10
cosechar 10
coser 4
costar 17
costear 10
cotizar 19
cotorrear 10
crear 10
crecer 42
creer 18
crepitar 10
criar 26
criminalizar 19
cristalizar 19
criticar 7
croar 10
cronometrar 10
crucificar 7
crujir 67
cruzar 19
cuadrar 10
cuajar 10
cualificar 7
cuantificar 7
cubrir 67
cucar 7
cucharear 10
cuchichear 10
cuestionar 10
cuidar 10
culminar 10
culpar 10
cultivar 10
cumplir 67
curar 10
curiosear 10
cursar 10
curtir 67
curvear 10

dactilografiar 26
danzar 19
dañar 10
dar 20
deambular 10
debatir 67
deber 4
debilitar 10
decaer 9
decampar 10
decantar 10
decapitar 10
decepcionar 10
decidir 67
decir 21
declamar 10
declarar 10
declinar 10
decolorar 10
decorar 10
decrecer 42
decretar 10
decuplar 10

dedicar 7
deducir 16
defender 44
deferir 57
definir 67
deforestar 10
deformar 10
defraudar 10
degenerar 10
deglutir 67
degollar 17
degradar 10
degustar 10
deificar 7
dejar 10
delatar 10
delegar 35
deleitar 10
deletrear 10
deliberar 10
delimitar 10
delinear 10
delirar 10
deludir 67
demandar 10
demarcar 7
democratizar 19
demorar 10
demostrar 17
denegar 39
denigrar 10
denominar 10
denotar 10
densificar 7
dentar 11
denunciar 10
deparar 10
departir 67
depender 4
depilar 10
deplorar 10
deponer 47
deportar 10
depositar 10
depravar 10
deprecar 7
depreciar 10
deprimir 67
depurar 10
derivar 10
derogar 35
derramar 10
derrengar 39
derretir 43
derribar 10
derrocar 7
derrochar 10
derrotar 10
derrumbar 10
desabotonar 10
desabrigar 35
desabrochar 10
desacomodar 10
desacordar 17
desacreditar 10
desactivar 10
desaferrar 11
desafiar 26
desafilar 10
desafinar 10
desagradar 10
desagradecer 42
desaguar 6
desahogar 35
desajustar 10
desalentar 11
desalojar 10
desamarrar 10
desamontonar 10
desamparar 10
desanimar 10
desaparecer 42
desapegar 35
desapreciar 10
desapretar 11
desaprobar 17
desapropiar 10
desarmar 10
desarmonizar 19
desarreglar 10
desarrollar 10
desarropar 10
desarrugar 35
desatar 10
desatinar 10
desatornillar 10
desayunar 10
desbarajustar 10
desbaratar 10
desbordar 10
desboronar 10
desbridar 10
descalcar 7
descalificar 7
descansar 10
descargar 35
descarrillar 10
descartar 10
descender 44
descentralizar 19
descentrar 10
descifrar 10
desclasificar 7
descoagular 10
descobijar 10
descocar 7
descocer 12
descolgar 53
descompaginar 10
descomponer 47
desconcertar 11
desconchinflar 10
desconectar 10
desconfiar 26
descongelar 10
descongestionar 10
desconocer 42
descontaminar 10
descontar 17
descontinuar 1
descoser 4
descotar 10
descoyuntar 10
descrecer 42
descreer 18
describir 67
descruzar 19
descuartizar 19
descubrir 67
descuidar 10
desdentar 11
desdeñar 10
desdibujar 10
desdoblar 10
desdorar 10
desear 10
desecar 7
desechar 10
desembalar 10
desembarazar 19
desembarcar 7
desembarrar 10
desembocar 7
desemejar 10
desempacar 7
desempañar 10
desempaquetar 10
desemparejar 10
desempatar 10
desempeñar 10
desemperezar 19
desempolvar 10
desencadenar 10
desencajar 10
desencarcelar 10
desencerrar 11
desenchufar 10
desenfadar 10
desenfilar 10
desenfocar 7
desenfrenar 10
desenfundar 10
desenfurecer 42
desenganchar 10
desengañar 10
desenlazar 19
desenlodar 10
desenmarañar 10
desenmascarar 10
desenmohecer 42
desenredar 10
desenrollar 10
desenroscar 7
desensamblar 10
desensartar 10
desensillar 10
desenterrar 11
desentonar 10
desentrenar 10
desentumecer 42
desentumir 67
desenvainar 10
desenvolver 69
desequilibrar 10
desertar 10
desesperar 10
desestabilizar 19
desestancar 7
desfallecer 42
desfavorecer 42
desfigurar 10
desfilar 10
desfondar 10
desgajar 10
desgarrar 10
desgastar 10
desgraciar 10
desgreñar 10
deshacer 32
deshebrar 10
deshelar 11
desheredar 10
deshidratar 10
deshilachar 10
deshinchar 10
deshojar 10
deshonrar 10
deshuesar 10
deshumanizar 19
designar 10
desigualar 10
desilusionar 10
desinfectar 10
desinflar 10
desintegrar 10
desintoxicar 7
desistir 67
desmaquillar 10
desmarañar 10
desmayar 10
desmejorar 10
desmentir 57
desmenuzar 19
desmitificar 7
desmontar 10
desmoralizar 19
desmoronar 10
desnivelar 10
desnudar 10
desobedecer 42
desocupar 10
desodorizar 19
desorbitar 10
desordenar 10
desorganizar 19
desorientar 10
despabilar 10
despachar 10
desparramar 10
despedazar 19
despedir 43
despegar 35
despeinar 10
despejar 10
despellejar 10
desperdiciar 10
despertar 11
despilfarrar 10
despintar 10
despiojar 10
despistar 10
desplegar 39
desplomar 10
despoblar 17
despojar 10

despreciar 10
desprender 4
despreocuparse 10
desprestigiar 10
desquiciar 10
desquitar 10
destacar 7
destapar 10
desteñir 61
desterrar 11
destetar 10
destilar 10
destinar 10
destituir 15
destorcer 12
destornillar 10
destrabar 10
destrenzar 19
destripar 10
destrizar 19
destrozar 19
destruir 15
desunir 67
desvalijar 10
desvalorar 10
desvalorizar 19
desvanecer 42
desvariar 26
desvelar 10
desvencijar 10
desvergonzarse 5
desvestir 43
desviar 26
desvivirse 67
desyerbar 10
detallar 10
detectar 10
detener 60
deteriorar 10
determinar 10
detestar 10
detractar 10
detraer 62
devaluar 1
devastar 10
devengar 35
devolver 69
devorar 10
diagnosticar 7
dialogar 35
dibujar 10
dictar 10
difamar 10
diferenciar 10
diferir 57
dificultar 10
difundir 67
digerir 57
dignarse 10
dignificar 7
dilapidar 10
dilatar 10
dilucidar 10
diluir 15
diminuir 15
dimitir 67
dinamitar 10
diplomar 10
diptongar 35
diputar 10
dirigir 22
discernir 23
disciplinar 10
discordar 17
discriminar 10
disculpar 10
discurrir 67
discursar 10
discutir 67
disecar 7
diseminar 10
disentir 57
diseñar 10
disertar 10
disfrazar 19
disfrutar 10
disgustar 10
disimular 10
disipar 10
dislocar 7
disminuir 15
disolver 69
disparar 10
dispensar 10
dispersar 10
disponer 47
disputar 10
distanciar 10
distar 10
distinguir 24
distorsionar 10
distraer 62
distribuir 15
disuadir 67
divagar 35
divergir 22
diversificar 7
divertir 57
dividir 67
divisar 10
divorciar 10
divulgar 35
doblar 10
doblegar 35
doctrinar 10
documentar 10
dogmatizar 19
doler 38
domar 10
domesticar 7
dominar 10
donar 10
dopar 10
dorar 10
dormir 25
dormitar 10
dosificar 7
dotar 10
dramatizar 19
duchar 10
dudar 10
dulcificar 7
duplicar 7
durar 10

echar 10
eclipsar 10
economizar 19
edificar 7
editar 10
educar 7
efectuar 1
egresar 10
ejecutar 10
ejemplarizar 19
ejemplificar 7
ejercer 64
ejercitar 10
elaborar 10
electrificar 7
electrocutar 10
electrolizar 19
elegir 50
elevar 10
elidir 67
eliminar 10
elogiar 10
elucidar 10
eludir 67
emanar 10
emancipar 10
emascular 10
embabucar 7
embadurnar 10
embalar 10
embanderar 10
embarazar 19
embarcar 7
embargar 35
embarrar 10
embellecer 42
embestir 43
embobar 10
embocar 7
embolsar 10
emborrachar 10
emboscar 7
embotellar 10
embriagar 35
embrollar 10
embromar 10
embrujar 10
embrutecer 42
emburujar 10
embustir 67
emerger 13
emigrar 10
emitir 67
emocionar 10
empacar 7
empachar 10
empadronar 10
empalagar 35
empalidecer 42
empañar 10
empapar 10
empapelar 10
empaquetar 10
emparedar 10
emparejar 10
empedrar 11
empelotarse 10
empeñar 10
empeorar 10
empequeñecer 42
empezar 14
empilar 10
empinar 10
emplear 10
empobrecer 42
empolvar 10
emprender 4
empujar 10
emular 10
emulsionar 10
enamorar 10
encabezar 19
encadenar 10
encajar 10
encaminar 10
encandilar 10
encantar 10
encapricharse 10
encaramar 10
encarar 10
encarcelar 10
encargar 35
encariñar 10
encarnar 10
encebollar 10
encender 44
encerar 10
encerrar 11
encestar 10
enchilar 10
enchinar 10
enchuecar 7
enchufar 10
encoger 13
encomendar 11
encontrar 17
encorvar 10
encuadernar 10
encuerar 10
enderezar 19
endeudarse 10
endiablar 10
endomingarse 35
endosar 10
endulzar 19
endurecer 42
enfadar 10
enfangar 35
enfatizar 19
enfermar 10
enfilar 10
enflacar 7
enfocar 7
enfrentar 10
enfriar 26
enfurecer 42
enganchar 10
engañar 10
engendrar 10
engordar 10

engrasar 10
enharinar 10
enjabonar 10
enjaular 10
enjuagar 35
enlatar 10
enlazar 19
enlodar 10
enloquecer 42
enlutar 10
enmarcar 7
enmascarar 10
enmendar 11
enmudecer 42
enmugrar 10
ennegrecer 42
enojar 10
enorgullecer 42
enredar 10
enriquecer 42
enrojecer 42
enrollar 10
enroscar 7
ensamblar 10
ensanchar 10
ensangrentar 11
ensayar 10
enseñar 10
ensillar 10
ensimismarse 10
ensordecer 42
ensuciar 10
entablar 10
entender 44
enterar 10
enternecer 42
enterrar 11
entibiar 10
entiesar 10
entiznar 10
entonar 10
entornar 10
entorpecer 42
entrar 10
entreabrir 67
entrecerrar 11
entregar 35
entrenar 10
entretejer 4
entretener 60
entrever 66
entrevistar 10
entristecer 42
entrometer 4
entumecer 42
entumirse 67
entusiasmar 10
enumerar 10
enunciar 10
envasar 10
envejecer 42
envenenar 10
enverdecer 42
enviar 26
envidiar 10
envigorizar 19
enviudar 10
envolver 69
enyesar 10
equilibrar 10
equipar 10
equiparar 10
equivaler 63
equivocar 7
erigir 22
erizar 19
erosionar 10
erradicar 7
errar 27
eructar 10
escalar 10
escalofriar 26
escandalizar 19
escapar 10
escarbar 10
escasear 10
escavar 10
escenificar 7
esclavizar 19
escoger 13
esconder 4
escribir 67
escuchar 10
escudriñar 10
esculcar 7
esculpir 67
escupir 67
escurrir 67
esforzar 30
esfumar 10
esmaltar 10
esmerar 10
espantar 10
esparcir 28
esparramar 10
espatarrarse 10
especializar 19
especificar 7
especular 10
esperar 10
espesar 10
espiar 26
espolvorear 10
espulgar 35
esquiar 26
esquivar 10
estabilizar 19
establecer 42
estacionar 10
estafar 10
estallar 10
estancar 7
estandardizar 19
estandarizar 19
estar 29
estereotipar 10
esterilizar 19
estigmatizar 19
estimar 10
estimular 10
estipular 10
estirar 10
estorbar 10
estornudar 10
estrangular 10
estratificar 7
estrellar 10
estremecer 42
estrenar 10
estreñir 61
estribar 10
estropear 10
estructurar 10
estrujar 10
estudiar 10
eternizar 19
etiquetar 10
evacuar 10
evadir 67
evaluar 1
evaporar 10
evitar 10
evocar 7
evolucionar 10
exacerbar 10
exagerar 10
exaltar 10
examinar 10
exasperar 10
excarcelar 10
excavar 10
exceder 4
excepcionar 10
exceptuar 1
excitar 10
exclamar 10
excluir 15
excomulgar 35
excretar 10
exculpar 10
excusar 10
exentar 10
exhalar 10
exhibir 67
exigir 22
exiliar 10
eximir 67
existir 67
exonerar 10
exorcizar 19
expandir 67
expatriarse 26
expectorar 10
experimentar 10
expiar 26
explicar 7
explorar 10
explotar 10
exponer 47
expresar 10
exprimir 67
expulsar 10
expurgar 35
extasiarse 26
extender 44
extenuar 1
exteriorizar 19
exterminar 10
extinguir 24
extirpar 10
extraer 62
extrañar 10
extrapolar 10
extraviar 26

fabricar 7
facilitar 10
facturar 10
fallar 10
fallecer 42
falsificar 7
faltar 10
familiarizar 19
fascinar 10
fastidiar 10
favorecer 42
fechar 10
felicitar 10
fermentar 10
festejar 10
fiar 26
fichar 10
figurar 10
fijar 10
filar 10
filmar 10
filtrar 10
finalizar 19
financiar 10
fincar 7
fingir 22
firmar 10
fiscalizar 19
florear 10
florecer 42
flotar 10
fluctuar 1
fluir 15
fomentar 10
forjar 10
formalizar 19
formar 10
formular 10
forrar 10
forzar 30
fosilizarse 19
fotocopiar 10
fotografiar 26
fracasar 10
fracturar 10
fragmentar 10
fraternizar 19
frecuentar 10
fregar 39
freír 51
frenar 10
frotar 10
fruncir 28
frustrar 10
fugarse 35
fumar 10
fumigar 35
funcionar 10
fundar 10
fundir 67

fusilar ... 10
fusionar ... 10

galantear ... 10
galardonar ... 10
galopear ... 10
ganar ... 10
garabatear ... 10
garantizar ... 19
gargarizar ... 19
gastar ... 10
gatear ... 10
gemir ... 43
generalizar ... 19
generar ... 10
germinar ... 10
gestar ... 10
gesticular ... 10
gestionar ... 10
girar ... 10
glorificar ... 7
gobernar ... 11
golpear ... 10
gotear ... 10
gozar ... 19
grabar ... 10
graduar ... 1
granizar ... 19
gratificar ... 7
gravitar ... 10
gritar ... 10
guardar ... 10
guarnecer ... 42
guerrear ... 10
guerrillear ... 10
guiar ... 26
guindar ... 10
guiñar ... 10
guisar ... 10
guitarrear ... 10
gustar ... 10

haber ... 31
habilitar ... 10
habitar ... 10
habituar ... 1
hablar ... 10
hacer ... 32
hachear ... 10
halagar ... 35
halar ... 10
hallar ... 10
harmonizar ... 19
hechizar ... 19
heder ... 44
helar ... 11
heredar ... 10
herir ... 57
herrar ... 11
hervir ... 57
hilar ... 10
hilvanar ... 10
hincar ... 7
hinchar ... 10
hipnotizar ... 19
hipotecar ... 7
hispanizar ... 19
hojear ... 10
homenajear ... 10
homogeneizar ... 19
homologar ... 35
honrar ... 10
hormiguear ... 10
hornear ... 10
horrificar ... 7
horripilar ... 10
horrorizar ... 19
hospedar ... 10
hospitalizar ... 19
hostigar ... 35
huir ... 15
humanizar ... 19
humectar ... 10
humedecer ... 42
humillar ... 10
hundir ... 67
hurgar ... 35
hurgonear ... 10
husmear ... 10

idealizar ... 19
identificar ... 7
idiotizar ... 19
idolatrar ... 10
ignorar ... 10
igualar ... 10
iluminar ... 10
ilustrar ... 10
imaginar ... 10
imitar ... 10
impacientar ... 10
impedir ... 43
impersonalizar ... 19
implantar ... 10
implicar ... 7
implorar ... 10
imponer ... 47
imposibilitar ... 10
impresionar ... 10
imprimir ... 67
improvisar ... 10
impulsar ... 10
imputar ... 10
inaugurar ... 10
incapacitar ... 10
incendiar ... 10
incitar ... 10
inclinar ... 10
incluir ... 15
incomodar ... 10
incorporar ... 10
incrementar ... 10
incriminar ... 10
incrustar ... 10
inculcar ... 7
incumbir ... 67
incurrir ... 67
indagar ... 35
indemnizar ... 19
independizar ... 19
indicar ... 7
indignar ... 10
indisciplinarse ... 10
indisponer ... 47
individualizar ... 19
inducir ... 16
indultar ... 10
industrializar ... 19
infectar ... 10
inferir ... 57
infestar ... 10
infiltrar ... 10
inflamar ... 10
inflar ... 10
infligir ... 22
influir ... 15
informar ... 10
infringir ... 22
infundir ... 67
ingerir ... 57
ingresar ... 10
inhalar ... 10
inhibir ... 67
iniciar ... 10
injuriar ... 10
inmigrar ... 10
inmiscuir ... 15
inmovilizar ... 19
inmunizar ... 19
inmutar ... 10
innovar ... 10
inocular ... 10
inquietar ... 10
inquirir ... 2
inscribir ... 67
insensibilizar ... 19
insinuar ... 1
insistir ... 67
inspeccionar ... 10
inspirar ... 10
instalar ... 10
instar ... 10
instaurar ... 10
instigar ... 35
instilar ... 10
institucionalizar ... 19
instituir ... 15
instruir ... 15
insubordinar ... 10
insultar ... 10
integrar ... 10
intelectualizar ... 19
intensificar ... 7
intentar ... 10
intercalar ... 10
intercambiar ... 10
interceder ... 4
interceptar ... 10
interesar ... 10
interferir ... 57
interiorizar ... 19
intermediar ... 10
internacionalizar ... 19
internar ... 10
interpelar ... 10
interpolar ... 10
interponer ... 47
interpretar ... 10
interrogar ... 35
interrumpir ... 67
intersecarse ... 7
intervenir ... 65
intimar ... 10
intimidar ... 10
intoxicar ... 7
intricar ... 7
intrigar ... 35
intrincar ... 7
introducir ... 16
intuir ... 15
inundar ... 10
invadir ... 67
invalidar ... 10
inventar ... 10
inventariar ... 26
invernar ... 11
invertir ... 57
investigar ... 35
invitar ... 10
invocar ... 7
involucrar ... 10
inyectar ... 10
ionizar ... 19
ir ... 33
irradiar ... 10
irrigar ... 35
irritar ... 10
irrumpir ... 67
italianizar ... 19
iterar ... 10
izar ... 19

jactarse ... 10
jadear ... 10
jalar ... 10
jalear ... 10
jaspear ... 10
jerarquizar ... 19
jorobar ... 10
jubilar ... 10
jugar ... 34
juguetear ... 10
juntar ... 10
jurar ... 10
justiciar ... 10
justificar ... 7
juzgar ... 35

kilometrar ... 10

labrar ... 10
lacerar ... 10
lactar ... 10
ladear ... 10
ladrar ... 10
lagrimear ... 10
lamentar ... 10
lamer ... 4
laminar ... 10
lancear ... 10
languidecer ... 42
lanzar ... 19
laquear ... 10
largar ... 35
lastimar ... 10

orinar 10
ornamentar 10
ornar 10
ornear 10
orquestar 10
ortografiar 26
osar 10
oscilar 10
oscurecer 42
osificar 7
ostentar 10
otorgar 35
ovalar 10
oxidar 10
oxigenar 10

pacer 42
pacificar 7
pactar 10
padecer 42
paganizar 19
pagar 35
paginar 10
palear 10
palidecer 42
palmear 10
palpar 10
palpitar 10
parafrasear 10
paralelar 10
paralizar 19
parapetar 10
parar 10
parcelar 10
parchear 10
parcializar 19
parear 10
parecer 42
parir 67
parodiar 10
parpadear 10
parquear 10
parrafear 10
parrandear 10
partear 10
participar 10
particularizar 19
partir 67
pasar 10
pasear 10
pasmar 10
pastar 10
pasteurizar 19
pastorear 10
patalear 10
patear 10
patentar 10
patentizar 19
patinar 10
patrocinar 10
patrullar 10
pausar 10
pautar 10
pavonear 10
payasear 10
pealar 10
pecar 7
pedalear 10
pedir 43
pedorrear 10
pegar 35
peinar 10
pelar 10
pelear 10
peligrar 10
pellizcar 7
pelotear 10
penalizar 19
penar 10
pender 4
penetrar 10
penitenciar 10
pensar 11
pensionar 10
percatar 10
perchonar 10
percibir 67
percudir 67
percutir 67
perder 44
perdonar 10
perdurar 10
perecer 42
peregrinar 10
perfeccionar 10
perfilar 10
perforar 10
perfumar 10
perjudicar 7
permanecer 42
permitir 67
permutar 10
pernoctar 10
perorar 10
perpetrar 10
perpetuar 1
perseguir 56
perseverar 10
persignar 10
persistir 67
personalizar 19
personificar 7
perspirar 10
persuadir 67
pervertir 57
pesar 10
pescar 7
pespuntar 10
pespuntear 10
pestañear 10
petardear 10
petrificar 7
piafar 10
pialar 10
piar 26
picanear 10
picar 7
picardear 10
picotear 10
pigmentar 10
pincelar 10
pinchar 10
pintar 10
piropear 10
pisar 10
pisotear 10
pitar 10
pizcar 7
plagar 35
plagiar 10
planchar 10
planear 10
planificar 7
plantar 10
plantear 10
plantificar 7
plasmar 10
plastificar 7
platicar 7
plebiscitar 10
plisar 10
pluralizar 19
poblar 17
podar 10
poder 45
podrir 46
poetizar 19
polarizar 19
polemizar 19
politizar 19
ponderar 10
poner 47
pontificar 7
popularizar 19
pordiosear 10
porfiar 26
portar 10
posar 10
poseer 18
posesionar 10
posfechar 10
posibilitar 10
posponer 47
postergar 35
postrar 10
postular 10
potenciar 10
practicar 7
precaver 4
preceder 4
preciar 10
precipitar 10
precisar 10
preconcebir 43
preconizar 19
predefinir 67
predeterminar 10
predicar 7
predisponer 47
predominar 10
preestablecer 42
preexistir 67
prefabricar 7
preferir 57
prefigurar 10
prefijar 10
pregonar 10
preguntar 10
premeditar 10
premiar 10
prender 4
prensar 10
preñar 10
preocupar 10
preparar 10
preponer 47
presagiar 10
prescindir 67
prescribir 67
presenciar 10
presentar 10
presentir 57
preservar 10
presidiar 10
presidir 67
presionar 10
prestar 10
presumir 67
presuponer 47
presupuestar 10
pretender 4
pretextar 10
prevalecer 42
prevaler 63
prevaricar 7
prevenir 65
prever 66
privar 10
privilegiar 10
probar 17
proceder 4
procesar 10
proclamar 10
procrastinar 10
procrear 10
procurar 10
prodigar 35
producir 16
profanar 10
proferir 57
profesar 10
profesionalizar 19
profetizar 19
profundar 10
profundizar 19
programar 10
progresar 10
prohibir 48
proletarizar 19
proliferar 10
prologar 35
prolongar 35
promediar 10
prometer 4
promover 38
promulgar 35
pronosticar 7
pronunciar 10
propagar 35
propasar 10
propiciar 10
proponer 47
proporcionar 10
propulsar 10
prorrogar 35
prorrumpir 67
proscribir 67
proseguir 56
prosificar 7
prospectar 10

prosperar 10
prosternarse 10
prostituir 15
protagonizar 19
proteger 13
protestar 10
proveer 18
provenir 65
provocar 7
proyectar 10
publicar 7
pujar 10
pulsar 10
pulular 10
pulverizar 19
puntualizar 19
puntuar 1
punzar 19
purgar 35
purificar 7

quebrajar 10
quebrantar 10
quebrar 11
quedar 10
quejar 10
quejumbrar 10
quemar 10
querer 49
quijotear 10
quimerizar 19
quintuplicar 7
quitar 10

rabiar 10
raciocinar 10
racionalizar 19
racionar 10
radicalizar 19
radicar 7
radiodifundir 67
radiografiar 26
radiotelegrafiar .. 26
rajar 10
rallar 10
ramificar 7
ranciar 10
rapar 10
raptar 10
rarificar 7
rasar 10
rascar 7
rasgar 35
rasguear 10
rasguñar 10
raspar 10
rastrar 10
rastrear 10
rastrillar 10
rasurar 10
ratificar 7
rayar 10
razonar 10
reabrir 67
reabsorber 4
reaccionar 10
reactivar 10
readmitir 67
reafirmar 10
reagrupar 10
reajustar 10
realizar 19
realzar 19
reanimar 10
reanudar 10
reaparecer 42
reapretar 11
reasegurar 10
reasumir 67
reavivar 10
rebajar 10
rebanar 10
rebasar 10
rebautizar 19
rebelarse 10
rebosar 10
rebotar 10
rebozar 19
rebuscar 7
rebuznar 10
recaer 9
recalcitrar 10
recalentar 11
recapacitar 10
recapitular 10
recargar 35
recatar 10
recaudar 10
recavar 10
recetar 10
rechazar 19
rechinar 10
recibir 67
reciclar 10
reciprocar 7
recitar 10
reclamar 10
reclinar 10
reclutar 10
recobrar 10
recodar 10
recoger 13
recolectar 10
recomendar 11
recomenzar 14
recompensar 10
recomponer 47
reconcentrar 10
reconciliar 10
reconfirmar 10
reconocer 42
reconquistar 10
reconsiderar 10
reconstituir 15
reconstruir 15
reconvenir 65
recopilar 10
recordar 17
recorrer 4
recoser 4
recostar 17
recrear 10
recriminar 10
rectificar 7
recubrir 67
recuperar 10
recurrir 67
recusar 10
redactar 10
redimir 67
redituar 1
redoblar 10
redoblegar 35
redolar 10
redondear 10
reducir 16
redundar 10
reduplicar 7
reedificar 7
reeditar 10
reeducar 7
reelegir 50
reembarcar 7
reembolsar 10
reemplazar 19
reemprender 4
reengendrar 10
reensayar 10
reentrar 10
reestructurar 10
reexaminar 10
reexpedir 43
refaccionar 10
referir 57
refinar 10
refirmar 10
reflejar 10
reflexionar 10
reflorecer 42
reforestar 10
reformar 10
reforzar 30
refregar 39
refreír 51
refrenar 10
refrescar 7
refrigerar 10
refugiar 10
refunfuñar 10
refutar 10
regalar 10
regañar 10
regar 39
regatear 10
regenerar 10
regentar 10
regimentar 11
regionalizar 19
regir 50
registrar 10
reglamentar 10
regocijar 10
regresar 10
regular 10
regularizar 19
regurgitar 10
rehabilitar 10
rehacer 32
rehogar 35
rehuir 15
rehumedecer 42
reimprimir 67
reinar 10
reincidir 67
reincorporar 10
reingresar 10
reinscribir 67
reinstalar 10
reintegrar 10
reír 51
reiterar 10
reivindicar 7
rejonear 10
rejuntar 10
rejuvenecer 42
relacionar 10
relajar 10
relamer 4
relampaguear 10
relatar 10
releer 18
relegar 35
relinchar 10
relingar 35
rellenar 10
relucir 36
remachar 10
remar 10
rematar 10
rembolsar 10
remedar 10
remediar 10
rememorar 10
remendar 11
remilitarizar 19
remitir 67
remojar 10
remolcar 7
remontar 10
remorder 38
remover 38
remplazar 19
rempujar 10
remunerar 10
renacer 42
rendir 43
renegar 39
renovar 17
renquear 10
rentabilizar 19
rentar 10
renunciar 10
reñir 61
reordenar 10
reorganizar 19
repagar 35
reparar 10
repasar 10
repatriar 26
repeinar 10
repensar 11
repercutir 67
repetir 43
repicar 7
replegar 39
repletar 10
replicar 7
repoblar 17
repodar 10
reponer 47

reportar 10
reposar 10
reprender 4
representar 10
reprimir 67
reprobar 17
reprochar 10
reproducir 16
reptar 10
republicanizar 19
repudiar 10
repugnar 10
repulsar 10
requebrar 11
requerir 57
resaltar 10
resbalar 10
rescatar 10
rescindir 67
rescribir 67
resecar 7
resentirse 57
reseñar 10
reservar 10
resfriar 26
resguardar 10
residir 67
resignar 10
resistir 67
resollar 17
resolver 69
resonar 17
resoplar 10
resorber 4
respaldar 10
respetar 10
respingar 35
respirar 10
resplandecer 42
responder 4
responsabilizarse 19
resquebrajar 10
restablecer 42
restar 10
restaurar 10
restituir 15
restregar 39
restringir 22
resucitar 10
resultar 10
resumir 67
resurgir 22
retar 10
retardar 10
retener 60
retirar 10
retocar 7
retoñar 10
retorcer 12
retozar 19
retraer 62
retransmitir 67
retrasar 10
retratar 10
retribuir 15
retroceder 4
retumbar 10
reunificar 7
reunir 52
revalidar 10
revalorar 10
revalorizar 19
revaluar 1
revelar 10
revenir 57
reventar 11
reverberar 10
reverdecer 42
reverenciar 10
revestir 43
revigorizar 19
revindicar 7
revisar 10
revistar 10
revitalizar 19
revivificar 7
revivir 67
revocar 7
revolcar 68
revolotear 10
revolucionar 10
revolver 69
rezar 19
rezongar 35
rezumar 10
ridiculizar 19
rifar 10
rilar 10
rimar 10
rivalizar 19
rizar 19
robar 10
robustecer 42
rociar 26
rodar 17
rodear 10
rogar 53
romper 4
roncar 7
rondar 10
ronquear 10
ronronear 10
rotar 10
rotular 10
roturar 10
rozar 19
ruborizar 19
rubricar 7
rugir 22
rusticar 7

saber 54
saborear 10
sabotear 10
sacar 7
saciar 10
sacrificar 7
sacudir 67
salar 10
salariar 10
saldar 10
salir 55
salivar 10
salpicar 7
salpimentar 11
saltar 10
saltear 10
saludar 10
salvar 10
sanar 10
sancionar 10
sancochar 10
sangrar 10
santificar 7
santiguar 6
saquear 10
satirizar 19
satisfacer 32
saturar 10
sazonar 10
secar 7
secuestrar 10
seducir 16
segar 39
segmentar 10
segregar 35
seguetear 10
seguir 56
segundar 10
seleccionar 10
sellar 10
sembrar 11
sementar 11
sensibilizar 19
sentar 11
sentenciar 10
sentir 57
señalar 10
señalizar 19
separar 10
septuplicar 7
sepultar 10
ser 58
serenar 10
sermonear 10
serpentear 10
serrar 11
serruchar 10
serviciar 10
servir 43
sesear 10
sesgar 35
sestear 10
significar 7
silabear 10
silbar 10
silenciar 10
silogizar 19
simbolizar 19
simetrizar 19
simpatizar 19
simplificar 7
simular 10
sincopar 10
sincronizar 19
sindicar 7
singularizar 19
sintetizar 19
sintonizar 19
sisear 10
sistematizar 19
situar 1
sobar 10
sobornar 10
sobrar 10
sobrealimentar 10
sobrealzar 19
sobrecargar 35
sobrecoger 13
sobrepasar 10
sobreponer 47
sobresalir 55
sobresaltar 10
sobrestimar 10
sobrevenir 65
sobrevivir 67
sobrevolar 17
socializar 19
socorrer 4
sofisticar 7
sofocar 7
sofreír 51
soldar 17
solear 10
solemnizar 19
soler 59
solicitar 10
solidarizar 19
solidificar 7
sollozar 19
soltar 17
solucionar 10
sombrear 10
someter 4
sonar 17
sondar 10
sondear 10
sonetizar 19
sonorizar 19
sonreír 51
sonrojar 10
sonsacar 7
soñar 17
sopesar 10
sopetear 10
soplar 10
sorber 4
sorprender 4
sosegar 39
soslayar 10
sospechar 10
sostener 60
suavizar 19
subdividir 67
subentender 44
subestimar 10
subir 67
sublevar 10
sublimar 10
subordinar 10
subrayar 10
subrogar 35
subscribir 67
subsistir 67
substanciar 10
substantivar 10
substituir 15
substraer 62
subtitular 10
subvencionar 10

subyugar ... 35
suceder ... 4
sucumbir ... 67
sudar ... 10
sufrir ... 67
sugerir ... 57
sugestionar ... 10
suicidarse ... 10
sujetar ... 10
sumar ... 10
sumergir ... 22
suministrar ... 10
superar ... 10
superponer ... 47
supervisar ... 10
supervivir ... 67
suplantar ... 10
suplicar ... 7
suplir ... 67
suponer ... 47
suprimir ... 67
supurar ... 10
surcar ... 7
surgir ... 22
suscitar ... 10
suscribir ... 67
suspender ... 4
suspirar ... 10
sustanciar ... 10
sustantivar ... 10
sustentar ... 10
sustituir ... 15
sustraer ... 62
susurrar ... 10
suturar ... 10

tachar ... 10
taconear ... 10
tajar ... 10
taladrar ... 10
talar ... 10
tallar ... 10
tambalear ... 10
tamizar ... 19
tantear ... 10
tapar ... 10
tapizar ... 19
tararear ... 10
tardar ... 10
tarifar ... 10
tartamudear ... 10
tatuar ... 1
tejer ... 4
telefonear ... 10
telegrafiar ... 26
televisar ... 10
temblar ... 11
temer ... 4
templar ... 10
tender ... 44
tener ... 60
tentar ... 11
teñir ... 61
teorizar ... 19
terminar ... 10
testificar ... 7
tintinear ... 10
tipificar ... 7
tiranizar ... 19
tirar ... 10
tiritar ... 10
tironear ... 10
tirotear ... 10
titubear ... 10
titular ... 10
tiznar ... 10
tocar ... 7
tolerar ... 10
tomar ... 10
tonsurar ... 10
topar ... 10
torcer ... 12
torear ... 10
tormentar ... 10
tornar ... 10
tornear ... 10
torpedear ... 10
toser ... 4
tostar ... 17
totalizar ... 19
trabajar ... 10
trabar ... 10
traducir ... 16
traer ... 62
traficar ... 7
tragar ... 35
traicionar ... 10
trajinar ... 10
tramar ... 10
tramitar ... 10
trancar ... 7
tranquilizar ... 19
transcender ... 44
transcribir ... 67
transcurrir ... 67
transferir ... 57
transformar ... 10
transitar ... 10
translucirse ... 36
transmitir ... 67
transparentarse ... 10
transpirar ... 10
transplantar ... 10
traquetear ... 10
trascender ... 44
trascribir ... 67
trascurrir ... 67
trasladar ... 10
traslucir ... 36
traslumbrar ... 10
trasmitir ... 67
trasnochar ... 10
traspasar ... 10
traspirar ... 10
trasplantar ... 10
trasponer ... 47
trasquilar ... 10
trastear ... 10
trastornar ... 10
tratar ... 10
traumatizar ... 19
trazar ... 19
trenzar ... 19
trepar ... 10
trepidar ... 10
triar ... 26
trillar ... 10
trinar ... 10
trincar ... 7
trinchar ... 10
triplicar ... 7
triturar ... 10
triunfar ... 10
trocar ... 68
trompetear ... 10
tronar ... 17
tropezar ... 14
trotar ... 10
tumbar ... 10
turbar ... 10
tutear ... 10

ubicar ... 7
ufanarse ... 10
ulcerar ... 10
ultrajar ... 10
ulular ... 10
uncir ... 28
undular ... 10
unificar ... 7
uniformar ... 10
uniformizar ... 19
unir ... 67
universalizar ... 19
untar ... 10
urbanizar ... 19
urgir ... 22
usar ... 10
usurpar ... 10
utilizar ... 19

vaciar ... 26
vacilar ... 10
vacunar ... 10
vagabundear ... 10
vagar ... 35
vaguear ... 10
valer ... 63
validar ... 10
valorar ... 10
valorizar ... 19
valuar ... 1
vanagloriarse ... 10
vaporizar ... 19
variar ... 26
vaticinar ... 10
vedar ... 10
vegetar ... 10
velar ... 10
vencer ... 64
vendar ... 10
vender ... 4
vendimiar ... 10
venerar ... 10
vengar ... 35
venir ... 65
ventilar ... 10
ver ... 66
veranear ... 10
verdecer ... 42
verificar ... 7
versificar ... 7
verter ... 44
vestir ... 43
vetar ... 10
viajar ... 10
vibrar ... 10
viciar ... 10
victimar ... 10
vigilar ... 10
vigorizar ... 19
vincular ... 10
vindicar ... 7
violar ... 10
violentar ... 10
virar ... 10
virilizar ... 19
visar ... 10
visitar ... 10
vislumbrar ... 10
visualizar ... 19
vitalizar ... 19
vivaquear ... 10
vivificar ... 7
vivir ... 67
vocalizar ... 19
vocear ... 10
vociferar ... 10
volar ... 17
volatilizar ... 19
volatizar ... 19
volcar ... 68
voltear ... 10
volver ... 69
vomitar ... 10
vosear ... 10
votar ... 10
vulcanizar ... 19
vulgarizar ... 19

xerocopiar ... 10

yacer ... 70
yuxtaponer ... 47

zabordar ... 10
zafar ... 10
zaherir ... 57
zahoriar ... 10
zalear ... 10
zambullir ... 71
zampar ... 10
zanjar ... 10
zorrear ... 10
zangolotear ... 10
zapatear ... 10
zarandear ... 10
zarpar ... 10
zigzaguear ... 10
zonificar ... 7
zozobrar ... 10
zumbar ... 10
zurcir ... 28
zurrar ... 10

1. ACTUAR *(to act)* — Verbo en -AR con cambio de *u* → *ú* (Como **acentuar, continuar, evaluar, graduar, insinuar**)

Participio presente: actuando | **Participio pasado:** actuado

Imperativo: actúa (no actúes), actúe Ud., actuemos, actuad (no actuéis), actúen Uds.

Indicativo				Condicional	Subjuntivo	
Presente	**Imperfecto**	**Pretérito**	**Futuro**	**Presente**	**Presente**	**Imperfecto**
actúo actúas actúa actuamos actuáis actúan	actuaba actuabas actuaba actuábamos actuabais actuaban	actué actuaste actuó actuamos actuasteis actuaron	actuaré actuarás actuará actuaremos actuaréis actuarán	actuaría actuarías actuaría actuaríamos actuaríais actuarían	actúe actúes actúe actuemos actuéis actúen	actuara actuaras actuara actuáramos actuarais actuaran
Pres. perfecto	**Pluscuamperf.**		**Futuro perfecto**	**Perfecto**	**Pres. perfecto**	**Pluscuamperf.**
he actuado	había actuado		habré actuado	habría actuado	haya actuado	hubiera actuado

2. ADQUIRIR *(to acquire)* — Verbo en -IR con cambio de *i* → *ie* (Como **coadquirir, inquirir**)

Participio presente: adquiriendo | **Participio pasado:** adquirido

Imperativo: adquiere (no adquieras), adquiera Ud., adquiramos, adquirid (no adquiráis), adquieran Uds.

Indicativo				Condicional	Subjuntivo	
Presente	**Imperfecto**	**Pretérito**	**Futuro**	**Presente**	**Presente**	**Imperfecto**
adquiero adquieres adquiere adquirimos adquirís adquieren	adquiría adquirías adquiría adquiríamos adquiríais adquirían	adquirí adquiriste adquirió adquirimos adquiristeis adquirieron	adquiriré adquirirás adquirirá adquiriremos adquiriréis adquirirán	adquiriría adquirirías adquiriría adquiriríamos adquiriríais adquirirían	adquiera adquieras adquiera adquiramos adquiráis adquieran	adquiriera adquirieras adquiriera adquiriéramos adquirierais adquirieran
Pres. perfecto	**Pluscuamperf.**		**Futuro perfecto**	**Perfecto**	**Pres. perfecto**	**Pluscuamperf.**
he adquirido	había adquirido		habré adquirido	habría adquirido	haya adquirido	hubiera adquirido

3. ANDAR *(to go)* — Verbo irregular

Participio presente: andando | **Participio pasado:** andado

Imperativo: anda (no andes), ande Ud., andemos, andad (no andéis), anden Uds.

Indicativo				Condicional	Subjuntivo	
Presente	**Imperfecto**	**Pretérito**	**Futuro**	**Presente**	**Presente**	**Imperfecto**
ando andas anda andamos andáis andan	andaba andabas andaba andábamos andabais andaban	anduve anduviste anduvo anduvimos anduvisteis anduvieron	andaré andarás andará andaremos andaréis andarán	andaría andarías andaría andaríamos andaríais andarían	ande andes ande andemos andéis anden	anduviera anduvieras anduviera anduviéramos anduvierais anduvieran
Pres. perfecto	**Pluscuamperf.**		**Futuro perfecto**	**Perfecto**	**Pres. perfecto**	**Pluscuamperf.**
he andado	había andado		habré andado	habría andado	haya andado	hubiera andado

4. APRENDER *(to learn)*

Verbo regular 2.ª conjugación
(Como **depender, emprender, meter, prender, responder**)

Participio presente: aprendiendo	**Participio pasado:** aprendido

Imperativo: aprende (no aprendas), aprenda Ud., aprendamos, aprended (no aprendáis), aprendan Uds.

Indicativo				Condicional	Subjuntivo	
Presente	**Imperfecto**	**Pretérito**	**Futuro**	**Presente**	**Presente**	**Imperfecto**
aprendo aprendes aprende aprendemos aprendéis aprenden	aprendía aprendías aprendía aprendíamos aprendíais aprendían	aprendí aprendiste aprendió aprendimos aprendisteis aprendieron	aprenderé aprenderás aprenderá aprenderemos aprenderéis aprenderán	aprendería aprenderías aprendería aprenderíamos aprenderíais aprenderían	aprenda aprendas aprenda aprendamos aprendáis aprendan	aprendiera aprendieras aprendiera aprendiéramos aprendierais aprendieran
Pres. perfecto	**Pluscuamperf.**		**Futuro perfecto**	**Perfecto**	**Pres. perfecto**	**Pluscuamperf.**
he aprendido	había aprendido		habré aprendido	habría aprendido	haya aprendido	hubiera aprendido

5. AVERGONZAR *(to shame)*

Verbo en -AR con cambio de *u* → *ü* frente a E; *z* → *c* frente a E
(Como **desvergonzarse**)

Participio presente: avergonzando	**Participio pasado:** avergonzado

Imperativo: avergüenza (no avergüences), avergüence Ud., avergoncemos, avergonzad (no avergoncéis), avergüencen Uds.

Indicativo				Condicional	Subjuntivo	
Presente	**Imperfecto**	**Pretérito**	**Futuro**	**Presente**	**Presente**	**Imperfecto**
avergüenzo avergüenzas avergüenza avergonzamos avergonzáis avergüenzan	avergonzaba avergonzabas avergonzaba avergonzábamos avergonzabais avergonzaban	avergoncé avergonzaste avergonzó avergonzamos avergonzasteis avergonzaron	avergonzaré avergonzarás avergonzará avergonzaremos avergonzaréis avergonzarán	avergonzaría avergonzarías avergonzaría avergonzaríamos avergonzaríais avergonzarían	avergüence avergüences avergüence avergoncemos avergoncéis avergüencen	avergonzara avergonzaras avergonzara avergonzáramos avergonzarais avergonzaran
Pres. perfecto	**Pluscuamperf.**		**Futuro perfecto**	**Perfecto**	**Pres. perfecto**	**Pluscuamperf.**
he avergonzado	había avergonzado		habré avergonzado	habría avergonzado	haya avergonzado	hubiera avergonzado

6. AVERIGUAR *(to ascertain)*

Verbo en -AR con cambio de *u* → *ü* frente a E
(Como **aguar, amortiguar, apaciguar, atestiguar, santiguar**)

Participio presente: averiguando	**Participio pasado:** averiguado

Imperativo: averigua (no averigües), averigüe Ud., averigüemos, averiguad (no averigüéis), averigüen Uds.

Indicativo				Condicional	Subjuntivo	
Presente	**Imperfecto**	**Pretérito**	**Futuro**	**Presente**	**Presente**	**Imperfecto**
averiguo averiguas averigua averiguamos averiguáis averiguan	averiguaba averiguabas averiguaba averiguábamos averiguabais averiguaban	averigüé averiguaste averiguó averiguamos averiguasteis averiguaron	averiguaré averiguarás averiguará averiguaremos averiguaréis averiguarán	averiguaría averiguarías averiguaría averiguaríamos averiguaríais averiguarían	averigüe averigües averigüe averigüemos averigüéis averigüen	averiguara averiguaras averiguara averiguáramos averiguarais averiguaran
Pres. perfecto	**Pluscuamperf.**		**Futuro perfecto**	**Perfecto**	**Pres. perfecto**	**Pluscuamperf.**
he averiguado	había averiguado		habré averiguado	habría averiguado	haya averiguado	hubiera averiguado

7. BUSCAR *(to look for)*

Verbo en -AR con cambio de *c* → *qu* frente a E
(Como **acercar, explicar, justificar, sacar, significar**)

Participio presente: buscando | **Participio pasado:** buscado

Imperativo: busca (no bus**que**s), bus**que** Ud., bus**que**mos, buscad (no bus**qué**is), bus**que**n Uds.

Indicativo				Condicional	Subjuntivo	
Presente	**Imperfecto**	**Pretérito**	**Futuro**	**Presente**	**Presente**	**Imperfecto**
busco	buscaba	bus**qué**	buscaré	buscaría	bus**que**	buscara
buscas	buscabas	buscaste	buscarás	buscarías	bus**que**s	buscaras
busca	buscaba	buscó	buscará	buscaría	bus**que**	buscara
buscamos	buscábamos	buscamos	buscaremos	buscaríamos	bus**que**mos	buscáramos
buscáis	buscabais	buscasteis	buscaréis	buscaríais	bus**qué**is	buscarais
buscan	buscaban	buscaron	buscarán	buscarían	bus**que**n	buscaran
Pres. perfecto	**Pluscuamperf.**		**Futuro perfecto**	**Perfecto**	**Pres. perfecto**	**Pluscuamperf.**
he buscado	había buscado		habré buscado	habría buscado	haya buscado	hubiera buscado

8. CABER *(to fit)*

Verbo irregular

Participio presente: cabiendo | **Participio pasado:** cabido

Imperativo: cabe (no **quep**as), **quep**a Ud., **quep**amos, cabed (no **quep**áis), **quep**an Uds.

Indicativo				Condicional	Subjuntivo	
Presente	**Imperfecto**	**Pretérito**	**Futuro**	**Presente**	**Presente**	**Imperfecto**
quepo	cabía	**cupe**	cab**r**é	cab**r**ía	**quep**a	**cup**iera
cabes	cabías	**cup**iste	cab**r**ás	cab**r**ías	**quep**as	**cup**ieras
cabe	cabía	**cupo**	cab**r**á	cab**r**ía	**quep**a	**cup**iera
cabemos	cabíamos	**cup**imos	cab**r**emos	cab**r**íamos	**quep**amos	**cup**iéramos
cabéis	cabíais	**cup**isteis	cab**r**éis	cab**r**íais	**quep**áis	**cup**ierais
caben	cabían	**cup**ieron	cab**r**án	cab**r**ían	**quep**an	**cup**ieran
Pres. perfecto	**Pluscuamperf.**		**Futuro perfecto**	**Perfecto**	**Pres. perfecto**	**Pluscuamperf.**
he cabido	había cabido		habré cabido	habría cabido	haya cabido	hubiera cabido

9. CAER *(to fall)*

Verbo irregular
(Como **decaer, recaer**)

Participio presente: cayendo | **Participio pasado:** caído

Imperativo: cae (no cai**g**as), cai**g**a Ud., cai**g**amos, caed (no cai**g**áis), cai**g**an Uds.

Indicativo				Condicional	Subjuntivo	
Presente	**Imperfecto**	**Pretérito**	**Futuro**	**Presente**	**Presente**	**Imperfecto**
cai**g**o	caía	caí	caeré	caería	cai**g**a	ca**y**era
caes	caías	ca**í**ste	caerás	caerías	cai**g**as	ca**y**eras
cae	caía	ca**yó**	caerá	caería	cai**g**a	ca**y**era
caemos	caíamos	ca**í**mos	caeremos	caeríamos	cai**g**amos	ca**y**éramos
caéis	caíais	ca**í**steis	caeréis	caeríais	cai**g**áis	ca**y**erais
caen	caían	ca**y**eron	caerán	caerían	cai**g**an	ca**y**eran
Pres. perfecto	**Pluscuamperf.**		**Futuro perfecto**	**Perfecto**	**Pres. perfecto**	**Pluscuamperf.**
he caído	había caído		habré caído	habría caído	haya caído	hubiera caído

10. CAMINAR *(to walk)*

Verbo regular 1.ª conjugación
(Como **acabar, comentar, enamorar, interesar, tardar**)

Participio presente: caminando | **Participio pasado:** caminado

Imperativo: camina (no camines), camine Ud., caminemos, caminad (no caminéis), caminen Uds.

Indicativo				Condicional	Subjuntivo	
Presente	**Imperfecto**	**Pretérito**	**Futuro**	**Presente**	**Presente**	**Imperfecto**
camino caminas camina caminamos camináis caminan	caminaba caminabas caminaba caminábamos caminabais caminaban	caminé caminaste caminó caminamos caminasteis caminaron	caminaré caminarás caminará caminaremos caminaréis caminarán	caminaría caminarías caminaría caminaríamos caminaríais caminarían	camine camines camine caminemos caminéis caminen	caminara caminaras caminara camináramos caminarais caminaran
Pres. perfecto	**Pluscuamperf.**		**Futuro perfecto**	**Perfecto**	**Pres. perfecto**	**Pluscuamperf.**
he caminado	había caminado		habré caminado	habría caminado	haya caminado	hubiera caminado

11. CERRAR *(to close)*

Verbo en -AR con cambio de *e* → *ie*
(Como **acertar, calentar, despertar, quebrar, sentar**)

Participio presente: cerrando | **Participio pasado:** cerrado

Imperativo: cierra (no cierres), cierre Ud., cerremos, cerrad (no cerréis), cierren Uds.

Indicativo				Condicional	Subjuntivo	
Presente	**Imperfecto**	**Pretérito**	**Futuro**	**Presente**	**Presente**	**Imperfecto**
cierro cierras cierra cerramos cerráis cierran	cerraba cerrabas cerraba cerrábamos cerrabais cerraban	cerré cerraste cerró cerramos cerrasteis cerraron	cerraré cerrarás cerrará cerraremos cerraréis cerrarán	cerraría cerrarías cerraría cerraríamos cerraríais cerrarían	cierre cierres cierre cerremos cerréis cierren	cerrara cerraras cerrara cerráramos cerrarais cerraran
Pres. perfecto	**Pluscuamperf.**		**Futuro perfecto**	**Perfecto**	**Pres. perfecto**	**Pluscuamperf.**
he cerrado	había cerrado		habré cerrado	habría cerrado	haya cerrado	hubiera cerrado

12. COCER *(to cook)*

Verbo en -ER con cambio de *o* → *ue*; *c* → *z* frente a A y O
(Como **descocer, destorcer, retorcer, torcer**)

Participio presente: cociendo | **Participio pasado:** cocido

Imperativo: cuece (no cuezas), cueza Ud., cozamos, coced (no cozáis), cuezan Uds.

Indicativo				Condicional	Subjuntivo	
Presente	**Imperfecto**	**Pretérito**	**Futuro**	**Presente**	**Presente**	**Imperfecto**
cuezo cueces cuece cocemos cocéis cuecen	cocía cocías cocía cocíamos cocíais cocían	cocí cociste coció cocimos cocisteis cocieron	coceré cocerás cocerá coceremos coceréis cocerán	cocería cocerías cocería coceríamos coceríais cocerían	cueza cuezas cueza cozamos cozáis cuezan	cociera cocieras cociera cociéramos cocierais cocieran
Pres. perfecto	**Pluscuamperf.**		**Futuro perfecto**	**Perfecto**	**Pres. perfecto**	**Pluscuamperf.**
he cocido	había cocido		habré cocido	habría cocido	haya cocido	hubiera cocido

13. COGER *(to take hold of)*

Verbo en -ER con cambio de *g* → *j* frente a A y O
(Como **acoger, encoger, escoger, proteger, recoger**)

Participio presente: cogiendo | **Participio pasado:** cogido

Imperativo: coge (no cojas), coja Ud., cojamos, coged (no cojáis), cojan Uds.

Indicativo				Condicional	Subjuntivo	
Presente	**Imperfecto**	**Pretérito**	**Futuro**	**Presente**	**Presente**	**Imperfecto**
cojo coges coge cogemos cogéis cogen	cogía cogías cogía cogíamos cogíais cogían	cogí cogiste cogió cogimos cogisteis cogieron	cogeré cogerás cogerá cogeremos cogeréis cogerán	cogería cogerías cogería cogeríamos cogeríais cogerían	coja cojas coja cojamos cojáis cojan	cogiera cogieras cogiera cogiéramos cogierais cogieran
Pres. perfecto	**Pluscuamperf.**		**Futuro perfecto**	**Perfecto**	**Pres. perfecto**	**Pluscuamperf.**
he cogido	había cogido		habré cogido	habría cogido	haya cogido	hubiera cogido

14. COMENZAR *(to begin)*

Verbo en -AR con cambio de *e* → *ie*; *z* → *c* frente a E
(Como **empezar, recomenzar, tropezar**)

Participio presente: comenzando | **Participio pasado:** comenzado

Imperativo: comienza (no comiences), comience Ud., comencemos, comenzad (no comencéis), comiencen Uds.

Indicativo				Condicional	Subjuntivo	
Presente	**Imperfecto**	**Pretérito**	**Futuro**	**Presente**	**Presente**	**Imperfecto**
comienzo comienzas comienza comenzamos comenzáis comienzan	comenzaba comenzabas comenzaba comenzábamos comenzabais comenzaban	comencé comenzaste comenzó comenzamos comenzasteis comenzaron	comenzaré comenzarás comenzará comenzaremos comenzaréis comenzarán	comenzaría comenzarías comenzaría comenzaríamos comenzaríais comenzarían	comience comiences comience comencemos comencéis comiencen	comenzara comenzaras comenzara comenzáramos comenzarais comenzaran
Pres. perfecto	**Pluscuamperf.**		**Futuro perfecto**	**Perfecto**	**Pres. perfecto**	**Pluscuamperf.**
he comenzado	había comenzado		habré comenzado	habría comenzado	haya comenzado	hubiera comenzado

15. CONCLUIR *(to conclude)*

Verbo en -IR con cambio de *i* → *y*
(Como **atribuir, construir, distribuir, excluir, huir**)

Participio presente: concluyendo | **Participio pasado:** concluido

Imperativo: concluye (no concluyas), concluya Ud., concluyamos, concluid (no concluyáis), concluyan Uds.

Indicativo				Condicional	Subjuntivo	
Presente	**Imperfecto**	**Pretérito**	**Futuro**	**Presente**	**Presente**	**Imperfecto**
concluyo concluyes concluye concluimos concluís concluyen	concluía concluías concluía concluíamos concluíais concluían	concluí concluiste concluyó concluimos concluisteis concluyeron	concluiré concluirás concluirá concluiremos concluiréis concluirán	concluiría concluirías concluiría concluiríamos concluiríais concluirían	concluya concluyas concluya concluyamos concluyáis concluyan	concluyera concluyeras concluyera concluyéramos concluyerais concluyeran
Pres. perfecto	**Pluscuamperf.**		**Futuro perfecto**	**Perfecto**	**Pres. perfecto**	**Pluscuamperf.**
he concluido	había concluido		habré concluido	habría concluido	haya concluido	hubiera concluido

16. CONDUCIR *(to conduct)*

Verbo en -IR con cambio de *c* → *zc* frente a A y O; *c* → *j*
(Como **deducir, introducir, producir, reducir, traducir**)

Participio presente: conduciendo | **Participio pasado:** conducido

Imperativo: conduce (no condu**zc**as), condu**zc**a Ud., condu**zc**amos, conducid (no condu**zc**áis), condu**zc**an Uds.

Indicativo				Condicional	Subjuntivo	
Presente	**Imperfecto**	**Pretérito**	**Futuro**	**Presente**	**Presente**	**Imperfecto**
condu**zc**o conduces conduce conducimos conducís conducen	conducía conducías conducía conducíamos conducíais conducían	condu**je** condu**j**iste condu**jo** condu**j**imos condu**j**isteis condu**jeron**	conduciré conducirás conducirá conduciremos conduciréis conducirán	conduciría conducirías conduciría conduciríamos conduciríais conducirían	condu**zca** condu**zcas** condu**zca** condu**zcamos** condu**zcáis** condu**zcan**	condu**jera** condu**jeras** condu**jera** condu**jéramos** condu**jerais** condu**jeran**
Pres. perfecto	**Pluscuamperf.**		**Futuro perfecto**	**Perfecto**	**Pres. perfecto**	**Pluscuamperf.**
he conducido	había conducido		habré conducido	habría conducido	haya conducido	hubiera conducido

17. CONTAR *(to tell, to count)*

Verbo en -AR con cambio de *o* → *ue*
(Como **acostar, costar, encontrar, mostrar, probar**)

Participio presente: contando | **Participio pasado:** contado

Imperativo: c**ue**nta (no c**ue**ntes), c**ue**nte Ud., contemos, contad (no contéis), c**ue**nten Uds.

Indicativo				Condicional	Subjuntivo	
Presente	**Imperfecto**	**Pretérito**	**Futuro**	**Presente**	**Presente**	**Imperfecto**
c**ue**nto c**ue**ntas c**ue**nta contamos contáis c**ue**ntan	contaba contabas contaba contábamos contabais contaban	conté contaste contó contamos contasteis contaron	contaré contarás contará contaremos contaréis contarán	contaría contarías contaría contaríamos contaríais contarían	c**ue**nte c**ue**ntes c**ue**nte contemos contéis c**ue**nten	contara contaras contara contáramos contarais contaran
Pres. perfecto	**Pluscuamperf.**		**Futuro perfecto**	**Perfecto**	**Pres. perfecto**	**Pluscuamperf.**
he contado	había contado		habré contado	habría contado	haya contado	hubiera contado

18. CREER *(to believe)*

Verbo irregular
(Como **descreer, leer, poseer, proveer, releer**)

Participio presente: cre**y**endo | **Participio pasado:** creído

Imperativo: cree (no creas), crea Ud., creamos, creed (no creáis), crean Uds.

Indicativo				Condicional	Subjuntivo	
Presente	**Imperfecto**	**Pretérito**	**Futuro**	**Presente**	**Presente**	**Imperfecto**
creo crees cree creemos creéis creen	creía creías creía creíamos creíais creían	creí creíste cre**yó** creímos creísteis cre**y**eron	creeré creerás creerá creeremos creeréis creerán	creería creerías creería creeríamos creeríais creerían	crea creas crea creamos creáis crean	cre**y**era cre**y**eras cre**y**era cre**yé**ramos cre**y**erais cre**y**eran
Pres. perfecto	**Pluscuamperf.**		**Futuro perfecto**	**Perfecto**	**Pres. perfecto**	**Pluscuamperf.**
he creído	había creído		habré creído	habría creído	haya creído	hubiera creído

19. CRUZAR (*to cross*)

Verbo en -AR con cambio de *z* → c frente a E (Como **abrazar, bostezar, especializar, lanzar, reemplazar**)

Participio presente: cruzando | **Participio pasado:** cruzado

Imperativo: cruza (no cruces), cruce Ud., crucemos, cruzad (no crucéis), crucen Uds.

Indicativo				Condicional	Subjuntivo	
Presente	**Imperfecto**	**Pretérito**	**Futuro**	**Presente**	**Presente**	**Imperfecto**
cruzo cruzas cruza cruzamos cruzáis cruzan	cruzaba cruzabas cruzaba cruzábamos cruzabais cruzaban	crucé cruzaste cruzó cruzamos cruzasteis cruzaron	cruzaré cruzarás cruzará cruzaremos cruzaréis cruzarán	cruzaría cruzarías cruzaría cruzaríamos cruzaríais cruzarían	cruce cruces cruce crucemos crucéis crucen	cruzara cruzaras cruzara cruzáramos cruzarais cruzaran
Pres. perfecto	**Pluscuamperf.**		**Futuro perfecto**	**Perfecto**	**Pres. perfecto**	**Pluscuamperf.**
he cruzado	había cruzado		habré cruzado	habría cruzado	haya cruzado	hubiera cruzado

20. DAR (*to give*)

Verbo irregular

Participio presente: dando | **Participio pasado:** dado

Imperativo: da (no des), **dé** Ud., demos, dad (no deis), den Uds.

Indicativo				Condicional	Subjuntivo	
Presente	**Imperfecto**	**Pretérito**	**Futuro**	**Presente**	**Presente**	**Imperfecto**
doy das da damos dais dan	daba dabas daba dábamos dabais daban	**di** **diste** **dio** **dimos** **disteis** **dieron**	daré darás dará daremos daréis darán	daría darías daría daríamos daríais darían	**dé** des **dé** demos deis den	**diera** **dieras** **diera** **diéramos** **dierais** **dieran**
Pres. perfecto	**Pluscuamperf.**		**Futuro perfecto**	**Perfecto**	**Pres. perfecto**	**Pluscuamperf.**
he dado	había dado		habré dado	habría dado	haya dado	hubiera dado

21. DECIR (*to say*)

Verbo irregular

Participio presente: diciendo | **Participio pasado:** dicho

Imperativo: di (no digas), diga Ud., digamos, decid (no digáis), digan Uds.

Indicativo				Condicional	Subjuntivo	
Presente	**Imperfecto**	**Pretérito**	**Futuro**	**Presente**	**Presente**	**Imperfecto**
digo dices dice decimos decís dicen	decía decías decía decíamos decíais decían	**dije** **dijiste** **dijo** **dijimos** **dijisteis** **dijeron**	diré dirás dirá diremos diréis dirán	diría dirías diría diríamos diríais dirían	diga digas diga digamos digáis digan	**dijera** **dijeras** **dijera** **dijéramos** **dijerais** **dijeran**
Pres. perfecto	**Pluscuamperf.**		**Futuro perfecto**	**Perfecto**	**Pres. perfecto**	**Pluscuamperf.**
he **dicho**	había **dicho**		habré **dicho**	habría **dicho**	haya **dicho**	hubiera **dicho**

22. DIRIGIR *(to direct)*

Verbo en -IR con cambio de *g* → *j* frente a A y O
(Como **afligir, exigir, fingir, surgir, urgir**)

Participio presente: dirigiendo	**Participio pasado:** dirigido

Imperativo: dirige (no dirijas), dirija Ud., dirijamos, dirigid (no dirijáis), dirijan Uds.

Indicativo				Condicional	Subjuntivo	
Presente	**Imperfecto**	**Pretérito**	**Futuro**	**Presente**	**Presente**	**Imperfecto**
dirijo	dirigía	dirigí	dirigiré	dirigiría	dirija	dirigiera
diriges	dirigías	dirigiste	dirigirás	dirigirías	dirijas	dirigieras
dirige	dirigía	dirigió	dirigirá	dirigiría	dirija	dirigiera
dirigimos	dirigíamos	dirigimos	dirigiremos	dirigiríamos	dirijamos	dirigiéramos
dirigís	dirigíais	dirigisteis	dirigiréis	dirigiríais	dirijáis	dirigierais
dirigen	dirigían	dirigieron	dirigirán	dirigirían	dirijan	dirigieran
Pres. perfecto	**Pluscuamperf.**		**Futuro perfecto**	**Perfecto**	**Pres. perfecto**	**Pluscuamperf.**
he dirigido	había dirigido		habré dirigido	habría dirigido	haya dirigido	hubiera dirigido

23. DISCERNIR *(to discern)*

Verbo en -IR con cambio de *e* → *ie*
(Como **cernir, concernir**)

Participio presente: discerniendo	**Participio pasado:** discernido

Imperativo: disc**ie**rne (no disc**ie**rnas), disc**ie**rna Ud., discernamos, discernid (no discernáis), disc**ie**rnan Uds.

Indicativo				Condicional	Subjuntivo	
Presente	**Imperfecto**	**Pretérito**	**Futuro**	**Presente**	**Presente**	**Imperfecto**
disc**ie**rno	discernía	discerní	discerniré	discerniría	disc**ie**rna	discerniera
disc**ie**rnes	discernías	discerniste	discernirás	discernirías	disc**ie**rnas	discernieras
disc**ie**rne	discernía	discernió	discernirá	discerniría	disc**ie**rna	discerniera
discernimos	discerníamos	discernimos	discerniremos	discerniríamos	discernamos	discerniéramos
discernís	discerníais	discernisteis	discerniréis	discerniríais	discernáis	discernierais
disc**ie**rnen	discernían	discernieron	discernirán	discernirían	disc**ie**rnan	discernieran
Pres. perfecto	**Pluscuamperf.**		**Futuro perfecto**	**Perfecto**	**Pres. perfecto**	**Pluscuamperf.**
he discernido	había discernido		habré discernido	habría discernido	haya discernido	hubiera discernido

24. DISTINGUIR *(to distinguish)*

Verbo en -IR con cambio de *gu* → *g* frente a A y O
(Como **extinguir**)

Participio presente: distinguiendo	**Participio pasado:** distinguido

Imperativo: distingue (no distin**ga**s), distin**ga** Ud., distin**ga**mos, distinguid (no distin**gá**is), distin**ga**n Uds.

Indicativo				Condicional	Subjuntivo	
Presente	**Imperfecto**	**Pretérito**	**Futuro**	**Presente**	**Presente**	**Imperfecto**
distin**go**	distinguía	distinguí	distinguiré	distinguiría	distin**ga**	distinguiera
distingues	distinguías	distinguiste	distinguirás	distinguirías	distin**ga**s	distinguieras
distingue	distinguía	distinguió	distinguirá	distinguiría	distin**ga**	distinguiera
distinguimos	distinguíamos	distinguimos	distinguiremos	distinguiríamos	distin**ga**mos	distinguiéramos
distinguís	distinguíais	distinguisteis	distinguiréis	distinguiríais	distin**gá**is	distinguierais
distinguen	distinguían	distinguieron	distinguirán	distinguirían	distin**ga**n	distinguieran
Pres. perfecto	**Pluscuamperf.**		**Futuro perfecto**	**Perfecto**	**Pres. perfecto**	**Pluscuamperf.**
he distinguido	había distinguido		habré distinguido	habría distinguido	haya distinguido	hubiera distinguido

25. DORMIR *(to sleep)*

Verbo en -IR con cambio de *o → ue* y *o → u*

Participio presente: durmiendo | **Participio pasado:** dormido

Imperativo: duerme (no duermas), duerma Ud., durmamos, dormid (no durmáis), duerman Uds.

Indicativo				Condicional	Subjuntivo	
Presente	**Imperfecto**	**Pretérito**	**Futuro**	**Presente**	**Presente**	**Imperfecto**
duermo duermes duerme dormimos dormís duermen	dormía dormías dormía dormíamos dormíais dormían	dormí dormiste durmió dormimos dormisteis durmieron	dormiré dormirás dormirá dormiremos dormiréis dormirán	dormiría dormirías dormiría dormiríamos dormiríais dormirían	duerma duermas duerma durmamos durmáis duerman	durmiera durmieras durmiera durmiéramos durmierais durmieran
Pres. perfecto	**Pluscuamperf.**		**Futuro perfecto**	**Perfecto**	**Pres. perfecto**	**Pluscuamperf.**
he dormido	había dormido		habré dormido	habría dormido	haya dormido	hubiera dormido

26. ENVIAR *(to send)*

Verbo en -AR con cambio de *i → í*
(Como **ampliar, confiar, enfriar, rociar, vaciar, variar**)

Participio presente: enviando | **Participio pasado:** enviado

Imperativo: envía (no envíes), envíe Ud., enviemos, enviad (no enviéis), envíen Uds.

Indicativo				Condicional	Subjuntivo	
Presente	**Imperfecto**	**Pretérito**	**Futuro**	**Presente**	**Presente**	**Imperfecto**
envío envías envía enviamos enviáis envían	enviaba enviabas enviaba enviábamos enviabais enviaban	envié enviaste envió enviamos enviasteis enviaron	enviaré enviarás enviará enviaremos enviaréis enviarán	enviaría enviarías enviaría enviaríamos enviaríais enviarían	envíe envíes envíe enviemos enviéis envíen	enviara enviaras enviara enviáramos enviarais enviaran
Pres. perfecto	**Pluscuamperf.**		**Futuro perfecto**	**Perfecto**	**Pres. perfecto**	**Pluscuamperf.**
he enviado	había enviado		habré enviado	habría enviado	haya enviado	hubiera enviado

27. ERRAR *(to wander)*

Verbo en -AR con cambio de *e → ye*
(Como **aberrar**)

Participio presente: errando | **Participio pasado:** errado

Imperativo: yerra (no yerres), yerre Ud., erremos, errad (no erréis), yerren Uds.

Indicativo				Condicional	Subjuntivo	
Presente	**Imperfecto**	**Pretérito**	**Futuro**	**Presente**	**Presente**	**Imperfecto**
yerro yerras yerra erramos erráis yerran	erraba errabas erraba errábamos errabais erraban	erré erraste erró erramos errasteis erraron	erraré errarás errará erraremos erraréis errarán	erraría errarías erraría erraríamos erraríais errarían	yerre yerres yerre erremos erréis yerren	errara erraras errara erráramos errarais erraran
Pres. perfecto	**Pluscuamperf.**		**Futuro perfecto**	**Perfecto**	**Pres. perfecto**	**Pluscuamperf.**
he errado	había errado		habré errado	habría errado	haya errado	hubiera errado

28. ESPARCIR *(to scatter)*

Verbo en -IR con cambio de *c* → *z* frente a A y O
(Como **fruncir, uncir, zurcir**)

Participio presente: esparciendo | **Participio pasado:** esparcido

Imperativo: esparce (no esparzas), esparza Ud., esparzamos, esparcid (no esparzáis), esparzan Uds.

Indicativo				Condicional	Subjuntivo	
Presente	**Imperfecto**	**Pretérito**	**Futuro**	**Presente**	**Presente**	**Imperfecto**
esparzo esparces esparce esparcimos esparcís esparcen	esparcía esparcías esparcía esparcíamos esparcíais esparcían	esparcí esparciste esparció esparcimos esparcisteis esparcieron	esparciré esparcirás esparcirá esparciremos esparciréis esparcirán	esparciría esparcirías esparciría esparciríamos esparciríais esparcirían	esparza esparzas esparza esparzamos esparzáis esparzan	esparciera esparcieras esparciera esparciéramos esparcierais esparcieran
Pres. perfecto	**Pluscuamperf.**		**Futuro perfecto**	**Perfecto**	**Pres. perfecto**	**Pluscuamperf.**
he esparcido	había esparcido		habré esparcido	habría esparcido	haya esparcido	hubiera esparcido

29. ESTAR *(to be)*

Verbo irregular

Participio presente: estando | **Participio pasado:** estado

Imperativo: está (no estés), esté Ud., estemos, estad (no estéis), estén Uds.

Indicativo				Condicional	Subjuntivo	
Presente	**Imperfecto**	**Pretérito**	**Futuro**	**Presente**	**Presente**	**Imperfecto**
estoy estás está estamos estáis están	estaba estabas estaba estábamos estabais estaban	estuve estuviste estuvo estuvimos estuvisteis estuvieron	estaré estarás estará estaremos estaréis estarán	estaría estarías estaría estaríamos estaríais estarían	esté estés esté estemos estéis estén	estuviera estuvieras estuviera estuviéramos estuvierais estuvieran
Pres. perfecto	**Pluscuamperf.**		**Futuro perfecto**	**Perfecto**	**Pres. perfecto**	**Pluscuamperf.**
he estado	había estado		habré estado	habría estado	haya estado	hubiera estado

30. FORZAR *(to force)*

Verbo en -AR con cambio de *o* → *ue*; *z* → *c* frente a E
(Como **almorzar, esforzar, reforzar**)

Participio presente: forzando | **Participio pasado:** forzado

Imperativo: fuerza (no fuerces), fuerce Ud., forcemos, forzad (no forcéis), fuercen Uds.

Indicativo				Condicional	Subjuntivo	
Presente	**Imperfecto**	**Pretérito**	**Futuro**	**Presente**	**Presente**	**Imperfecto**
fuerzo fuerzas fuerza forzamos forzáis fuerzan	forzaba forzabas forzaba forzábamos forzabais forzaban	forcé forzaste forzó forzamos forzasteis forzaron	forzaré forzarás forzará forzaremos forzaréis forzarán	forzaría forzarías forzaría forzaríamos forzaríais forzarían	fuerce fuerces fuerce forcemos forcéis fuercen	forzara forzaras forzara forzáramos forzarais forzaran
Pres. perfecto	**Pluscuamperf.**		**Futuro perfecto**	**Perfecto**	**Pres. perfecto**	**Pluscuamperf.**
he forzado	había forzado		habré forzado	habría forzado	haya forzado	hubiera forzado

31. HABER (*to have*) — Verbo irregular

Participio presente: habiendo				Participio pasado: habido		
Imperativo: he (no hayas), haya Ud., hayamos, habed (no hayáis), hayan Uds.						
Indicativo				Condicional	Subjuntivo	
Presente	**Imperfecto**	**Pretérito**	**Futuro**	**Presente**	**Presente**	**Imperfecto**
he has ha(hay*) hemos habéis han	había habías había* habíamos habíais habían	hube hubiste hubo* hubimos hubisteis hubieron	habré habrás habrá* habremos habréis habrán	habría habrías habría* habríamos habríais habrían	haya hayas haya* hayamos hayáis hayan	hubiera hubieras hubiera* hubiéramos hubierais hubieran
Pres. perfecto	**Pluscuamperf.**		**Futuro perfecto**	**Perfecto**	**Pres. perfecto**	**Pluscuamperf.**
he habido	había habido		habré habido	habría habido	haya habido	hubiera habido

(*Para la conjugación del uso impersonal, vea la 3.ª persona de cada tiempo excepto el presente del indicativo, que es "hay".)

32. HACER (*to do*) — Verbo irregular (Como **deshacer, rehacer, satisfacer**)

Participio presente: haciendo				Participio pasado: hecho		
Imperativo: haz (no hagas), haga Ud., hagamos, haced (no hagáis), hagan Uds.						
Indicativo				Condicional	Subjuntivo	
Presente	**Imperfecto**	**Pretérito**	**Futuro**	**Presente**	**Presente**	**Imperfecto**
hago haces hace hacemos hacéis hacen	hacía hacías hacía hacíamos hacíais hacían	hice hiciste hizo hicimos hicisteis hicieron	haré harás hará haremos haréis harán	haría harías haría haríamos haríais harían	haga hagas haga hagamos hagáis hagan	hiciera hicieras hiciera hiciéramos hicierais hicieran
Pres. perfecto	**Pluscuamperf.**		**Futuro perfecto**	**Perfecto**	**Pres. perfecto**	**Pluscuamperf.**
he hecho	había hecho		habré hecho	habría hecho	haya hecho	hubiera hecho

33. IR (*to go*) — Verbo irregular

Participio presente: yendo				Participio pasado: ido		
Imperativo: ve (no vayas), vaya Ud., vamos (no vayamos), id (no vayáis), vayan Uds.						
Indicativo				Condicional	Subjuntivo	
Presente	**Imperfecto**	**Pretérito**	**Futuro**	**Presente**	**Presente**	**Imperfecto**
voy vas va vamos vais van	iba ibas iba íbamos ibais iban	fui fuiste fue fuimos fuisteis fueron	iré irás irá iremos iréis irán	iría irías iría iríamos iríais irían	vaya vayas vaya vayamos vayáis vayan	fuera fueras fuera fuéramos fuerais fueran
Pres. perfecto	**Pluscuamperf.**		**Futuro perfecto**	**Perfecto**	**Pres. perfecto**	**Pluscuamperf.**
he ido	había ido		habré ido	habría ido	haya ido	hubiera ido

34. JUGAR (*to play*)

Verbo en -AR con cambio de *u* → *ue*; *g* → *gu* frente a E

Participio presente: jugando				**Participio pasado:** jugado		
Imperativo: juega (no juegues), juegue Ud., juguemos, jugad (no juguéis), jueguen Uds.						
Indicativo				**Condicional**	**Subjuntivo**	
Presente	**Imperfecto**	**Pretérito**	**Futuro**	**Presente**	**Presente**	**Imperfecto**
juego juegas juega jugamos jugáis juegan	jugaba jugabas jugaba jugábamos jugabais jugaban	jugué jugaste jugó jugamos jugasteis jugaron	jugaré jugarás jugará jugaremos jugaréis jugarán	jugaría jugarías jugaría jugaríamos jugaríais jugarían	juegue juegues juegue juguemos juguéis jueguen	jugara jugaras jugara jugáramos jugarais jugaran
Pres. perfecto	**Pluscuamperf.**		**Futuro perfecto**	**Perfecto**	**Pres. perfecto**	**Pluscuamperf.**
he jugado	había jugado		habré jugado	habría jugado	haya jugado	hubiera jugado

35. LLEGAR (*to arrive*)

Verbo en -AR con cambio de *g* → *gu* frente a E
(Como **abrigar, cargar, entregar, obligar, pagar**)

Participio presente: llegando				**Participio pasado:** llegado		
Imperativo: llega (no llegues), llegue Ud., lleguemos, llegad (no lleguéis), lleguen Uds.						
Indicativo				**Condicional**	**Subjuntivo**	
Presente	**Imperfecto**	**Pretérito**	**Futuro**	**Presente**	**Presente**	**Imperfecto**
llego llegas llega llegamos llegáis llegan	llegaba llegabas llegaba llegábamos llegabais llegaban	llegué llegaste llegó llegamos llegasteis llegaron	llegaré llegarás llegará llegaremos llegaréis llegarán	llegaría llegarías llegaría llegaríamos llegaríais llegarían	llegue llegues llegue lleguemos lleguéis lleguen	llegara llegaras llegara llegáramos llegarais llegaran
Pres. perfecto	**Pluscuamperf.**		**Futuro perfecto**	**Perfecto**	**Pres. perfecto**	**Pluscuamperf.**
he llegado	había llegado		habré llegado	habría llegado	haya llegado	hubiera llegado

36. LUCIR (*to shine*)

Verbo en -IR con cambio de *c* → *zc* frente a A y O
(Como **relucir, translucirse, traslucir**)

Participio presente: luciendo				**Participio pasado:** lucido		
Imperativo: luce (no luzcas), luzca Ud., luzcamos, lucid (no luzcáis), luzcan Uds.						
Indicativo				**Condicional**	**Subjuntivo**	
Presente	**Imperfecto**	**Pretérito**	**Futuro**	**Presente**	**Presente**	**Imperfecto**
luzco luces luce lucimos lucís lucen	lucía lucías lucía lucíamos lucíais lucían	lucí luciste lució lucimos lucisteis lucieron	luciré lucirás lucirá luciremos luciréis lucirán	luciría lucirías luciría luciríamos luciríais lucirían	luzca luzcas luzca luzcamos luzcáis luzcan	luciera lucieras luciera luciéramos lucierais lucieran
Pres. perfecto	**Pluscuamperf.**		**Futuro perfecto**	**Perfecto**	**Pres. perfecto**	**Pluscuamperf.**
he lucido	había lucido		habré lucido	habría lucido	haya lucido	hubiera lucido

37. MORIR *(to die)*

Verbo en -IR con cambio de *o* → *ue*; participio pasado irregular

Participio presente: muriendo				**Participio pasado:** muerto		
Imperativo: muere (no mueras), muera Ud., muramos, morid (no muráis), mueran Uds.						
Indicativo				**Condicional**	**Subjuntivo**	
Presente	**Imperfecto**	**Pretérito**	**Futuro**	**Presente**	**Presente**	**Imperfecto**
muero mueres muere morimos morís mueren	moría morías moría moríamos moríais morían	morí moriste murió morimos moristeis murieron	moriré morirás morirá moriremos moriréis morirán	moriría morirías moriría moriríamos moriríais morirían	muera mueras muera muramos muráis mueran	muriera murieras muriera muriéramos murierais murieran
Pres. perfecto	**Pluscuamperf.**		**Futuro perfecto**	**Perfecto**	**Pres. perfecto**	**Pluscuamperf.**
he muerto	había muerto		habré muerto	habría muerto	haya muerto	hubiera muerto

38. MOVER *(to move)*

Verbo en -ER con cambio de *o* → *ue*
(Como **doler, llover, morder, promover, remorder**)

Participio presente: moviendo				**Participio pasado:** movido		
Imperativo: mueve (no muevas), mueva Ud., movamos, moved (no mováis), muevan Uds.						
Indicativo				**Condicional**	**Subjuntivo**	
Presente	**Imperfecto**	**Pretérito**	**Futuro**	**Presente**	**Presente**	**Imperfecto**
muevo mueves mueve movemos movéis mueven	movía movías movía movíamos movíais movían	moví moviste movió movimos movisteis movieron	moveré moverás moverá moveremos moveréis moverán	movería moverías movería moveríamos moveríais moverían	mueva muevas mueva movamos mováis muevan	moviera movieras moviera moviéramos movierais movieran
Pres. perfecto	**Pluscuamperf.**		**Futuro perfecto**	**Perfecto**	**Pres. perfecto**	**Pluscuamperf.**
he movido	había movido		habré movido	habría movido	haya movido	hubiera movido

39. NEGAR *(to deny)*

Verbo en -AR con cambio de e → *ie*; *g* → *gu* frente a E
(Como **cegar, fregar, regar, renegar, restregar**)

Participio presente: negando				**Participio pasado:** negado		
Imperativo: niega (no niegues), niegue Ud., neguemos, negad (no neguéis), nieguen Uds.						
Indicativo				**Condicional**	**Subjuntivo**	
Presente	**Imperfecto**	**Pretérito**	**Futuro**	**Presente**	**Presente**	**Imperfecto**
niego niegas niega negamos negáis niegan	negaba negabas negaba negábamos negabais negaban	negué negaste negó negamos negasteis negaron	negaré negarás negará negaremos negaréis negarán	negaría negarías negaría negaríamos negaríais negarían	niegue niegues niegue neguemos neguéis nieguen	negara negaras negara negáramos negarais negaran
Pres. perfecto	**Pluscuamperf.**		**Futuro perfecto**	**Perfecto**	**Pres. perfecto**	**Pluscuamperf.**
he negado	había negado		habré negado	habría negado	haya negado	hubiera negado

40. OÍR *(to hear)* — Verbo irregular

Participio presente: oyendo | **Participio pasado:** oído

Imperativo: oye (no oigas), oiga Ud., oigamos, oíd (no oigáis), oigan Uds.

Indicativo				Condicional	Subjuntivo	
Presente	**Imperfecto**	**Pretérito**	**Futuro**	**Presente**	**Presente**	**Imperfecto**
oigo oyes oye oímos oís oyen	oía oías oía oíamos oíais oían	oí oíste oyó oímos oísteis oyeron	oiré oirás oirá oiremos oiréis oirán	oiría oirías oiría oiríamos oiríais oirían	oiga oigas oiga oigamos oigáis oigan	oyera oyeras oyera oyéramos oyerais oyeran
Pres. perfecto	**Pluscuamperf.**		**Futuro perfecto**	**Perfecto**	**Pres. perfecto**	**Pluscuamperf.**
he oído	había oído		habré oído	habría oído	haya oído	hubiera oído

41. OLER *(to smell)* — Verbo en -ER con cambio de *o → hue*

Participio presente: oliendo | **Participio pasado:** olido

Imperativo: **hue**le (no **hue**las), **hue**la Ud., olamos, oled (no oláis), **hue**lan Uds.

Indicativo				Condicional	Subjuntivo	
Presente	**Imperfecto**	**Pretérito**	**Futuro**	**Presente**	**Presente**	**Imperfecto**
huelo **hue**les **hue**le olemos oléis **hue**len	olía olías olía olíamos olíais olían	olí oliste olió olimos olisteis olieron	oleré olerás olerá oleremos oleréis olerán	olería olerías olería oleríamos oleríais olerían	**hue**la **hue**las **hue**la olamos oláis **hue**lan	oliera olieras oliera oliéramos olierais olieran
Pres. perfecto	**Pluscuamperf.**		**Futuro perfecto**	**Perfecto**	**Pres. perfecto**	**Pluscuamperf.**
he olido	había olido		habré olido	habría olido	haya olido	hubiera olido

42. PARECER *(to seem)* — Verbo en -ER con cambio de *c → zc* frente a A y O (Como **agradecer, conocer, crecer, merecer, nacer**)

Participio presente: pareciendo | **Participio pasado:** parecido

Imperativo: parece (no pare**z**cas), pare**z**ca Ud., pare**z**camos, pareced (no pare**z**cáis), pare**z**can Uds.

Indicativo				Condicional	Subjuntivo	
Presente	**Imperfecto**	**Pretérito**	**Futuro**	**Presente**	**Presente**	**Imperfecto**
pare**z**co pareces parece parecemos parecéis parecen	parecía parecías parecía parecíamos parecíais parecían	parecí pareciste pareció parecimos parecisteis parecieron	pareceré parecerás parecerá pareceremos pareceréis parecerán	parecería parecerías parecería pareceríamos pareceríais parecerían	pare**z**ca pare**z**cas pare**z**ca pare**z**camos pare**z**cáis pare**z**can	pareciera parecieras pareciera pareciéramos parecierais parecieran
Pres. perfecto	**Pluscuamperf.**		**Futuro perfecto**	**Perfecto**	**Pres. perfecto**	**Pluscuamperf.**
he parecido	había parecido		habré parecido	habría parecido	haya parecido	hubiera parecido

43. PEDIR (*to ask for*)

Verbo en -IR con cambio de *e* → *i*
(Como **competir, despedir, medir, repetir, servir**)

Participio presente: pidiendo | **Participio pasado:** pedido

Imperativo: pide (no pidas), pida Ud., pidamos, pedid (no pidáis), pidan Uds.

Indicativo				Condicional	Subjuntivo	
Presente	**Imperfecto**	**Pretérito**	**Futuro**	**Presente**	**Presente**	**Imperfecto**
pido pides pide pedimos pedís piden	pedía pedías pedía pedíamos pedíais pedían	pedí pediste pidió pedimos pedisteis pidieron	pediré pedirás pedirá pediremos pediréis pedirán	pediría pedirías pediría pediríamos pediríais pedirían	pida pidas pida pidamos pidáis pidan	pidiera pidieras pidiera pidiéramos pidierais pidieran
Pres. perfecto	**Pluscuamperf.**		**Futuro perfecto**	**Perfecto**	**Pres. perfecto**	**Pluscuamperf.**
he pedido	había pedido		habré pedido	habría pedido	haya pedido	hubiera pedido

44. PERDER (*to lose*)

Verbo en -ER con cambio de *e* → *ie*
(Como **atender, defender, encender, entender, tender**)

Participio presente: perdiendo | **Participio pasado:** perdido

Imperativo: pierde (no pierdas), pierda Ud., perdamos, perded (no perdáis), pierdan Uds.

Indicativo				Condicional	Subjuntivo	
Presente	**Imperfecto**	**Pretérito**	**Futuro**	**Presente**	**Presente**	**Imperfecto**
pierdo pierdes pierde perdemos perdéis pierden	perdía perdías perdía perdíamos perdíais perdían	perdí perdiste perdió perdimos perdisteis perdieron	perderé perderás perderá perderemos perderéis perderán	perdería perderías perdería perderíamos perderíais perderían	pierda pierdas pierda perdamos perdáis pierdan	perdiera perdieras perdiera perdiéramos perdierais perdieran
Pres. perfecto	**Pluscuamperf.**		**Futuro perfecto**	**Perfecto**	**Pres. perfecto**	**Pluscuamperf.**
he perdido	había perdido		habré perdido	habría perdido	haya perdido	hubiera perdido

45. PODER (*to be able*)

Verbo irregular

Participio presente: pudiendo | **Participio pasado:** podido

Imperativo: puede (no puedas), pueda Ud., podamos, poded (no podáis), puedan Uds.

Indicativo				Condicional	Subjuntivo	
Presente	**Imperfecto**	**Pretérito**	**Futuro**	**Presente**	**Presente**	**Imperfecto**
puedo puedes puede podemos podéis pueden	podía podías podía podíamos podíais podían	pude pudiste pudo pudimos pudisteis pudieron	podré podrás podrá podremos podréis podrán	podría podrías podría podríamos podríais podrían	pueda puedas pueda podamos podáis puedan	pudiera pudieras pudiera pudiéramos pudierais pudieran
Pres. perfecto	**Pluscuamperf.**		**Futuro perfecto**	**Perfecto**	**Pres. perfecto**	**Pluscuamperf.**
he podido	había podido		habré podido	habría podido	haya podido	hubiera podido

46. PODRIR o PUDRIR *(to rot)*	Verbo irregular					
Participio presente: pudriendo			**Participio pasado:** podrido			
Imperativo: pudre (no pudras), pudra Ud., pudramos, pudrid (no pudráis), pudran Uds.						
Indicativo				**Condicional**	**Subjuntivo**	
Presente	**Imperfecto**	**Pretérito**	**Futuro**	**Presente**	**Presente**	**Imperfecto**
pudro pudres pudre pudrimos pudrís pudren	pudría pudrías pudría pudríamos pudríais pudrían	pudrí; podrí pudriste pudrió pudrimos pudristeis pudrieron	pudriré; podriré pudrirás pudrirá pudriremos pudriréis pudrirán	pudriría pudrirías pudriría pudriríamos pudriríais pudrirían	pudra pudras pudra pudramos pudráis pudran	pudriera pudrieras pudriera pudriéramos pudrierais pudrieran
Pres. perfecto	**Pluscuamperf.**		**Futuro perfecto**	**Perfecto**	**Pres. perfecto**	**Pluscuamperf.**
he podrido	había podrido		habré podrido	habría podrido	haya podrido	hubiera podrido

47. PONER *(to put)*	Verbo irregular (Como **componer, disponer, oponer, proponer, suponer**)					
Participio presente: poniendo			**Participio pasado:** puesto			
Imperativo: pon (no pongas), ponga Ud., pongamos, poned (no pongáis), pongan Uds.						
Indicativo				**Condicional**	**Subjuntivo**	
Presente	**Imperfecto**	**Pretérito**	**Futuro**	**Presente**	**Presente**	**Imperfecto**
pongo pones pone ponemos ponéis ponen	ponía ponías ponía poníamos poníais ponían	puse pusiste puso pusimos pusisteis pusieron	pondré pondrás pondrá pondremos pondréis pondrán	pondría pondrías pondría pondríamos pondríais pondrían	ponga pongas ponga pongamos pongáis pongan	pusiera pusieras pusiera pusiéramos pusierais pusieran
Pres. perfecto	**Pluscuamperf.**		**Futuro perfecto**	**Perfecto**	**Pres. perfect**	**Pluscuamperf.**
he puesto	había puesto		habré puesto	habría puesto	haya puesto	hubiera puesto

48. PROHIBIR *(to prohibit)*	Verbo en -IR con cambio de *i → í* (Como **cohibir**)					
Participio presente: prohibiendo			**Participio pasado:** prohibido			
Imperativo: prohíbe (no prohíbas), prohíba Ud., prohibamos, prohibid (no prohibáis), prohíban Uds.						
Indicativo				**Condicional**	**Subjuntivo**	
Presente	**Imperfecto**	**Pretérito**	**Futuro**	**Presente**	**Presente**	**Imperfecto**
prohíbo prohíbes prohíbe prohibimos prohibís prohíben	prohibía prohibías prohibía prohibíamos prohibíais prohibían	prohibí prohibiste prohibió prohibimos prohibisteis prohibieron	prohibiré prohibirás prohibirá prohibiremos prohibiréis prohibirán	prohibiría prohibirías prohibiría prohibiríamos prohibiríais prohibirían	prohíba prohíbas prohíba prohibamos prohibáis prohíban	prohibiera prohibieras prohibiera prohibiéramos prohibierais prohibieran
Pres. perfecto	**Pluscuamperf.**		**Futuro perfecto**	**Perfecto**	**Pres. perfecto**	**Pluscuamperf.**
he prohibido	había prohibido		habré prohibido	habría prohibido	haya prohibido	hubiera prohibido

49. QUERER *(to want)*

Verbo irregular (Como **bienquerer**)

Participio presente: queriendo | **Participio pasado:** querido

Imperativo: quiere (no quieras), quiera Ud., queramos, quered (no queráis), quieran Uds.

Indicativo				Condicional	Subjuntivo	
Presente	**Imperfecto**	**Pretérito**	**Futuro**	**Presente**	**Presente**	**Imperfecto**
quiero quieres quiere queremos queréis quieren	quería querías quería queríamos queríais querían	quise quisiste quiso quisimos quisisteis quisieron	querré querrás querrá querremos querréis querrán	querría querrías querría querríamos querríais querrían	quiera quieras quiera queramos queráis quieran	quisiera quisieras quisiera quisiéramos quisierais quisieran
Pres. perfecto	**Pluscuamperf.**		**Futuro perfecto**	**Perfecto**	**Pres. perfecto**	**Pluscuamperf.**
he querido	había querido		habré querido	habría querido	haya querido	hubiera querido

50. REGIR *(to rule)*

Verbo en -IR con cambio de *e* → *i*; *g* → *j* frente a A y O (Como **colegir, corregir, elegir, reelegir**)

Participio presente: rigiendo | **Participio pasado:** regido

Imperativo: rige (no rijas), rija Ud., rijamos, regid (no rijáis), rijan Uds.

Indicativo				Condicional	Subjuntivo	
Presente	**Imperfecto**	**Pretérito**	**Futuro**	**Presente**	**Presente**	**Imperfecto**
rijo riges rige regimos regís rigen	regía regías regía regíamos regíais regían	regí registe rigió regimos registeis rigieron	regiré regirás regirá regiremos regiréis regirán	regiría regirías regiría regiríamos regiríais regirían	rija rijas rija rijamos rijáis rijan	rigiera rigieras rigiera rigiéramos rigierais rigieran
Pres. perfecto	**Pluscuamperf.**		**Futuro perfecto**	**Perfecto**	**Pres. perfecto**	**Pluscuamperf.**
he regido	había regido		habré regido	habría regido	haya regido	hubiera regido

51. REÍR *(to laugh)*

Verbo irregular (Como **freír, refreír, sofreír, sonreír**)

Participio presente: riendo | **Participio pasado:** reído

Imperativo: ríe (no rías), ría Ud., riamos, reíd (no riáis), rían Uds.

Indicativo				Condicional	Subjuntivo	
Presente	**Imperfecto**	**Pretérito**	**Futuro**	**Presente**	**Presente**	**Imperfecto**
río ríes ríe reímos reís ríen	reía reías reía reíamos reíais reían	reí reíste rió reímos reísteis rieron	reiré reirás reirá reiremos reiréis reirán	reiría reirías reiría reiríamos reiríais reirían	ría rías ría riamos riáis rían	riera rieras riera riéramos rierais rieran
Pres. perfecto	**Pluscuamperf.**		**Futuro perfecto**	**Perfecto**	**Pres. perfecto**	**Pluscuamperf.**
he reído	había reído		habré reído	habría reído	haya reído	hubiera reído

52. REUNIR *(to assemble)* — Verbo en -IR con cambio de *u → ú*

Participio presente: reuniendo | **Participio pasado:** reunido

Imperativo: reúne (no reúnas), reúna Ud., reunamos, reunid (no reunáis), reúnan Uds.

Indicativo				Condicional	Subjuntivo	
Presente	**Imperfecto**	**Pretérito**	**Futuro**	**Presente**	**Presente**	**Imperfecto**
reúno reúnes reúne reunimos reunís reúnen	reunía reunías reunía reuníamos reuníais reunían	reuní reuniste reunió reunimos reunisteis reunieron	reuniré reunirás reunirá reuniremos reuniréis reunirán	reuniría reunirías reuniría reuniríamos reuniríais reunirían	reúna reúnas reúna reunamos reunáis reúnan	reuniera reunieras reuniera reuniéramos reunierais reunieran
Pres. perfecto	**Pluscuamperf.**		**Futuro perfecto**	**Perfecto**	**Pres. perfecto**	**Pluscuamperf.**
he reunido	había reunido		habré reunido	habría reunido	haya reunido	hubiera reunido

53. ROGAR *(to beg)* — Verbo en -AR con cambio de *o → ue; g → gu* frente a E (Como **colgar, descolgar**)

Participio presente: rogando | **Participio pasado:** rogado

Imperativo: ruega (no ruegues), ruegue Ud., roguemos, rogad (no roguéis), rueguen Uds.

Indicativo				Condicional	Subjuntivo	
Presente	**Imperfecto**	**Pretérito**	**Futuro**	**Presente**	**Presente**	**Imperfecto**
ruego ruegas ruega rogamos rogáis ruegan	rogaba rogabas rogaba rogábamos rogabais rogaban	rogué rogaste rogó rogamos rogasteis rogaron	rogaré rogarás rogará rogaremos rogaréis rogarán	rogaría rogarías rogaría rogaríamos rogaríais rogarían	ruegue ruegues ruegue roguemos roguéis rueguen	rogara rogaras rogara rogáramos rogarais rogaran
Pres. perfecto	**Pluscuamperf.**		**Futuro perfecto**	**Perfecto**	**Pres. perfecto**	**Pluscuamperf.**
he rogado	había rogado		habré rogado	habría rogado	haya rogado	hubiera rogado

54. SABER *(to know)* — Verbo irregular

Participio presente: sabiendo | **Participio pasado:** sabido

Imperativo: sabe (no sepas), sepa Ud., sepamos, sabed (no sepáis), sepan Uds.

Indicativo				Condicional	Subjuntivo	
Presente	**Imperfecto**	**Pretérito**	**Futuro**	**Presente**	**Presente**	**Imperfecto**
sé sabes sabe sabemos sabéis saben	sabía sabías sabía sabíamos sabíais sabían	supe supiste supo supimos supisteis supieron	sabré sabrás sabrá sabremos sabréis sabrán	sabría sabrías sabría sabríamos sabríais sabrían	sepa sepas sepa sepamos sepáis sepan	supiera supieras supiera supiéramos supierais supieran
Pres. perfecto	**Pluscuamperf.**		**Futuro perfecto**	**Perfecto**	**Pres. perfecto**	**Pluscuamperf.**
he sabido	había sabido		habré sabido	habría sabido	haya sabido	hubiera sabido

55. SALIR *(to go out)*

Verbo irregular
(Como **sobresalir**)

Participio presente: saliendo | **Participio pasado:** salido

Imperativo: sal (no salgas), salga Ud., salgamos, salid (no salgáis), salgan Uds.

Indicativo				Condicional	Subjuntivo	
Presente	**Imperfecto**	**Pretérito**	**Futuro**	**Presente**	**Presente**	**Imperfecto**
salgo	salía	salí	saldré	saldría	salga	saliera
sales	salías	saliste	saldrás	saldrías	salgas	salieras
sale	salía	salió	saldrá	saldría	salga	saliera
salimos	salíamos	salimos	saldremos	saldríamos	salgamos	saliéramos
salís	salíais	salisteis	saldréis	saldríais	salgáis	salierais
salen	salían	salieron	saldrán	saldrían	salgan	salieran
Pres. perfecto	**Pluscuamperf.**		**Futuro perfecto**	**Perfecto**	**Pres. perfecto**	**Pluscuamperf.**
he salido	había salido		habré salido	habría salido	haya salido	hubiera salido

56. SEGUIR *(to follow)*

Verbo en -IR con cambio de *gu* → *g* frente a A y O; *e* → *i*
(Como **conseguir, perseguir, proseguir**)

Participio presente: siguiendo | **Participio pasado:** seguido

Imperativo: sigue (no **sigas**), **siga** Ud., **siga**mos, seguid (no **sigáis**), **sig**an Uds.

Indicativo				Condicional	Subjuntivo	
Presente	**Imperfecto**	**Pretérito**	**Futuro**	**Presente**	**Presente**	**Imperfecto**
sigo	seguía	seguí	seguiré	seguiría	siga	siguiera
sigues	seguías	seguiste	seguirás	seguirías	sigas	siguieras
sigue	seguía	siguió	seguirá	seguiría	siga	siguiera
seguimos	seguíamos	seguimos	seguiremos	seguiríamos	sigamos	siguiéramos
seguís	seguíais	seguisteis	seguiréis	seguiríais	sigáis	siguierais
siguen	seguían	siguieron	seguirán	seguirían	sigan	siguieran
Pres. perfecto	**Pluscuamperf.**		**Futuro perfecto**	**Perfecto**	**Pres. perfecto**	**Pluscuamperf.**
he seguido	había seguido		habré seguido	habría seguido	haya seguido	hubiera seguido

57. SENTIR *(to feel)*

Verbo en -IR con cambio de *e* → *ie*; *e* → *i*
(Como **arrepentirse, divertir, mentir, preferir, sugerir**)

Participio presente: sintiendo | **Participio pasado:** sentido

Imperativo: siente (no sientas), sienta Ud., sintamos, sentid (no sintáis), sientan Uds.

Indicativo				Condicional	Subjuntivo	
Presente	**Imperfecto**	**Pretérito**	**Futuro**	**Presente**	**Presente**	**Imperfecto**
siento	sentía	sentí	sentiré	sentiría	sienta	sintiera
sientes	sentías	sentiste	sentirás	sentirías	sientas	sintieras
siente	sentía	sintió	sentirá	sentiría	sienta	sintiera
sentimos	sentíamos	sentimos	sentiremos	sentiríamos	sintamos	sintiéramos
sentís	sentíais	sentisteis	sentiréis	sentiríais	sintáis	sintierais
sienten	sentían	sintieron	sentirán	sentirían	sientan	sintieran
Pres. perfecto	**Pluscuamperf.**		**Futuro perfecto**	**Perfecto**	**Pres. perfecto**	**Pluscuamperf.**
he sentido	había sentido		habré sentido	habría sentido	haya sentido	hubiera sentido

58. SER (*to be*) — Verbo irregular

Participio presente: siendo | **Participio pasado:** sido

Imperativo: sé (no seas), sea Ud., seamos, sed (no seáis), sean Uds.

Indicativo				Condicional	Subjuntivo	
Presente	**Imperfecto**	**Pretérito**	**Futuro**	**Presente**	**Presente**	**Imperfecto**
soy	era	fui	seré	sería	sea	fuera
eres	eras	fuiste	serás	serías	seas	fueras
es	era	fue	será	sería	sea	fuera
somos	éramos	fuimos	seremos	seríamos	seamos	fuéramos
sois	erais	fuisteis	seréis	seríais	seáis	fuerais
son	eran	fueron	serán	serían	sean	fueran
Pres. perfecto	**Pluscuamperf.**		**Futuro perfecto**	**Perfecto**	**Pres. perfecto**	**Pluscuamperf.**
he sido	había sido		habré sido	habría sido	haya sido	hubiera sido

59. SOLER (*to accustom*) — Verbo irregular (defectivo—*this means some tenses are not used*)

Participio presente: soliendo | **Participio pasado:** solido

Imperativo:

Indicativo				Condicional	Subjuntivo	
Presente	**Imperfecto**	**Pretérito**	**Futuro**	**Presente**	**Presente**	**Imperfecto**
suelo	solía	solí			suela	soliera
sueles	solías	soliste			suelas	solieras
suele	solía	solió			suela	soliera
solemos	solíamos	solimos			solamos	soliéramos
soléis	solíais	solisteis			soláis	solierais
suelen	solían	solieron			suelan	solieran
Pres. perfecto	**Pluscuamperf.**		**Futuro perfecto**	**Perfecto**	**Pres. perfecto**	**Pluscuamperf.**
he solido	había solido		habré solido	habría solido	haya solido	hubiera solido

60. TENER (*to have*) — Verbo irregular (Como **atenerse, contener, detener, mantener, obtener, retener, sostener**)

Participio presente: teniendo | **Participio pasado:** tenido

Imperativo: ten (no tengas), tenga Ud., tengamos, tened (no tengáis), tengan Uds.

Indicativo				Condicional	Subjuntivo	
Presente	**Imperfecto**	**Pretérito**	**Futuro**	**Presente**	**Presente**	**Imperfecto**
tengo	tenía	tuve	tendré	tendría	tenga	tuviera
tienes	tenías	tuviste	tendrás	tendrías	tengas	tuvieras
tiene	tenía	tuvo	tendrá	tendría	tenga	tuviera
tenemos	teníamos	tuvimos	tendremos	tendríamos	tengamos	tuviéramos
tenéis	teníais	tuvisteis	tendréis	tendríais	tengáis	tuvierais
tienen	tenían	tuvieron	tendrán	tendrían	tengan	tuvieran
Pres. perfecto	**Pluscuamperf.**		**Futuro perfecto**	**Perfecto**	**Pres. perfecto**	**Pluscuamperf.**
he tenido	había tenido		habré tenido	habría tenido	haya tenido	hubiera tenido

61. TEÑIR *(to dye)*

Verbo en -IR con cambio de e → *i*; pierde la *i* átona de la terminación
(Como **ceñir, desteñir, estreñir, reñir**)

Participio presente: tiñendo | **Participio pasado:** teñido

Imperativo: tiñe (no tiñas), tiña Ud., tiñamos, teñid (no tiñáis), tiñan Uds.

Indicativo				Condicional	Subjuntivo	
Presente	**Imperfecto**	**Pretérito**	**Futuro**	**Presente**	**Presente**	**Imperfecto**
tiño tiñes tiñe teñimos teñís tiñen	teñía teñías teñía teñíamos teñíais teñían	teñí teñiste **tiñó** teñimos teñisteis **tiñeron**	teñiré teñirás teñirá teñiremos teñiréis teñirán	teñiría teñirías teñiría teñiríamos teñiríais teñirían	tiña tiñas tiña tiñamos tiñáis tiñan	**tiñera** **tiñeras** **tiñera** **tiñeramos** **tiñerais** **tiñeran**
Pres. perfecto	**Pluscuamperf.**		**Futuro perfecto**	**Perfecto**	**Pres. perfecto**	**Pluscuamperf.**
he teñido	había teñido		habré teñido	habría teñido	haya teñido	hubiera teñido

62. TRAER *(to bring)*

Verbo irregular
(Como **atraer, contraer, detraer, distraer, extraer**)

Participio presente: trayendo | **Participio pasado:** traído

Imperativo: trae (no traigas), traiga Ud., traigamos, traed (no traigáis), traigan Uds.

Indicativo				Condicional	Subjuntivo	
Presente	**Imperfecto**	**Pretérito**	**Futuro**	**Presente**	**Presente**	**Imperfecto**
traigo traes trae traemos traéis traen	traía traías traía traíamos traíais traían	traje trajiste trajo trajimos trajisteis trajeron	traeré traerás traerá traeremos traeréis traerán	traería traerías traería traeríamos traeríais traerían	traiga traigas traiga traigamos traigáis traigan	trajera trajeras trajera trajéramos trajerais trajeran
Pres. perfecto	**Pluscuamperf.**		**Futuro perfecto**	**Perfecto**	**Pres. perfecto**	**Pluscuamperf.**
he traído	había traído		habré traído	habría traído	haya traído	hubiera traído

63. VALER *(to be worth)*

Verbo irregular
(Como **equivaler, prevaler**)

Participio presente: valiendo | **Participio pasado:** valido

Imperativo: vale (no valgas), valga Ud., valgamos, valed (no valgáis), valgan Uds.

Indicativo				Condicional	Subjuntivo	
Presente	**Imperfecto**	**Pretérito**	**Futuro**	**Presente**	**Presente**	**Imperfecto**
valgo vales vale valemos valéis valen	valía valías valía valíamos valíais valían	valí valiste valió valimos valisteis valieron	valdré valdrás valdrá valdremos valdréis valdrán	valdría valdrías valdría valdríamos valdríais valdrían	valga valgas valga valgamos valgáis valgan	valiera valieras valiera valiéramos valierais valieran
Pres. perfecto	**Pluscuamperf.**		**Futuro perfecto**	**Perfecto**	**Pres. perfecto**	**Pluscuamperf.**
he valido	había valido		habré valido	habría valido	haya valido	hubiera valido

64. VENCER *(to conquer)*	Verbo en -ER con cambio de c → z frente a A y O (Como **coercer, convencer, ejercer, mecer**)					
Participio presente: venciendo			**Participio pasado:** vencido			
Imperativo: vence (no venzas), venza Ud., venzamos, venced (no venzáis), venzan Uds.						
Indicativo				**Condicional**	**Subjuntivo**	
Presente	**Imperfecto**	**Pretérito**	**Futuro**	**Presente**	**Presente**	**Imperfecto**
venzo vences vence vencemos vencéis vencen	vencía vencías vencía vencíamos vencíais vencían	vencí venciste venció vencimos vencisteis vencieron	venceré vencerás vencerá venceremos venceréis vencerán	vencería vencerías vencería venceríamos venceríais vencerían	venza venzas venza venzamos venzáis venzan	venciera vencieras venciera venciéramos vencierais vencieran
Pres. perfecto	**Pluscuamperf.**		**Futuro perfecto**	**Perfecto**	**Pres. perfecto**	**Pluscuamperf.**
he vencido	había vencido		habré vencido	habría vencido	haya vencido	hubiera vencido

65. VENIR *(to come)*	Verbo irregular (Como **convenir, intervenir, prevenir, provenir, reconvenir**)					
Participio presente: viniendo			**Participio pasado:** venido			
Imperativo: ven (no vengas), venga Ud., vengamos, venid (no vengáis), vengan Uds.						
Indicativo				**Condicional**	**Subjuntivo**	
Presente	**Imperfecto**	**Pretérito**	**Futuro**	**Presente**	**Presente**	**Imperfecto**
vengo vienes viene venimos venís vienen	venía venías venía veníamos veníais venían	vine viniste vino vinimos vinisteis vinieron	vendré vendrás vendrá vendremos vendréis vendrán	vendría vendrías vendría vendríamos vendríais vendrían	venga vengas venga vengamos vengáis vengan	viniera vinieras viniera viniéramos vinierais vinieran
Pres. perfecto	**Pluscuamperf.**		**Futuro perfecto**	**Perfecto**	**Pres. perfecto**	**Pluscuamperf.**
he venido	había venido		habré venido	habría venido	haya venido	hubiera venido

66. VER *(to see)*	Verbo irregular (Como **entrever, prever;** Nota: 3.ª pers. sing. pres. y el imperativo de **entrever y prever** tienen acento: **entrevé, prevé,** etc.)					
Participio presente: viendo			**Participio pasado:** visto			
Imperativo: ve (no veas), vea Ud., veamos, ved (no veáis), vean Uds.						
Indicativo				**Condicional**	**Subjuntivo**	
Presente	**Imperfecto**	**Pretérito**	**Futuro**	**Presente**	**Presente**	**Imperfecto**
veo ves ve vemos veis ven	veía veías veía veíamos veíais veían	vi viste vio vimos visteis vieron	veré verás verá veremos veréis verán	vería verías vería veríamos veríais verían	vea veas vea veamos veáis vean	viera vieras viera viéramos vierais vieran
Pres. perfecto	**Pluscuamperf.**		**Futuro perfecto**	**Perfecto**	**Pres. perfecto**	**Pluscuamperf.**
he visto	había visto		habré visto	habría visto	haya visto	hubiera visto

67. VIVIR *(to live)*

Verbo regular 3.ª conjugación
(Como **compartir, decidir, emitir, permitir, resumir**)

Participio presente: viviendo | **Participio pasado:** vivido

Imperativo: vive (no vivas), viva Ud., vivamos, vivid (no viváis), vivan Uds.

Indicativo				Condicional	Subjuntivo	
Presente	**Imperfecto**	**Pretérito**	**Futuro**	**Presente**	**Presente**	**Imperfecto**
vivo	vivía	viví	viviré	viviría	viva	viviera
vives	vivías	viviste	vivirás	vivirías	vivas	vivieras
vive	vivía	vivió	vivirá	viviría	viva	viviera
vivimos	vivíamos	vivimos	viviremos	viviríamos	vivamos	viviéramos
vivís	vivíais	vivisteis	viviréis	viviríais	viváis	vivierais
viven	vivían	vivieron	vivirán	vivirían	vivan	vivieran
Pres. perfecto	**Pluscuamperf.**		**Futuro perfecto**	**Perfecto**	**Pres. perfecto**	**Pluscuamperf.**
he vivido	había vivido		habré vivido	habría vivido	haya vivido	hubiera vivido

68. VOLCAR *(to tip over)*

Verbo en -AR con cambio de *o* → *ue*; *c* → *qu* frente a E
(Como **revolcar, trocar**)

Participio presente: volcando | **Participio pasado:** volcado

Imperativo: v**ue**lca (no v**ue**l**qu**es), v**ue**l**qu**e Ud., vol**qu**emos, volcad (no vol**qu**éis), v**ue**l**qu**en Uds.

Indicativo				Condicional	Subjuntivo	
Presente	**Imperfecto**	**Pretérito**	**Futuro**	**Presente**	**Presente**	**Imperfecto**
v**ue**lco	volcaba	vol**qu**é	volcaré	volcaría	v**ue**l**qu**e	volcara
v**ue**lcas	volcabas	volcaste	volcarás	volcarías	v**ue**l**qu**es	volcaras
v**ue**lca	volcaba	volcó	volcará	volcaría	v**ue**l**qu**e	volcara
volcamos	volcábamos	volcamos	volcaremos	volcaríamos	vol**qu**emos	volcáramos
volcáis	volcabais	volcasteis	volcaréis	volcaríais	vol**qu**éis	volcarais
v**ue**lcan	volcaban	volcaron	volcarán	volcarían	v**ue**l**qu**en	volcaran
Pres. perfecto	**Pluscuamperf.**		**Futuro perfecto**	**Perfecto**	**Pres. perfecto**	**Pluscuamperf.**
he volcado	había volcado		habré volcado	habría volcado	haya volcado	hubiera volcado

69. VOLVER *(to return)*

Verbo en -ER con cambio de *o* → *ue*; participio pasado irregular
(Como **devolver, disolver, envolver, resolver, revolver**)

Participio presente: volviendo | **Participio pasado:** v**uelt**o

Imperativo: v**ue**lve (no v**ue**lvas), v**ue**lva Ud., volvamos, volved (no volváis), v**ue**lvan Uds.

Indicativo				Condicional	Subjuntivo	
Presente	**Imperfecto**	**Pretérito**	**Futuro**	**Presente**	**Presente**	**Imperfecto**
v**ue**lvo	volvía	volví	volveré	volvería	v**ue**lva	volviera
v**ue**lves	volvías	volviste	volverás	volverías	v**ue**lvas	volvieras
v**ue**lve	volvía	volvió	volverá	volvería	v**ue**lva	volviera
volvemos	volvíamos	volvimos	volveremos	volveríamos	volvamos	volviéramos
volvéis	volvíais	volvisteis	volveréis	volveríais	volváis	volvierais
v**ue**lven	volvían	volvieron	volverán	volverían	v**ue**lvan	volvieran
Pres. perfecto	**Pluscuamperf.**		**Futuro perfecto**	**Perfecto**	**Pres. perfecto**	**Pluscuamperf.**
he v**uelt**o	había v**uelt**o		habré v**uelt**o	habría v**uelt**o	haya v**uelt**o	hubiera v**uelt**o

70. YACER Verbo irregular
(to lie [usually dead])

Participio presente: yaciendo	**Participio pasado:** yacido

Imperativo: yace o yaz (no yagas, yazcas o yazgas); yaga, yazca o yazga Ud.; yagamos, yazcamos o yazgamos; yaced (no yagáis, yazcáis o yazgáis); yagan, yazcan o yazgan Uds.

Indicativo				Condicional	Subjuntivo	
Presente	**Imperfecto**	**Pretérito**	**Futuro**	**Presente**	**Presente**	**Imperfecto**
yazco; yazgo; yago	yacía	yací	yaceré	yacería	yazca; yazga; yaga	yaciera
yaces	yacías	yaciste	yacerás	yacerías	yazcas; yazgas; yagas	yacieras
yace	yacía	yació	yacerá	yacería	yazca; yazga; yaga	yaciera
yacemos	yacíamos	yacimos	yaceremos	yaceríamos	yazcamos; yazgamos; yagamos	yaciéramos
yacéis	yacíais	yacisteis	yaceréis	yaceríais	yazcáis; yazgáis; yagáis	yacierais
yacen	yacían	yacieron	yacerán	yacerían	yazcan; yazgan; yagan	yacieran
Pres. perfecto	**Pluscuamperf.**		**Futuro perfecto**	**Perfecto**	**Pres. perfecto**	**Pluscuamperf.**
he yacido	había yacido		habré yacido	habría yacido	haya yacido	hubiera yacido

71. ZAMBULLIR Verbo irregular
(to submerge)

Participio presente: zambullendo	**Participio pasado:** zambullido

Imperativo: zambulle (no zambullas); zambulla Ud.; zambullamos; zambullid (no zambulláis); zambullan Uds.

Indicativo				Condicional	Subjuntivo	
Presente	**Imperfecto**	**Pretérito**	**Futuro**	**Presente**	**Presente**	**Imperfecto**
zambullo	zambullía	zambullí	zambulliré	zambulliría	zambulla	zambullera
zambulles	zambullías	zambulliste	zambullirás	zambullirías	zambullas	zambulleras
zambulle	zambullía	zambulló	zambullirá	zambulliría	zambulla	zambullera
zambullimos	zambullíamos	zambullimos	zambulliremos	zambulliríamos	zambullamos	zambulléramos
zambullís	zambullíais	zambullisteis	zambulliréis	zambulliríais	zambulláis	zambullerais
zambullen	zambullían	zambulleron	zambullirán	zambullirían	zambullan	zambulleran
Pres. perfecto	**Pluscuamperf.**		**Futuro perfecto**	**Perfecto**	**Pres. perfecto**	**Pluscuamperf.**
he zambullido	había zambullido		habré zambullido	habría zambullido	haya zambullido	hubiera zambullido

Índice

A

B

C

D

E

F

G

H

ÍNDICE

Q

R

S

ÍNDICE

T